Mitteilungen des
Instituts für leichte Flächentragwerke (IL)
Universität Stuttgart
Herausgeber Frei Otto
Nr. 34

Information of the
Institute of Lightweight Structures (IL)
University of Stuttgart
Editor Frei Otto
No. 34

Información del Instituto
para Estructuras Superficiales Livianas (IL)
Universidad de Stuttgart
Editor Frei Otto
N° 34

Institut für leichte Flächentragwerke (IL)
Universität Stuttgart
Pfaffenwaldring 14
D-7000 Stuttgart 80
Telefon: 0711-685-3599

Redaktion für dieses Heft/Editor for this issue/
Redacción de este numeró:
Jos Tomlow

Gestaltung/Design/Creación:
Jos Tomlow, Rainer Graefe,
Klaus Bach, Frieder Klenk

Herstellung/Production/Producción:
Nicole Dufey, Götz-Ulrich Eßlinger,
Frieder Klenk, Marek Kolodziejczyk,
Alfred Rein, Sabine Schanz

Fotos/Photos/Fotos:
Klaus Bach, Peter Bak, Rainer Graefe,
Fas Keuzenkamp, Hans Kruse, Frei Otto,
Jos Tomlow, Arnold Walz, u.a.

Fotoarbeiten/Photographic work/
Trabajos fotográficos:
Gabriela Heim, Georgina Krause-Valdovinos,
Ilse Schmall

Übersetzungen/Translations/Traducciones:
Englisch/English/En inglés:
Günther Schnell, London, in collaboration
with Edmund Happold, Bath University
A.N. Kreuser, Bishton, Gwent
Nicholas Stone, London
Spanisch/Spanish/En castellano:
Hugo Guete, Santa Rosa, Argentina
Igor Kroneberg, Santiago de Chile

Schreibarbeiten/Typing/Mecanografía:
Gerlinde Braun, Ursula Wucherer

Reprografie und Druck/Reprography and Printing/
Reprografía y Imprenta:
Schwäbische Druckerei Stuttgart

Umschlaggestaltung/Cover design/Diseño de la
cubierta: Jos Tomlow und Gabriela Heim
Titel: Rekonstruiertes Hängemodell
Front cover: The reconstructed hanging model
Cubierta: El modelo colgante reconstruido
(Photo: Klaus Bach)
Rücktitel: Gewölbe der Krypta
Back cover: The crypt vaults
Cubierta detrás: Bovedas de la cripta
(Photo: Arnold Walz)

Institut für leichte Flächentragwerke
Leitung Frei Otto.
Die Arbeit wurde im Teilprojekt C 3
'Geschichte des Konstruierens' im
Sonderforschungsbereich SFB 230 'Natürliche
Konstruktionen - Leichtbau in Architektur und
Natur' durchgeführt.
Der Druck erfolgte unter Verwendung der
SFB 230 von der Deutschen Forschungsgemeinschaft
zur Verfügung gestellten Mittel
und
mit Unterstützung des Vereins der Freunde und
Förderer der Leichtbauforschung e.V., Stuttgart.

Institute for Lightweight Structures
Director Frei Otto
A study of the 'History of Structural Design'
division C 3 within the Sonderforschungsbereich
SFB 230 'Natural Structures - Lightweight
Structures in Architecture and Nature'.
Printed under the use of available funds from
the Deutsche Forschungsgemeinschaft
and
sponsored by the Freunde und Förderer der
Leichtbauforschung e.V., Stuttgart.

Diese Arbeit wurde am 18. Juni 1986 als
Dissertation mit dem Titel
"Rekonstruktion von Gaudís Hängemodell" von
ir. Jos Tomlow, geboren 1951 in Roermond,
Holland, bei der Fakultät für Architektur und
Stadtplanung der Universität Stuttgart
eingereicht und am 10. Dezember 1986 angenommen.
Die Berichter waren
o.Prof. Dr.-Ing., Drs. h.c. Frei Otto,
Institut für leichte Flächentragwerke
o.Prof. Dr.-Ing., Drs. h.c. Jürgen Joedicke,
Institut für Grundlagen der modernen
Architektur und Entwerfen.

On June 18th 1986 this study was submitted
as a doctoral thesis with the title
"Rekonstruktion von Gaudís Hängemodell" by
ir. Jos Tomlow, born 1951 in Roermond,
Holland, to the Faculty of Architecture and
City Planning of the Stuttgart University
and was accepted on December 10th, 1986.
The supervisors were
o.Prof. Dr.-Ing., Drs. h.c. Frei Otto,
Institut für leichte Flächentragwerke
o.Prof. Dr.-Ing., Drs. h.c. Jürgen Joedicke,
Institut für Grundlagen der modernen
Architektur und Entwerfen.

Vertrieb/Distribution/Distribución:
Karl Krämer Verlag
Rotebühlstraße 40, D-7000 Stuttgart 1
und/and/y:
Freunde und Förderer der Leichtbauforschung e.V.
Rotebühlplatz 37, D-7000 Stuttgart

Erscheinungsdatum/Date of issue/Fecha de salir:
15.02.1989

IL 34

JOS TOMLOW

DAS MODELL

ANTONI GAUDIS HÄNGEMODELL UND SEINE REKONSTRUKTION - NEUE ERKENNTNISSE ZUM ENTWURF
FÜR DIE KIRCHE DER COLONIA GÜELL

Mit einem Vorwort von Rainer Graefe und Frei Otto
und einem Beitrag von Harald Szeemann

THE MODEL

ANTONI GAUDI'S HANGING MODEL AND ITS RECONSTRUCTION - NEW LIGHT ON THE DESIGN OF
THE CHURCH OF COLONIA GÜELL

With a Preface by Rainer Graefe and Frei Otto
and a Contribution by Harald Szeemann

EL MODELO

EL MODELO COLGANTE DE ANTONI GAUDI Y SU RECONSTRUCCION - NUEVOS CONOCIMIENTOS PARA
EL DISENO DE LA IGLESIA DE LA COLONIA GÜELL

Con un Prefacio de Rainer Graefe y Frei Otto
y una Contribución de Harald Szeemann

VORWORT

Es war im Januar 1982. Harry Szeemann konfrontierte das IL mit dem Wunsch, wir sollten das große, berühmte Entwurfsmodell Antoni Gaudîs von 1908 - sein Entwurf für die Kirche der Colonia Güell in Barcelona - nachbauen, um es in der Züricher Ausstellung 'Der Hang zum Gesamtkunstwerk' zu zeigen. Die Körber-Stiftung, Hamburg, hatte das Geld dazu gestiftet.

Gaudî hatte an dem Modell zehn Jahre lang gearbeitet. Wir sollten das nun in der gleichen Zahl von Monaten schaffen. Gaudîs Modell war zudem nicht transportfähig. Wir aber sollten es von Stuttgart nach Zürich bringen und es dann noch, mit womöglich schwierigen Mannövern, in die Kunsthalle einschleusen. Was tun? Das IL konnte nicht für ein halbes Jahr lahmgelegt werden. Unsere Antwort war: Nein, wenn wir nicht Hilfe auftreiben können. Dennoch interessierte uns das Problem. An der bloßen Wiederherstellung des originalen Modells hatten wir kein Interesse. Das Original war unwiderruflich verloren. Eine Imitation mußte Gaudîs Arbeit entwerten. Wir wollten mehr. Wir wollten herausfinden, welche Methoden des Entwerfens und Konstruierens Gaudî verwendet hatte. Wie waren diese Methoden aus unserer Sicht zu bewerten? Wie hätte die Kirche ausgesehen, wenn Gaudî sie wirklich nach diesem Modell gebaut hätte? Also nicht das Modell um seiner selbst Willen, sondern die Methoden des Entwerfens und Konstruierens und die geplante Gestalt des Bauwerks interessierten uns.

Wir fanden einen Weg: In Holland kannten wir eine Arbeitsgruppe, die sich intensiv mit Gaudî beschäftigte. Vielleicht konnte sie nach Stuttgart kommen und unter unserer Leitung in der Halle eines Nachbarinstituts (OGI) das Modell bauen. Die Holländer und wir sagten Szeemann schließlich zu.

Ein Abenteuer begann, dessen Risiko das IL gemeinsam mit der Delfter Gaudî-Gruppe zu tragen hatte. Wir wußten anfänglich nicht, ob die Unterlagen überhaupt ausreichten, um den Entwurf zu rekonstruieren. Wir hatten keine Ahnung, wieviel Arbeitszeit wir benötigen würden, ob wir mit den zugesagten Geldern auskommen, und wie wir schließlich das Modell mit seinen vielen Tausenden hin- und herpendelnden Säckchen heil nach Zürich bekommen sollten. Würde die Kooperation mit der holländischen Mannschaft klappen? Wir forcierten das Tempo bei der Entwicklung aller Details und

PREFACE

In January 1982, Harry Szeemann faced the IL with the wish to reconstruct the large famous design model of Antoni Gaudî created in 1908 - his design for the church of the Colonia Güell in Barcelona - so that it could be presented at the exhibition 'The Penchant for a Synthesis of the Arts' in Zurich. The funds were provided by the Körber Foundation of Hamburg.

Gaudî had worked on the model for ten years. And we were to make it in the same number of months. Moreover, Gaudî's model was not transportable. But we were to transport it from Stuttgart to Zurich and then bring it into the art gallery, possibly by difficult manoeuvres. What were we to do? It was not possible to bring the IL to a standstill for half a year. Our reply therefore was No - if it was not possible to get help. We were however interested in the problem itself. We had no interest in merely reconstructing the original model. The original was lost irrevocably. An imitation would depreciate Gaudî's work. We wanted more. We wished to find out the methods of designing used by Gaudî. How should we evaluate these methods from our point of view? What would the church have looked like if Gaudî had really built it on the basis of this model? The few photos of the model which still exist and the designs painted by Gaudî on them are by far insufficient to get a clear idea of it. This means that we were not interested in the model itself but in the methods of designing and the planned shape of the building.

We found a way: we knew a team in the Netherlands which concerned itself with Gaudî very intensively. Maybe this team could come to Stuttgart and build the model under our direction in the shop of a neighbouring institute (OGI). Finally, the Dutch and we gave Mr. Szeemann our O.K.

With this, an adventure began, the risk of which the IL had to bear together with the Gaudî Group Delft. At the start, we had no idea whether the available documents were sufficient to reconstruct the design. We didn't know how much time we would need, whether the promised funds would be sufficient, and finally how we were to bring the model - with its many thousands of swinging sachets - safely to Zurich. Would the cooperation with the Dutch team go off well? We forced the pace in the development of all details and the solution of the trans-

PREFACIO

Fue en Enero de 1982. Harry Szeemann llegó a IL con el deseo, de que nosotros reconstruyéramos el famoso modelo de Antoni Gaudî de 1908 - su diseño para la Iglesia de la Colonia Güell en Barcelona -, para la exposición 'Der Hang zum Gesamtkunstwerk' en Zurich. La Fundación Körber de Hamburgo, aportaba el dinero.

Gaudî trabajó en el modelo durante diez anos. Nosotros debiamos conseguirlo ahora en el mismo número de meses. El modelo de Gaudî no se podîa transportar. Pero nosotros lo deberîamos llevar de Stuttgart a Zurich, y después, posiblemente con difíciles maniobras, introducirlo en el museo. ¿Que hacer? El IL no podîa estar durante medio año paralizado. Nuestra repuesta fue: No, si nosotros no podemos recabar ayuda. Sin embargo nos interesaba el problema. La mera reconstrucción del modelo original no tenîa para nosotros interés. El original se habîa perdido irrevocablemente. Querîamos hacer algo más que una imitación, que no harîa más que depreciar el trabajo de Gaudî, querîamos descubrir, qué métodos de diseno y construcción habîa empleado Gaudî. ¿Cómo se deberîan desde nuestro punto de vista estos métodos valorar? ¿Qué aspecto hubiera tenido la iglesia, si Gaudî realmente según este modelo la hubiera construido? Las pocas fotos existentes del modelo y los diseños que Gaudî sobre éstas fotos pintó no eran suficientes, para tener una visión clara. No nos interesaba tanto el modelo en sí mismo, como los métodos de diseno, construcción y forma proyectada del edificio.

Encontramos un camino: En Holanda conocîamos un grupo investigador, el cual se dedicaba intensivamente a Gaudî. Quizás podrîa venir a Stuttgart y bajo nuestra dirección construir el modelo en la sala de un instituto vecino (OGI). Los holandeses y nosotros aceptamos la petición de Szeemann.

Una aventura empezó, cargando con el riesgo IL junto con el Grupo Gaudî de Delft. No sabîamos al principio, si los documentos bastarîan, para la reconstrucción. No tenîamos ni idea, cuanto tiempo necesitarîamos, si tendrîamos bastante con el dinero prometido y cómo finalmente llevarîamos el modelo con sus miles de saquitos oscilantes, sano y salvo, a Zurich. ?Saldrîa bien la cooperación con el equipo holandés? Forzamos el tiempo en el desarollo de todos los detalles y en solucionar el problema del transporte. Según nuestro acuerdo debia ser el

bei der Lösung des Transportproblems. Nach unserem Verständnis sollte das Modell so gebaut werden, daß es die Methodik und den Entwurf zeigte. Es sollte nicht als ein Kunstgegenstand wirken. Wir mußten Veränderungen vornehmen. Wegen des Transports mußte unser Modell in einen sehr massiven Stahlrahmen gehängt und etwas verkleinert werden. Am liebsten hätten wir auch Gaudís Ballastsäckchen durch schwarze Metallstäbe und seine Leinenfäden durch feine Metallkettchen ersetzt, weil man genauer damit arbeiten kann und vor allem die Form besser erkennbar bleibt. Das wagten wir nun doch nicht. Wir ersetzten lediglich die senkrechten Fäden durch hauchdünne Federstahlstangen, um möglichst wenig die geplanten, stereofotogrammetrischen Aufnahmen zu stören, mit denen wir hofften, endlich den Entwurf im Modell deutlich sichtbar zu machen. Bis wir alle Entscheidungen über die Einzelheiten des Modellbaus getroffen hatten, verging wertvolle Zeit, dafür lief dann alles nach Plan.

Unserem Arbeitsteam gelangen viele neue Erkenntnisse. Wir fotografierten das Modell, erfanden die Verpackung und stellten es in Zürich aus. Es war ein Erfolg, ein beinahe zu großer Erfolg. Statt es, wie geplant, anschließend nur noch einige wenige Male auszustellen, begann das Modell eine Odyssee. Es wurde als Bestandteil einer großen Gaudí-Ausstellung immer wieder verschickt, sogar, trotz unserer dringenden Warnungen, mit Luftfracht nach Argentinien. Das Modell wurde, wie erwartet, bei diesen Reisen ernsthaft beschädigt. Das Modell wurde als eigenständiges Kunstwerk präsentiert und nie als das, was es ist: eine materialisierte Hilfe für die Vision eines Bauwerks, das nie vollständig verwirklicht wurde. 1986 erwarb die Kulturstiftung der Caixa de Pensions in Barcelona das Modell. Die Rekonstruktion befindet sich damit heute erfreulicherweise am Entstehungsort des Originals. Eine dauerhafte Aufstellung des Modells in einem Museum in Barcelona ist in Vorbereitung. Wir haben dazu jede Hilfe angeboten.

Die Berichterstattung von Jos Tomlow über unsere Rekonstruktionsarbeit wurde zu seiner Dissertation. Jos Tomlow war maßgeblich am Nachbau des Modells beteiligt. Er hat den komplizierten und schwierigen Prozeß des Modellbaus ausführlich dokumentiert und analysiert. Noch vorhandene Fehler und Ungenauigkeiten konnte er auf Grund einer erneuten, minuziösen Auswertung des gesamten Quellenmaterials aufdecken und korrigieren. Auf dieser

portation problem. According to our understanding, the model should be built in such way that it showed the methodology and the design. It was not to produce the impression of a work of art. We had to make modifications. For transportation, our model had to be suspended from a highly solid steel frame and scaled down. We would have preferred to also replace Gaudi's weighted sachets by black metal bars and his linen strings by fine metal chains, as this would enable a more precise work and the form would be easier to recognize. But we didn't dare do that. We only replaced the vertical strings by extremely thin spring steel bars so as to minimize interference with the planned stereo photo-mapping by which we hoped to clearly show the design as a model. Valuable time passed until we had made all decisions concerning the details of model building, but then everything went according to plan.

Our team produced many new findings. We took pictures of the model, worked out the packaging and exhibited it in Zurich. It was a success, almost too much of that. Instead of being exhibited just a few times afterwards, the model started on an Odyssey. It was shipped over and over again as part of a large Gaudí exhibition - even by air freight to Argentina, despite our strong warnings. As expected, the model was seriously damaged during these trips. The model was presented as a work of art of its own and not as what it really is: a materialized aid for envisaging a structure that was never fully realized. In 1986, the Cultural Foundation of the Caixa de Pensiones in Barcelona acquired the model. Thus, the reconstruction fortunately came back to the place of origin of the original. Permanent exhibition of the model in a Barcelona museum is under way. We have offered every assistance we can provide for this.

The report of Jos Tomlow on our reconstruction work became his thesis. Jos Tomlow had a major part in the reproduction of the model. He documented and analysed in detail the complex and difficult process of model building. On the basis of a repeated meticulous evaluation of the overall source material, he was able to detect and correct any remaining errors and inaccuracies. On this basis, Jos Tomlow succeeded in reproducing the church design in all major details with a surprising accuracy which had not been expected initially.

We now have an approximate vision of the appearance of the church if it had been completed by

modelo construido, de tal forma que mostrara el método y el diseño. No debía producir un efecto de obra de arte. Nosotros tuvimos que hacer modificaciones. A causa del transporte debimos colgar nuestro modelo de un grueso marco de acero y hacerle algo más pequeño. No nos arriesgamos a sustituir los saquitos de lastre de Gaudí por redondos negros y sus hilos de lino por finas cadenas, aunque con ello se puede trabajar más exactamente y se consigue una forma más precisa. Unicamente cambiamos los hilos verticales por alambres muy delgados, para que molestaran lo menos posible las representaciones estereofotogramétricas en proyecto, con las cuales esperábamos hacer el diseño del modelo manifiesto. Nosotros perdimos mucho tiempo en tomar estas decisiones; pero después de esto todo se desarrolló acorde a nuestro plan.

Nuestro equipo de trabajo logró muchos y nuevos conocimientos. Fotografiamos el modelo, inventamos el embalaje y lo expusimos en Zurich. Fue un éxito, casi demasiado éxito. En vez de ser unas pocas veces expuesto, como estaba proyectado, el modelo empezó una verdadera Odisea. Formó parte de una gran exposición itinerante sobre Gaudí, a pesar de nuestras insistentes advertencias, la cual fue enviada por avión a Argentina. El modelo se deterioró gravemente, como esperábamos, durante estos viajes. Además fue presentado como mera obra de arte y nunca como lo que es: una ayuda para la visión de un edificio, no concluido. En 1986 la Fundación Cultural de la Caixa de Pensions de Barcelona adquirió el modelo. La reconstrucción se encuentra hoy afortunadamente en el lugar de creación del original. Una instalación permanente del modelo en un museo en Barcelona está en proyecto. Para lo cual hemos ofrecido todo tipo de ayuda.

El reportaje de Jos Tomlow sobre nuestro trabajo de reconstrucción fue su Tesis Doctoral. Jos Tomlow formó parte decisiva en la reconstrucción del modelo. El ha aportado detallada documentación y analizado el complicado y difícil proceso de la construcción del modelo. Todavía pudo, a través de un minucioso análisis del material original, descubrir y corregir los restantes errores e inexactitudes. En base a esto consiguió Jos Tomlow restablecer el diseño de la iglesia en todos sus aspectos principales con sorprendente y en un principio inesperada exactitud.

Grundlage gelang es Jos Tomlow, den Kirchenentwurf in allen wesentlichen Einzelheiten mit
überraschender, ursprünglich kaum zu erwarten-
der Genauigkeit wiederherzustellen.

Wir wissen nun in etwa, wie die Kirche ausgesehen hätte, wenn Gaudî sie vollständig gebaut
hätte. Man könnte die Nachforschungen sicherlich beliebig fortsetzen. Aber vielleicht
genügt, daß wir mit Hilfe des Modells und
dieser Veröffentlichung die Kirche soweit
kennenlernen und sie uns gebaut und vollendet
vorstellen können.

Rainer Graefe, Frei Otto

Gaudî. Certainly these investigations could be
continued for any length of time. But it is
perhaps sufficient that, with the aid of the
model and the present publication, we come to
know this church so far and can imagine what it
would have been like had it been built and
completed.
(Transl. Margarete Rössler)

Rainer Graefe, Frei Otto

Nosotros sabemos ahora aproximadamente, qué
aspecto tenía la iglesia si Gaudî la hubiera
concluido. Se podrían seguramente continuar las
investigaciones. Pero quizás baste, que
nosotros, con la ayuda del modelo y de esta
publicación, comprendamos la iglesia y nos la
imaginemos finalmente construida.
(Trad. J.J. Santos Guerras)

Rainer Graefe, Frei Otto

Harald Szeemann
MOTIVATION ZUR REKONSTRUKTION DES 'HÄNGEMODELLS
FÜR DIE KIRCHE DER COLONIA GÜELL' VON ANTONI
GAUDI

Ein Besuch von Gaudîs Schöpfungen in Barcelona
ist stets ein Atmen mit seiner Architektur und
den von ihm geschaffenen Gegenständen. Vollen-
detes und Unvollendetes haben bei ihm die Dis-
zipliniertheit vegetativen gläubigen, tief-reli-
giösen Denkens. Der Elan zum Überwältigenden,
im Mittelalter von vielen getragen, heute ist
es dem einzelnen aufgetragen, ihn zu leben, in
Formen zu verwandeln und über diese die anderen
dazu zu motivieren und manchmal zu verpflich-
ten. Gaudî war ein Mensch der Neuzeit und des
Mittelalters, auch der Renaissance. Er gehörte
zur Rasse eines Constantin Brancusi, verwur-
zelt, vertraut mit den überlieferten Gebräu-
chen, Techniken, Rezepten, Finessen des Bauens
und Gestaltens. Ein Adept der Bauhütte, ein Ge-
heimnisträger mündlicher und manueller Überlie-
ferung, ein einsamer Rechner und erprobender
Formfinder. Er glaubte an die 'correspondances'
von Form, Farbe, Ton. Er war beseelt vom Wunsch
nach der universalen Harmonie in Gott. Er wußte
sich eins mit ihm, dem er seine Schöpferkraft
verdankte und für den er die Welt festlich ge-
stalten wollte.

Neben seinen erhaltenen Bauten und Anlagen sind
daher die wenigen Zeugnisse seines experimen-
tierenden Wissens von größter Bedeutung. Kern-
ereignisse, die besonders fragil und gefährdet
sind. Und gerade sein wichtigstes, dreidimensionales Zeugnis über die Formfindung der Wölbungen mittels der Schwerkraft wurde 1936 zer-

Harald Szeemann
THE MOTIVATION FOR THE RECONSTRUCTION OF THE
'HANGING MODEL FOR THE COLONIA GÜELL CHURCH'
BY ANTONI GAUDI

A visit to Gaudî's creations in Barcelona always means 'breathing in unison' with his architecture and the objects created by him. In
Gaudî the finished and the unfinished have the
discipline of vegetative, pious and deeply religious thinking. Whilst in the Middle Ages the
drive to create the overwhelming was carried by
many, it is today the individual who is charged
with 'living' this drive, with transforming it
into forms and with using these forms to moti-
vate the others and obligate them occasionally.
Gaudî was a man of modern times as well as a
man of the Middle Ages and the Renaissance. He
belonged to the species of a Constantin Brancusi and had his roots in and was familiar
with, the traditional customs, techniques, re-
cipes and details of building and designing. He
was an adept of the building site workshop, a
carrier of oral and manual tradition, a lonely
calculator and experimenting finder of forms.
He believed in the 'correspondances' of form,
colour and tone. He was inspired by the wish to
establish a universal harmony in God. He considered himself united with God to whom he was
indebted for his creative power and for whose
sake he wanted to give the world a festive
framework.

Apart from his buildings and public places
which are extant, it is therefore the few re-
lics of his experimenting knowledge which are
of extreme importance. These are prime events

Harald Szeemann
LA MOTIVACION PARA LA RECONSTRUCCION DEL
'MODELO COLGANTE PARA LA IGLESIA DE LA COLONIA
GÜELL' DE ANTONI GAUDI

Una visita a las creaciones de Gaudî en Barcelona, es un continuo respirar con su arquitectura y con los objetos por él realizados. Lo
acabado y lo inconcluso tienen en Gaudî la esencia disciplinaria del pensamiento religioso profundo, vegetativo y creyente. El ímpetu hacia
lo imponente, portado por muchos en el medioevo,
está encomendado hoy al individuo el vivirlo,
transformarlo en formas, y con estas motivar a
los demás y, a veces, comprometerlos. Gaudî era
un hombre de los tiempos modernos y del medioevo, también del renacimiento. El pertenecía a
la raza de un Constantin Brancusi, arraigado y
familiarizado con los tradicionales usos, técnicas, recetas y finezas del construir y el
crear. Un adepto del taller, al estilo de los
maestros constructores del medioevo, un porta-
dor de secretos de transmisión oral y manual,
un calculista solitario y un experimentado
hallador de formas. El creía en las 'correspondances' de forma, color, tono. Animado como
estaba por el deseo de una armonía universal en
Dios, se sabía uno con El, al que agradecía su
fuerza creadora y para el que quería recrear
festivamente el mundo.

A la par de sus edificios y complejos urbanos
que aún se conservan, los pocos testimonios de
su saber experimentador son por ello de la mayor
significación. Acontecimientos capitales especialmente frágiles y amenazados. Y justamente
su más importante y tridimensional testimonio

10

stört. Im großen Koordinantennetz der Gläubigen ist die Senkrechte die Absicht Gottes, die Waagrechte die Durchkreuzung des großen Plans durch den Menschen. Aus der unter der Nullinie einer supponierten Erdoberfläche gefundenen komplexen Form wollte Gaudî den Sakralbau als aufrechtes Spiegelbild himmelwärts errichten, als Auferstehung der Form ins Licht. Gaudî war Außenseiter, Neuerer, Revolutionär im Umgang mit der Form. Aber diese Revolutionäre band er ein in die Hommage ans Unfaßliche.

Im Laufe der Vorbereitungen zur Ausstellung 'Der Hang zum Gesamtkunstwerk', der Geschichte einzelner, die besonders seit der Großen Revolution und der Romantik von äußeren Zwängen frei, auf sich selbst angewiesen ihr eigenes Universum kreieren mußten, ihr eigenes (Luft-)-Schloß, ihre eigene Kathedrale, ihre eigene Pyramide, ihren eigenen Tempel in ihrem Innern und Äußeren, wurde sehr rasch deutlich, daß die Schlüsselwerke oft nicht die uns überlieferten sind, sondern vielmehr die Intentionen. Denn von einer neuen Gesellschaft, die verbindlich solche Werke hätte verstehen und tragen können, war die Menschheit noch weit entfernt.

Und in diese ideale Gesellschaft der von der Gesellschaft nicht getragenen Genies und Universumsfinder gehört auch, obwohl dem alten Glauben verpflichtet, dem er aber neu huldigt, Antoni Gaudî. Und da in einer solchen Versammlung von Intentionen in Form einer Ausstellung oft eine Skizze (wie für Skrjabins 'Tempel') oder eben wie im Falle von Gaudî gerade dieses 'Hängemodell' am besten seinen 'Hang zum Gesamtkunstwerk' ausdrückt, schien es mir angezeigt, sein Streben mit einer Rekonstruktion zu ehren. Die Welt erhielt so ein zerstörtes Werk zurück, und der Ludwig II. in mir selber, der Dinge, die er sehen will, auch machen läßt, hatte seinen Lustgewinn. So kam es durch die Rekonstruktion, die in aufopferungsvoller Arbeit durch das Institut für leichte Flächentragwerke (IL), Universität Stuttgart, ausgeführt wurde, kongenial und gelungen, zur faszinierenden Wiedererweckung eines genialen Vorgehens in Modellform.

which are especially fragile and at risk. It was his most important tri-dimensional work showing the form-finding for vaults using the laws of gravity, which was destroyed in 1936.

In the great co-ordinate network of the believers the vertical line represents God's intention, whereas the horizontal line represents the path of Man crossing the Great Plan. From the complex shape found below the zero line of a supposed earth surface Gaudî wanted to erect the sacred building as an upright mirror image pointing towards heaven, as the resurrection of the form towards the light. In his handling of forms Gaudî was an outsider, an innovator and revolutionary. But he integrated this revolutionary aspect into a homage to the incomprehensible.

In the course of the preparations for the exhibition 'Der Hang zum Gesamtkunstwerk' (the tendency towards the total work of art) which was intended to represent the story of individuals who especially since the Great Revolution and the Romantic movement had to create their own universe unaided and free of external constraints, their own castle (in the air), their own cathedral, their own pyramid, their own temple, it soon became evident that often it is not the key works which have come down to us but rather the intentions. This is because mankind was still far removed from a new society which could have understood and carried such works.

To such an ideal society of geniuses and finders-of-the-universe not carried by society belongs Antoni Gaudî who pays renewed homage to the old belief although remaining committed to it. And since in such a collection of intentions in the form of an exhibition often a sketch (as for Skrjabins 'Temple') or as in the case of Gaudî in particular this 'hanging model', optimally expresses his 'tendency towards the total work of art', I considered it appropriate to honour his efforts with a reconstruction. In this way the world was given back a destroyed oeuvre and the Ludwig II of Bavaria in myself who will insist that the things he wants to see shall be made, also had his pleasure. In this way the reconstruction which was carried out in a self-effacing work by the Institut für leichte Flächentragwerke of the University of Stuttgart, and which was congenial and successful, led to the fascinating resurrection of an ingenious process represented by the model.

sobre el encuentro de la forma de bóvedas por medio de la gravedad, fue destruido en 1936.

En la gran red de coordenadas de los creyentes es la vertical la intención divina y la horizontal el cruzamiento del gran plan a través del hombre. De una compleja forma encontrada por debajo de la línea cero de una superficie terrena imaginaria, quiso Gaudî erigir la construcción sacra como imagen reflejada hacia el cielo, como resurrección de la forma a la luz. Gaudî era alguien fuera de serie, renovador, revolucionario en el trato con la forma. Pero el sublimó esta actitud revolucionaria integrándola en el homenaje a lo Intangible.

En el transcurso de los preparativos para la exposición 'La tendencia a la obra de arte integral', fue muy rápidamente claro, que las obras clave, a menudo, no son las que nos son transmitidas, sino mucho más las intenciones. La exposición, trata la historia de personajes singulares que, libres de coacciones externas desde la gran revolución y del romantiscismo, y abandonados a sî mismos, debían crear su propio universo, su propio pirámide, su propio templo en su interior y exterior. Pues la humanidad estaba todavîa muy lejos de una sociedad que hubiese podido comprometidamente comprender y portar tales obras.

Y a esta sociedad ideal, esto es la de los genios y halladores de universos, que no son aceptados por la sociedad, pertenece también Gaudî, a pesar de su ligazón con la antigua creencia, a la que él, en todo caso, tributa un homenaje nuevo. Y como en tal reunión de intenciones en forma de exposición, a menudo un bosquejo (como en el caso del 'Templo' de Skrjabin) o, precisamente como en el caso de Gaudî, este 'modelo colgante' es el que expresa de la mejor manera su 'tendencia a la obra de arte integral', me pareció indicado homenajear su aspiración con una reconstrucción del mismo. De este modo, el mundo recupera una obra destruida y el Luis II de Baviera en mi mismo, que hace construir también aquellas cosas que él quiere ver, tuvo su ganancia en gozo. Asî, a través de la reconstrucción, ejecutada con trabajo lleno de sacrificio y de manera congenial y lograda por el Institut für leichte Flächentragwerke de la Universidad de Stuttgart, se arribó a la fascinante reanimación de un procedimiento genial en forma de modelo.

VORBEMERKUNGEN DES AUTORS

Harald Szeemann hatte die zündende Idee, Gaudís verschollenes Hängemodell rekonstruieren zu lassen. Er verstand es, Frei Otto und sein Team für diese Arbeit zu gewinnen. Er war es auch, der die beträchtlichen finanziellen Mittel bereitstellte, welche die Rekonstruktion ermöglichten.

Danken möchte ich Frei Otto für das Vertrauen, das er uns bewies, als er Rainer Graefe, Arnold Walz und mich mit dieser Modellrekonstruktion betraute; auch dafür, daß er sich trotz mancher Bedenken auf das riskante Unternehmen einließ und als Leiter des Instituts für leichte Flächentragwerke (IL) die Verantwortung übernahm; und natürlich dafür, daß er seine einzigartigen Erfahrungen in Bau und Anwendung von Hängemodellen einbrachte und mit Ideen und Ratschlägen so wesentlich zum Gelingen beitrug.

Rainer Graefe und Arnold Walz, beide IL-Mitarbeiter, haben zusammen mit mir das aufregende und strapaziöse Unternehmen der Rekonstruktion durchgeführt. Wir sind dabei zu Freunden geworden. Möge uns noch manches gemeinsam gelingen! Auch in ihrem Namen sei dem enthusiastischen und arbeitswütigen Modellbau-Team gedankt. Peter Bak und Roel van der Heide, wie ich Mitglieder der Gaudí-Gruppe, haben mit eigenständigen Leistungen wichtige Beiträge geleistet. Jan Molema hat unsere Gaudí-Gruppe 1976 an der Technischen Universität in Delft ins Leben gerufen und mit uns neue Wege der Gaudí-Forschung eingeschlagen. Die dabei gewonnenen Forschungsergebnisse bildeten, zusammen mit dem Fachwissen des IL-Teams, die Basis der schwierigen Rekonstruktionsarbeit.

An dem Rekonstruktionsprojekt waren viele beteiligt. Ich habe alle mitwirkende Personen und Institutionen in Kapitel I.1.1 (Seite 26-30) im einzelnen benannt und Art und Weise der Mitwirkung ausführlich gewürdigt. Allen sei sehr herzlich gedankt, vor allem den Mitarbeitern des IL, die jede Hilfe gaben, die wir uns nur wünschen konnten.

Erwähnt sei noch, daß die Finanzierung der Rekonstruktion von der Körber-Stiftung in Hamburg und vom Kunsthaus Zürich getragen wurde.

Soweit zunächst zur Rekonstruktion des Hängemodells. Nun zu dieser Veröffentlichung: Das Manuskript wurde am 10. Dezember 1986 als

SOME REMARKS BY THE AUTHOR

Harald Szeemann had the electrifying idea to have Gaudí's lost hanging model reconstructed. He knew how to interest Frei Otto and his team in this work. And it was him who provided the considerable funds which rendered the reconstruction possible.

I wish to thank Frei Otto for the confidence he placed in us when he entrusted Rainer Graefe, Arnold Walz and me with the reconstruction of this model, and also for the fact that he ventured on this precarious undertaking despite many objections and assumed the responsibility as director of the Institute for Lightweight Structures (IL); and last but not least for bringing in his unique experience in the construction and use of hanging models and making such a decisive contribution to the success by his ideas and advice.

The two IL members Rainer Graefe and Arnold Walz assisted me in carrying out the exciting and strenuous reconstruction project. During this time, we became friends. May we have more joint work! I also wish to thank the enthusiastic and workaholic model building team in their name. Peter Bak and Roel van der Heide, members of the Gaudí group as I, made important contributions by own work. Jan Molema founded our Gaudí Group at the Technical University in Delft in 1976 and opened up new paths in Gaudí research with us. The research results obtained, together with the expert knowledge of the IL team, formed the basis of the difficult reconstruction work.

Many persons were involved in the reconstruction project. I have given all the names of the people and institutions involved in Chapter I.1.1 (p.26-30) and acknowledged the type of involvement in detail. Many thanks to all of them, above all to the IL members who provided all the assistance we could ask for.

Let me also mention that the reconstruction was funded by the Körber Foundation of Hamburg and the Kunsthaus Zurich.

Well, let that be enough concerning the reconstruction of the hanging model. Now a few words about this publication: The manuscript was accepted by the Faculty of Architecture and Urban Design of the University of Stuttgart as a doctoral thesis on December 10, 1986. Since then, the text was only supplemented slightly

PALABRAS PRELIMINARES DEL AUTOR

Harald Szeemann tuvo la ocurrente idea de mandar recontruir el modelo colgante de Gaudí perdido. Se decidió por Frei Otto y su equipo para este trabajo. Tenía también a su disposición considerables medios financieros, que permitirían la reconstrucción.

Deseo dar las gracias a Frei Otto por la confianza que en nosotros demostró quando nos encargó a Rainer Graefe, a Arnold Walz y a mí la reconstrucción de este modelo, también porque él, apesar de algunas dudas, cargó como director del Institut für leichte Flächentragwerke (IL) con la responsabilidad y naturalmente porque apartó su experiencia única en la construcción y empleo de los modelos colgantes y con sus ideas y consejos contribuyó a alcanzar el éxito.

Rainer Graefe y Arnold Walz, los dos del IL, han llevado a cabo junto conmigo la emocionante y fatigosa reconstrucción. Hemos llegado a hacernos amigos. ¡Deseando participar juntos en nuevas empresas! También en su nombre doy las gracias al entusiasta equipo de trabajo. Peter Bak y Roel van der Heide, como yo miembros del Grupo Gaudí, han aportado importantes contribuciones proprias. Jan Molema fundó nuestro Grupo Gaudí en 1976 en la Universidad Técnica de Delft y abrió con nosotros nuevos caminos de la investigación Gaudiana. Nuestros descubrimientos, junto con los conocimientos científicos del equipo-IL fueron la base del difícil trabajo de reconstrucción.

En el proyecto de reconstrucción participaron muchas personas e instituciones, las cuales son mencionadas en el capítulo I.1.1 (pp.26-30), describiendo también la clase de su contribución. Sean dadas a todos las gracias, sobre todo a los colaboradores del IL, que nos ayudaron en calquier dificultad que tuvimos.

La financiación de la reconstrucción corrió a cuenta de la Fundación Körber de Hamburgo y de la Kunsthaus Zurich.

Hasta asquí sobre la reconstrucción del modelo. Ahora sobre esta publicación: El manuscrito fue aceptado como Tesis Doctoral de la Facultad de Arquitectura y Urbanismo de la Universidad de Stuttgart el 10 de Diciembre de 1986. Desde entonces el texto se ha visto ampliado sólo en pequeña medida. Las ilustraciones fueron enri-

Dissertation von der Fakultät für Architektur und Stadtplanung der Universität Stuttgart angenommen. Der Text ist seitdem nur geringfügig in einigen Teilen ergänzt worden. Den Abbildungen wurden Fotos des Kirchenuntergeschosses von Hans Kruse und Fas Keuzenkamp hinzugefügt, außerdem neue Fotos des Rekonstruktionsmodells, die, wie viele frühere Fotos, vor allem von Klaus Bach fachkundig angefertigt wurden. Hinzu kamen auch Zeichnungen des Autors, die den rekonstruierten Kirchenentwurf genauer wiedergeben.

Frei Otto, Jürgen Joedicke und Rainer Graefe haben die Dissertation betreut. Frei Otto unterstützte als Hauptberichter die Arbeit mit großem Wohlwollen. Gespräche mit ihm verhalfen mir zu neuen, überraschenden Einsichten in Gaudîs Gedankenwelt. Besonders förderlich war Frei Ottos beharrlich und überzeugend geäußerter Wunsch, den zurückgewonnenen Gebäudeentwurf in weiteren anschaulicheren Rekonstruktionszeichnungen vorzuführen. Dieser Ansporn brachte mich trotz anfänglichen Zögerns dazu, die Zeichenarbeit nochmals aufzunehmen. So dürfte Gaudîs außerordentlich komplexer Entwurf nun besser erfaßbar geworden sein. Eine prägende Erfahrung war es auch, an Frei Ottos Forschungsinstitut meine Untersuchung durchführen zu können - eine inspirierende Umgebung, in der jedes Objekt, ebenso wie das Gebäude selbst, die Vorstellungen dieses bedeutenden Konstrukteurs und Architekten ausdrückt.

Jürgen Joedicke übernahm es, als Mitberichter meine Dissertation zu betreuen. Die Arbeit auch unter seiner kritischen Obhut durchführen zu können, war für mich ein Erlebnis besonderer Art: Hat er doch als einer der ersten Bauforscher die konstruktiven Aspekte in Gaudîs Werk in ihrer Bedeutung erkannt und genauer untersucht.

Rainer Graefes Engagement bei der Betreuung der Disseration hatte ein umwerfendes Ausmaß. Seine kritischen Bemerkungen und Anregungen führten zu wesentlichen Verbesserungen. Sein Beistand bei der sprachlich korrekten Textfassung war für mich, als Holländer noch immer unsicher im Gebrauch der deutschen Sprache, eine unerläßliche Hilfe. Unsere Zusammenarbeit war für mich ein Erlebnis und hat zu weiteren gemeinsamen Forschungen geführt.

Manche Anregung verdanke ich auch den scharfsinnigen und amüsanten Streitgesprächen mit Arnold Walz und Jan Molema. Jan Molema promo-

in some parts. Photos of the basement of the church, taken by Hans Kruse and Fas Keuzenkamp, were added to the pictures, and also new photos of the reconstruction model which were produced expertly by Klaus Bach as so many other photos before. In addition, drawings prepared by the author were added which show the reconstructed church design in greater detail.

Frei Otto, Jürgen Joedicke and Rainer Graefe tutored the thesis. Frei Otto supported the work as principal tutor with great benevolence. The discussions I had with him helped me gain new surprising insights into Gaudî's world of thought. Especially conducive was Frei Otto´s wish to present the regained building design in further more illustrative reconstruction drawings, a wish which he expressed persistently and persuasively. This incentive caused me to take up again drafting, despite my initial reluctance. Thus, Gaudî's extremely complex design may have become easier to grasp. It was also a conditioning experience to be able to carry out my investigation at Frei Otto´s research institute - an inspiring environment in which every object and the structure itself express the ideas of this distinguished designer and architect.

Jürgen Joedicke assumed the task of assistant tutor of my thesis. It was a special experience for me to be able to carry out this work under his critical supervision, as he was one of the first building researchers to recognize and investigate in-depth the importance of the design aspects of Gaudî's work.

Rainer Graefe's commitment in tutoring the thesis was overwhelming. His critical remarks and suggestions led to significant improvements. His assistance in preparing the grammatically correct text was an indispensable help for me, the Dutchman, whose proficiency in the German language was still not perfect. Our cooperation was a great experience for me and has led to further common research work.

I also owe many an impulse to the sharp-witted and amusing disputes with Arnold Walz and Jan Molema. Jan Molema took his doctor's degree at the same time as I did with a study on Gaudî´s architecture, and this considerably fired the exchange of ideas we already had before. I thank my loyal friends Gerlinde Braun and Rainer Krause for their great practical assistance. Barbara Hägele-Gulde supported me with patience and understanding during the long time

quecidas con fotos del piso bajo de la iglesia de Hans Kruse y Fas Keuzenkamp, así como con nuevas fotos del modelo reconstruido, las cuales, como muchas fotos anteriores, fueron hechas competentemente, sobre todo, por Klaus Bach.El Autor produjo nuevos dibujos, que respondían más exactamente al diseño de la iglesia reconstruida.

Frei Otto, Jürgen Joedicke y Rainer Graefe supervisaron la tesis. Frei Otto como tutor principal apoyó la tesis con gran favor. Las conversaciones con él me proporcionaron nuevos y sorprendentes conocimientos del pensamiento de Gaudî. Especialmente útil fueron los tenaces deseos de Frei Otto, por nuevos dibujos aclaratorios del diseño de la iglesia. Este deseo me condujo a rehacer los dibujos otra vez. Gracias a ésto ahora posiblemente el complejo diseño de Gaudî sea más comprensible. Una gran experiencia fue trabajar en el instituto de investigación de Frei Otto - un entorno que inspira, en el cual todos los objetos, como el edificio mismo, expresan las ideas de este importante constructor y arquitecto.

Jürgen Joedicke aceptó ser el co-tutor de mi tesis. El poder trabajar bajo su críticas indicaciones, fue una experiencia especial: El ha sido uno de los primeros historiadores de la arquitectura que ha decubierto e investigado el significado de los aspectos constructivos de la obra de Gaudî.

La atención de Rainer Graefe por la tesis no tuvo casi límites. Su auxilio para una correcta redacción fue para mí, que como holandés no domino el idioma alemán a la perfección, una ayuda insustituible. Nuestro trabajo en común fue para mí una gran experiencia, que nos ha conducido a nuevas investigaciones.

Las agudas y divertidas disputas con Arnold Walz y Jan Molema fueron para mí un estímulo. Jan Molema se doctoró en el mismo periodo de tiempo que yo con una investigación sobre la arquitectura gaudiana, lo que incrementó nuestro habitual cambio de impresiones. Agradezco sus múltiples ayudas prácticas a mis fieles amigos Gerlinde Braun y Rainer Krause. Barbara Hägele-Gulde me ha apoyado pacientemente y con compresión en el largo camino de este trabajo, animándome con sus buenos consejos.

Importante fue para mí también la amable ayuda de los investigadores de Gaudî Isidre Puig Boada, Yasuo Matsukura y Joan Bassegoda Nonell.

vierte im gleichen Zeitraum wie ich mit einer Studie zu Gaudîs Architektur, was unseren ohnehin geübten Gedankenaustausch beträchtlich beflügelte. Für vielfältige praktische Hilfe danke ich den treuen Freunden Gerlinde Braun und Rainer Krause. Barbara Hägele-Gulde hat mich geduldig und verständnisvoll auf dem langen Weg dieser Arbeit unterstützt und so manches Mal mit ermunterndem Zuspruch neu motiviert.

Wichtig war für mich auch die freundliche Unterstützung durch die Gaudi-Forscher Isidre Puig Boada, Yasuo Matsukura und Joan Bassegoda Nonell. Herr Bassegoda stellte großzügig den Hauptteil des Quellenmaterials zur Verfügung. Isidre Puig Boada (+ 1987) kannte Gaudi seit 1914 persönlich. Er hatte noch das Original-Hängemodell gesehen und erfreute uns bei der Besichtigung unserer Rekonstruktion mit seinem beifälligen Urteil.

Mein Dank möchte ich schließlich meinen Eltern aussprechen. Sie selbst wissen am besten, was mir ihre Unterstützung bei dieser Arbeit - und immer - bedeutet hat. Dazu ein Satz vom liebsten Dichter der Deutschen: "Willst du, mein Sohn, frei bleiben, so lerne was Rechtes, und halte dich genügsam, und nie blicke nach oben hinauf!"

Der Deutsche Akademische Austauschdienst (DAAD) förderte die Arbeit durch ein Doktoranden-Stipendium. Das Institut für leichte Flächentragwerke hat dankenswerterweise die Veröffentlichung in seine Mitteilungsreihe aufgenommen. Ich freue mich, daß sie dreisprachig erscheinen kann. Hugo Guete und Igor Kroneberg fertigten die spanische Übersetzung an, Günther Schnell, A.N. Kreuser und Nicholas Stone die englische Übersetzung. Alle arbeiteten mit großer Sorgfalt. Edmund Happold gab großzügig Hilfe, indem er mit seinem profunden Wissen als Konstrukteur einen Großteil des englischen Textes revidierte.

Das Layout ist das Ergebnis einer langen und fruchtbaren Auseinandersetzung des Autors mit Klaus Bach, Rainer Graefe und Frei Otto.

of this work and motivated me again many times by her encouragement.

The kind support offered by the Gaudi researchers Isidre Puig Boada, Yasuo Matsukura and Joan Bassegoda Nonell was also very important to me. Mr. Bassegoda open-handedly made available the majority of the source material. Isidre Puig Boada (deceased in 1987) had known Gaudi personally since 1914. He had still seen the original hanging model and pleased us with his approval during inspection of our reconstruction.

Last but not least I wish to thank my parents. They know best how much importance I attached to their support of this work - and during all other times of my life. In this respect, let me cite a sentence from the favourite poet of the German people: "If you want to remain free, my son, then get some proper training, and be always modest, and never look upward!"

The Deutsche Akademische Austauschdienst (DAAD) sponsored this thesis by a doctorand scholarship. The Institute for Lightweight Structures commendably included this publication in its information bulletins. I am pleased that it can be published in three languages. Hugo Guete and Igor Kroneberg provided the translation into Spanish, and Günther Schnell, A.N. Kreuser and Nicholas Stone into English. All worked with great conscientiousness. Edmund Happold provided generous assistance by going over much of the English text with his profound knowledge as a designer.

The layout is the result of a long and fruitful discussion between the author, Klaus Bach, Rainer Graefe and Frei Otto.
(Transl. Margarete Rössler)

El señor Bassegoda puso a nuestra disposición la gran parte de los documentos originales. Isidre Puig Boada (+ 1987) conocía personalmente a Gaudi desde 1914. El había visto el modelo colgante original y nos alegramos, cuando al ver nuestra reconstrucción nos dió su opinión favorable.

Deseo finalmente dar las gracias a mis padres. Ellos mismos saben mejor, lo que su apoyo en este trabajo - y siempre - han significado para mí. Aquí una frase del más querido poeta de los alemanes: "¡Quieres, hijo mío, permanecer libre, entonces aprende algo sólido, y mantente modesto, y nunca alces la vista hacia arriba!"

El Deutsche Akademische Austauschdienst (DAAD) fomentó el trabajo con una beca de doctorado. Es digno de agradecimiento quue el IL haya acogido la publicación en su serie de informes. Me alegra, que se presente en tres idiomas. Hugo Guete y Igor Kroneberg elaboraron la traducción castellana. Günther Schnell, A.N. Kreuser y Nicholas Stone la traducción inglesa. Todos trabajaron con gran esmero. Edmund Happold ayudó generosamente, pues revisó una gran parte del texto inglés con sus profundos conocimientos de constructor.

El "Layout" es el fruto de largas y fecundas discusiones del autor con Klaus Bach, Rainer Graefe y Frei Otto. (Trad. J.J. Santos Guerras)

> S. 15 Gaudîs Hängemodell von innen gesehen; Auschnitt von OM 12 (Foto um 1908)

> p. 15 Interior of the Gaudi hanging model; section of OM 12 (photo around 1908)

> p. 15 El modelo colgante de Gaudi visto interiormente; Fragmento de OM 12 (1908)

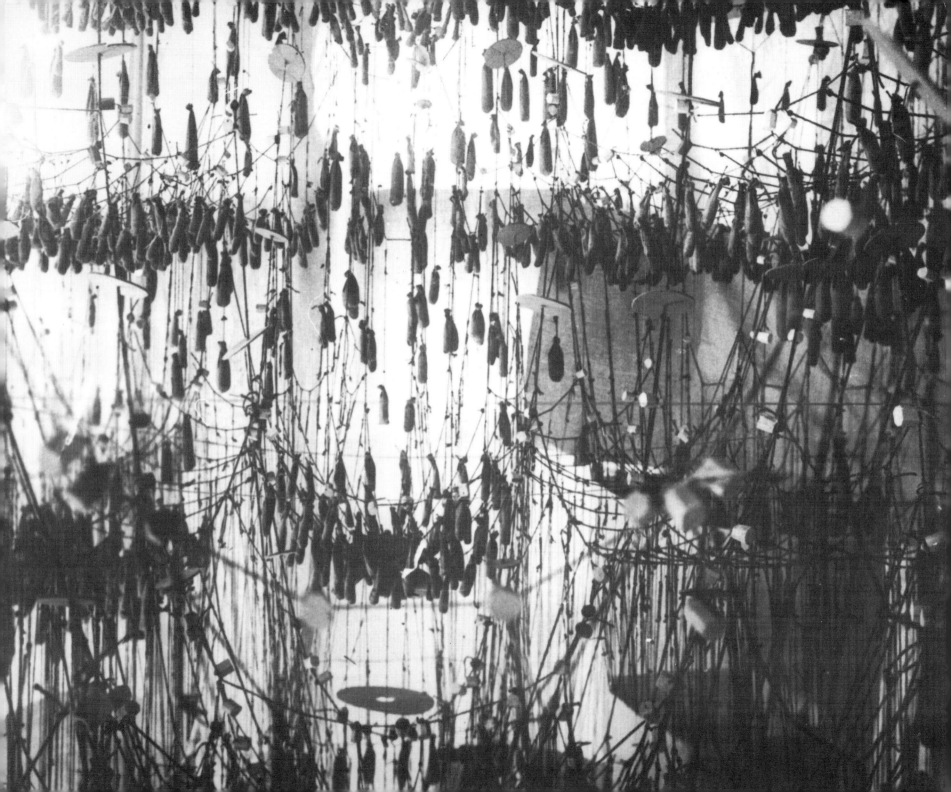

In den Jahren 1898 bis 1908 fertigte Antoni Gaudî sein berühmtes Hängemodell für den Entwurf der Kirche der Arbeitersiedlung an (1). Nur ein kleinerer Teil des Entwurfs wurde ausgeführt und, als später das Hängemodell verloren ging, war von diesem interessanten Werk, das einer der wichtigsten Bauten Gaudîs hätte werden sollen, nur mehr wenig bekannt.

Im Auftrag von Harald Szeemann, Kunsthaus Zürich, wurde 1982 dieses Hängemodell am Institut für leichte Flächentragwerke (IL) unter der Leitung von Frei Otto rekonstruiert. Wesentlich beteiligt an dieser Rekonstruktion war die Gaudî-Gruppe der TH Delft, Leitung Jan Molema. Rainer Graefe (IL), Jos Tomlow (Gaudî-Gruppe), Arnold Walz (IL) mit Team führten die Rekonstruktion durch.

In der vorliegenden Arbeit werden der Prozeß der Rekonstruktion dargestellt und seine Ergebnisse untersucht. Darüber hinausgehend wird eine neue Darstellung und Wertung von Gaudîs Entwurf und Bau versucht.

Die Arbeit ist dementsprechend in zwei Teile gegliedert. Der erste Teil ist eine kritische Beschreibung des Prozesses, der zur Rekonstruktion von Gaudîs Hängemodell führte. In diesem Teil, der methodisch einem Werkstattbericht gleicht, wird im Einzelnen dargelegt, wie es zur Rekonstruktion kam, die im Januar 1983 fertiggestellt wurde, und auf welchen früheren Forschungen die Rekonstruktion aufbauen konnte. Der zweite Teil besteht aus einer Auswertung der Rekonstruktion. Eine Überprüfung des rekonstruierten Modells in Bezug auf das Original soll Aussagen über die Genauigkeit der Rekonstruktion und über die Form des Originalmodells ermöglichen. Neue Erkenntnisse, die bei der

In the years from 1898 to 1908 Antonio Gaudî produced the famous hanging model for his design for the church of the Güell workers' colony (1).

In 1982 Harald Szeemann of Kunsthaus Zürich commissioned the reconstruction of this hanging model at the Institute for Lightweight Structures (IL) directed by Frei Otto. The Gaudî Group of the TH Delft, directed by Jan Molema, were closely involved in the reconstruction which was carried out by Rainer Graefe (IL), Jos Tomlow (Gaudî-Group), Arnold Walz (IL) and Team.

In the following work the process of the reconstruction is presented and its results studied. As a result of this a new presentation and evaluation of Gaudî's design is attempted.

Consequently the work is divided into two parts. The first part is a critical description of the process which led to the reconstruction of Gaudî's hanging model. In this part, which corresponds in method to a workshop report, a detailed description is given of how the original model came to be reconstructed, and what earlier research work the reconstruction, completed in January 1983, could be based on. The second part consists of an evaluation of the reconstruction. An examination of the reconstructed model in relation to the original makes it possible to comment on the accuracy of the reconstruction and on the form of the original model. New observations which resulted from the reconstruction and further research work are presented. Here the main aim is to reconstruct the lost church design from the original model. Apart from this, an attempt is made to reconstruct an earlier hanging model

Entre los años de 1898 y 1908, elaboró Antoni Gaudî su famoso modelo colgante (o maqueta funicular, término también frecuentemente utilizado) para el proyecto de la iglesia de la colonia de trabajadores Güell (1). Sólo una pequeña parte de dicho proyecto pudo concretarse y poco se conocía del mismo, cuando posteriormente se perdió el modelo de tan interesante obra, que pudo haber sido una de las más importantes de Gaudî.

Por encargo de Harald Szeemann, Kunsthaus Zürich, dicho modelo colgante fue reconstruído en el Instituto para Estructuras Superficiales Livianas (IL) de la Universidad de Stuttgart, bajo la dirección de Frei Otto. En la reconstrucción tomó parte, en forma sustancial, el Grupo Gaudî, de la Escuela Superior Técnica de Delft (TH Delft), bajo la dirección de Jan Molema. La ejecución misma, estuvo a cargo de Rainer Graefe (IL), Jos Tomlow (Grupo Gaudî), Arnold Walz (IL) y con la colaboración de un equipo.

En el actual trabajo, será presentado el proceso de reconstrucción y serán examinados sus resultados. De las conclusiones que éstos arrojen, se intentará una nueva interpretación y valoración del proyecto y obra de Gaudî.

Por tal motivo, el trabajo está dividido en dos partes. La primera, presenta una descripción crítica del proceso que condujo a la reconstrucción del modelo colgante de Gaudî. En esta parte, que metódicamente se asemeja a un informe técnico, será expuesto en detalle, como se llegó a la reconstrucción, terminada en 1983 y en cuales anteriores investigaciones pudo basarse la misma. La segunda parte se compone de una evaluación de la reconstrucción. Un confron-

$$\frac{1 \quad 3}{2 \quad 4}$$

Rekonstruktion und bei weiterführenden Untersuchungen gewonnen wurden, werden dargestellt. Hauptziel dabei ist, mit dem Originalmodell auch den verschollenen Kirchenentwurf zu rekonstruieren. Außerdem wird versucht, ein früheres Hängemodell und den dazugehörigen Entwurf zu rekonstruieren und beide als Vorentwurf für die Kirche der Arbeitersiedlung Güell zu interpretieren.

Gründe für in der Gaudî-Forschung bislang nicht behandelte Differenzen zwischen dem Kirchenentwurf und seiner teilweisen Ausführung als Gebäude werden hypothetisch erklärt.

Zum Schluß wird der rekonstruierte Kirchenentwurf in einen breiteren Zusammenhang gebracht, sowohl mit Gaudîs anderen Bauten als auch, in einem Nachwort, im Hinblick auf eine allgemein architektonische Wertung.

and the corresponding design, and to interpret these as a preliminary design for the church of the Güell workers' colony.

Hypothetical reasons are given for the differences - as yet not considered by Gaudî's researchers - between the church design and the form in which it was partially executed.

Finally the reconstructed church design is set in a border context both with Gaudî's other buildings and, in an appendix, with regard to a general architectural evaluation.

tamiento del modelo elaborado, en relación al original, permitirá establecer la precisión de la reconstrucción misma y la forma de aquel primer modelo. Los nuevos conocimientos logrados durante la reconstrucción y en posteriores investigaciones, serán igualmente presentados. Con ello, la meta principal consiste también, mediante la reconstrucción misma, alcanzar una imagen fidedigna del desaparecido proyecto de la iglesia. Se intentará además, reconstruir un modelo colgante anterior y el correspondiente proyecto, e interpretar los mismos como anteproyecto de la iglesia de la Colonia Güell.

Las razones del porque de las diferencias entre las partes construídas y el proyecto original, hasta hoy no tratadas en las investigaciones de la obra de Gaudî, serán formuladas en forma hipotética.

Finalmente, el proyecto de la iglesia será incluído en una amplia relación, no sólo con las demás obras de Gaudî, sino también, en un epílogo, con una valoración arquitectónica general.

Die Kirche der Colonia Güell als Projekt Gaudîs

The Church of Colonia Güell as a project of Gaudî

La iglesia de la Colonia Güell como proyecto de Gaudî

Der Textilfabrikant Eusebio Güell i Bacigalupi, der als Gönner Gaudîs schon für einige Werke als Bauherr aufgetreten war, vergab an Gaudî 1898 den Auftrag für die Kirche der Arbeitersiedlung bei seiner Fabrik in Santa Coloma de Cervelló in der Nähe von Barcelona (2). Aus dem anscheinend bescheidenen Auftrag für den Entwurf einer kleinen Kirche für diese Siedlung entstand in einem langen Prozeß das womöglich interessanteste Werk Gaudîs. Als Entwurfsmethode wählte Gaudî das Hängemodell. Es war, wenn man vom kleinen, früheren Hängemodell, das noch besprochen wird, absieht, Gaudîs einziger Entwurf mit einem Hängemodell. Das Hängemodell wurde 1898 bis 1908 durch ein hochqualifiziertes Team (3) hergestellt.

Anhand dieses Hängemodells wurde 1908 bis 1914 ein Teil des Entwurfs ausgeführt: das Untergeschoß der Kirche mit der geräumigen Krypta und eine ihr vorgelagerte offene Portikus, über die eine Treppe zum Kircheneingang führt. Die Krypta des unfertigen Baus wurde am 03.11.1915 als Kirche eröffnet (4).

Das Hängemodell hielt die Form seiner Ausführung nur bis 1916, als erste Fäden rissen und

In 1898, the textile manufacturer Eusebio Güell i Bacigalupi commissioned Gaudî to design the church for the workers' housing colony of his factory in Santa Coloma de Cervelló near Barcelona. Güell as a patron had already ordered several of Gaudî's works (2). Out of the seemingly modest commission for the design of a small church for this colony gradually developed what may be Gaudî's most interesting work. Gaudî chose the hanging model as his method of design. It was, if one ignores a small earlier hanging model, being discussed later, Gaudî's only design with a hanging model. The hanging model was produced between 1898 and 1908 by a highly qualified team (3).

Between 1908 and 1914 part of the design was executed in accordance with the model: the basement of the church with its voluminous crypt and an open portico, above which a staircase leads to the church. The crypt of the incomplete building was inaugurated as a church on November 3rd 1915 (4).

The hanging model kept its intended form only until 1916, when the first threads began to break and a process of deterioration began (5).

Eusebio Güell i Bacigalupi, industrial del rubro textil, que anteriormente había actuado como comitente de algunas de sus obras, concedió a Gaudî en 1898, el proyecto para la iglesia de la colonia de trabajadores para su fábrica en Santa Coloma de Cervelló en las cercanías de Barcelona (2). De éste, en principio modesto encargo del proyecto de una pequeña iglesia para dicha colonia, nació en un largo proceso, la obra quizás más interesante de Gaudî. Como método de diseño, eligió Gaudî el modelo colgante. Este fue, si no consideramos el antiguo, pequeño modelo colgante del que también hablaremos, el único proyecto de Gaudî con un modelo colgante. El modelo fue elaborado entre 1898 y 1908 por un equipo altamente capacitado (3).

Basándose en dicho modelo, una parte del proyecto fue realizado entre 1908 y 1914: el piso bajo de la iglesia con la amplia cripta y un pórtico abierto, situado delante de la misma, sobre él que se sitúa una escalera que conduce a la entrada de la iglesia. La cripta de la obra no finalizada, fue abierta como iglesia, el 3.11.1915 (4).

damit ein Prozeß des Zerfalls des Modells begann (5). Während der ideologischen Auseinandersetzungen des spanischen Bürgerkriegs wurden 1936 fast alle Unterlagen und das Hängemodell zerstört. Übrig blieben vor allem eine Serie von Fotos des Originalmodells und der Torso des Kirchengebäudes. Vom Entwurf der Kirche zeugen einige Übermalungen von Fotos des Originalmodells, auf denen Gaudî den Kirchenentwurf in Innen- und Außenperspektive darstellte.

Die Gründe für den Baustop waren nicht technischer Art. Der 1. Weltkrieg brachte für das neutrale Spanien eine wirtschaftliche Krise, die auch Güells Textilindustrie traf. Der enge Mitarbeiter Berenguer starb 1914 und der Gönner Güell erkrankte um diese Zeit und erholte sich nicht mehr. Güells Söhne zeigten dem verhältnismäßig teuren Projekt gegenüber nicht den gleichen Enthusiasmus wie ihr Vater.

Das Hängemodell als Entwurfsmethode - Erklärung des Prinzips

Hängemodelle dienen zur Formfindung von optimalen, nur mit Druck belasteten Konstruktionen, insbesondere solcher, die hauptsächlich aus Wölbungen bestehen.

Das Hängemodell als Entwurfsmethode basiert auf dem Prinzip der Umkehrung der Kettenlinie. Die Kettenlinie ist jene Kurve, die eine an zwei Punkten aufgehängte Kette unter Eigengewicht einnimmt. Für die Kette ist die Form der Kettenlinie optimal in Bezug auf Abtragung der reinen Zugkräfte, welche durch das Eigengewicht der Kette entstehen. Weil die Umkehrung von Zug Druck ist, stellt die Kettenlinie in umgekehrter Lage für eine rein druckbeanspruchte Konstruktion die optimale Form ihrer Stützlinie dar. Ein steinerner Bogen konstanten Querschnitts ist eine Konstruktion, der mit Hilfe der Umkehrung der Kettenlinie eine statisch optimierte Form gegeben werden kann (6).

Die Optimierung der druckbeanspruchten Konstruktionsform eines einzelnen Bogens wurde von Gaudî verallgemeinert. In einem dreidimensionalen Hängemodell suchte er eine statische Gleichgewichtsfigur für die gesamte Konstruktion des Gebäudes. In einer Bauhütte neben dem Bauplatz des geplanten Kirchengebäudes wurde das Hänge-

In 1936 during the ideological conflict of the Spanish Civil War, almost all records of the hanging model were destroyed. The most important of what did survive was a series of photographs of the original model and the main body of the church building. Several coloured overlays which Gaudî painted over photographs of the original model provide evidence of church design in the form of interior and exterior perspectives.

The reasons why the construction came to a halt were not technical. The First World War plunged neutral Spain into an economic crisis, which also affected Güell's textile industry. The close collaborator Berenguer died in 1914 and the patron Güell fell ill during this time and was not to recover. Güell's sons were not to show as much enthusiasm for the relatively costly project as their father.

The Hanging Model as a Method of Design - Explanation of the Principle

Hanging models enable one to determine the optimal form of structures carrying loads purely in compression, particularly those consisting mainly of vaults.

The use of the hanging model as a design method is based on the principle of the inversion of the catenary line. The catenary is the curve formed by a chain suspended between two points when carrying only its self weight. For the chain, the catenary is the optimal form for transmitting the purely tensile forces which result from its self weight. Because the opposite of tension is compression, the catenary, when inverted, constitutes the optimal structural form for purely compression loaded constructions.

A stone arch of constant cross-section is a construction which can be given an optimal form through the application of the inverted catenary (6).

The optimization of the structural form of a single arch, loaded in compression, was used as a general principle by Gaudî.

El modelo colgante mantuvo su forma original sólo hasta 1916, cuando se inicia con la rotura de los primeros hilos, un proceso de deterioro del mismo (5). Durante las disputas ideológicas de la Guerra Civil Española, fueron destruidos en 1936 casi todos los antecedentes de la obra, como asimismo el modelo colgante. Sólo se salvaron una serie de fotos del modelo original y el torso de la iglesia. Del proyecto de la iglesia, dan testimonio algunas fotos repintadas del modelo original, en las que Gaudî presenta al proyecto de la iglesia en perspectiva interior y exterior.

Los motivos de la detención de la construcción no fueron de carácter técnico. La Primera Guerra Mundial trajo para la España neutral, una crisis económica, que afectó también a la industria textil de Güell. El estrecho colaborador Berenguer, fallece en 1914 y el protector Güell enferma durante aquella época y no se recupera más. Los hijos de E. Güell no mostraron frente al costoso proyecto, el mismo entusiasmo que el padre.

El modelo colgante como método de diseño - aclaración de sus principios

Los modelos colgantes sirven al encuentro de la forma de construcciones óptimas solicitadas sólo a compresión, las que se componen principalmente de arcos y bóvedas.

El modelo colgante como método de diseño, se basa en el principio de inversión de la catenaria. La catenaria es la curva que adopta una cadena colgada entre dos puntos bajo la acción de su propio peso. Para la cadena, la forma de la catenaria es la óptima, en relación a la transmisión de las fuerzas de tracción puras, que resultan de su peso propio. Como la inversión de la tracción es la compresión, representa la catenaria invertida, la forma óptima de la línea de presiones de una construcción puramente sometida a compresión. Con la ayuda de la inversión de la catenaria, se le puede dar a un arco pétreo de sección constante, una forma estática óptima (6).

La optimización de la forma de un arco, elemento constructivo sometido a compresión, fue generalizada por Gaudî. En un modelo colgante tridimensional, buscó una configuración de equilibrio estático para la construcción general del edificio. En una construcción auxiliar, conjunta al lugar previsto para el edificio de

modell von der Decke hängend hergestellt. Das Hängemodell bestand im wesentlichen aus einem netzartigen Gebilde aus textilen Fäden, die mit Ballastsäckchen, entsprechend dem Gewicht der Gebäudeteile, beschwert waren. Die Gewichte zogen die Fäden in eine stabile Form, welche, um 180° gedreht und maßstäblich vergrößert, die gesuchte Gebäudeform festlegte.

Ein Hängemodell findet seine Form grundsätzlich in einem selbstbildenden Prozeß. Im Vergleich zum Bau herkömmlicher Modelle, wo der Architekt die Form vorgibt, geht das Hängemodell seinen eigenen Weg und bildet die Gleichgewichtsfigur aus den vom Architekten ermittelten Gewichtsmengen.

Gaudîs Neuerung gegenüber historischen Vorläufern und die moderne Modellbautechnik

Gaudîs Entwurf mit dem Hängemodell war im Vergleich zu den vorherigen Versuchen, das Hängemodell als Entwurfsmethode zu benutzen, ein großer Schritt zu einem überzeugenden Hängemodellverfahren. Um mit den Dimensionen anzufangen: Kein Hängemodell vorher war so groß wie Gaudîs (etwa 6 m lang, 4 m hoch). Und auch bis jetzt erreichte kein Hängemodell diese Dimensionen. Man bedenke, daß der Maßstab 1 : 10 eine große Genauigkeit der Ergebnisse ermöglicht.

Wichtig ist auch, daß Gaudî zum ersten Mal ein räumliches Hängemodell baute, dessen Schwierigkeit über frühere Hängemodelle, wie z.B. von Heinrich Hübsch (1795 - 1863) und Giovanni Poleni, hinausging. Ohne die Bedeutung der Hängemodelle der Vorläufer für die Statikwissenschaft geringzuschätzen (vor allem Polenis Versuch für die Ermittlung des Kräfteverlaufs der Sankt-Peter-Kuppel zur Überprüfung ihrer Standfestigkeit, 1748 publiziert, machte Geschichte), so gilt von ihnen doch, daß ihre Ergebnisse auch über den rechnerischen Weg erreicht werden könnten. Das Entwurfsverfahren mit Gaudîs Hängemodell führte dagegen zu Formen, die nur auf diese Weise ermittelt werden konnten.

Auch jetzt, wo sich Rechenmethoden dank der Computer in voller Entwicklung befinden, machen Modellbautechniken diesen Methoden große Kon-

It was in the use of a three-dimensional hanging model that he sought the stable structural form of the proposed church building. The hanging model was produced next to the building site, suspended from the ceiling of the site hut. It consisted essentially of a net-like formation of textile threads loaded with small weighted sacks corresponding to the loads of the various parts of the building. The weights drew the threads into a stable form which, when turned through 180 degrees and proportionally enlarged, established the desired form of the building.

The hanging model is determined basically by a self-forming process. Unlike ordinary models where the architect chooses a form, the hanging model independently forms a stable figure in equilibrium from the amounts of weight established by the architect.

Gaudî's Innovation in Relation to Historical Precedents and Modern Model-Making Techniques

Gaudî's use of hanging models in design was, compared with previous attempts, a great step forward towards a convincing hanging model technique. To begin with the dimensions: no previous hanging model had ever been made as large as Gaudî's, which was about 6 m long and 4 m high, and none since has been made to such a size. Considering that this was a scale of 1 : 10, this would have enabled a high degree of accuracy in the results. It is also significant that Gaudî was building a spatial, three-dimensional hanging model, which exceeded the complexity of earlier hanging models eg. those of Heinrich Hübsch (1795 - 1863) and Giovanni Poleni.

Without wanting to belittle the significance to structural science of the hanging models of Gaudî's predecessors (particularly Poleni's attempt to determine the path of the forces in the dome of St. Peters in order to test its stability, which made history when it was published in 1748) it could nevertheless be said of them that their results could also have been determined by calculation. Gaudî's design could, on the contrary, only have been determined with a hanging model.

Even now, when computers offer fully developed methods of calculation, model-making techniques still compete strongly with these methods in

la iglesia, fue elaborado el modelo, colgando del techo de la misma. El modelo colgante constaba esencialmente de una estructura reticular de hilos cargados con pequeños sacos de balasto, cuyos pesos eran correspondientes a las partes del edificio. Estos pesos llevaron a los hilos a una forma estable, que, girada en 180° y transformada a la escala correspondiente, determinó la forma buscada del edificio.

Un modelo colgante encuentra su forma fundamentalmente en un proceso de autoformación. En comparación con la construcción de los modelos corrientes, en los que el arquitecto da de antemano la forma, sigue el modelo colgante, su propio camino, dando forma él mismo a la figura de equilibrio, de acuerdo a las cargas determinadas por el arquitecto.

Innovaciones realizadas por Gaudî en comparación con sus antecesores historicos y la moderna técnica de construcción de modelos

El proyecto de Gaudî con el modelo colgante, fue, en comparación a las precedentes búsquedas de utilizar el mismo como método de diseño, un gran paso en el establecimiento de un convincente método de diseño con modelos colgantes. Comenzando por las dimensiones: ningún modelo anterior fue tan grande como el de Gaudî (cerca de 6 metros de largo, por 4 metros de altura). Tampoco hasta ahora ha alcanzado modelo alguno, tales dimensiones. Es de notar que con la escala utilizada de 1 : 10, se posibilita una gran exactitud en los resultados.

Es importante también destacar que fue Gaudî quien construyó por primera vez un modelo colgante tridimensional, que en dificultades, excedía ampliamente a los modelos colgantes que le precedieron, como por ejemplo los de Heinrich Hübsch (1795 - 1863) y Giovanni Poleni. Sin menospreciar la importancia que tuvieron los modelos de dichos predecesores para el cálculo estático - sobre todo, ha hecho historia el intento de Poleni para determinar la transmisión de las fuerzas en la cúpula de San Pedro y así comprobar su estabilidad, publicado en 1748 -, debe decirse que los resultados por ellos logrados, pueden ser también alcanzados por medio del cálculo matemático. En cambio, el método de diseño con el modelo colgante de Gaudî, condujo a formas que sólo de esa manera podían ser determinadas.

kurrenz bei der Erstellung von selbstbildenden statischen Gleichgewichtsfiguren. Dies bezieht sich nur auf die Formfindung im Hängemodell; hat das Hängemodell seine endgültige Form erreicht, können prinzipiell viele moderne rechnerische Methoden angewandt werden, zum Beispiel zur Kontrolle der Ergebnisse oder Berechnungen des statischen Verhaltens der Konstruktion unter Windlast. Gegenüber dem Hintergrund des modernen technischen Modellbaus, wie er am IL und seinem Umfeld entwickelt und praktiziert wurde und weiterhin wird, ist die Leistung der Entwicklung des Modellverfahrens Gaudîs umso mehr erstaunlich, als Gaudî keine modernen Geräte und ihre Rechen- und Meßverfahren zur Verfügung standen.

In diesem Projekt kam Gaudî zur konstruktiven Lösung der schiefen und verzweigten Stütze. Ästhetische Hemmungen gegen die Neigung der Außenwand, wie sie vom Hängemodell bestimmt wurde, oder die Schrägstellung einer Stütze, verführten einen Vorläufer wie Heinrich Hübsch zu Kompromissen, Gaudî überwand diese Hemmungen und löste schwierigste konstruktive Probleme, um die räumlichen Verzweigungen und Krümmungen gemäß den Vorgaben des Hängemodells auszuführen. Wo sich Vorläufer in der Entwurfsmethode des Hängemodells aus Angst vor den Konsequenzen ihrer Studien defensiv verhielten und die selbstgebildete Hängemodellform kaschierten, ging Gaudî offensiv vor. Auch er wollte nicht ein Sklave des Hängemodells sein. Wo er Einwände gegen die im Hängemodell gebildete Form hatte, änderte er mit gezielten Auflasten oder Änderungen in den Proportionen diese Form auf eine Weise, die innerhalb der Gesetzmäßigkeiten des Hängemodells blieb.

Als Folge dieses Ringens um die dem Hängemodell gemäße Konstruktionsform wurde - anscheinend nebenbei - zum ersten Mal in der Architektur die hyperbolisch paraboloide Form an einem Gebäude ausprobiert.

Mit seiner Umsetzung des Hängemodells in Konstruktionen, wie doppelt gekrümmte Flächen, visierte Gaudî einen sicheren Bau an, in dem die spezifische Druckfestigkeit des Materials nicht überschritten wird. Im Hängemodell wird dabei nur beschränkt optimiert, da sich Flächen nur vereinfacht in den linearen Elementen der Seilpolygone ausdrücken lassen. Außerdem wird ein Gewölbe oder eine Wand der Einfachheit wegen mit gleichbleibender Stärke ausgeführt. Der Schritt zu einer weiteren Optimierung der Konstruktion, z.B. mit dem Ziel einer überall gleichen Druckbeanspruchung im gleichen Mate-

establishing self-forming structurally stable figures. This applies only to the use of hanging models for form-finding. Once the hanging model has arrived at its final form, in principle many modern methods of calculation can be used, for example to check the results of calculations about the behaviour of the construction under wind loads. Seen in the context of the modern state of technical model making - as has been and continues to be developed and practised at the IL and its circle - Gaudî's achievements in the development of model methods are all the more astonishing when one considers that he had none of the modern equipment for calculation and measurement at his disposal. In this project Gaudî arrived at structural solutions including inclined and bifurcated columns.

Aesthetic prejudices against certain solutions suggested by hanging models, such as sloping an exterior wall or inclining a column led forerunners such as Heinrich Hübsch to make compromises. Gaudî overcame these prejudices and solved the most difficult constructional problems in order to achieve the spatial curvatures and bifurcations indicated by the hanging model. Where forerunners in the development of hanging models had remained defensively restrained out of fear of the consequences of their studies and departed from the self-determined forms of the hanging model, Gaudî advanced on the offensive. He too did not wish to be a slave to the hanging model. Where he had reservations about a form generated by the hanging model, he adjusted it by adding specific or proportional loads in a way which permitted him to remain true to the principles of the hanging model.

Apparently as side effect of this struggle to follow constructional forms based on hanging models, for the first time in architectural history the hyperbolic paraboloid form was tried out in a building.

By translating hanging models into constructional forms such as surfaces with double curvature, Gaudî envisaged a safe building in which the specific compressive strength of the material was not exceeded. In the hanging model, only a limited degree of optimization is possible since the three-dimensional surfaces can only be expressed in a simplified way by the two-dimensional elements of the network of strings. Apart from this, for the sake of practical simplicity a vault or a wall is built with uniform thickness. The step towards a

Aún hoy, cuando los métodos de cálculo se encuentran gracias a los ordenadores, en gran desarrollo, las técnicas con modelos logran una alta competitividad frente a ellos en la determinación de figuras de equilibrio estático autoformantes. Esto, solamente en relación al encuentro de la forma con modelos colgantes; una vez que el modelo colgante ha alcanzado su forma definitiva, pueden ser usados, en principio, muchos de los modernos métodos de cálculo, por ejemplo, para el control de los resultados o para el cálculo del comportamiento estructural bajo cargas de viento. En contraposición a las modernas técnicas para la construcción de modelos, como las que han sido y seguirán siendo desarrolladas y practicadas por el IL y su respectivo entorno, el grado de eficiencia alcanzado en el desarrollo de la técnica con modelos de Gaudî es aún más sorprendente, si tenemos en cuenta que él no contaba con los modernos aparatos y métodos de cálculo y medición con que hoy contamos.

En este proyecto llegó Gaudî a la solución constructiva de los apoyos inclinados y ramificados. Escrúpulos estéticos en contra de la inclinación de las paredes exteriores, hecho determinado por el modelo, o a la inclinación de los apoyos, condujeron a compromisos a un predecesor como Heinrich Hübsch. Gaudî superó dichos escrúpulos y solucionó complicados problemas constructivos para ejecutar las ramificaciones espaciales y curvaturas de acuerdo a las exigencias del modelo colgante. Donde los predecesores en el estudio de un método de diseño con modelos colgantes adoptaron un comportamiento defensivo, por temor a las consecuencias de sus estudios y ocultando las formas autocreadas del modelo mismo, avanzó Gaudî en cambio, ofensivamente. El tampoco quiso ser un esclavo del modelo colgante.

Cuando tenía objeciones respecto a una forma entregada por el modelo, la cambiaba con cargas determinadas para tal efecto o con cambios en las proporciones de dicha forma, todo de manera tal, de no escapar a las leyes que rigen el comportamiento de los modelos colgantes.

Como consecuencia de este constante esfuerzo alrededor de las formas constructivas derivadas del modelo colgante, fue por primera vez probada en la arquitectura - de paso, al parecer - la forma del paraboloide hiperbólico.

Con el traspaso del modelo colgante a construcciones, como superficies de doble curvatura, apuntó Gaudî a una construcción segura, en la

rial, was durch eine Variation der Materialstärken erreichbar wäre, wurde von Gaudî nicht
unternommen. Mit Recht kann man Zweifel am Nut-
zen der extremen Optimierung eines Gebäudes
hegen, wo in der Realität ein Bauwerk vielfältiger Kräftebeanspruchung ausgesetzt ist, das
Ziel der Optimierung dadurch nur in Abstrakto
präzise sein kann.

Auch wenn der ausgeführte Gebäudeteil des Entwurfs für die Kirche der Arbeitersiedlung Güell
bereits die Gültigkeit des Hängemodellverfahrens Gaudîs eindrucksvoll beweist, wird es
Zweifler an der Möglichkeit, den Entwurf mit
dem Hängemodell vollständig und sicher zu
bauen, geben. Wenn in dieser Arbeit Zweifel am
Modellverfahren geäußert werden, so an kleineren, klar umrissenen Problemen, die keine prin-
zipielle Gefährdung der Ausführbarkeit darstellen.

further optimization of the structure, for
example with the aim of achieving a uniform
compressional loading throughout the same material - which would be possible by varying its
thickness - was not undertaken by Gaudî. Moreover, there is reason to doubt whether the
application of an extreme optimization in a
building can ever hold true in anything but the
abstract, since in reality a building is submitted to diverse loading.

Furthermore, even if the completed section for
the Güell church design convincingly demon-
strates the validity of Gaudî's hanging model
technique, there will be skeptics who doubt
that the project could safely be built entirely
from the hanging model. If in this work doubts
about the modelling process are expressed,
these apply to small, clearly defined problems
which in no way jeopardize the possibility of
execution in principle.

que la resistencia especîfica a compresión del
material, no fuese superada. En el modelo colgante sin embargo, sólo se optimiza en forma
limitada, pues sólo con simplificaciones, se
dejan expresar las superficies en los elementos
lineales de la red de cuerdas. Además, una
bóveda o una pared son construidas, para sim-
plificar, con sección siempre constante. El paso hacia una optimización de la construcción,
por ejemplo con el objeto de lograr una misma
solicitación a compresión en todos los puntos
del mismo material, lo que serîa alcanzable a
través de una variación en las secciones del
mismo, no fue emprendida por Gaudî. Con derecho
se pueden tener dudas respecto al uso de una
extrema optimización en un edificio, debido a
que en realidad, el mismo está sometido a solicitaciones de muy diverso tipo, por lo que la
meta de la optimización sólo puede ser precisa
en abstracto.

Aún cuando la parte hasta hoy construida del
proyecto para la iglesia de la Colonia Güell
demuestra en forma espectacular la validez del
método de Gaudî con modelos colgantes, no fal-
tarán escépticos que duden de la posibilidad de
construir en forma segura el edificio entero,
partiendo del modelo. Cuando en este trabajo se
expresan dudas respecto del método con el modelo colgante, ello ocurre solamente para con
pequeños y claramente delimitados problemas,
que no representan peligro alguno para la realización de dicha construcción.

Zu den bisherigen Interpretationen von Gaudîs
Entwurf

Juan Bassegoda Nonell hat auf eine Kontroverse
in den bisherigen Interpretationen der konstruktiven Seite von Gaudîs Werken und im besonderen beim Projekt der Kirche der Arbeitersiedlung Güell aufmerksam gemacht.

"Unter den Gaudîforschern gibt es zwei Tenden-
zen in der Beurteilung, nicht der formalen und
ästhetischen Aspekte seiner Werke, sondern in
Bezug auf den Gebrauch der Materialien und auf
die möglichen konstruktiven Neuerungen von
Gaudî.
Die skeptischen Kritiker akzeptieren die un-
leugbare Vorstellungskraft von Gaudî, denen sie
manchmal pathologische Gründe beimessen. Sie
gehen sogar bis zum Zynismus, wenn sie seine
konstruktiven Methoden als falsch oder einfach
vulgär darstellen. Die bedingungslosen Bewunde-

Previous Interpretations of Gaudî's Design

Juan Bassegoda Nonell draws attention to a con-
troversy in the previous interpretations of the
constructional side of Gaudî's works, and in
particular the Güell colony church.

"Amongst Gaudî's researchers there are two
streams in the assessment not of the formal and
aesthetic aspects of his work, but with respect
to his use of materials and possible structural
innovations. The skeptical critics accept
Gaudî's undeniable imaginative capabilities,
which they attribute to certain pathological
causes. They stoop to cynicism in presenting
his constructional methods as false or simply
vulgar. his unconditional admirers regard him
as an innovator of constructional techniques
and an inventor of structures with a keen eye
for the correct use of materials." (7).

Interpretaciones realizadas hasta la fecha del
proyecto de Gaudî

Juan Bassegoda Nonell ha observado frente a una
controversia en torno a las interpretaciones de
los aspectos constructivos de la obra de Gaudî
y en especial para con el proyecto de la iglesia para la Colonia Güell, lo siguiente:

"Entre los estudiosos de Gaudî se dan dos ten-
dencias a la hora de enjuiciar, no ya los aspectos formales y estéticos de su obra, sino cuanto hace estricta referencia al debido uso de
los materiales y a las posibles innovaciones
constructivas de Gaudî. Los más escépticos
crîticos llegan a admitir la innegable imagina-
ción de Gaudî, atribuyéndola a veces incluso a
causas patológicas, pero se muestran hasta cîni-
cos al tratar de sus métodos constructivos que
consideran errados o simplemente vulgares. Los
admiradores a ultranza lo consideran un innova-

rer betrachten ihn als Erneuerer der konstruktiven Technik, einen Erfinder von Strukturen und einen Luchs bei der adäquaten Anwendung von Materialien." (7)

In der vorliegenden Arbeit werden weitere Argumente gegen die Position der 'Skeptiker' geliefert, welche die irreführende Karikatur unterstützen, Gaudî sei ein frommer Sonderling gewesen, für den in der modernen Großstadt kein Platz war. Seine Verwendung des Backsteins sei ein Rückfall in archaische Bauweisen gewesen und überdies habe er noch ein anscheinend alchemistisches Verfahren zur Formfindung des Entwurfs benutzt, das niemand außer ihm beherrschte oder auch nur verstehen konnte.

In Wahrheit ist diese skeptische Position gegenüber der neuen, von üblicher Norm abweichenden Formenwelt der Krypta in der Arbeitersiedlung Güell ein Widerspruch zur vorgespiegelten Modernität der Skeptiker. Sie versucht den Mut zum verantwortungsbewußten Experiment zu nehmen.

In this work further arguments are presented against the stand-point of the skeptics who support the dangerous caricature of Gaudî as a pious eccentric, who had no place in the modern city, whose use of brick was a throwback to an archaic way of building and who moreover still practised an apparently alchemical method of form-finding which nobody beside himself mastered or could even understand.

These skeptics profess to be modernists, but in reality contradict themselves in opposing the new unorthodox world of forms in the crypt of the church of the Güell workers' colony. Their attitude attempts to kill the spirit of conscientious experimentation.

dor de la técnica constructiva, un inventor de estructuras y un lince en el empleo adecuado de los materiales."(7)
En el presente trabajo, serán presentados otros tantos argumentos en contra de la postura de los escépticos que apoyan la errónea caricatura de un Gaudî como un devoto y extravagante hombre, para el que no había lugar en la moderna gran ciudad. Su uso del ladrillo pareciera ser un retroceso a formas constructivas arcaicas, y aún más, hacía uso de un método en apariencia alquimîstico para el encuentro de las formas en sus proyectos, el cual nadie dominaba o entender podîa, fuera de él.

En verdad, esta postura escéptica frente al nuevo y poco convencional mundo de formas de la cripta en la Colonia Güell, es una contradicción con la proclamada modernidad de los escépticos. Ella busca contradecir el valor de la consciente y responsable búsqueda experimental.

Ricardo Opisso: Antoni Gaudî (1900)

BESCHREIBUNG DES
REKONSTRUKTIONSPROZESSES

DESCRIPTION OF THE
RECONSTRUCTION PROCESS

DESCRIPCION DEL PROCESO
DE RECONSTRUCCION

I.1 VORAUSSETZUNGEN FÜR DIE REKONSTRUKTION

I.1.1 An der Rekonstruktion Beteiligte

1. Der Auftraggeber - Kunsthaus Zürich
Idee und Auftrag, Gaudîs verschollenes Hängemodell zu rekonstruieren, stammen vom Ausstellungsmacher Harald Szeemann. Seine Ausstellung 'Der Hang zum Gesamtkunstwerk - Europäische Utopien seit 1800', eine Veranstaltung des Kunsthauses Zürich, stellte eine Vielzahl von Künstlern vor, deren Arbeiten sich auf die Idee des Gesamtkunstwerkes beziehen. Für diese Ausstellung wurde eine ganze Reihe von Rekonstruktionen - u.a. des Merz-Baus von Kurt Schwitters und des Palais Idéal von Ferdinand Cheval - angefertigt.
Daß Gaudî für Harald Szeemann zu den 'Gesamtkünstlern' gehört, bedarf keiner näheren Erläuterung. Auf der Suche nach Fachleuten, die imstande waren, für diese Ausstellung Gaudîs bekanntes Hängemodell zu rekonstruieren, wandte sich Harald Szeemann im Januar 1982 an Frei Otto und sein Institut für leichte Flächentragwerke. Die Rekonstruktion wurde gefördert durch die Körber-Stiftung, Hamburg.

2. Auftragnehmer - Institut für leichte Flächentragwerke und Gaudî-Gruppe Delft

Frei Otto und seine Mitarbeiter verfügten über reiche Erfahrungen mit dem Bau von Hängemodellen für moderne Leichtbauprojekte; auch historische Entwurfsmethoden und Modellbauweisen sind Gegenstand von Forschungen ihres Instituts (siehe dazu I.1.3.5). Trotzdem zögerten sie zunächst vor dem riskanten Versuch, dieses komplizierte, aufwendige Modell anhand der wenigen, zum Teil noch unbekannten, erhaltenen Dokumente und innerhalb eines eng begrenzten Zeitraums zu rekonstruieren. Durch einen glücklichen Zufall besuchte ich im Mai 1982 das Institut. Als Mitarbeiter der auf Initiative von Jan Molema gegründeten Gaudî-Gruppe der TH-Delft konnte ich anbieten, die Ergebnisse unserer Forschungen beizusteuern (vgl. I.1.3.4). Kenntnisse und Fähigkeiten beider Forschungsgruppen ergänzten sich geradezu ideal, so daß, nach intensiven Vorbesprechungen, die Arbeit schließlich gemeinsam in Angriff genommen wurde.

3. Das Team und weitere an der Rekonstruktion Beteiligte
Die gesamte Rekonstruktion - Erfassung und Auswertung des Quellenmaterials und Planung und

I.1 BACKGROUND TO THE RECONSTRUCTION

I.1.1 Participants in the Reconstruction Process

1. The Client - Kunsthaus Zürich
The exhibition organiser Harald Szeemann had the idea of commissioning a reconstruction of Gaudî's lost hanging model. Szeemann had been responsible for the exhibition 'The Penchant for a Synthesis of the Arts - European Utopias since 1800' at the Kunsthaus Zürich, where he presented a large number of artists who were exploring the idea of a synthesis of the arts. A series of reconstructions were built. The Merz-Bau of Kurt Schwitters and the Palais Idéal of Ferdinand Cheval, to name but two. Harald Szeemann counts Gaudî as one of the group of artists involved with a synthesis of the arts. In January 1982, when looking for someone able to reconstruct Gaudî's well-known hanging model, Szeemann contacted Frei Otto's Institute for Lightweight Structures (IL). The reconstruction was sponsored by the Körber Foundation of Hamburg.

2. The Reconstruction Team - The Institute for Lightweight Structures (IL) and the Gaudî Group Delft

Frei Otto and his team had extensive experience with the construction of hanging models. They had also previously dealt with ancient design methods and model building techniques (see also I.1.3.5). Initially, they were reluctant to accept the task of reconstructing such a complicated model. The schedule was tight and little remained of the original documentation. By chance I visited the IL in May 1982. I was able to offer the results of research, conducted by the Gaudî Group of the TH-Delft under the direction of Jan Molema, of which I had been part (see I.1.3.4). The knowledge and skills of both groups were ideally suited. After much discussion it was agreed to pool our information and begin the project together.

3. The Team and others involved with the work

The entire reconstruction - compilation and processing of source-materials as well as the

I.1. REQUISITOS PARA LA RECONSTRUCCION

I.1.1. Participantes en la reconstrucción

1. El comitente - Kunsthaus Zürich
La idea y el encargo de reconstruir el desaparecido modelo de Gaudî, provino del organizador de exposiciones, Harald Szeemann. Su exposición, "La tendencia a la obra de arte integral - Utopías europeas desde el 1800", una acción realizada por Kunsthaus Zürich, presentó a una pluralidad de artistas, cuyos trabajos se referían a la idea de la obra de arte integral. Para dicha exposición fueron realizadas una serie de reconstrucciones entre otras, el 'Merz-Bau' de Kurt Schwitters y el 'Palais Idéal', de Ferdinand Cheval.
Que Gaudî perteneciera para Harald Szeemann a los artistas 'integrales', no requiere mayor explicación. En la búsqueda de especialistas que estuvieran en condiciones de realizar para dicha exposición la reconstrucción del modelo de Gaudî, se dirigió Szeemann en enero de 1982 a Frei Otto y su Instituto para Estructuras Superficiales Livianas. La reconstrucción fue financiada por la Fundación Körber de Hamburgo.

2. El contratista - Instituto para Estructuras Superficiales Livianas y el Grupo Gaudî de Delft
Frei Otto y sus colaboradores poseían una larga experiencia en la construcción de modelos colgantes para proyectos actuales con estructuras livianas; también métodos tradicionales de diseño y construcciones de modelos, son objeto de investigación en su Instituto (véase al respecto I.1.3.5). Pese a ello, inicialmente les aquejó la duda respecto al riesgoso intento de reconstruir tan complicado y costoso modelo, basándose en los escasos, en parte desconocidos documentos conservados y todo ello, en un limitado espacio de tiempo. Por una afortunada casualidad, visité en mayo de 1982, el Instituto. Como integrante del Grupo Gaudî, creado por iniciativa de Jan Molema en la Universidad de Delft, podía ofrecer los resultados de nuestras investigaciones (véase I.1.3.4). Los conocimientos y habilidades de ambos grupos de investigación, se complementaban en forma ideal, de modo que luego de intensas tratativas, el trabajo fue finalmente emprendido en forma conjunta.

3. El equipo y otras personas participantes en la reconstrucción
La reconstrucción total - registro y valoración de la documentación y, planeamiento y construc-

Bau des Hängemodells - wurde durchgeführt von Rainer Graefe, Jos Tomlow und Arnold Walz.
Die oft kaum noch übersehbare Fülle von Aufgaben und Problemen wäre ohne die tatkräftige Unterstützung und die Ratschläge vieler nicht zu bewältigen gewesen. Zum besseren Verständnis des Rekonstruktionsprozesses seien die wichtigsten beteiligten Personen genannt und ihr Einfluß auf das Ergebnis kurz beschrieben.
Das Trio Graefe, Tomlow, Walz mit seinen unterschiedlichen Temperamenten, Wissen und Begabungen löste die ungewöhnliche Aufgabe in so enger, freundschaftlicher Zusammenarbeit, daß die Einzelleistungen nicht mehr durchweg klar herausstellbar sind. Jeder vertrat gelegentlich die anderen. Keiner wäre ohne die beiden anderen zu einem vergleichbaren Ergebnis gekommen.

Rainer Graefe, Baugeschichtler und langjähriger Mitarbeiter des IL, hatte sich zuvor bereits mit Untersuchungen zu historischen Vorläufern von Gaudîs Hängemodell beschäftigt. Wichtigste Arbeitsbereiche:
- Kontakte mit dem Kunsthaus Zürich,
- Auswertung des Quellenmaterials (Überprüfung und Ergänzung von Jos Tomlows Analysen),
- Planung der Modellbauschritte,
- endgültige Formgebung des Modells anhand der Originalfotos,
- Vorschlag zur Lösung des Transportproblems (Behälter mit Styroporgranulat-Füllung),
- federführend in ersten Veröffentlichungen zum Modell.

Hinter einer verschmitzten Wortwahl verbirgt Rainer Graefe unerbittliche wissenschaftliche Strenge. Immer schlagfertig genug, Ungenauigkeiten in den Ergebnissen aufzudecken, vertiefte er den Wissenstand zugunsten eines genauen Nachbaus. In der knappen Planung blieben, dank seinem Sinn für Zusammenhänge, Pannen weitgehend aus. Sein scharfes Auge verhalf dem Modellbau, durch Vergleich mit den Originalfotos, zu genauerer Übereinstimmung mit den Proportionen des Originalmodells.

Jos Tomlow, Architekt, Untersuchungen zu Gaudîs Kirchenprojekt für die Colonia Güell und zur Sagrada Familia im Rahmen der Gaudî-Gruppe der TH Delft. Wichtigste Arbeitsbereiche:
- Beschaffung und Auswertung des Quellenmaterials,
- Entwürfe von Modellrahmen und Fundamentplatte,

planning and construction of the hanging model - were carried out by Rainer Graefe, Jos Tomlow and Arnold Walz. Such a vast undertaking could not have been accomplished without the help and advise of many individuals. Those involved in the more crucial aspects of the project are listed below.

The trio Graefe, Tomlow, Walz with their differing temperaments, knowledge and abilities solved their unusual task in an atmosphere of close collaboration and friendship making it difficult to identify their individual contribution.

Rainer Graefe, architectural historian and long standing member of the IL, had already been involved with research into the precursors of Gaudî's hanging model. Main areas of work include:
- Contacts with the Kunsthaus Zürich,
- Evaluation of source material (checking and amending Jos Tomlow's analysis),
- Planning of the model construction,
- Modeling of final form with the help of the original photographs,
- Proposal for the solution of the problem of transport (container with granules of styrofoam),
- Responsibility for first publications on the model.

Rainer Graefe conceals scientific seriousness behind his humour. Always careful, he uncovered inaccuracies and added to the standard of knowledge needed to achieve an authentic model copy. Thanks to his sense of continuity it was possible to avoid accidents in spite of the tight schedule. His sharp observation helped create an accurate reproduction when comparing the model with the original photos.

Jos Tomlow, architect, studied Gaudî's church project for the Colonia Güell and the Sagrada Familia as part of his work with the Gaudî Group of the TH-Delft. Main areas of work include:
- Finding and analysing the source material,
- Design of the frame and the base plate for

ción del modelo colgante - fue realizada por Rainer Graefe, Jos Tomlow y Arnold Walz. La frecuente, inabarcable abundancia de tareas, no habría podido ser superada sin el activo apoyo y consejo de muchos. Para una mejor comprensión del proceso de reconstrucción, sean nombradas las principales personas participantes y su influencia sobre el resultado, resumidamente descrita.
El trío Graefe, Tomlow, Walz con sus diversos temperamentos, conocimientos y talentos, solucionó la poco común tarea en un trabajo conjunto tan estrecho y amistoso, que los rendimientos individuales no son posibles de delimitar claramente. Cada uno suplía eventualmente a los otros. Ninguno hubiese llegado a un resultado comparable sin la ayuda de los otros dos.

Rainer Graefe, historiador del arte de la construcción e integrante desde hace muchos años del IL, se había ocupado anteriormente en investigaciones sobre los predecesores del método colgante de Gaudî. Sus áreas de trabajo más importantes:
- Contactos con el comitente, Kunsthaus Zürich.
- Evaluación de la documentación (Revisión y complementación de los análisis de Tomlow).
- Planificación de la secuencia constructiva.
- Modelado definitivo del modelo en base a fotos originales.
- Propuesta para solucionar el problema de transporte (Caja con relleno de granulado de Styropor).
- Dirigente en las primeras publicaciones sobre el modelo.
Detrás de una pícara elección de la palabra, oculta Rainer Graefe una implacable rigurosidad científica. Siempre alerta para descubrir irregularidades en los resultados, profundizó el estado de los conocimientos, favoreciendo el logro de una exacta réplica del modelo original. En el escaso tiempo de planificación, gracias a su espíritu asociativo, los posibles incidentes quedaron afuera. Su ojo certero ayudó a la construcción del modelo, a través de la comparación con las fotos originales, logrando así, una más exacta coincidencia con las proporciones del modelo original.

Jos Tomlow, arquitecto, investigaciones dentro del Grupo Gaudí de la TH Delft sobre el proyecto de la iglesia para la Colonia Güell y sobre la Sagrada Familia. Campos de trabajo más importantes:
- Suministro y evaluación de la documentación original.

- Anfertigung der Arbeitsskizzen und schematischen Zeichnungen für das Modellbauteam,
- Projektbudget.

Die von der Gaudî-Gruppe geknüpften Kontakte und unsere Recherchen verhalfen zum dringend benötigten Quellenmaterial. Meine Kenntnisse des gebauten Gebäudeteils ergaben genauere zusätzliche Informationen zum Modellgrundriß. Meine Vorliebe für räumliche Komplexität fand eine reichhaltige Beschäftigung in der Entwirrung des auf den Originalmodellfotos sichtbaren Fadengebildes und in der Umsetzung der mit Rainer Graefe abgesprochenen Erkenntnisse in Skizzen.

Arnold Walz, cand. arch., Mitarbeiter des IL und des Atelier Warmbronn (Frei Otto), eigene Kunst- und Leichtbau-Projekte. Wichtigste Arbeitsbereiche:
- Beschaffung von Materialien, Kontakte mit Firmen (Fertigung von Spezialteilen),
- Entwicklung und Herstellung der Modellbaudetails,
- Einrichtung und Ausstattung der Werkstatt,
- Modellbau,
- Betreuung des Modells bei diversen Ausstellungen (Transportbetreuung, Aufstellung).

Laufend in Leichtbauentwicklungen tätig, konnte Arnold Walz im entscheidenden Moment in die Rekonstruktion voll einsteigen, als die wichtigsten Entscheidungen über die technischen Details des Modells bevorstanden und der Nachbau allmählich begann. Sein handwerkliches Geschick, seine Erfahrung mit heiklen Hängemodellen und sein Verständnis für die Gesamtproblematik macht ihn zum 'ersten' Modellbauer.

Frei Otto verdanken wir viele Anregungen. Arbeits- und Risikobereitschaft des Teams wurden durch das Bewußtsein ganz außerordentlich gehoben, daß wir bei Krisen mit ihm als Nothelfer hätten rechnen können. Seine Hilfe konzentrierte sich vor allem auf die schwierigen Vorbereitungen des Modellbaus. Bei der Wahl beispielsweise der Materialien und beim Entwickeln modellbautechnischer Details führten uns seine Vorschläge oft zu den endgültigen Lösungen. So regte er an, anstelle der originalen Verbin-

the model,
- Producing working sketches and schematic drawings for the model building team,
- Budgeting of the project.

The Gaudî Group's contacts together with our research produced vital source material. My knowledge of the completed part of the building added detail information. My experience of spatial complexity was put to good use when disentangling the strings on the original photos and producing sketches outlining the results of discussions with Rainer Graefe.

Arnold Walz, cand. arch., member of the IL and of the Atelier Warmbronn (Frei Otto), own projects in art and lightweight structures. Areas of work covered include:
- Ordering materials, liaising with manufacturers (production of special parts),
- Development and production of model details,
- Establishing and furnishing the model workshop,
- Model construction,
- Maintenance of the model during various exhibitions (care during transport and erection).

Arnold Walz, who is involved continuously with the development of lightweight structures, was able to join us at a crucial moment. Extremely important technical decisions were being made, actual construction was about to begin. His skill and experience with delicate hanging models was invaluable.

The team is indebted to Frei Otto for his many suggestions. Our working spirit was greatly enhanced by the knowledge that we could count on him as a friend in need. His help focused on the difficult preparations for the model construction. When choosing materials or developing technical details, his suggestions frequently guided us towards a solution. He suggested the development of new, more suitable details for the connection points. When building the model-frame and the transport container his

- Diseño del bastidor del modelo y de su placa de fundamento.
- Elaboración de los croquis de trabajo y dibujos esquemáticos para el equipo constructor del modelo.
- Presupuesto del proyecto.
Los contactos hechos por el Grupo Gaudî y nuestras propias investigaciones, ayudaron al pronto suministro de la documentación necesaria. Mis conocimientos del sector construido del edificio, entregaron informaciones adicionales más exactas para la planta del modelo. Mi predilección por la complejidad espacial, encontró abundante ocupación en el desciframiento de las formaciones visibles de hilos sobre las fotos del modelo original y en la transformación de los conocimientos convenidos en croquis con Rainer Graefe.

Arnold Walz, candidato a arquitecto, integrante del equipo del IL y del Atelier Warmbronn (Frei Otto), con proyectos propios en arte y construcciones livianas. Campos de trabajo más importantes:
- Suministro de materiales, contactos con firmas (Fabricación de partes especiales).
- Desarrollo y fabricación de los detalles en la construcción del modelo.
- Instalación y equipamiento del taller de trabajo.
- Asesoramiento en cuestiones referentes al modelo en diversas exposiciones (Asesoramiento en el transporte, montaje).

Ocupado habitualmente en el diseño de construcciones livianas, pudo Arnold Walz en el momento decisivo, incorporarse plenamente a la reconstrucción, cuando las decisiones más importantes sobre los detalles técnicos del modelo eran inminentes y la construcción del modelo, paulatinamente comenzaba. Sus habilidades manuales, su experiencia con complicados modelos colgantes y su comprensión de la problemática total, lo transformaron en el 'primer' constructor.

A Frei Otto le debemos muchos estímulos. La disposición del equipo al trabajo y al riesgo se vió extraordinariamente elevada debido a que sabíamos que podíamos contar con él en casos de crisis. Su ayuda se concentró sobre todo en los difíciles preparativos de la construcción del modelo. En la elección por ejemplo, de los materiales y en el diseño de detalles técnico-constructivos del modelo, nos condujeron a menudo sus consejos, a la solución definitiva. Así nos sugirió él, que en lugar de

dungsdetails neue geeignetere Details zu entwickeln. Beim Bau des Modellrahmens und des Transportbehälters gab uns seine Zustimmung die Sicherheit, auf dem richtigen Weg zu sein. Geeignete Methoden des Vergleichs der Originalfotos mit der Rekonstruktion wurden nach eingehenden Diskussionen mit ihm gefunden.

Der Bau des Modells erforderte einen kaum vorstellbaren Aufwand an Arbeit und Geschick. Ohne die Zuverlässigkeit und die Geduld unseres Modellbauteams wäre diese Aufgabe nicht zu bewältigen gewesen. Mit zunehmendem Können und Engagement arbeiteten mit: Norbert Groß, Gerhard Heß, Sonja Körner, Rainer Krause, Gerhard Müller und Anne Wolff.

Zwei weitere Mitglieder der Delfter Gaudî-Gruppe verstärkten das Modellbauteam. Sie bearbeiteten aufgrund ihrer Fachkenntnisse selbständige Teilbereiche. Roel van der Heide brachte den problematischen Transportbehälter in einem spannenden Endspurt zu einem erfolgreichen Abschluß. Peter Bak erwies sich als Talent bei der Überarbeitung des Modellrohbaus, vor allem des vertrackten vorderen Fassadenaufbaus. Jan Molema schließlich war in Barcelona hilfreich bei der Beschaffung des Quellenmaterials und bei der Befragung des Gaudî-Forschers Puig.

Im IL-Zelt mit seiner besonderen Atmosphäre fanden wir Arbeitsplätze und vielfältige Hilfe: Georgina Krause-Valdovinos und Ilse Schmall führten fachkundig und schnell die zahlreichen schwierigen Fotolaborarbeiten durch; Klaus Bach übernahm die fotografische Dokumentation einzelner Modellbauphasen; Berthold Burkhardt und Jürgen Hennicke berieten in organisatorischen und statischen Fragen; Alfred Wunder half bei speziellen handwerklichen Aufgaben; Gerlinde Braun und Ulla Brinkmann führten das Sekretariat; Dominique Straub leistete Übersetzungshilfen.
Hilfen kamen auch von Mitarbeitern des Instituts für Anwendungen der Geodäsie im Bauwesen: Ulrich Hangleiter und Hans-Dieter Preuss berieten in Fragen der Photogrammetrie; Niklaus Enz half bei der Herstellung des Modellgrundrisses und fertigte photogrammetrische Aufnahmen des Modells an.
Auf Bitte von Gallus Rehm stellte Lutz Wichter für den Modellbau einen Teil der Versuchshalle der Abteilung Baugrund des Otto-Graf-Instituts zur Verfügung. Die dort beschäftigten Mitarbeiter nahmen manche Erschwernis auf sich, um unsere Arbeit zu ermöglichen.

encouragement gave us confidence. Extensive discussions with him, provided methods of comparison of the original photos with the reconstruction.

The construction of the model required an enormous amount of energy and skill. Without the effort and patience of the team the project would have been impossible. The following people contributed in these respects: Norbert Groß, Gerhard Heß, Sonja Körner, Rainer Krause, Gerhard Müller and Anne Wolff.

Two other members of the Delft Gaudî Group reinforced the team. Roel van der Heide successfully constructed the difficult transport container in an exciting last minute effort. Peter Bak showed great talent in revising the shell of the model, in particular the difficult front elevation. Last, but not least, Jan Molema helped to amass source material including interviewing the Gaudî scholar Puig in Barcelona.

Workspace was found in the IL tent and much help was given. Georgina Krause-Valdovinos and Ilse Schmall ran the photographic laboratory: Klaus Bach undertook the photographic documentation of the various model stages; Berthold Burkhardt and Jürgen Hennicke gave advice in matters of organisation and structural problems. Alfred Wunder assisted in special manual tasks; Gerlinde Braun and Ulla Brinkmann were the team's secretaries, Dominique Straub assisted with translations.

More help came from members of the Institute for Geodesic Measurement: Ulrich Hangleiter and Hans-Dieter Preuss advised on photogrammetry; Niklaus Enz helped to produce the model plan and took photogrammetric pictures.

Lutz Wichter was asked by Gallus Rehm to provide space in the laboratory of the Otto-Graf-Institute. The people working there readily accepted the inconvenience caused by our model building activities.

los detalles de unión originales, diseñásemos unos nuevos y más apropiados. En la construcción del bastidor y de la caja para el transporte, su aprobación nos dió la seguridad de encontrarnos en buen camino. Métodos de comparación entre las fotos del original y la reconstrucción, fueron encontrados durante exhaustivas discusiones con él.

La construcción del modelo exigió un extraordinario despliegue de trabajo y habilidad. Sin la confianza y paciencia de nuestro equipo, ello no hubiese sido posible de llevar a cabo. Con creciente conocimiento y compromiso, colaboraron: Norbert Groß, Gerhard Heß, Sonja Körner, Rainer Krause, Gerhard Müller y Anne Wolff.

Otros dos integrantes del Grupo Gaudî de Delft reforzaron nuestro equipo. Ellos elaboraron partes autónomas, en base a sus conocimientos técnicos en la materia. Roel van der Heide condujo en un emocionante esfuerzo final, el problemático recipiente para el transporte, a una exitosa concreción. Peter Bak se mostró como un talento en el retocado de la construcción original, sobre todo en la complicada construcción de la fachada frontal. Finalmente, Jan Molema aportó de Barcelona, el suministro de la documentación original y la entrevista con el investigador de Gaudî, Puig.

En la 'tienda' del IL con su especial atmósfera, encontramos lugares de trabajo y múltiple ayuda. Georgina Krause-Valdovinos e Ilse Schmall, realizaron con competencia y celeridad, los numerosos trabajos fotográficos; Klaus Bach se encargó de la documentación fotográfica de las distintas fases de la construcción del modelo; Berthold Burkhardt y Jürgen Hennicke asesoraron en los problemas estáticos y organizativos; Alfred Wunder ayudó en especiales tareas manuales; Gerlinde Braun y Ulla Brinkmann condujeron las tareas de secretaría; Dominique Straub realizó tareas de traducción. Ayuda llegó también de integrantes del Instituto para el Uso de la Geodesia en la Ciencia de la Construcción (IAGB): Ulrich Hangleiter y Hans Dieter Preuss asesoraron en asuntos de fotogrametría; Niklaus Enz ayudó en la construcción de la planta del modelo y realizó tomas fotogramétricas del mismo. A petición de G. Rehm, Lutz Wichter puso a disposición una parte de la sala de ensayos de la sección Fundaciones del Instituto Otto Graf, para la construcción del modelo. Los integrantes del mismo, allí ocupados, aceptaron las complicaciones derivadas de tal situación para permitir nuestro trabajo.

I.1.2 Aufgabenstellung

In der Aufgabenstellung der Rekonstruktion können zwei Aspekte unterschieden werden.
1. Die Rekonstruktion als Ausstellungsobjekt
Ein eingreifender Wunsch des Auftraggebers war, daß die Rekonstruktion - wie das Original - mit Säckchen ausgeführt werden sollte, auch wenn eventuell Gewichte anderer Form den Rekonstruktionsprozeß erleichtert hätten.
Was Szeemann erfahren wollte, war "ein Gebilde, worin Säckchen als Noten in einer sinfonischen Partitur verteilt" sein würden. Szeemann und sein enger Mitarbeiter in diesem Projekt, Toni Stooss, engagierten sich sehr für den musealen Aspekt der Rekonstruktion, einschließlich des Transports. Mit beiden wurde öfters dieser Aspekt diskutiert und manche Anregungen waren das Ergebnis, wie zum Beispiel der Verzicht auf technische Erläuterungen zugunsten einer Präsentation als abstraktes Kunstwerk. In I.9.3 komme ich auf die Aufstellung des rekonstruierten Modells im Museum zurück.
Ein Sonderproblem war der Transport des Rekonstruktionsmodells zu den verschiedenen geplanten Ausstellungen. Daß dieses Problem besonders schwierig zu lösen war, war uns von vornherein klar. In der Planung - und übrigens auch in finanzieller Hinsicht - nahm die Transportfrage von Anfang an eine eigenständige Stelle ein. Die Schwierigkeit bestand vor allem darin zu vermeiden, daß das Hängemodell mit den Tausenden von Gewichten Schwingungen und Stößen während des Transports ausgesetzt sein würde. Die Transportfrage wurde detailliert mit einem Mitarbeiter der zuständigen Transportfirma, Herrn Josy Kraft, Basel, abgestimmt (siehe weiter zu diesem Thema I.9.2).

2. Die wissenschaftliche Relevanz der Rekonstruktion.
Für das IL und die Gaudî-Gruppe bot die Rekonstruktion über den Bau eines Ausstellungsmodells hinaus faszinierende Möglichkeiten der baugeschichtlichen Forschung. Vor allem aus diesem Gund, in der Hoffnung, neue Erkenntnisse zu Gaudîs Architektur gewinnen zu können, wurde der Auftrag angenommen. Welche Genauigkeit bei der Rekonstruktion zu erreichen war, hing zu einem wesentlichen Teil von den verfügbaren Geldmitteln und der verfügbaren Zeit (Lieferfrist) ab.
Meine persönliche Meinung dazu ist, daß diese Einschränkungen, die den Wunsch nach wissenschaftlicher Gründlichkeit durch den konkreten Auftrag eingrenzte, dem Rekonstruktionsprojekt eine positive Realitätsnähe gab (8).

I.1.2 Tasks

There are two aspects to the overall project.

1. The Model as an Exhibit
The client asked us specifically to use small bags as weights, even if it was found that there were easier ways of building the new model.

Szeemann wanted to see "an object that would evoke the image of a sheet of music with the sachets acting as the notes in a score for a symphony". Szeemann and his collaborator in this project, Toni Stooss, were very concerned about the conditions required by the museum and the problem of transport. These points were discussed many times and they were able to make a number of suggestions, e.g. the relinguishing of technical description in favour of presentation of an abstract piece of art. (See part I.9.3, arrangement of the reconstructed model in the museum).

A particular problem was transportation of the model to the various exhibitions. We knew from the beginning that this would be difficult. Our greatest concern was that the model would be subjected to impact and vibration during transit. Transport was organised and co-ordinated by Josy Kraft of Basel (see also I.9.2).

2. The Significance of the Reconstruction

The project created a great opportunity for both the IL and the Gaudî Group to carry out fascinating research in architectural history. This was one of the main reasons for accepting the commission. The degree of accuracy we hoped to achieve was largely dependent on the money and time available (e.g. delivery term).

In my opinion these factors, imposed by the reality of the commission, gave the project a welcome air of reality (8).

I.1.2 Determinación de tareas

En la determinación de tareas para con la reconstrucción, se pueden distinguir dos aspectos.
1. La reconstrucción como objeto a exponer. Un fuerte deseo del comitente era que la reconstrucción - como el original - debía ser efectuada con saquitos, aún cuando eventualmente otras formas de pesos hubiesen facilitado el proceso de reconstrucción.
Lo que Szeemann quería experimentar, era una figura en la cual los saquitos estuviesen distribuidos como las notas de una partitura sinfónica. Szeemann y su estrecho colaborador en este proyecto, Toni Stooss, se comprometieron enormemente en el aspecto museográfico de la reconstrucción, incluído el transporte. Con ambos fue frecuentemente discutido este aspecto y de ello resultaron algunas sugerencias como por ejemplo, renunciar a las aclaraciones de tipo técnico en favor de una presentación como obra de arte abstracta. En I.9.3 retornaré al montaje en el museo del modelo reconstruído.
Un especial problema fue el transporte del modelo a las distintas exposiciones planificadas. Que este problema fuese particularmente difícil de resolver, nos era claro desde un principio. En la planificación - y también desde el punto de vista financiero - ocupó el problema del transporte, desde un comienzo, una posición preponderante. La dificultad residía sobre todo en evitar que el modelo colgante, con sus miles de pesos, estuviese expuesto a movimientos de vaivén y golpes durante el transporte. El problema del transporte fue detalladamente coordinado con el colaborador de la empresa de transportes responsable, Sr. Josy Kraft, Basilea (sobre este tema, véase I.9.2.).

2. La relevancia científica de la reconstrucción
Para el IL y el Grupo Gaudî, ofreció la reconstrucción, fascinantes posibilidades para la investigación de la historia de la construcción. Por esta razón, en gran medida, fue aceptado el encargo, en la esperanza de poder ganar nuevos conocimientos sobre la arquitectura de Gaudî. La exactitud posible de alcanzar en la reconstrucción, dependía en gran parte de los medios económicos y el tiempo (Plazo de entrega) disponibles.
Mi opinión personal al respecto es que éstas restricciones, que limitaron el deseo de minuciosidad científica debido a lo concreto del encargo, dieron al proyecto de reconstrucción, un positivo acercamiento a la realidad (8).

> S. 31 Das rekonstruierte Modell, Innenaufnahme von oben

> p. 31 The reconstructed model, inside view from above

> p. 31 El modelo reconstruído, foto del interior visto desde arriba

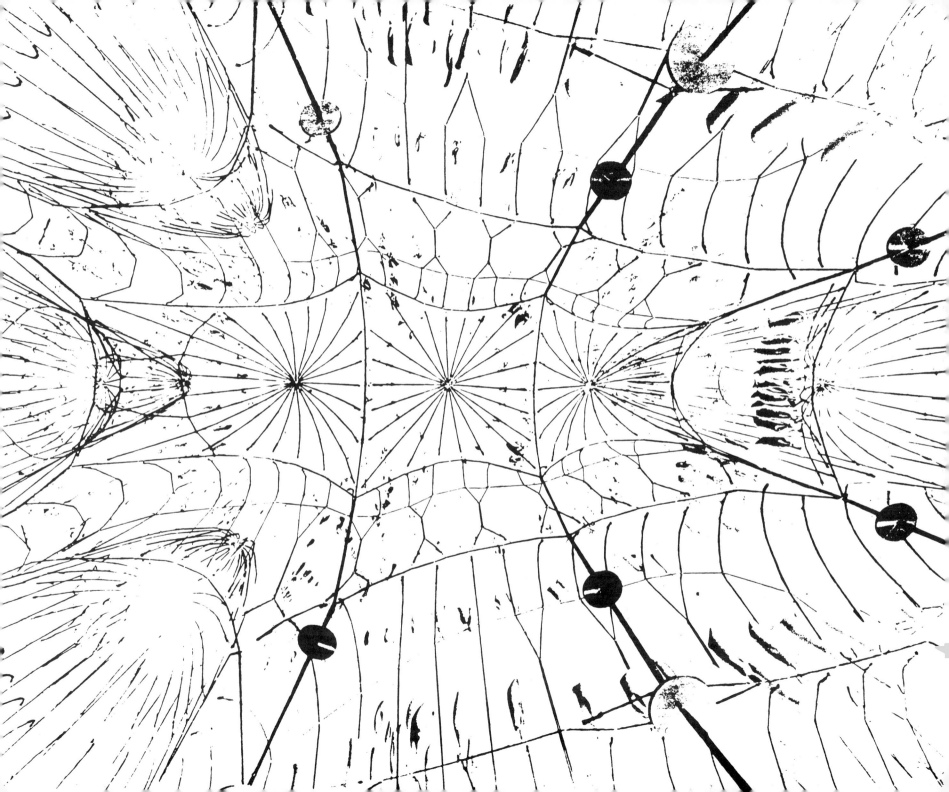

I.1.3 Forschungsstand Anfang 1982

Im Hinblick auf den Verlust des größten Teils des Quellenmaterials ist es ein glücklicher Zufall, daß das wenige erhaltene Material die wesentlichen Informationen über Hängemodell und Kirchenentwurf enthält und sogar einen Einblick in den Entwurfsprozeß gewährt. Besonders der fertiggestellte Teil der Kirche und die Fotos vom Hängemodell und einige ihrer Übermalungen sind in dieser Hinsicht wertvoll.

Der Versuch, das Hängemodell und mit seiner Hilfe den Kirchenentwurf zu rekonstruieren, wurde erstmals von Isidre Puig Boada aufgrund eines Teils der hier aufgeführten Quellen ausgeführt. Auf Puigs Ansätze konnte Yasuo Matsukura aufbauen. Er erreichte eine wesentliche Vertiefung.

Auf diese Ergebnisse beider Forscher wurde bei dieser Rekonstruktion vielfach zurückgegriffen, nicht nur zum Vergleich, sondern vor allem bei der Suche nach der besten Vorgehensweise. Ohne die Hilfe der Studien von Puig und Matsukura würde unser Rekonstruktionsprozeß sehr viel mehr Aufwand verlangt haben, für den in Anbetracht der Umstände Zeit und Mittel gefehlt hätten (9).

1. Original-Quellenmaterial

Das Original-Quellenmaterial ist einteilbar in dasjenige, das sich auf den Entwurfsprozeß und das Hängemodell bezieht, und dasjenige, welches das Bauwerk betrifft. Außerdem gibt es einige Literaturstellen, die Informationen zum Thema des Kirchenprojekts und des Hängemodells enthalten.

Quellen zum Entwurfsprozeß:

a) Eine Serie von 19 Fotos (> S. 64 - 67), die das Hängemodell in unterschiedlichen Entwurfsphasen von innen und außen dokumentieren. Eine Serie von Fotos mit sechs Übermalungen, von Gaudí auf den Originalmodellfotos ausgeführt. Zwei Originale der Übermalungen sind - in vergilbtem Zustand - erhalten. Siehe für eine chronologische Darstellung dieses Materials I.5.1 (Fotograf: Vicens Villarrubias).

I.1.3 Progress of Research in the Beginning of 1982

In view of the loss of most of the source material, we were lucky to have in our possession essential data on the hanging model and the church design which provided an inside view of the design process. The finished part of the church and the photos of the model, some of them painted-over, were also invaluable.

The first person to rebuild a hanging model and simultaneously attempt to replicate the church design, was Isidre Puig Boada, who used some of the information mentioned above. Later Yasuo Matsukura extended Puig's work and helped to extend our understanding.

Consequently, our own project drew from the experience of these two architects which saved a great deal of time (9).

1. Original Source Material

The original source material may be divided into two parts: Material relevant for the understanding of the design process and hanging model, and information on the built structure. A further source of information was bibliographic reference on the church project and the hanging model.

Sources of Information for the Design Process:

a) A series of 19 internal and external photos (> p. 64 - 67), showing different design phases. A series of six photos of Gaudí's over-painted model pictures plus two faded originals. A chronological listing of this material is given under I.5.1 (Photographer: Vicens Villarrubias).

b) The contents of a sketch book is partially documented: 11 sketches with calculations of

I.1.3 Estado de las investigaciones a principios de 1982

Considerando la pérdida de gran parte del material original, es una afortunada casualidad que el escaso material que aún se conserva, contenga información fundamental sobre el modelo colgante y el proyecto de la iglesia, permitiendo incluso examinar el proceso de diseño. Especialmente la parte de la iglesia ya construída y las fotos del modelo colgante y algunas fotos repintadas del mismo son a este respecto, de gran valor.

El intento de reconstruír el modelo colgante y con él, restituir el proyecto de la iglesia, fue realizado por primera vez por Isidre Puig Boada, basándose en parte en las fuentes aquí mencionadas. Sobre los planteamientos de Puig, pudo basarse Yasuo Matsukura, quien logró profundizar ampliamente en el tema.

Durante la reconstrucción, se utilizaron en repetidas oportunidades los resultados alcanzados por ambos investigadores, no sólo en la comparación, sino sobre todo en la búsqueda del mejor procedimiento. Sin la ayuda de los estudios de Puig y Matsukara, hubiera exigido nuestro proceso de reconstrucción un despliegue de recursos mayor, el que dadas las circunstancias, no hubiese sido posible pues para ello, no se contaba con el dinero y el tiempo necesarios (9).

1. La documentación original

La documentación original se puede dividir en dos partes, la relacionada con el proceso de diseño y el modelo propiamente dicho, y la relativa al edificio. Además, hay cierta bibliografía que contiene informaciones sobre el tema del proyecto de la iglesia y del modelo colgante.

Fuentes para el proceso de diseño:

a) Una serie de 19 fotos (> p. 64 - 67) que muestran al modelo colgante interior y exteriormente, durante distintas fases de diseño. Una serie de fotos con 6 de ellas repintadas, realizadas por Gaudí sobre fotos del modelo original. Se conservan dos originales de las fotos repintadas, ya amarillentos. En I.5.1. se presenta una exposición cronológica de tal material (Fotógrafo: Vicens Villarrubias).

b) Der Inhalt eines Zeichenheftes ist teilweise fotografisch dokumentiert: Elf Skizzen mit Berechnungen der Gewichtsmengen für das Hängemodell (Maßstab 1 : 50) (> S. 141). Die Skizzen zeigen Bogenabschnitte vom Treppenaufgang zum Kircheneingang. Einige wurden skizzenhaft mit Andeutungen der Architektur der jeweiligen Bauteile ergänzt (siehe II.2.1.4).
Drei Grundrisse mit den Aufhängepunkten der Fäden des Hängemodells, auf Doppelseiten des Zeichenheftes, nummeriert 10, 11, 13 (Maßstab 1 : 100). Nur die Krypta ist (fast vollständig) auf den Grundrissen wiedergegeben.
Nr. 10 (S. 139 > 2): Original-Belastungsplan, gespiegelter Grundriß. Angaben der Lasten, die von den Fäden getragen werden, gemessen am Aufhängepunkt jedes Fadens. Die Angaben in kg sind in den Gewichtsmaßstab des Gebäudes umgerechnet.
Nr. 11 (S. 139 > 3): Original-Materialplan. Angaben über die Materialien der Bauteile.
Nr. 13 (S. 139 > 4): Original-Koordinatenplan. Die Koordinaten der Aufhängepunkte in cm sind im Maßstab des Gebäudes angegeben.

c) Ein Gewichtssäckchen des Hängemodells mit Bleischrott gefüllt, Länge 9,5 cm, Ø 2,5 cm. Das Säckchen aus Naturleinen ist graubraun verfärbt.

d) Foto eines früheren Hängemodells Gaudîs, abgedruckt im Buch 'Gaudî' von Ràfols, 1929 (> S. 223) (siehe II.3).

e) Ein verwackeltes Stereo-Bildpaar, das Negativ beschädigt, vom Atelier mit dem Hängemodell. An der Wand des Ateliers sind einige Übermalungen von Modellfotos zu erkennen. Durch die offene Tür des Ateliers ist die linke Seite der Krypta als Baustelle sichtbar (> S. 114).

Quellen zum Bauwerk:

a) Der ausgeführte Teil der Kirche. Er besteht aus dem Untergeschoß mit einer Krypta, Nebenräumen und einer Portikus, über die eine Treppe zum eigentlichen Kircheneingang führt, dessen zugemauerte Öffnung noch im obersten Wandteil des Bautorsos zu sehen ist. Dieses Untergeschoß wird von einer provisorischen Überdachung geschützt.

the weights for the hanging model (scale 1 : 50) (> p. 141). These sketches show segments of stairway arches leading to the church entrance. some were sketchily amended, giving architectural details (ref. II.2.1.4). Three plans of the suspension points for the hanging model, numbered 10, 11, 13, on double pages (scale 1 : 100). The plans show only the (almost complete) crypt.

No. 10 (p. 139 > 2): Original plan of the loads; the plan in mirror image. Loads supported by the strings, when measured at the suspension points. Weights given in kilograms have already been converted to the final loads in the building.

No. 11 (p. 139 > 3): Original plan of materials. Information on the materials of the building elements.

No. 13 (p. 139 > 4): Original plan of co-ordinates. The co-ordinates of the suspension points are given in centimetres, representing full-scale dimensions.

c) A weight sachet filled with lead shot, 9.5 long, dia. 2.5 cm. The sachet made from linen, is discoloured in a grey-brown.

d) Photo of an early hanging model by Gaudî, published 1929, in the book 'Gaudî' by Ràfols (> p. 223) (ref. II.3).

e) A blurred stereometric photograph of the atelier with the hanging model; the negative is damaged. On the wall of the atelier some painted-over model photographs can be seen. It is possible to see the crypt under construction through the open door of the atelier (> p. 114).

Sources with Reference to the Building

a) The erected part of the church consists of the basement with a crypt, ancillary rooms and a portico. A stairway leads over the portico to the church entrance proper. The blocked opening is just visible in the upper part of the wall. The basement is covered with a temporary roof. The basement and stairway are shown on many surveys (plans

b) Parte del contenido de un cuaderno de dibujo está documentado fotográficamente: once bosquejos en escala 1 : 50 con cálculos de la cantidad de pesos para el modelo colgante (> p. 141). Los bosquejos muestran secciones de arcos de la escalera a la entrada de la iglesia. Algunos fueron completados en rápidos esbozos, con agregados en la arquitectura del respectivo elemento de construcción (véase II.2.1.4.). Tres plantas con los puntos de colgado de los hilos del modelo colgante, a doble página, en el cuaderno de dibujo, numerados con 10, 11, 13 (Escala 1 : 100). Sólo la cripta está (casi completa) representada en dichas plantas.
n° 10 (p. 139 > 2), plano original de cargas, planta reflejada. Indicaciones de las cargas que son soportadas por los hilos, medidas en el punto de suspensión de cada uno. Las indicaciones en kg están convertidas a la proporción de pesos de edificio.
n° 11 (p. 139 > 3), plano original de materiales. Especificaciones sobre la materialidad de los elementos constructivos.
n° 13 (p. 139 > 4), plano original de coordenadas. Las coordenadas de los puntos de colgado, en cm, están dadas en la escala del edificio.

c) Un saquito de lastre del modelo colgante, relleno con perdigones de plomo, largo 9,5 cm, diámetro 2,5 cm. El saquito de lino natural es de color gris pardo.

d) Foto de un modelo colgante anterior de Gaudî impreso en el libro 'Gaudî' de Ràfols, 1929 (> p. 223) (véase II.3.).

e) Un par de estereofotografías desenfocadas, con el negativo dañado, del taller con el modelo colgante. En la pared del taller son posibles de reconocer algunas de las imágenes repintadas de las fotos del modelo. A través de la puerta abierta del taller es visible la parte izquierda de la cripta en construcción (> p. 114).

Fuentes relativas al edificio

a) La parte construîda de la iglesia. Esta consta de un piso bajo con una cripta, espacios laterales y un pórtico, sobre el que una escalera conduce a la verdadera entrada de la iglesia, cuya abertura tapiada es aún visible en la parte superior del sector de pared correspondiente al torso de la construcción. Este está protegido con un techado

Untergeschoß und Treppenaufgang sind in vielen Bauaufnahmen (Pläne und Schnitte z.B. > S. 49) dokumentiert. Die Qualität vieler publizierter Pläne ist dürftig und selbst der beste Grundriß (der Grundriß von Bonet) enthält Fehler (siehe dazu I.3.1).

b) Stützenteile und Kapitelle aus Basalt und Naturstein liegen in beachtlicher Anzahl um das Gebäude herum. Sie sollten im unausgeführten Teil der Kirche noch verwendet werden.

c) Der Inhalt eines Zeichenheftes, ähnlich wie das schon erwähnte Heft, als Fotoreproduktion erhalten. Auf einer Seite das Datum 27. Juli 1910. Drei Doppelseiten und eine Einzelseite zeigen Berechnungen des Erdaushubs der Baustelle und Skizzen noch nicht identifizierter Bauteile mit Maßangaben.

d) Eine Serie von Fotos des Untergeschosses während des Baus (> S. 162, S. 17 > 2).

e) Ein Plan der Siedlung 'Colonia Güell', publiziert 1910: Colonia Güell y fábrica de panas y veludillos de Güell y Cîa. Der Zeichner ist José Bardie Pardo unter Leitung von Gaudî/Berenguer (> S. 171).

f) Ein Teil der Zahlungslisten und Rechnungen für Arbeiten an der Kirche, fotografisch reproduziert oder als handschriftliche Kopie.

Die Fotos ohne Quellenangaben und das Original-Gewichtssäckchen sind im Besitz der Câtedra Gaudî, Barcelona, mit Ausnahme des Fotos OÜ 5, das im Besitz des Instituto Amatller de Arte Hispânico, Barcelona ist. Die zwei erhaltenen Originalübermalungen sind Privatbesitz.

- Literaturstellen - Gaudîs Aussagen zum Thema:

Aus der einschlägigen Literatur ist für die spezielle Aufgabe der Rekonstruktion nur wenig Material verwendbar. Einige von Gaudîs Aussagen beziehen sich auf das Projekt für die Kirche der Arbeitersiedlung und auf das Hängemodellverfahren. Andere streifen die Thematik. Diese Aussagen wurden großteils von Joan Bergôs und César Martinell zwischen 1914 und 1926 nach Gesprächen mit Gaudî aufgezeichnet und später publiziert. Puig Boada stellte eine Dokumentation von Gaudîs Schriften und Aussagen zusammen (katalanisch): Isidre Puig Boada; El Pensament de Gaudî.

and sections; e.g. > p. 49). The quality of many of the published drawings is poor and even the best plan (the plan drawn by Bonet) contains errors (ref. I.3.1).

b) Large numbers of column sections and capitals made from basalt and natural stone are lying around the building. They are intended for that part of the church still unbuilt.

c) The photographic reproduction of the contents of a sketch book, similar to the one already mentioned, has survived. On one page the date is shown as 27th July 1910. Calculations for the excavation of the site and sketches of still unidentified dimensioned building elements, are shown on three double pages and a single page.

d) A series of photos of the basement, taken during construction (> p. 162, p. 17 > 2).

e) A plan of the 'Colonia Güell', published 1910: Colonia Güell y fábrica de panas y veludillos de Güell y Cîa. The draughtsman was José Bardie Pardo under the supervision of Gaudî/Berenguer (> p. 171).

f) Part of the receipts and invoices for the works on the church, photographically reproduced or manually copied.

The photos and the original sachet of weights belong to the Catedra Gaudî, in Barcelona, with the exception of photo OÜ 5 which is owned by the Instituto Amatller de Arte Hispanico, in Barcelona. The two existing original over-painted photographs are owned privately.

- Bibliographic References - Gaudî's statements:

The literature on the subject does not reveal much. Some of Gaudî's statements refer to the project for the church of the worker's colony and to the hanging model, others merely touch on the subject. Most of these statements were noted down by Joan Bergôs and César Martinell between 1914 and 1926, following discussions with Gaudî. Puig Boada compiled a documentation of Gaudî's writings and statements in Catalan: Isidre Puig Boada; El Pensament de Gaudî.

provisorio. El piso bajo y la escalera están documentadas en numerosos levantamientos de la construcción (Planos y cortes, p. ej. > p. 49). La calidad de muchos de los planos es pobre y aún la mejor planta (la de Bonet), contiene errores (véase al respecto I.3.1.).

b) Gran cantidad de trozos de columnas y capiteles de basalto y piedra natural, se hallan dispersos alrededor del edificio. Estos debîan ser utilizados en la parte no construîda de la iglesia.

c) El contenido de un cuaderno de dibujo, similar al cuaderno ya mencionado, conservado como reproducción fotográfica. En una de las páginas, la fecha 27 de julio de 1910. Tres doble páginas y una página simple, muestran cálculos de las excavaciones en el terreno de la obra y bosquejos de elementos de construcción con especificaciones respecto a sus dimensiones, aún no identificados.

d) Una serie de fotos del piso bajo durante la construcción (> p. 162, p. 17 > 2).

e) Un plano de la 'Colonia Güell', publicado en 1910: Colonia Güell y fábrica de panas y veludillos de Güell y Cîa. El dibujante es José Bardie Pardo, bajo la dirección de Gaudî/Berenguer (> p. 171).

f) Una parte de la lista de pagos y honorarios de trabajos en la iglesia, reproducidas fotográficamente o como copia manuscrita.

Las fotos sin especificaciones de su fuente y el saquito de lastre original, están en posesión de la Câtedra Gaudî, Barcelona, con excepción de la foto OÜ 5, que está en posesión del Instituto Amatller de Arte Hispânico, Barcelona. Las dos fotos originales repintadas, están en manos privadas.

- Referencias bibliográficas - Declaraciones de Gaudî sobre el tema:
De la bibliografía respectiva, existe para la especial tarea de la reconstrucción, sólo poco material utilizable. Algunas afirmaciones de Gaudî se relacionan con el proyecto de la iglesia de la Colonia Güell y al método del modelo colgante. Otras rozan la temática. Estas declaraciones fueron en gran parte apuntadas por Joan Bergós y César Martinell, entre 1914 y 1926, de conversaciones mantenidas con Gaudî y posteriormente publicadas. Puig Boada reunió una documentación con los escritos y declaraciones de Gaudî (en catalán): Isidre Puig Boada; El Pensament de Gaudî.

2. Forschungen von Isidre Puig Boada

Der Architekt Isidre Puig Boada (10), 1891 - 1987, kannte Gaudî und hat das Originalmodell gesehen. Puigs Studie 'L'Església de la Colònia Güell' faßte 1976 seine Forschungen über die Kirche der Arbeitersiedlung Güell und das Hängemodell zusammen. Diese Veröffentlichung enthält eine genaue Beschreibung des gebauten Teils des Kirchenentwurfs und den Versuch, Hängemodell und Kirchenentwurf zu rekonstruieren. Außerdem werden viele Originaldokumente veröffentlicht und kritisch interpretiert.

- Bauaufnahmen
Puig konnte sich auf eine Reihe von neu erstellten Bauaufnahmen stützen. Der Grundriß des Untergeschosses von Bonet Garî (> S. 50) war schon 1960 in einer ersten Fassung erschienen und 1972 ergänzt worden mit einer Projektion der Deckenkonstruktion (11).

- Rekonstruktion des Hängemodells (> S. 36 > 3)
Die Rekonstruktion des Hängemodells erfolgte zeichnerisch in einem Plan und in Schnitten im Maßstab 1 : 20. Nur die nicht gebaute Kirche wurde in der Rekonstruktion erfaßt. Die Zeichnungen stellen wegen der fast symmetrischen Gestalt des Modells nur die rechte Hälfte des Hängemodells dar. Einzelne Fäden sind gekennzeichnet und eine unterschiedliche Farbgebung der Linien erleichtert die Interpretation der Zeichnungen.

- Rekonstruktion des Kirchenentwurfs (> S. 36 > 1)
Puigs Rekonstruktion des Kirchenentwurfs konzentriert sich auf den Kirchengrundriß, ergänzt mit einer Beschreibung der Konstruktion und Architektur des Kirchenentwurfs.

2. Isidre Puig Boada's Studies

The architect Isidre Puig Boada (10), 1891 - 1987, knew Gaudî and saw the original model. Puig's study 'L'Església de la Colònia Güell' of 1976, summarizes his research of the church building and the model. His study includes a precise description of the built sections of the church design and describes his attempt to reconstruct the hanging model. Moreover he published many original documents together with his interpretation.

- The Building Survey
Puig was able to use a number of recently produced surveys. The plan of the basement by Bonet Garî (> p. 50) came out in 1960 with a second print in 1972, supplemented by a projection of the ceiling construction (11).

- Reconstruction of the Hanging Model (p. 36 > 3)
The reconstruction of the model was carried out on drawings in 1 : 20 scale. Only the un-built parts of the church were covered by the drawings and because of the symmetry of the model only the right hand side of the model was shown. The lines on the drawings are colour coded and each string is marked which makes the drawings more readable.

- Reconstruction of the Church Design (> p. 36 > 1)
Puig concentrated on reconstruction of the church plan and added a description of its construction and architecture.

2. Investigaciones de Isidre Puig Boada

El arquitecto Isidre Puig Boada (10), 1891 - 1987, conoció a Gaudî y vió el modelo original. El estudio de Puig 'L'Església de la Colònia Güell', reúne investigaciones sobre la iglesia de la Colonia Güell y el modelo colgante. Esta publicación contiene una exacta descripción de la parte construïda del proyecto de la iglesia y del intento de reconstruïr el modelo colgante y el proyecto de la iglesia. Además son publicados y críticamente interpretados muchos documentos originales.

- Levantamientos de la construcción
Puig pudo basarse en una serie de nuevos levantamientos que se realizaron. La planta del piso bajo de Bonet Garî (> p. 50), fue publicada en una primera versión, en 1960, y en 1972 fue completada con una proyección de la construcción de la cubierta (11).

- Reconstrucción del modelo colgante (p. 36 > 3)
La reconstrucción del modelo colgante se realizó gráficamente en planta y en cortes a escala 1 : 20. Sólo comprendió la parte no construïda de la iglesia. Los dibujos representan sólo la parte derecha del modelo, debido a la figura casi simétrica del mismo. Los distintos hilos son identificados y la coloración diversa de las líneas, facilita la interpretación del dibujo.

- Reconstrucción del proyecto de la iglesia (p. 36 > 1)
La reconstrucción de Puig del proyecto de la iglesia, se concentra en la planta de la misma, complementada con una descripción de la construcción y de la arquitectura de la iglesia.

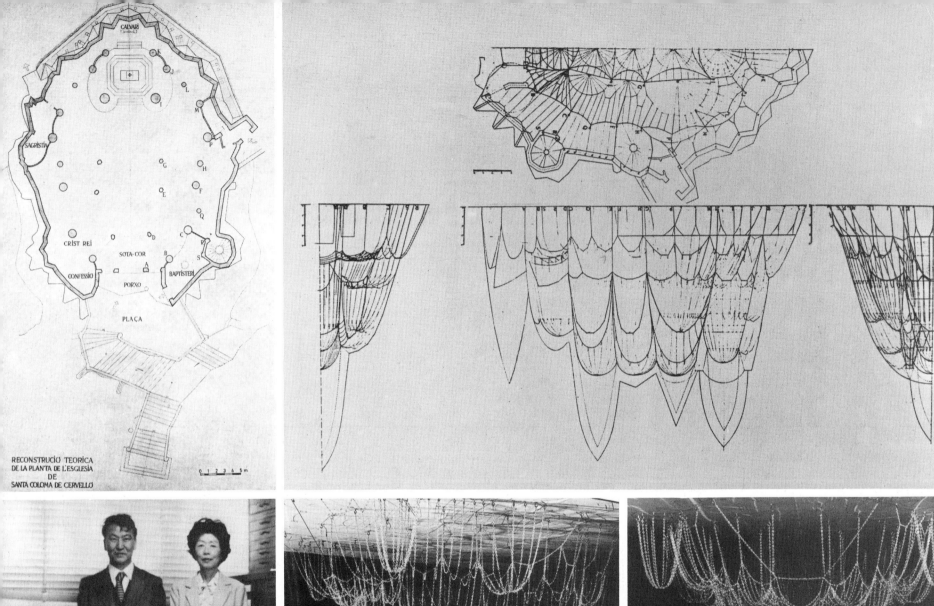

RECONSTRUCIÓ TEORICA
DE LA PLANTA DE L'ESGLESÍA
DE
SANTA COLOMA DE CERVELLÓ

0 1 2 3 4 5 m

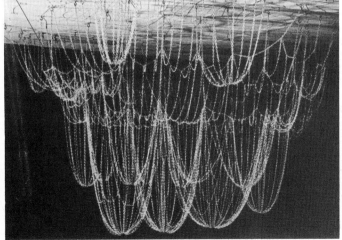

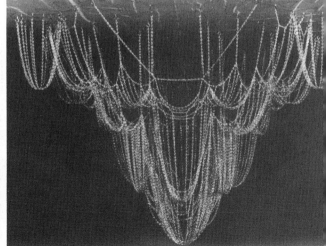

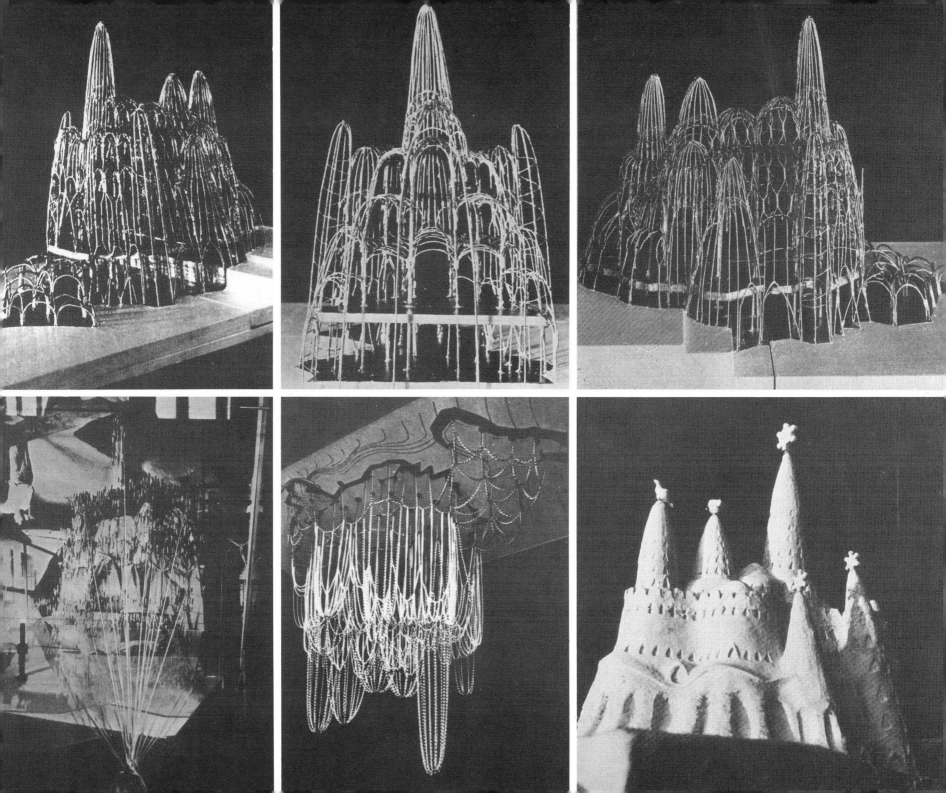

3. Forschungen von Yasuo Matsukura

Prof. Yasuo Matsukura (12), Kyushu Institute of Design (Japan), suchte jahrelang, mittels experimenteller Modelle das Originalmodell zu rekonstruieren. 1978 faßte er seine Studien in der Publikation 'Gaudî, Camino de un Diseño' (japanisch) zusammen.
Matsukuras Forschungen zu Gaudîs Hängemodell bestehen aus fünf Bereichen, die hier in etwa chronologischer Folge dargestellt werden. Seine Studien stützen sich auf Puigs Erkenntnisse.

- Kettenmodelle (S. 37 > 5)
In einer Serie von Kettenmodellen wurde die grobe Form des Originalmodells erforscht.

- Kennzeichnung der Aufhängepunkte des Originalmodells (S. 39 > 1)
Fünf Originalmodellfotos (OM 9, 10, 12, 15, 19) wurden analysiert. Auf diesen Fotos wurde der Verlauf der wichtigsten Fäden sowie von Stützen und Bögen eingezeichnet und mit Buchstaben und Zahlen gekennzeichnet. Die Aufhängepunkte der ermittelten Fäden des Originalmodells wurden im Grundriß des gebauten Untergeschosses mit ihrer Kennzeichnung eingetragen. Für die Bestimmung von etwa der Hälfte der Aufhängepunkte im Kryptabereich projizierte Matsukura ein Foto des Originalbelastungsplans in den Grundriß.

- Aufstellung zur Auswertung der Fotoperspektive
In Bezugssystemen (S. 37 > 4) zwischen Originalmodellfotos, Grundriß und Kamerastandpunkt wurde versucht, die Koordinaten von auf den Fotos sichtbaren Punkten des Originalmodells zu ermitteln (S. 39 > 2). Ein solcher Punkt auf dem Foto, G' (zum Beispiel einen Kuppelscheitel vorstellend), hat, projiziert auf den Grundriß, die schätzungsweise ermittelte Lage G. Der Punkt H ergibt schließlich die Lage des Kuppelscheitels G' bezogen auf den Grundrißmaßstab (13).

3. Yasuo Matsukura's Research Work

Professor Yasuo Matsukura of the Kyushu Institute of Design (Japan), spent some years on the reconstruction of the original model. His studies were published in Japan in 1978 under the title 'Gaudî, Camino de un Diseño'.

Matsukura's research based on Puig's findings consists of five parts which are listed here in chronological order.

- Chain Models (p. 37 > 5)
A number of chain models were used to give a rough shape of the original.

- Marking of the Suspension Points of the Original (p. 39 > 1)
Five original photos were analysed (OM 9, 10, 12, 15, 19). The most important strings, in particular the columns and arches, were drawn on these pictures and marked with characters and numbers. The suspension points of the established strings were marked on the basement plan. Approximately half of the suspension points in the area of the crypt were established by projecting a photo of the original plan of the loads on to the plan of the reconstruction.

- Positioning of Camera and Model
Matsukura established a reference system for the original photos, plans and camera stand points (p. 37 > 4), in trying to determine the co-ordinates on the original model pictures (p. 39 > 2). If we take point G' (e.g. the top of a dome on the photo) and project its approximate location onto the plan as G, point H will represent the final location of the top of the dome G' in relation to the scale of the plan (13).

3. Investigaciones de Yasuo Matsukura

El profesor Yasuo Matsukura (12), del Kyushu Institute of Design (Japón), buscó durante años, por medio de modelos experimentales, reconstruir el modelo original. En 1978 recopiló él sus estudios en la publicación 'Gaudî, camino de un diseño' (en idioma japonés).

- Modelo de cadenas (p. 37 > 5)
En una serie de modelos de cadenas, fue investigada la forma aproximada del modelo original.

- Identificación de los puntos de colgado del modelo original (p. 39 > 1)
Cinco fotos del modelo original, fueron analizadas (OM 9, 10, 12, 15, 19). Sobre estas fotos fue dibujado el recorrido de los hilos más importantes, así como también las columnas y arcos, marcados todos con letras y números. Los puntos de suspensión de los hilos del modelo original fueron registrados con su respectiva marca en la planta del piso bajo ya construido. Para la determinación de cerca de la mitad de los puntos de colgado en la zona de la cripta, proyectó Matsukura una foto del plano de cargas original sobre la planta.

- Montaje para la valoración de las perspectivas fotográficas
Se intentó determinar las coordenadas de los puntos visibles del modelo original, mediante sistemas de referencia (p. 37 > 4) entre fotos del modelo original, planta y posición de la cámara (p. 39 > 2). Uno de tales puntos sobre la foto G' (por ejemplo, representando la corona de una cúpula), tiene, proyectado sobre la planta, aproximadamente la posición dada G. El punto H da finalmente la posición de la corona de la cúpula G' referida a la escala de la planta (13).

Eine Revision der Fehleinschätzungen in der Entschlüsselung der Foto-Perspektiven ist durch Vergleich der Ergebnisse der fünf Bezugssysteme gewährleistet (14).

- Rekonstruktion des Hängemodells mit einem Drahtmodell (S. 37 > 1 - 3)
In einem Drahtmodell (Maßstab 1 : 100) ist der Fadenverlauf des Originalmodells rekonstruiert aufgrund der ermittelten Daten in den Fotoperspektiv-Aufstellungen. Das Drahtmodell zeigt das Hängemodell um 180° gedreht, stehend wie das Gebäude.

- Latex-Modell des Kirchenvolumens (S. 37 > 6)
Der Latex-Abguß eines Tonmodells gibt die rekonstruierte Außenform der geplanten Kirche wieder.

A revision of any errors in the evaluation of the photographic perspectives is given by a comparison of the five reference systems (14).

- Reconstruction of the Hanging Model with a Wire Model (p. 37 > 1 - 3)
The routing of the strings of the original were made using a wire model (scale 1 : 100), on the bases of data taken from the photo perspectives. The wire model shows the hanging model turned 180° and, similar to the built church, standing upright.

- The Latex Model of the Church Volume (p. 37 > 6)
The latex mould of a clay model shows the reconstructed exterior shape of the planned church.

Una revisión de la estimación de errores resultantes del descifrado de las perspectivas fotográficas, esta garantizada a través de la comparación de los resultados de los cinco sistemas de referencia (14).

- Reconstrucción del modelo colgante con un modelo de alambres (p. 37 > 1 -3)
En un modelo de alambres (escala 1 : 100) fue reconstruído el recorrido de los hilos del modelo original en base a los datos recogidos de los montajes de las perspectivas fotográficas. El modelo de alambres muestra al modelo colgante girado en 180°, erecto como el edificio.

- Modelo de látex del volúmen de la iglesia (p. 37 > 6)
El vaciado en látex de un modelo en arcilla, reproduce la forma exterior de la iglesia proyectada.

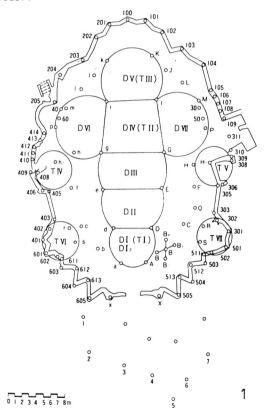

1

R: Kamerablickpunkt
O: Mittelpunkt des Fotos
A B C: Stützen auf dem Grundriß
A' B' C': Stützen auf dem Foto

R: Camera viewpoint
O: Photo centre
A B C: Columns in the plan
A' B' C': Columns on the photo

R: Punto de vista fotográfica
O: Centro de la foto
A B C: Columnas en la planta
A' B' C': Columnas en la foto

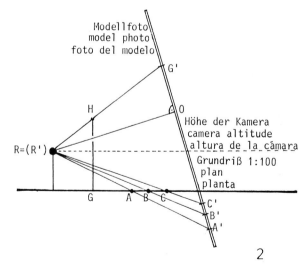

2

> 1 Grundriß mit Kennzeichnung der Aufhänge-
   punkte des Originalmodells (Matsukura)
> 2 Bezugssystem zur Auswertung der Fotoper-
   spektive; schematische Darstellung (Matsukura)

> 1 Plan of the original with marked-up suspen-
   sion points (Matsukura)
> 2 Listing for the evaluation of the photo-
   graphic perspectives; schematic (Matsukura)

> 1 Planta con la caracterización de los puntos
   de colgado del modelo original (Matsukura)
> 2 Sistema de referencia para la valoración de
   la perspectiva fotográfica; representación
   esquemática (Matsukura)

4. Forschungen der Gaudî-Gruppe

Auf Initiative Jan Molemas wurde 1976 die Gaudî-Gruppe (15) an der Architekturabteilung der Technischen Hochschule Delft von wissenschaftlichen Mitarbeitern und Studenten gegründet. Zur Zeit umfaßt die Gruppe neben Jan Molema: Peter Bak; Roel van der Heide, Nico Schoen und Jos Tomlow.

Der Satz "Gaudî was een rationalist met perfekte materiaalbeheersing" (deutsch: Gaudî war ein Rationalist mit perfekter Materialanwendung) war 1978 der Titel einer Ausstellung und des Ausstellungskatalogs, in denen die Gaudî-Gruppe ihre ersten Ergebnisse vorzeigte. Behandelt wurden Gaudîs Bauten in Barcelona. 1979 wurde die Ausstellung in Stuttgart gezeigt. Die Katalogtexte wurden später vervollständigt und als Buch verlegt. Spätere Forschungen galten in einer Vertiefungsstudie der Sagrada Familia (1982) und dem Werk Gaudîs in Nordwestspanien. Die Forschungen Jan Molemas führten neuerdings über die Konstruktion der Gaudî-Bauten hinaus in geschichtliche Zusammenhänge, wobei er Gaudîs Arbeitsweise im Hinblick auf die Symbolik einiger Bauten herausstellen konnte. Wichtig im Bezug zu unserem Thema ist besonders Molemas Forschung über Herkunft und Anwendung der parabelähnlichen Bogenformen und der Kettenlinie in Gaudîs Werk (16).

Die Gaudî-Gruppe konnte für die Rekonstruktion vorweisen:
- erste Erfahrungen mit dem Bau eines Kettenmodells als grobe Rekonstruktion von Gaudîs Hängemodell nach der Puig-Rekonstruktion (S. 36 > 4, 5),
- detaillierte Kenntnisse des ausgeführten Gebäudeteils der Kirche der Colonia Güell,
- Kontakte zu Gaudî-Forschern und Archiven.

4. Research by the Gaudî Group

In 1975 Jan Molema organised the formation of the Gaudî Group (15) from staff and students of the Architectural Department at Delft Technical University. Together with Jan Molema the group's current members are: Peter Bak, Roel van der Heide, Nico Schoen and Jos Tomlow.

In 1978 the group presented its first results in an exhibition. The title of the catalogue was 'Gaudî was een rationalist met perfekte materiaalbeheersing' (Gaudî was a Rationalist with perfect knowledge of material properties). The subject was Gaudî's buildings in Barcelona. In 1979 the exhibition went to Stuttgart. The text of the catalogue was later ammended and published as a book. In 1982 more research was carried out into the Sagrada Familia and Gaudî's work in western Spain. Jan Molema's recent research goes beyond the construction of Gaudî's buildings into its historical significance and symbolism. His research on the origin and usage of the parabola-like bow shape and the catenary line is particularly relevant to our thesis (16).

The Gaudî Group was able to provide the following:
- initial experience with building a chain model using Puig's work as a rough guide (p. 36 > 4, 5),
- detailed knowledge of the built part of the church in the Colonia Güell,
- contacts with Gaudî researchers and archives.

4. Investigaciones del Grupo Gaudî

Por iniciativa de Jan Molema, fue creado en 1976, en el departamento de arquitectura de la Escuela Superior Técnica de Delft, el grupo Gaudî (15), integrado por investigadores y estudiantes. Actualmente el grupo se compone, además de Jan Molema, de Peter Bak, Roel van der Heide, Nico Schoen y Jos Tomlow.

La frase 'Gaudî was een rationalist met perfekte materiaalbeheersing' (En español: 'Gaudî fue un racionalista con un perfecto empleo de los materiales'), fue en 1978, el título de una exposición y del catálogo correspondiente, en los que el Grupo Gaudî mostró sus primeros resultados. Allí fueron tratadas las construcciones de Gaudî en Barcelona. En 1979 fue mostrada la exposición en Stuttgart. El texto del catálogo fue posteriormente completado y editado en calidad de libro. En investigaciones posteriores se profundizó sobre la Sagrada Familia (1982) y sobre la obra de Gaudî en el noroeste de España. Las investigaciones de Jan Molema condujeron recientemente, más allá de la construcción de las obras de Gaudî, a relaciones de carácter histórico en las que pudo subrayar el método de trabajo de Gaudî en vista al simbolismo de algunas de sus construcciones. Importante en relación con nuestro tema, es en forma especial, la investigación de Molema sobre el origen y el uso de arcos con formas similares a la parábola y de la catenaria en la obra de Gaudî (16).

El Grupo Gaudî pudo aportar para la reconstrucción:
- Las primeras experiencias en la construcción de un modelo de cadenas como aproximación a la reconstrucción del modelo colgante de Gaudî de acuerdo con la reconstrucción de Puig (p. 36 > 4, 5),
- Detallados conocimientos de los sectores ya construídos de la iglesia de la Colonia Güell,
- Contactos con investigadores de Gaudî y archivos.

5. Forschungen des Instituts für leichte Flächentragwerke

Das Institut für leichte Flächentragwerke, Leitung Frei Otto, beschäftigt sich seit über 20 Jahren eingehend mit Modellbautechnik. Die Modellbautechnik hat sich am IL zu einem erstklassigen Instrument zur Erforschung von Formen entwickelt, nicht nur technischer Tragwerke, sondern insbesondere auch von Konstruktionen der lebenden und toten Natur. Ziel dabei ist, die formbildenden Gesetze zu verstehen, um mit diesem Wissen kritisch die festgerosteten Denkweisen über Bauen und Statik zu überdenken. Die regen Kontakte mit vielen Disziplinen bestätigen die wissenschaftliche Tiefe dieser Arbeit, die in Sonderforschungsprogrammen (SFB 64 und SFB 230) eingebunden ist.

Eine Vielzahl von Hängemodellen kam zur Ausführung. Sie ergaben neue Einsichten in Gewölbekonstruktionen (17). Dazu kommt eine historische Komponente des Instituts, die sich auf die Geschichte des Konstruierens konzentriert. Für diesen Arbeitsbereich ist Rainer Graefe zuständig. Die Erforschung der Geschichte des Konstruierens, im Vergleich zu anderen Aspekten der Architekturgeschichte ein vernachlässigtes Gebiet, hat sich als Methode zur Erlangung konstruktiver Einsichten bewährt. Eine wichtige Frage dabei ist, was die alten Baumeister über Maßstäbe, Kräfte und Form ihrer Konstruktion gewußt haben könnten.

Für die Rekonstruktion von Gaudîs Hängemodell konnte das IL Wissen und Erfahrungen vorzeigen:
- Entwicklung und Erprobung von technischen Details für Hängemodelle,
- Durchführung von Modellbauprozessen,
- Mittel der Fotografie und Photogrammetrie,
- organisatorischer Rahmen für dieses komplexe und risikoreiche Projekt.

5. Institute for Lightweight Structures Research

The Institute of Lightweight Structures, led by Frei Otto, has been engaged in model building techniques for the past 20 years. These model building techniques have been developed into a first class instrument of research into forms, covering not only the forms of technical structures but also forms of specific structures in living and dead nature. The aim has been to elicit laws that influence form in order to re-evaluate the narrow minded thinking in the building and structure field. Lively contacts with many disciplines have confirmed the scientific value of this work which is incorporated into the Special Research Programmes (SFB 64 and SFB 230).

A large number of hanging models were built giving new insights into vaulted structures (17). Additionally the Institute has taken a keen interest in the history of construction. Rainer Graefe has been responsible for this particular area. This research has been neglected in comparison with other aspects of architectural history and has proved itself by answering questions with regard to previous master builder's knowledge of scale, forces and form.

The IL could draw on the following experience in relation to hanging models:
- development and testing of technical details for hanging models,
- execution of models,
- methods for photographic and photogrammetric documentation,
- organisational framework for this highly complex project.

5. Investigaciones del Instituto para Estructuras Superficiales Livianas

El Instituto para Estructuras Superficiales Livianas, bajo la dirección de Frei Otto, se ocupa desde hace más de veinte años, exhaustivamente con técnicas de construcción de modelos. La técnica de construcción de modelos se ha transformado en el IL, en un instrumento de primera categoría para la investigación de formas, no sólo de estructuras de carácter técnico, sino también y sobre todo, de construcciones de la naturaleza orgánica e inorgánica. La finalidad de ellos es comprender las leyes de la creación de formas, para con estos conocimientos, reflexionar críticamente sobre las habituales formas de pensamiento en la construcción y en la estática. Los activos contactos con diversas disciplinas, confirman la profundidad científica de este trabajo, que está unido a programas especiales de investigación (SFB 64 y SFB 230).

Una apreciable cantidad de modelos colgantes fueron construídos. Ellos entregaron nuevos conocimientos en el campo de la construcción de bóvedas (17). A ello se agrega una componente histórica del Instituto, la que se concentra en la historia de la construcción. Este campo de trabajo es competencia de Rainer Graefe. La investigación de la historia de la construcción, un campo descuidado en comparación a otros aspectos de la historia de la arquitectura, ha mostrado ser un método eficaz en la obtención de nuevos conocimientos constructivos. Una importante pregunta en relación a lo anterior, es saber cuales pudieron ser los conocimientos de los viejos maestros constructores sobre la escala, fuerzas y forma de sus construcciones.

Para la reconstrucción del modelo colgante de Gaudî, pudo el IL demostrar conocimientos y experiencias:
- Desarrollo y experimentación de detalles técnicos para modelos colgantes,
- Ejecución de procesos de construcción de modelos,
- Medios fotográficos y fotogramétricos,
- Marco organizativo para este complejo y riesgoso proyecto.

I.2 ZUR ARBEITSWEISE

I.2.1 Das Hängemodell als Produkt eines selbst-bildenden Enstehungsprozesses

Bei der Rekonstruktion waren im wesentlichen zwei Probleme zu lösen. Zum einen mußte die Form des Originalmodells ermittelt werden und zum anderen mußte diese Form nachgebaut werden.

Für unser Vorgehen grundlegend wichtig war die Erkenntnis, daß diese beiden Probleme, Former-mittlung und Nachbau, nicht zu trennen waren. Hängemodelle stellen Gleichgewichtsfiguren dar, die sich - in Abhängigkeit von Randbedingungen, Fadenlängen, Gewichtsverteilung und derglei-chen - von selbst in bestimmte Formkonfigura-tionen einpendeln. Jeder Eingriff in diesen Formbildungsprozeß, jede Änderung eines Details kann weitreichende, schwer vorhersehbare Form-änderungen zur Folge haben. Das Rekonstruk-tionsmodell war wegen dieser Selbstbildung von Hängeformen nur begrenzt manipulierbar.

Wir beschlossen - bei der verwirrenden Vielfalt von Fäden - bei Einstellung der Formen uns zu-nächst auf eine ausgewählte Anzahl von Punkten zu beschränken. Bei den ausgewählten Punkten wurde zunächst nur die Höhenlage eingestellt (und laufend nachkorrigiert). Ansonsten ließen wir sie sich frei einpendeln, das Modell sich also selbst unter Eigengewicht der Fäden ein-stellen.

I.2.2 Technische Probleme

Hängemodelle erfordern eine spezielle Modell-bautechnik. Neben dem Anspruch der Formgenauig-keit und der Haltbarkeit des Rekonstruktions-modells stellte uns die Forderung nach laufen-der Veränderbarkeit aller Fadenlängen vor große Probleme bei der Entwicklung der technischen Details (Fadenverbindungen etc.). Die techni-schen Details des Originalmodells waren sowohl für eine Rekonstruktion in einer relativ kurzen Zeit wie für die Anforderungen an die Rekon-struktion als Ausstellungsobjekt nicht geeig-net. Größe und Gewicht des Modells und die er-forderliche Transportierbarkeit erforderten feste Verbindungsdetails und einen Modellrahmen von besonderer Stabilität. Außerdem mußte ein

I.2 THE WORKING METHOD

I.2.1 The Hanging Model as the Result of a self-shaping Process

Two specific problems confronted us from the outset. Firstly, we had to establish the form of the original model and secondly we had to construct it.

Realization that the two were inseperable was crucial to our course of action. Hanging models are forms in equilibrium and self-adjusting within the parameters of lengths of string, distribution of weight etc.. Any interference with the form-creating process, could have un-forseable consequences. For this reason manipu-lation of the model was extremely limited.

Initially, when we began the form finding pro-cess, we decided to restrict ourselves to a number of selected nodes because of the confus-ing variety of strings. We started by fixing the heights of the chosen nodes (which were continuously corrected). Outside of the 'node-fixing', the model was allowed to develop its own weighted shape.

I.2.2 Technical Problems

Hanging models require a specialised construc-tion technique. We were confronted with enor-mous difficulties when developing technical details that would allow a changing the lengths of string and which would also guarantee stabi-lity and durability. The technical details of the original were not suitable for reconstruc-tion in the short time available nor were they suitable for an exhibition. The size and weight of the model and the fact that it had to with-stand the perils of transport meant that the design of the string connections had to be strong and the actual frame particularly sturdy. It was also necessary to develop a simple method of measuring the complex and delicate

I.2. SOBRE EL METODO DE TRABAJO

I.2.1. El modelo colgante como producto de un proceso de autoformación

Para la reconstrucción eran, esencialmente, dos los problemas a resolver. Por un lado debía ser encontrada la forma del modelo original y por el otro, aquella forma debía ser construida.

Para nuestra forma de proceder, era de funda-mental importancia el comprender que ambos problemas, el de la obtención documental de la forma y el de su ejecución, no eran separables. Modelos colgantes representan figuras en equi-librio, las que - dependiendo de las condicio-nes de su periferia, de la longitud de los hilos, de la distribución de las cargas y simi-lares - oscilan por si mismas a determinadas configuraciones. Cada intervención en este pro-ceso de creación de la forma, cada cambio en algún detalle, pueden tener como consecuencia, cambios de gran alcance y en cuanto a la forma, difíciles de preveer. El modelo de la recons-trucción era, debido a esta autocreación de las formas colgantes, manipulable sólo en forma limitada.

Para el ajuste de las formas decidimos, ante la desconcertante variedad de hilos, limitarnos en principio, sólo a una cantidad determinada de puntos. Inicialmente, para los puntos elegi-dos fueron sólo reguladas las alturas (y con-tinuamente corregidas). De otra forma, los dejábamos oscilar libremente, de modo que el modelo se ajustaba por sí mismo bajo el peso propio de los hilos.

I.2.2. Problemas técnicos

Los modelos colgantes exigen para sí, técnicas especiales de construcción. Además de la pre-tensión puesta en la exactitud de la forma y de la solidez del modelo de reconstrucción, representó la exigencia de una contínua varia-ción en las longitudes de todos los hilos, un gran problema en el desarrollo de los detalles técnicos (uniones de hilos, etc.). Los detalles técnicos del modelo original no eran adecuados para una reconstrucción a corto plazo ni para con las exigencias de una reconstrucción como objeto a exponer. El tamaño y el peso del mode-lo y su necesaria transportabilidad, exigían detalles de unión fijos y de un bastidor espe-cialmente estable para el modelo. Además debía

einfaches Meßverfahren entwickelt werden, mit dessen Hilfe das komplizierte und empfindliche Fadengebilde sich von außen berührungsfrei kontrollieren und erfassen ließ. Alle Details wurden zunächst in kleinen Modellen geprüft, ebenso alle verwendeten Materialien.

Daß das Rekonstruktionsmodell als Kunstobjekt ausgestellt werden sollte, stellte besondere Anforderungen an die Gestaltung. Beim Modellbau mußten außerdem die Möglichkeiten für die erforderliche fotografische Dokumentation geschaffen werden.

Der insgesamt sehr komplizierte Modellbauprozeß ließ sich nur mit einem ständig veränderbaren Hängemodell durchführen. Änderungsmöglichkeiten wurden darum geschaffen bei der Anordnung der Aufhängepunkte, bei den Längen und Vernetzungen der Fäden und bei Verteilung und Mengen der Gewichte im Modell. Auf diese Weise entstand ein Gebilde, das jederzeit allseitig veränderbar war, sozusagen ein 'Gummimodell'.

Die wichtigsten Arbeitsschritte beim Bau des Rekonstruktionsmodells waren:
- Ermittlung der Lage der Aufhängepunkte des Hängemodells im Modellgrundriß.
- Montage derjenigen Fäden, welche die Stützen und Hauptbögen (die sog. Primärkonstruktion) wiedergeben.
- Einbringen der übrigen Modellfäden (Sekundärkonstruktion).
- Einstellung der Verzweigungspunkte und Bögenscheitel in provisorisch ermittelten Höhenlagen.
- Aufhängung der Gewichte im Hängemodell nach ermittelter Menge und Verteilung.
- Endgültige Korrektur der Modellform (Höhenlagen, Proportionen, Fadenverlauf und Gewichtsverteilung).

configuration of strings from the outside without touching the model. All aspects were initially tested in small models as were the materials used.

The fact that the model would be displayed as an art object also posed special problems. Another complication was the requirement for photographic documentation.

Such a complex model-building process was only possible if it could be changed continuously. For this reason we provided possibilities of change in the positioning of suspension points, the lengths and interweaving of strings and the amount of weights and their distribution. This produced a completely flexible structure, or a 'rubber model'.

The most important steps in the construction process were:
- Establishing the position of the suspension points on plan.
- Setting up of those strings representing the columns and main arches (the so-called primary structure).
- Mounting the rest of the strings (secondary structure).
- Mounting of the branching-off points and the rises of the arches at provisional heights.
- Suspending the weights according to the establishing amounts and distribution.
- Final adjustment of the model shape (levels, proportions, positioning of strings and distribution of weights).

ser desarrollado un método de medición simple, con cuya ayuda la complicada y sensible configuración de hilos se dejara controlar y registrar externamente, sin ser tocada. Todos los detalles fueron inicialmente experimentados en pequeños modelos, así como todos los materiales empleados.

Que el modelo a reconstruir debía ser expuesto como objeto artístico, presentó especiales exigencias en su realización. Además, en la construcción del modelo, debían ser proporcionadas las posibilidades para la necesaria documentación fotográfica.

El muy complicado proceso de construcción del modelo, visto en su totalidad, sólo se dejaba ejecutar con un modelo colgante continuamente modificable. Las posibilidades de modificación fueron logradas a través de la disposición de los puntos de suspensión, de las longitudes y la configuración de la red de los hilos, y de la distribución y tamaño de los pesos en el modelo. De esta forma, resultó una configuración que era en todo momento y de cualquier lado, modificable, algo así como un 'modelo de goma'.

Los pasos de trabajo más importantes en la reconstrucción del modelo, fueron:
- Determinación en planta, de la posición de los puntos de suspensión del modelo colgante.
- Montaje de los hilos que reproducían las columnas y arcos principales (la llamada, construcción primaria).
- Introducción de los restantes hilos del modelo (construcción secundaria).
- Ajuste de los puntos de ramificación y claves de los arcos, en alturas determinadas en forma provisoria.
- Colgado de los pesos en el modelo colgante de acuerdo a cantidad y distribución determinadas.
- Corrección definitiva de la forma del modelo (alturas, proporciones, recorrido de los hilos y distribución de las cargas).

I.2.3 Der Maßstab und Gewichtsmaßstab des Rekonstruktionsmodell

I.2.3 The Scale of Dimensions and Weights

I.2.3. La escala volumétrica y la escala de pesos del modelo de la reconstrucción

Der Maßstab des Originalmodells ist 1 : 10, was Abmessungen von etwa 6 m Länge un 4 m Höhe ergibt. Der Gewichtsmaßstab des Originalmodells (Ballastsäckchen - Eigengewicht der Bauteile) betrug 1 : 10.000, was ein Gesamtgewicht des

The scale of the original had been 1 : 10, which meant the model was approximately 6 metres long and 4 metres high. The scale of weights (sachets of ballast representing the dead weight of construction elements) had been 1 : 10,000 which

La escala del modelo original es de 1 : 10, la que da dimensiones de alrededor de 6 m de longitud y 4 m de altura. La escala de pesos del modelo original (saquitos de lastre - peso propio de las partes constructivas) era de 1 :

Modells von schätzungsweise 400 kg ergibt. Es stellte sich heraus, daß diese Dimensionen für den Transport und für die vorgesehenen Ausstellungsräume zu groß waren.

Als Maßstab für die Rekonstruktion wurde 1 : 15 gewählt, wobei die folgenden Kriterien galten:
- Bei diesem Maßstab ist das Rekonstruktionsmodell gerade noch in Lastwagen und Flugzeug transportierbar.
- Die Dimensionen bei einem möglichst großen Maßstab vereinfachen wesentlich die Montage der vielen komplizierten Details und sind günstig für den gewünschten Effekt bei einer Ausstellung im Museum.
- Ein einfacher Umrechnungsfaktor.

Um die Belastung des Modells vor allem beim Transport zu verringern, wurde als Gewichtsmaßstab 1 : 100.000 gewählt (18).

I.2.4 Das Studium der Originalmodellfotos

Einzige Grundlage für die Rekonstruktion des hochkomplizierten Fadengebildes stellten die Fotos des Originalmodells dar. Nur beim fertiggestellten Untergeschoß konnten Bauaufnahmen für die Rekonstruktion des entsprechenden Modellteils hinzugezogen werden.

Trotz der guten Qualität der alten Fotos war der Aufbau des Fadenmodells nicht unmittelbar ablesbar. Teile sind auf ihnen verdeckt, überschattet, liegen im unscharfen Bereich des Fotos und dergleichen mehr.

Die Studie der Modellfotos war langwierig, aber gelegentlich spannend wie die Arbeit eines Detektivs. Kein Detail durfte übersehen werden, da jedes für Form und Aufbau der Gesamtstruktur von Bedeutung sein konnte. Die einzelnen Aspekte bei der Analyse der Modellfotos, die zumeist parallel zum gleichzeitigen Bau des Modells verlief, waren:
a) Ungefähre Feststellung der Standpunkte der Kamera bei Aufnahme der jeweiligen Fotos anhand des Modellgrundrisses und der Einzelheiten der Fotoperspektive (Horizont, Fluchtpunkte).
b) Erfassung der chronologischen Reihenfolge, in der die Aufnahmen entstanden, zur Ermittlung derjenigen Fotos, die den endgültigen Entwurf wiedergeben, den es nachzubauen galt.

means the overall weight of the model would be in the range of 400 kg. It soon became apparent that these dimensions were too large for transport and exhibition space.

The scale for the reconstruction was therefore reduced to 1 : 15 with the following additional criteria:
- The model would just about fit into a lorry or into the hold of a plane.
- The dimensions as large as possible to a scale, which would simplify construction of the many complex details and also produce a large enough exhibit for the museum.
- A simple conversion factor.

In order to reduce the weight of the model during transport the scale of weights was changed to 1 : 100,000 (18).

I.2.4 The Study of the original Model Pictures

The photos of the original model form the sole basis for the rebuilding of the highly complicated string configuration. Only in the case of the finished basement was it possible to consult survey drawings.

The configuration of strings was not immediately apparent in spite of the good quality of the old photos. Parts were obscured, over-shadowed or lay in a blurred area.

This process, though longwinded, was at times exciting like the investigations of a detective. It was important that nothing was overlooked. The analysis of the pictures was carried out in parallel to the construction of the model. Some aspects of procedure are listed below:
a) Camera positions for the appropriate pictures were approximated on the basis of model plans and details of the perspectives (horizon, focal points).
b) Establishing the chronological order of the images. This was necessary to determine the final design.
c) Identifying all objects shown on the pictures in order to distinguish between model details and additions such as the pieces of cloth that had only been introduced for the photography.

10.000, lo que daba un peso propio del modelo de aproximadamente 400 kg. Quedó en evidencia que tales dimensiones eran demasiado grandes para el transporte y los lugares de exposición previstos.

Como escala para la reconstrucción, fue elegida la de 1 : 15, valiéndose de los siguientes criterios:
- Con esta escala, el modelo de la reconstrucción es todavía transportable por vía terrestre como aérea.
- Las dimensiones en la escala más grande posible, facilitan enormemente el montaje de los numerosos y complicados detalles y son favorables para con el efecto deseado en su exposición en un museo.
- Un coeficiente de transformación simple.

Para disminuir el peso, sobre todo en el transporte, fue elegida una escala de pesos de 1 : 100.000 (18).

I.2.4. El estudio de las fotos del modelo original

Los únicos antecedentes para la reconstrucción de la altamente complicada configuración de hilos, se encontraban en las fotos del modelo original. Solamente de las partes bajas ya construidas pudieron incorporarse los correspondientes levantamientos a la respectiva parte del modelo.

Pese a la buena calidad de las viejas fotos, la disposición de los hilos del modelo no era directamente descifrable de ellas. Partes de ellas están cubiertas, bajo sombra, se hallan en zonas poco nítidas de las fotos y otras situaciones similares.

El estudio de las fotos fue de larga duración, pero a veces emocionante, como el trabajo de un detective. Ningún detalle debía ser omitido, pues cada uno de ellos podía ser de importancia para la forma y construcción de la estructura general. Los aspectos particulares en el análisis de las fotos del modelo, que por lo general transcurría paralelamente a la construcción del modelo, fueron:
a) Determinación aproximada de la posición de la cámara para la toma de las respectivas fotos, con la ayuda de la planta del modelo y de las singularidades de las perspectivas de las fotos (horizonte, puntos de fuga).
b) Registro de la sucesión cronológica en la

c) Identifizierung aller Objekte auf den Fotos, um die Modelldetails von anderen Zutaten (wie lediglich für die Fotos angebrachte Stoffabdeckungen) unterscheiden zu können.

d) Analyse der einzelnen Modellbaudetails und der Modellbautechnik.

e) Feststellung aller Fäden und Überzeichnung schlecht sichtbarer Fäden, Kennzeichnung der Stützen- und Wandfäden, Erfassung von Anzahl und Anordnung der übrigen Fäden und der Art ihrer Vernetzung. Für die Erfassung der Hauptform wurden nur signifikante einzelne Punkte des Fadenverlaufs erfaßt (Verzweigungen und Bogenscheitel).

f) Wenigstens annähernde Ermittlung der Proportionen anhand von Abständen auf den Fotos, die jeweils im Originalmodell in einer Fläche vermessen wurden, welche parallel zur Bildebene lag.

g) Erfassung der Ballastsäckchen nach Plazierung, Größe (bzw. Gewicht) und Länge der Aufhängung.

h) Vergleich der Proportionen der Details mit denjenigen des Rekonstruktionsmodells (Fadenverlauf bei Fenstern, Bögen usw.).

i) Ermittlung von Plazierung und Größe der Scheiben an Stützen- und Wandfäden.

d) Analysis of the individual model-building details and the model-building technique.

e) Establishing the locations of all semi-visible strings, marking of the column and wall strings, registering the number and location of all other strings and the method of their interconnection. When establishing the basic form, only significant nodes were recorded (points of embranchement, rises of arches).

f) Approximation of proportions by means of the distances shown on the photographs (which were always measured in areas parallel to the focal plane).

g) Listing of the ballast sachets according to location, size (respectively weight) and length of suspension.

h) Comparing the proportions of details with those of the new model (routing of strings in windows, arches etc.).

i) Determining the location and size of the discs in the column and wall strings.

que las fotos fueron tomadas, para determinar cuales fotos reproducían el proyecto definitivo que se debía reconstruir.

c) Identificación de todos los objetos que aparecen en las fotos, para poder diferenciar los detalles del modelo de otros agregados (como los recubrimientos con tela realizados para las fotos).

d) Análisis de los detalles constructivos particulares del modelo y de la técnica en la construcción del mismo.

e) Determinación de todos los hilos e indicación de los hilos poco visibles, identificación de los hilos que representan a columnas y paredes, registro de la cantidad y disposición de los hilos restantes y del tipo de unión a la red. Para la comprensión de la forma fundamental, solamente fueron registrados puntos particularmente significativos de la configuración de hilos (ramificaciones y claves de arcos).

f) Determinación, al menos aproximada, de las proporciones en base a distancias en las fotos, las que fueron medidas cada vez sobre una superficie del modelo original, que era paralela al plano de la foto.

g) Registro de los saquitos de lastre de acuerdo a su posición, tamaño (peso respectivo) y longitud de colgado.

h) Comparación de las proporciones de los detalles con aquellas del modelo reconstruído (disposición de los hilos en las ventanas, arcos, etc.).

i) Determinación de la ubicación y dimensiones de los discos en los hilos que representan a las columnas y paredes.

I.2.5 Das Problem der Darstellung des Originalmodells

Ein besonderes Problem war die Vermittlung der Ergebnisse, die aus der Studie der Originalmodellfotos gewonnen waren, nämlich die Darstellung des Originalmodells.
Wie definiert man die Form eines räumlich derart komplexen Hängemodells? Diese Frage wurde während der Rekonstruktion immer wieder diskutiert. Die Sehgewohnheit schreibt für die Identifizierung eines räumlichen Objekts die Raumperspektive vor. Wenn aber das räumliche Objekt keine längeren Geraden aufweist, die parallel laufen, keine Ebenen aufweist, die im rechten Winkel zueinander stehen und der Perspektiv-Horizont nicht eindeutig auffindbar ist, wird es schwierig, die Form des Objekts eindeutig zu erkennen.

I.2.5 The Problem of the Representation of the Original Model

The representation of the results gained from our study of the original model presented a particular problem.

How would the form of such a complex hanging-model be defined? During the reconstruction, this question came up many times. We were used to perspective images when depicting a three-dimensional object, but if this object were to have no straight lines running in parallel or any planes at right angles ot one another and if there was no clearly defined horizon, it would become exceedingly difficult to recognise the object's form.

I.2.5. El problema de la representación del modelo original

Un problema especial fue concretar los resultados logrados del estudio de las fotos del modelo original, es decir, la representación del modelo original.

¿Cómo se define la forma de un modelo colgante espacial tan complejo? Esta pregunta fue repetidamente discutida durante la reconstrucción. La costumbre visual determina la perspectiva espacial para la identificación de un objeto espacial. Pero si aquel objeto espacial no presenta largas rectas de dirección paralela ni planos que se cortan en ángulo recto y el horizonte de la perspectiva no es claramente definible, se torna entonces difícil reconocer la forma exacta del objeto.

Verknüpft mit der Sehgewohnheit ist die Lehre der darstellenden Geometrie, wonach man jedes Objekt in zwei Zeichnungen (Plan und Schnitt im rechten Winkel zueinander) eindeutig definieren kann. Ist für herkömmliche Architektur, wo Plan, Ansicht und Schnitt mit dem Fußboden beziehungsweise Wänden sauber parallel laufen, die darstellende Geometrie angemessen, so erwies sie sich für die Definierung der Form eines derartigen Hängemodells als unbrauchbar. Die gezeichnete Rekonstruktion von Puig mit Schnitten und einem Grundriß, belegen dieses Dilemma, trotz der ästhetischen Qualitäten, die seine Zeichnungen zweifellos haben. Aus diesem Grund wurde auf exakt gezeichnete Vorlagen für die Rekonstruktion verzichtet, mit der Ausnahme des Modellgrundrisses, über den anhand der gebauten Substanz Genaueres bekannt war.

In schematischen Schnitten und Skizzen wurde, parallel zum Nachbau im Modell, der Fadenverlauf des Originalmodells mit zunehmender Präzision erfaßt. Nachdem immer mehr Fäden im Modell waren, übernahm das unfertige Modell, noch ohne Gewichte, allmählich die Funktion, unsere wichtigste Darstellung des Originalmodells zu sein. Als die Gewichte in der Rekonstruktion angebracht waren, konnten schließlich die Originalmodellfotos für den direkten Vergleich mit der Rekonstruktion benutzt werden.

The rules of descriptive geometry state that any object can be defined with two drawings: Plan and section at right angles to each other. Descriptive geometry is suitable for conventional architecture, where plan, elevation and section are parallel to the floor and walls respectively. However it is not appropriate for the definition of a hanging model. Puig's drawn reconstruction with its sections and plan, highlights this dilemma in spite of the unquestionable aestetic quality of his drawings. For this reason, we dispensed with an exactly drawn presentation, except on the model plan where detailed information was available.

It was possible to record the positioning of strings in the original with increasing precision as the reconstruction proceeded. When more and more strings appeared in the model, still without weights, the model gradually became the main tool to understand the original model form. After the incorporation of the weights, it was possible, finally, to use the model pictures in direct comparison with the reconstruction.

Relacionada con la costumbre visual, está la teoría de la geometría descriptiva, por la cual uno puede definir inequívocamente cada objeto mediante dos dibujos (planta y corte en ángulo recto entre sí). Si bien la geometría descriptiva se muestra adecuada para aquella arquitectura tradicional donde plantas, vistas y cortes se extienden claramente paralelas a pisos y paredes, es inútil para la definición de la forma de tal tipo de modelo colgante. La reconstrucción dibujada por Puig con cortes y una planta, ilustran sobre este dilema, pese a la calidad estética que estos dibujos sin duda poseen. Por esta razón se desistió para la reconstrucción, del uso de antecedentes exactamente dibujados, con la excepción de la planta del modelo, de la cual habían datos más exactos en base a la parte ya construida.

En cortes esquemáticos y bosquejos, paralelamente a la reconstrucción del modelo, fueron registradas con creciente precisión las direcciones de los hilos en el modelo original. Habiendo cada vez más hilos en el modelo, adquirió el inacabado modelo, aún sin pesos, lentamente la función de ser nuestra representación más importante del modelo original. Al ser colocados los pesos a la reconstrucción, las fotos del modelo original pudieron ser finalmente utilizadas para la directa comparación con la reconstrucción.

I.2.6 Fotografie als Hilfsmittel

Im Rekonstruktionsprozeß hatte die Fotografie eine bedeutende Stelle. Die alten Fotos dürften bei der Herstellung des Originalmodells bereits selbst ein wichtiges Hilfsmittel gewesen sein. Die fotografische Dokumentation der Entstehungsphasen des Rekonstruktionsmodells wurde von Klaus Bach besorgt. Viele Fragen, die wir in Bezug zur Fotografie hatten, wurden ebenfalls mit ihm diskutiert.

1. Fotos des Originalmodells
Von allen Fotos standen Negativkopien oder Vergrößerungen zur Verfügung. Um auch kleinste Details sichtbar zu machen, wurden spezielle Vergrößerungen angefertigt.

2. Dokumentation des Rekonstruktionsprozesses
Das Rekonstruktionsmodell wurde in einigen Entstehungsphasen dokumentiert. Es wurde von vier festen Standpunkten in drei Höhenlagen fotografiert. Zum direkten Vergleich mit den Originalfotos wurden von ähnlichen Blickpunkten aus Fo-

I.2.6 Photography as Tool

During the process, photography played a major part. Arguably the old photographs may have already played an important role during the construction of the original. The photographic documentation of the various stages of emergence of the new model was carried out by Klaus Bach. Many questions concerning this subject were discussed with him.

1. Photos of the original Model
Copies of negatives and enlargements were available from all the pictures. Special enlargements were made, in order to show even the most minute details.

2. Documentation of the Reconstruction Process
The model was documented in several stages of development. Pictures were taken from three different heights and at four fixed stand points. The angles of view in some new pictures were similar to those of the originals in order to make direct comparison. This made it pos-

I.2.6. La fotografía como medio de apoyo

La fotografía ocupó en el proceso de reconstrucción un lugar significativo. Ya en la elaboración del modelo original pudieron haber cumplido las viejas fotos, un importante papel como medio de apoyo. La documentación fotográfica de las sucesivas fases en la reconstrucción del modelo estuvo a cargo de Klaus Bach. Las diversas preguntas que tuviesen relación con la fotografía, fueron igualmente discutidas con él.

1. Fotos del modelo original
De todas las fotos, fueron puestos a disposición, copias de negativos o ampliaciones. Para hacer visibles aún los detalles más pequeños, se realizaron ampliaciones especiales.

2. Documentación del proceso de reconstrucción
El modelo de la reconstrucción fue documentado en algunas de sus fases de elaboración. Fue fotografiado desde cuatro puntos fijos dispuestoso en tres distintas alturas. Para permitir

tos vom neuen Modell aufgenommen. Proportions-unterschiede konnten dadurch festgestellt werden. Für die Dokumentationsfotos wurde zur Verbesserung der Kontrastwirkung der weißen Fäden ein schwarzer Hintergrund verwendet. Der Arbeitsvorgang im Team und die technischen Details wurden fotografiert, um einzelne Schritte des Arbeitsprozesses festzuhalten.

3. Photogrammetrie

In der anfänglichen Diskussion wurde von Frei Otto die Frage aufgeworfen, ob nicht wenigstens einige Abmessungen des Originalmodells mit Hilfe einer photogrammetrischen Auswertung der Originalfotos festgestellt werden könnten. In Gesprächen am Institut für Anwendungen der Geodäsie im Bauwesen (mit Niklaus Enz, Ulrich Hangleiter und Hans-Dieter Preuss) und durch Rückfragen in Barcelona mußte die Unmöglichkeit einer derartigen Auswertung festgestellt werden: Die Blickrichtungen der Originalfotos weichen zu stark voneinander ab und das Objektiv, das bei den Aufnahmen verwendet wurde, ist nicht mehr bekannt.

Vom gleichen Institut wurde duch Niklaus Enz eine photogrammetrische Dokumentation der Rekonstruktion erstellt. Würde, aus welchem Grund auch immer, das rekonstruierte Hängemodell nicht mehr vorhanden sein, dann könnte man seine Form mit Hilfe der photogrammetrischen Dokumentation wiederfinden. Es erwies sich allerdings als schwierig, das Modell photogrammetrisch zu dokumentieren, weil Säckchenanhäufungen ganze Modellteile verdecken. Im April 1983 wurde das Modell in Zürich noch einmal abschließend von vier Seiten aufgenommen.

sible to detect discrepancies in the proportions. The contrast in the pictures was improved by giving a black background to the white strings. Teamwork progress and technical details were also photographed.

3. Photogrammetry

During the initial discussions, Frei Otto asked whether it was possible to get some dimensions of the original model with the help of a photogrammetric method. After talks with Niklaus Enz, Ulrich Hangleiter and Hans-Dieter Preuss of the Institute of applied Geodesic Science and consultation with Barcelona, we were convinced that this method was unsuitable. Directions of view of the original photographs vary too much and it is no longer known which kind of lens was used.

The same institute prepared a photogrammetric study of the new model. Should the reconstructed hanging model perish, for whatever reason, it would be possible to reestablish its form with the help of photogrammetric data. This documentation proved to be a difficult taks, however, because large parts of the model were obscured by aggregations of little bagweights. The model was finally photographed in Zürich, from four sides, in April 1983.

una comparación directa con las fotos del original, las fotos del nuevo modelo fueron tomadas desde los mismos puntos de vista. Así se pudieron determinar las diferencias respecto de las proporciones. Para lograr un mayor contraste de los hilos blancos, para las tomas de las fotos de documentación fue utilizado un fondo negro. El trabajo del equipo y los detalles técnicos fueron fotografiados para conservar cada paso del proceso de trabajo.

3. Fotogrametría

En las primeras discusiones fue planteada por Frei Otto el interrogante de que si no era posible establecer al menos algunas de las medidas del modelo original a través de la valoración fotogramétrica de las fotos de dicho modelo. En conversaciones con el Instituto para el Uso de la Geodesia en la Construcción (con Niklaus Enz, Ulrich Hangleiter y Hans-Dieter Preuss) y a través de la consulta en Barcelona, debió ser establecida la imposibilidad de tal valoración: las direcciones visuales de las fotos originales divergen mucho entre sí y además, el objetivo utilizado en las fotos nos es hoy desconocido.

Por medio del mismo Instituto y de Niklaus Enz, fue provista la documentación fotogramétrica de la reconstrucción. Si el modelo colgante reconstruído, por el motivo que fuese, no estuviese más disponible, su forma podría ser reestablecida con la ayuda de la documentación fotogramétrica. Se estableció en todo caso que una documentación fotogramétrica del modelo se hace muy difícil pues la cantidad de saquitos de lastre cubrían totalmente distintos sectores del mismo. En Zürich finalmente, en abril de 1983, fue nuevamente fotografiado el modelo desde cuatro lados.

I.3.1 Wahl des Modellgrundrisses

Ein möglichst genauer Grundriß war eine Voraussetzung für die Genauigkeit der Rekonstruktion. Die Wahl des Modellgrundrisses war mehr oder weniger unwiderruflich. Wegen des Arbeitsaufwandes würden nur wenige Änderungen an der Fundamentpatte möglich sein, nachdem das Hängemodell daran befestigt war.

Aus den uns bekannten Plänen wurde der Bonet-Grundriß (> S. 50) (19) gewählt. Auf diesem Grundriß ist auch die Deckenprojektion des Untergeschosses abgebildet.

Die Möglichkeit, den Original-Koordinatenplan der Krypta (mit sehr genauen Angaben in cm im Maßstab des Gebäudes) mit Hilfe anderer Grundrisse zu ergänzen, ist überlegt worden (S. 139 > 3). Weil aber Kriterien für eine Zusammenfügung der Grundrißteile fehlten, wurde diese Möglichkeit verworfen (20).

Unsere Nachforschungen am Bau ergaben einige Abweichungen vom Bonet-Grundriß (21).

I.3.2 Kennzeichnung der Aufhängepunkte nach Matsukura

Die Lagebestimmung der Aufhängepunkte in der Rekonstruktion und das System ihrer Kennzeichnung basieren auf der Matsukura-Kennzeichnung (S. 39 > 1). Als Aufhängepunkte der Modellfäden wurde jeweils das Zentrum des entsprechenden Bauteils auf dem Modellgrundriß genommen. Es wurde also davon ausgegangen, daß die Stützlinien - welche von den Fäden dargestellt werden - in den Bauteilen mittig verlaufen.

In seiner Kennzeichnung berücksichtigt Matsukura die fast symmetrische Anordnung der Aufhängepunkte. Auf der rechten Seite sind die Stützen mit Großbuchstaben und die Punkte in der Wand mit zwei- oder dreistelligen Zahlen gekennzeichnet. Die Zahlen wurden in vier Gruppen geordnet, entsprechend den vier Wandteilen.

Die erste Ziffer der Zahlen auf der rechten Seite ist immer ungerade. Auf der linken Seite sind die Stützen mit Kleinbuchstaben bezeichnet und die Fäden der Wand, analog zur rechten Wand, mit zwei- oder dreistelligen Zahlen beschrieben, hier aber mit geraden Ziffern beginnend.

I.3   MODEL PLAN

I.3.1 Selection of the Model Plan

It was vital to have an accurate plan to achieve a precise reconstruction. The choice of model plan, once made, had to be final. It was clear that only small changes could be accommodated once the hanging model was attached to the foundation plate.

From the various plans known to us we chose one by Bonet (> p. 50) (19). This also shows a projection of the basement ceiling.

We were contemplating whether to complete the original plan of co-ordinates for the crypt (with very accurate dimensions in cm) by using other plans (p. 139 > 3). Because of the lack of criteria for the actual combination of the plan fragments, this idea was dropped (20).

Our investigations of the building showed some deviations of the Bonet plan (21).

I.3.2 Coding of the Suspension Points according to Matsukura

The location of the suspension points and the system of codification are based on Matsukura's coding system (p. 39 > 1). The suspension points for the model strings are equivalent to the centre points of the relevant building elements on plan. This meant that the lines of forces, represented by strings, has to be perceived as running through the centre of the building elements.

Matsukura pays tribute to the almost symmetrical positioning of the suspension points. He uses alphabetical codes for columns, whereby capital letters stand for columns on the right hand side. Points in the walls are marked with two or three figure numbers, all points on the right beeing coded with the use of an odd first number. (On the left: small letters for columns; even first numbers for points in the walls.)

I.3.   LA PLANTA DEL MODELO

I.3.1 Elección de la planta del modelo

La planta más exacta posible era una condición para la exactitud de la reconstrucción. La elección de la planta del modelo era en mayor o menor medida, definitiva. Debido al despliegue del trabajo, sólo pocos cambios hubiesen sido posibles en la placa de fundamento, luego que el modelo colgara de ella.

De los planos conocidos, fue elegida la planta de Bonet (> p. 50) (19). Sobre esta planta está también dibujada la proyección de la cubierta del piso bajo. Fue considerada la posibilidad de completar el plano de coordenadas original de la cripta (con datos muy exactos en cm a la escala del edificio) con la ayuda de otras plantas (p. 139 > 3). Mas esta posibilidad fue deshechada ante la carencia de apropiados criterios para el acoplamiento de los sectores de la planta (20).

Nuestras investigaciones posteriores en la construcción entregaron algunas divergencias con la planta de Bonet (21).

I.3.2. Marcación de los puntos de colgado de acuerdo a Matsukura

La localización de los puntos de colgado en la reconstrucción y el sistema para su caracterización, se basaron en la marcación de Matsukura (p. 39 > 1). Como puntos de colgado del modelo de hilos fue tomado en cada caso, el centro del elemento constructivo respectivo de la planta del modelo. Se partió entonces con que las líneas de presiones - que son representadas por los hilos - corren por el centro de los elementos constructivos.
En su caracterización, Matsukura contempla la casi simétrica disposición de los puntos de colgado. En la parte derecha están caracterizadas las columnas con letras mayúsculas y los puntos en la pared con números de dos o tres cifras. Los números fueron ordenados en cuatro grupos, de acuerdo con los cuatro sectores de pared. La primera cifra de los números en la parte derecha, es siempre impar. Sobre la parte izquierda, las columnas son caracterizadas con letras minúsculas y los hilos de la pared, de forma análoga a la pared derecha, son descritos con números de dos o tres cifras, aunque comenzando aquí, siempre con cifras pares.

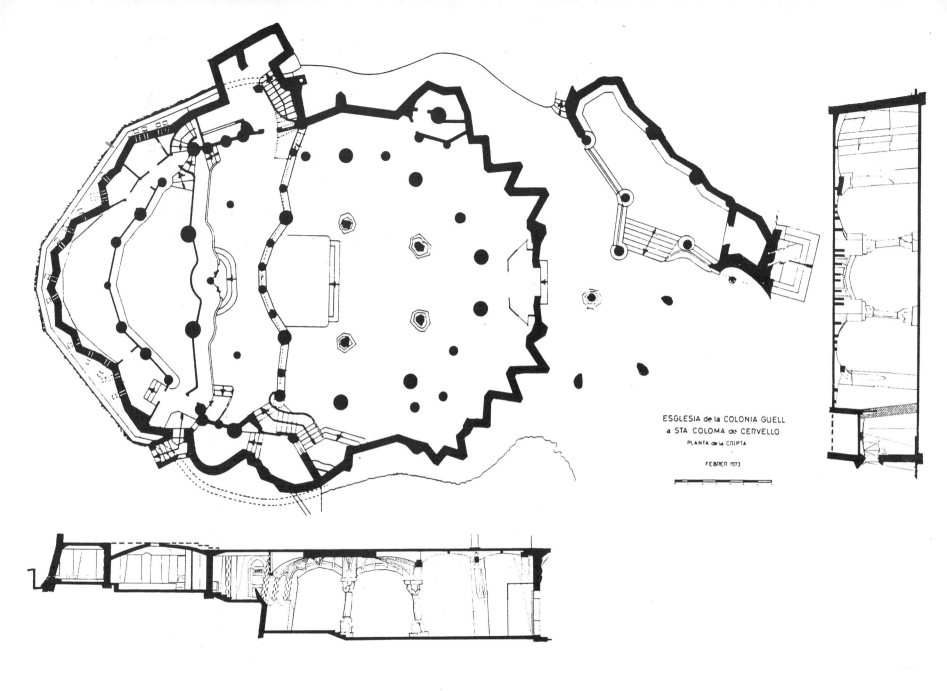

ESGLESIA de la COLONIA GUELL
a STA COLOMA de CERVELLO
PLANTA de la CRIPTA

FEBRER 1973

> Grundriß des Untergeschosses mit der Krypta
  (Puig) und Schnitte (Câtedra Gaudî); die ge-
  schnittenen Bauteile sind angelegt.

> Basement plan with crypt (Puig) and sections
  (Câtedra Gaudî); cut building elements are
  shown hatched

> Planta del piso bajo con la cripta (Puig) y
  cortes (Câtedra Gaudî); las partes de la con-
  strucciôn en corte son negro

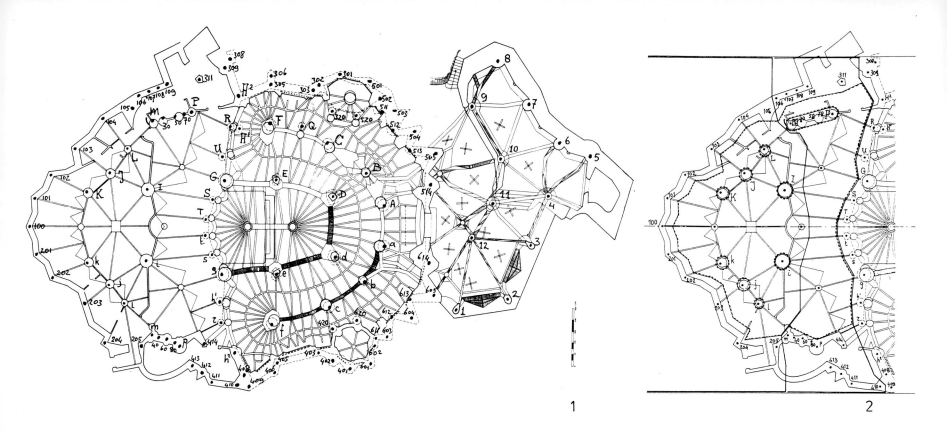

1

2

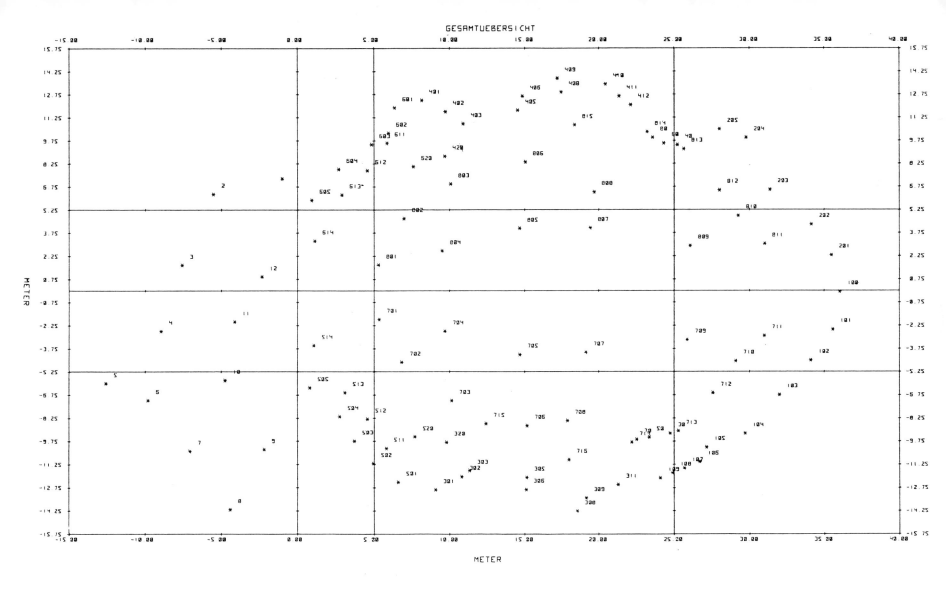

GESAMTUEBERSICHT

> Plotterzeichnung der Aufhängepunkte für die
  Rekonstruktion (unvollständig)

> Plotter drawing of the model plan (incomplete)

> Dibujo con trazadora de gráficos de los pun-
  tos de colgado para la reconstrucción (incompleto)

Die Aufhängungspunkte des Treppenaufgangs zum Kircheneingang, ein Sonderbereich, ist mit niedrigeren Zahlen bezeichnet. In einigen Fällen springt die Zahlenfolge wegen eines fehlenden Aufhängepunktes. An dieser Stelle ist ein Faden in der Höhenlage des Kirchenbodens aufgehängt und wird hier an zwei benachbarten Fäden befestigt.

Matsukuras System der Kennzeichnung hat Logik. Es hat sich bei der Rekonstruktion bewährt, bei der es die Verständigung über einzelne Fäden und Aufhängepunkte wesentlich erleichterte. Sein System ist eine Weiterentwicklung der von Puig in seiner Rekonstruktion gewählten Kennzeichnung, bei der aber nur ein Teil der Aufhängepunkte erfaßt wurde (22).

I.3.3 Herstellung der Aufhängungsebene

Auf die Aufhängungsebene des Hängemodells, die Fundamentplatte, wurde der Modellgrundriß mit größtmöglicher Genauigkeit übertragen. Die Aufhängungsebene ist in Terrassen gestuft, entsprechend dem Verlauf des Gebäudefundaments.

Mit dem Institut für Anwendungen der Geodäsie im Bauwesen wurde eine geeignete Methode entwickelt, den Modellgrundriß auf den Maßstab 1 : 15 zu vergrößern und auf die Aufhängungsebene zu übertragen (23).

Im hinteren Bereich des Originalmodells ist unterhalb der Fundamentplatte ein zweites waagerechtes Brett auf hochkant gestellten Brettern befestigt. Dieses Brett stellt den Kirchenboden dieses Gebäudeteils dar. Diese Sonderkonstruktion im Modell ist in der besonderen Bauweise dieser Bodenkonstruktion begründet, welche von derjenigen des übrigen Mauerwerks der Kirche abweicht.

Der Kirchenboden im vorderen Teil über der Krypta besteht aus einem System gemauerter Bögen und Rippen, denen die Deckenplatte aus Flachziegeln aufliegt. Im Modell sind diese Bögen und Rippen durch entsprechend belastete Fäden dargestellt. Im fraglichen hinteren Bereich stellt die Bodenkonstruktion als Ganzes jedoch keine Wölbkonstruktion, sondern eine Platte (eine Deckenkonstruktion (S. 183 > 3) aus sehr flachen Gewölben zwischen I-Trägern) dar, in

The suspension points of the stairway to the church entrance, a special area, are coded with smaller numbers. In some cases the sequence of numbers jumps due to a missing suspension point. In these instances a string is suspended from two neighbouring strings at the level of the church floor.

Matsukura's coding system is logical and was of considerable help when exchanging information on individual strings and their suspension points. His system is an improvement on Puig's codification which dealt with only part of the suspension points (22).

I.3.3 Constructing the Suspension Plane

The plan of the model was transferred to the suspension with the utmost care. The suspension plane has been stepped in terraces corresponding to the foundation of the building.

A suitable method of enlargement of the model plan to a 1 : 15 scale was jointly developed with the Institute of applied Geodesic Measurements in Building Industry and the plan subsequently transcribed to the suspension plane (23).

In the original model a second horizontal plank was fixed to vertical planks, below the foundation plate, at the back of the model. This plank represented the church floor of this part of the model. This was introduced on the grounds that the floor construction differs from the rest of the church.

The church floor in the front area above the crypt consists of a system of masonry arches and ribs which support the ceiling of flat tiles. In the model, these arches and ribs are represented by appropriately loaded strings. In the rear area, the floor construction as a whole represents a plate (p. 183 > 3) (a ceiling construction of extremely shallow vaults between I-beams) where there are loads other than compressive. An appropriate representation in the hanging model (perhaps with the help of compression elements or the like) would have

Los puntos de colgado de la escalera hacia la entrada de la iglesia, una zona particular, están caracterizados con números menores. En algunos casos, debido a la falta de puntos de colgado, la serie numérica salta. En estos lugares, un hilo cuelga de la altura del piso de la iglesia y es asegurado ahí, por dos hilos vecinos.

El sistema de marcación de Matsukura tiene lógica. Este probó su eficacia en la reconstrucción, donde facilitó enormemente la concordancia entre hilos particulares y puntos de colgado. Su sistema es un desarrollo ulterior de la marcación elegida por Puig en su reconstrucción la cual sólo comprende un sector de los puntos de colgado (22).

I.3.3. Elaboración del plano de colgado

A la placa de fundamento, plano de colgado del modelo colgante, fue trasladada con la mayor exactitud posible, la planta del modelo. La plataforma de colgado está escalonada en terrazas, de acuerdo al curso de los fundamentos del edificio.

Con el Instituto para el Uso de la Geodesia en la Construcción fue desarrollado un método adecuado para ampliar la planta del modelo a la escala 1 : 15 y para trasladarla a la plataforma de colgado (23).

En la parte posterior del modelo original, debajo de la placa de fundamento, hay una segunda tabla horizontal fijada por tablas colocadas de canto. Esta tabla representa el piso de la iglesia en ese sector del edificio. Esta construcción especial en el modelo está fundamentada en la particular forma constructiva de esta construcción del piso, que difiere del resto de la obra de mampostería de la iglesia.

El piso en la parte delantera de la iglesia, sobre la cripta, se compone de un sistema de arcos y nervios de mampostería, sobre los que descansa la placa de cubierta de rasilla (ladrillo de poco espesor). Tales arcos y nervios son representados en el modelo por medio de hilos correspondientemente cargados. Sin embargo, en el problemático sector posterior, la construcción del piso como conjunto, no repre-

der nicht nur Druckkräfte auftreten. Eine entsprechende Wiedergabe im Hängemodell wäre äußerst schwierig gewesen (etwa mit Hilfe von Druckelementen u.ä.). Gaudî sparte diese Konstruktion deshalb im Hängemodell aus. Das Brett dient lediglich der Anschaulichkeit und übernimmt keinerlei Kräfte aus dem Fadenmodell auf (24). Durch Bohrlöcher im Brett waren die Modellfäden direkt zur Fundamentplatte geführt.

Die dünne und flache Bodenkonstruktion wurde anscheinend wegen der hier geringen verfügbaren Raumhöhe gewählt, welche durch Mauerbögen nicht weiter verringert werden sollte (25).

Bei der Übertragung dieses Elements - im Originalmodell willkürlich in der Form mit vielen alten Bohrlöchern und teilweise ausgebessert - in unsere Rekonstruktion (S. 50 > 2) wurde eine Modellbauweise angestrebt, die die Konstruktion verständlich wiedergibt. Das Brett wurde an vier Fäden aufgehängt, entsprechend vier Hilfsstützen im Untergeschoß.

Die Aufhängungsebene und das Brett wurden im vorbereiteten Modellrahmen montiert (S. 102 > 1). Als Orientierungshilfe bei der Ausführung des Modells wurde auch auf die Bodenplatte des Modellrahmens der Modellgrundriß übertragen, dort aber spiegelbildlich. Die Bodenplatte, die parallel zur Aufhängungsebene unten im Modellrahmen angebracht wurde, diente als Arbeitsebene für das Team.

been exceedingly difficult. Gaudî, therefore, avoided this construction in his hanging model. The reason for the plank is merely graphical, it does not take any forces from the string model (24). The model strings were threaded through bore holes in the plank leading directly to the foundation plate.

It seemed that the shallow and thin floor construction, was chosen because of the small room height available in this area. The idea must have been to avoid a further reduction in height by dispensing with masonry vaults (25).

When transferring this element to our reconstruction (p. 50 > 2), we were attempting a model construction that would be more easily understood. The plank was suspended from four strings, equivalent to the four secondary columns in the basement.

The suspension plane and the plank were fixed to the preset model frame (p. 102 > 1). The model plan was also transferred to the base plate of the model frame, this time as a mirror image, to act as a guideline during the model building process. The base plate which was fixed to the bottom of the model frame and parallel to the suspension plain served as a work-surface for the team.

senta una construcción abovedada, sino una placa (una construcción de cubierta (p. 183 > 3) de bóvedas aplanadas entre vigas I), en la que no sólo se dan fuerzas de compresión. Una adecuada reproducción en el modelo colgante hubiese sido muy difícil (como con la ayuda de elementos de compresión y similares). Por ello, Gaudî evitó esta construcción en el modelo colgante. La tabla tiene únicamente fines aclarativos y no recibe fuerza alguna del modelo mismo (24). A través de perforaciones en la tabla, todos los hilos del modelo fueron dirigidos a la placa de fundamento.

La delgada y plana construcción del piso, fue elegida al parecer, debido al poco espacio ahí disponible, él que no debía ser aún más disminuído por los arcos de mampostería (25).

En la transmisión de este elemento - en el modelo original arbitrario en la forma, con muchas viejas perforaciones y en parte arreglado - a nuestra reconstrucción (p. 50 > 2), se aspiró a un modo de construcción del modelo que representara en forma comprensible la construcción. La tabla fue colgada de cuatro puntos, de acuerdo con los apoyos auxiliares en el piso bajo.

El plano de colgado y la tabla, fueron montados en el bastidor del modelo, preparado anteriormente (p. 102 > 1). Como ayuda para la orientación en la elaboración del modelo, fue también trasladada la planta del modelo a la placa de piso del mismo, aúnque aquí como figura invertida. La placa de piso, que fue colocada paralela a la placa de colgado en la parte inferior del bastidor del modelo, sirvió como plataforma de trabajo del equipo.

I.4.1 Die technischen Details des Original-
modells

Die vorhandene Literatur bietet eine erste Einsicht in die von Gaudî im Originalmodell benützten Modellbaudetails.

Schon Puig hatte die wichtige Erkenntnis gewonnen, daß das Originalmodell in seinem konstruktiven Aufwand hierarchisch gegliedert war. Unterschieden wird in eine Primärkonstruktion (S. 55 > 1) (die Fäden, welche im Gebäude Stützen und Hauptbögen darstellen) und eine Sekundärkonstruktion (S. 55 > 2) (die übrigen Fäden, welche Wände und Gewölbe darstellen) (26).

Die Fäden der Gewölbe sind entweder parallel angeordnet, eine Tonne andeutend, oder radial, zur Bildung von Kuppeln oder Turmkuppeln.

An der Sekundärkonstruktion kann wiederum eine Hierarchie abgelesen werden. So trugen die Wandfäden die Rippenfäden mit. Ebenso wurden an einigen Stellen an Kuppeln Türme (von gleicher radialer Anordnung) angehängt.

Weitere Studien der Details im Originalmodell ergaben Informationen über den Entwurfsprozeß und die Weise, in der im Hängemodell Änderungen durchgeführt wurden. Die Größe des Originalmodells machte beanspruchbare Modelldetails notwendig. Die Aufhängung der Fäden an der Aufhängungsebene bestand aus einem einfachen offenen Haken, der in die Fundamentplatte des Originalmodells geschraubt wurde. Nach Bedarf wurden Standorte des Aufhängedetails geändert, wie eine ganze Reihe von Bohrlöchern erkennen läßt. Der Faden, mit dem das Originalmodell gebaut wurde, war aus Marlleine (27) von geringem Querschnitt. Marlleinen ist ein festes, dreifach gewundenes Garn, das verwendet wird, um Seilenden zu umwickeln.

Verzweigungen und Längenänderungen der Fäden wurden durch ein immer gleiches Detail erreicht (S. 55 > 4). Die Fäden wurden zwischen einem Holzklötzchen und einer angeschraubten Holzscheibe eingeklemmt. Das Holzklötzchen war achteckig. Die Größe des Klötzchens (ungefähr 2 x 2 x 2 cm) erleichterte das Verstellen der Fäden, weil das Detail mit einer Zange oder von Hand fest zu halten war. Fäden, die Kuppelsegmente oder größere Rippen darstellen, waren mit Holzklötzchen an Bögenfäden oder an vertikalen

I.4.1 The technical Details of the original
Model

The available literature allows an insight into the model building details used by Gaudî.

Puig had already found out that the original model construction was done in a hierarchical order. The distinction is between a primary structure (p. 55 > 1) (the strings representing columns and main arches) and a secondary structure (p. 55 > 2) (the rest of the strings representing walls and vaults) (26).

The strings representing vaults are either parallel, indicating a barrel shape, or radial, indicating domes or spires.

The secondary structure also follows a hierarchical principle. For instance, the wall strings are supporting the strings of the ribs. In other areas, turrets, with similar radial strings, were hung from domes.

The study of the details in the original revealed how changes were carried out in the model and helped us understand better the design process. The sheer size of the original made it necessary to rely on strong details. The suspension of strings from the suspension plane was done with a simple open hook which was screwed into the foundation plate. Locations of suspension points were altered when necessary, as can be seen from a number of drill holes. The original string used in the model was of small diameter marline (27). This is a strong, threefold wound yarn normally used for securing ends of rope.

Branching and the adjustment of lengths were achieved by the same detail (p. 55 > 4). The strings were wedged between small blocks of wood and wooden discs screwed to the little blocks. The small block of wood was of octagonal shape. The size of the block (approx. 2 x 2 x 2 cm) facilitated the adjustment of the strings as it was possible to hold it between the fingers or with a pair of pliers. Strings of dome segments or larger ribs were fixed to arched or vertical strings with these small blocks. All other connections of strings, e.g. small ribs and turrets connected to domes, are fixed to the arches, columns and domes by means of small hooks in accordance with their

I.4.1. Los detalles técnicos del modelo original

La bibliografía existente nos ofrece un primer acercamiento a los detalles constructivos utilizados por Gaudî en el modelo original.

Puig había ya llegado al importante reconocimiento de que el modelo original, en su despliegue constructivo, estaba estructurado en forma jerárquica. Se diferencia entre una construcción primaria (p. 55 > 1) (los hilos que en la construcción representan las columnas y arcos principales) y una construcción secundaria (p. 55 > 2) (los restantes hilos que representan paredes y bóvedas) (26).

Los hilos de las bóvedas están dispuestos paralelamente, sugiriendo una bóveda en cañón, o bien radialmente, para la formación de cúpulas o torres con forma de cúpula.
De la construcción secundaria por otra parte, también puede leerse una jerarquía. Así transportan los hilos de las paredes, aquellos de los nervios. Igualmente, fueron también colgadas torres (de igual disposición radial), en algunos puntos de las cúpulas.

Estudios más extensos de los detalles del modelo original, entregaron información sobre el proceso de diseño y sobre el modo en que se realizaron las modificaciones en el modelo colgante. El tamaño del modelo original hizo necesario el uso de detalles resistentes en el modelo. El colgado de los hilos del plano de suspensión se componía de simples ganchos abiertos atornilados a la placa de fundamento del modelo original. De acuerdo a las necesidades, las posiciones de los puntos de colgado fueron modificadas, lo que se deja reconocer a través de una serie de perforaciones. Los hilos con los que fue construído el modelo original, eran de hilo de empalomar (27) de reducido diámetro. Hilo de empalomar es un hilo compuesto por tres hilos entrelazados, utilizado para asegurar los extremos de cuerdas.

Las ramificaciones y cambios en la longitud fueron realizados siempre con un mismo detalle (p. 55 > 4). Los hilos fueron aprisionados entre un tarugo y un disco atornillado a él, ambos de madera. El tarugo era de sección octogonal. El tamaño del tarugo (aproximadamente 2 x 2 x 2 cm) facilitaba el ajuste de los hilos,

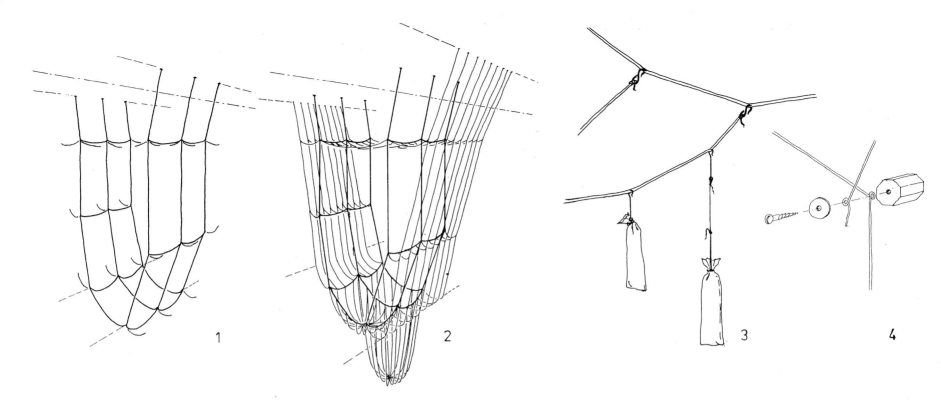

> 1 Primärkonstruktion des Hängemodells (sche-
  matische Darstellung)
> 2 Primärkonstruktion ergänzt mit der Sekun-
  därkonstruktion
> 3 Verbindungshäkchen und Ballastsäckchen des
  Originalmodells
> 4 Verbindungsdetail des Originalmodells: das
  Holzklötzchen mit Schraube

> 1 Primary construction of the hanging model
  shown in a simplified form
> 2 Primary construction completed with secon-
  dary construction
> 3 Original connection detail: the small wood
  block with screw-on wooden disc
> 4 connecting hooks and ballast sachets in the
  original model

> 1 Construcción primaria del modelo colgante
  (representación esquemática)
> 2 Construcción primaria complementada con la
  secundaria
> 3 Ganchitos de unión y saquitos de lastre del
  modelo original
> 4 Detalle de unión del modelo original: el
  tarugo de madera con tornillo

Fäden befestigt. Alle sonstigen Verbindungen
im Fadenverlauf, wie zum Beispiel kleine Rippen
und Turmfäden an Kuppeln, sind gemäß ihrer
niedrigeren Stufe in der Hierarchie des Kräfteverlaufs mit Häkchen an den Bögen, Stützen und
Kuppeln befestigt (S. 55 > 3). Die Längenän-
derung der Fäden war hier schwieriger. Die Gewichtssäckchen waren aus Leinen und unterschiedlich dimensioniert (28). Die Füllung bestand
aus Bleischrot.

Die Aufhängung der zugeschnürten Säckchen geschah mit einer Schnur und einem Häkchen. Am
Originalmodell wurden öfters die Gewichte verändert und - wie die Originalfotos zeigen -
auch die Längen ihrer Aufhängeschnüre. An den

lower hierarchical status (p. 55 > 3). The
change of length of these strings is much more
complicated. The little sacks of weights were
made from linen and of varying dimensions (28)
and filled with lead shot.

The laced up sachets were suspended with a
string and a small hook. In the original the
weights and the lengths of string were often
changed as is documented in the original photos.
The sachets of weight were directly fixed to
the strings of the domes and ribs. Numbers on
the sachets, sometimes seen on the photos,
could have referred to their weight or their
size.

pues el detalle podîa ser sujetado firmemente
en forma normal o con una pinza. Los hilos que
representan a los segmentos de cúpula o a nervios mayores, fueron fijados con tarugos a los
hilos de los arcos o a hilos verticales. Todas
las otras uniones en la disposición de los
hilos, como por ejemplo, pequeños nervios o
hilos de torre suspendidos de cúpulas, son fijados con ganchos a los arcos, columnas y cúpulas, en concordancia a su rango inferior en la
jerarquîa de la transmisión de fuerzas
(p. 55 > 3). El cambio en la longitud de los
hilos era aquî más difîcil. Los saquitos de
lastre fueron construîdos en lino y distinta-
mente dimensionados (28). El relleno consistîa
de perdigones de plomo.

Fäden der Kuppeln und Rippen wurden die Gewichtssäckchen unmittelbar befestigt. Auf den Fotos gelegentlich erkennbare Ziffern auf den Säckchen könnten Angaben des Gewichts (oder der Größe) der Säckchen sein.

Neben den bisher genannten Bestandteilen des Originalmodells (Fundamentplatte, Aufhängedetails, Holzklötzchen, Häkchen, Säckchen mit Bleischrot und Faden), welche die eigentliche Konstruktion darstellen, geben andere Elemente eine visuelle Hilfe für das Verständnis.

Runde hölzerne Scheiben, die auf die Fäden geklemmt sind, geben mit ihrem Durchmesser den Durchmesser des jeweiligen Bauteils (Stützen und seltener auch eine Wand) an.

Ovale Scheiben, die an Fäden hängen, sind mit Angaben zu den Lasten im Bauteil und der Kennzeichnung des Fadens versehen. Im Original-Belastungsplan sind diese Daten für den Kryptabereich aufgezeichnet. Andere Elemente, wie eine kreisförmige Scheibe im großen Turm und die Andeutung des Altars vervollständigen das Originalmodell.

Besides the previously mentioned components of the original model (such as foundation plate, suspension details, small wood blocks, little hooks, sachets filled with lead shot and string) which form the core of the model construction, there are other elements which assist the visual perception of the model.

Wooden discs, squeezed onto the strings, represent the diameter of the corresponding construction elements (columns and more rarely a wall).

Oval shaped discs, suspended from the strings, are marked with loads of the corresponding building element and the appropriate code of the string. This data is shown on the original loading plan of the crypt. A circular shaped plate in the large tower and an indication of the altar complete the original.

El colgado de los saquitos atados, se realizaba por medio de un cordel y un gancho. En el modelo original fueron a menudo cambiados los pesos y - como muestran las fotos del original - también las longitudes de las cuerdas de colgado. En los hilos de las cúpulas y nervios, los saquitos de lastre fueron directamente fijados. En las fotos logran reconocerse cifras en los saquitos, las que podrían ser una indicación de su peso (o de su tamaño).

Además de las partes del modelo original hasta ahora nombradas (placa de fundamento, detalles de colgado, tarugos de madera, ganchos, saquitos con perdigones de plomo e hilos) que representan la construcción misma, hay otros elementos que entregan una ayuda visual para su comprensión.

Discos redondos de madera, sujetos a los hilos, indican con su diámetro, el diámetro del respectivo elemento constructivo (columnas y raramente, también de alguna pared).

Discos ovalados, que cuelgan de hilos, están provistos con los datos de los pesos en el elemento constructivo y con la caracterización del hilo. En el plano original de cargas, esos datos están apuntados para el sector de la cripta. Otros elementos, como un disco circular en la torre mayor y la indicación del altar, completan el modelo original.

I.4.2 Materialwahl und Entwicklung neuer Modelldetails für die Rekonstruktion

Die Suche nach den richtigen Materialien und Modelldetails für das Rekonstruktionsmodell dauerte mehrere Monate. Die Anzahl möglicher Modelldetails, die am Anfang der Entwicklung in Frage kamen, wurden um so kleiner, je konkreter die Anforderungen an die Modellbautechnik allmählich wurden, bis schließlich die Palette definitiver Modelldetails zusammengestellt war.

a) Das Fadenmaterial

In Anbetracht der zu erwartenden Belastungen beim Transport, richteten sich die Überlegungen anfangs auf Fadenmaterial aus Stahldraht anstelle der schwächeren Textilfäden. Die untersuchten Stahlfäden (29) waren ungeeignet, vor allem weil sie eine zu hohe Eigensteifigkeit aufwiesen, um mit ihnen polygonale Hängeformen herzustellen.

I.4.2 Selection of Materials and the Development of New Model Building Details

It took several months to find the right materials and model building details for the model. The number of possible model building details gradually shrunk as the requirements became more specific. Finally a catalogue of model details was put together.

a) The Strings

Considering the expected loads during transit our thinking initially focused on the use of steel wire instead of the weaker textile strings. However the suggested steel wires (29) proved unsuitable, due largely to the fact that they were too stiff for the construction of a polygonal hanging shape.

I.4.2. Elección del material y desarrollo de nuevos detalles de modelaje para la reconstrucción

La búsqueda del material y de detalles de modelaje más adecuados para el modelo de la reconstrucción, duró varios meses. El número de los posibles detalles de modelaje que estaban bajo discusión inicialmente, disminuyeron a medida que se concretaban las exigencias para con la técnica de construcción de modelos, hasta que se reunió la paleta definitiva de detalles de modelaje.

a) El material de los hilos

Considerando las previstas solicitaciones que aparecerían durante el transporte, las primeras reflexiones consideraron como material para los hilos, al acero en lugar de las más débiles fibras textiles. Los hilos de acero investigados (29) no eran adecuados, sobre todo, porque presentaban una elevada rigidez como para poder construir con ellos, formas colgantes poligonales.

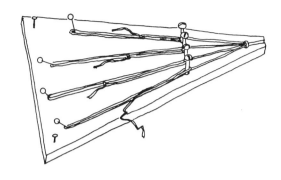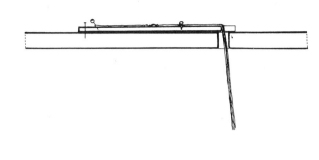

> Aufhängedetail oberhalb der Fundamentplatte

> Suspension detail

> Detalle de suspensión por encima de la placa de fundamento

Fäden aus Kunststoff (30) wurden für ungeeignet befunden aufgrund ihrer großen Dehnung unter Belastung.

Schließlich wurde ein Leinenfaden (31) gefunden in drei Stärken, welcher die Nachteile der Fäden aus Stahl und Polyester nicht aufwies. Die Reißkräfte der Fäden betragen nach eigenen Proben für Stärke 14 28 kg und für Stärke 7 12 kg.

Weil wir erwarteten, daß der Faden mit Stärke 14 maximal 3 kg an Gewicht im Hängemodell zu tragen hätte, war für den Normalfall diese Fadenstärke ausreichend. Auch wenn durch Belastungen während der Arbeit am Modell und beim Transport die Kräfte in den Fäden erheblich steigen würden, war genügend Sicherheit vorhanden. Dehnproben ergaben, daß im Modell mit einer geringen Dehnung und damit Formänderung zu rechnen war. Der Faden erwies sich als hinreichend flexibel, um auch von kleinen Gewichten gerade gestreckt zu werden. Die Fadenstärken wurden entsprechend ihrer voraussichtlichen Belastung im Modell ausgewählt: größere Fadenstärken für die Primärkonstruktion der Fäden von Stützen und Hauptbögen und der Fäden der Außenwände, kleine Fadenstärken für die Sekundärkonstruktion der Rippen-und Kuppelfäden.

Die schlauchartige Ausbildung der Fäden sichert sie gegen Aufreißen, was vor allem bei den Verbindungen mit in den Faden gehängten Haken wichtig war.

Strings of plastic material (30) could not be used because of stretching under load.

Finally a linen string in three thicknesses (31) was found that did not have the disadvantages of the other strings. The breaking strengths of the strings, following our own tests, were established as 28 kg for strength 14 and 12 kg for strength 7. We were only expecting a maximum load of 3 kg in the hanging model which meant that for all intents and purposes the string with the 14 strength would be more than adequate.

Should the loads increase considerably during the model making or during transport, there was still an ample safety margin. Stretch tests showed that the lengthening of the strings in the model and related changes of form would be minimal. The string proved sufficiently flexible to be straightened by the simple application of small weights. Size of string was selected according to the envisaged loading: Larger string sizes for the primary structure, such as columns, main arches and for the external walls and smaller strings for the secondary structure of rib and dome.

The plyel construction of the strings acts as a safeguard against ripping which was important when pushing hooks into the string.

Hilos de plástico (30) no fueron encontrados adecuados debido a que bajo carga se dilatan enormemente.

Finalmente fue encontrado un hilo de lino (31) en tres diámetros, que no presentaba las desventajas de los hilos de acero y polyester. La fuerza de rotura de los hilos de acuerdo a ensayos propios, correspondía para el diámetro 14, 28 kg y para el tamaño 7, 12 kg. Como supusimos que el hilo de diámetro 14 soportaría una carga máxima de 3 kg, se evidenció esta resistencia como más que suficiente para los casos normales. Aún cuando las solicitaciones durante el trabajo en el modelo o durante el transporte aumentasen, el margen de seguridad era aún suficiente. Ensayos de alargamiento, indicaron que se contaría con una pequeña dilatación del modelo y con ello, un leve cambio en la forma. El hilo se mostró lo suficientemente flexible como para ser también estirado en forma recta por pesos pequeños. El diámetro de los hilos fue elegido de acuerdo con la carga prevista en el modelo: los diámetros grandes para la construcción primaria de los hilos de columnas y arcos principales y de las paredes exteriores, los diámetros pequeños para la construcción secundaria de hilos de nervios y cúpulas.

La formación tipo tubular de los hilos los aseguraba contra las roturas, lo que era importante, sobre todo, en los puntos de unión con los ganchos.

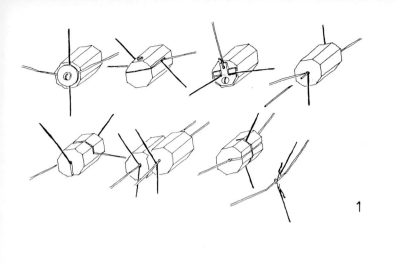

1

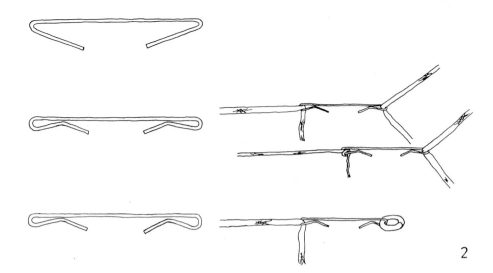

2

> 1 Vorversuche für das Verbindungsdetail
> 2 Von oben: Häkchen, Klemmhäkchen, Klemmhäkchen mit vergrößertem Ösenmaß für Verzweigungsring

> 1 Initial tests with connection details
> 2 Starting from the top: hooks, small clamping hooks for strings, small clamping hooks with enlarged eyes for branching rings

> 1 Ensayos previos para el detalle de unión
> 2 Desde arriba: ganchitos, ganchos de pinza, ganchos de pinza con abertura mayor para los anillos de ramificación

b) Die Aufhängung

Die Fäden wurden mit einer neu entwickelten Vorrichtung (> S. 57 und S. 61 > 3) so an der Fundamentplatte befestigt, daß ihre Längen jederzeit problemlos verstellt werden konnten, und daß ebenso kleinere Verschiebungen des Aufhängepunktes in horizontaler Ebene möglich waren. Bögen und Stützenteile können individuell nach Länge eingestellt werden, wenn - wie in den meisten Fällen - die Fäden bis zum Aufhängedetail laufen. Das Fadenbündel ist durch ein Loch in der Fundamentplatte und ein Loch in einer Ecke des Aufhängedetails - ein dreieckiges Holzbrett - geführt. Die Fäden werden radial über das Aufhängedetail verteilt. Jeder Faden wird mit einer Schlaufe an eine Schraube im Aufhängedetail gehängt und mit einer Stecknadel auf die gewünschte Länge fixiert.

Jeder Faden wurde an seiner Aufhängung nach der Ebene des Bogenabschnitts, den er formt, und nach dem Aufhängepunkt des anderen Fadenendes gekennzeichnet (siehe dazu die schematische Zeichnung der Primärkonstruktion zu I.5.2).

b) The Suspension Detail

The strings were fastened to the foundation plate with the use of a newly developed device (> p. 57 and p. 61 > 3) in a way that allowed for easy adjustment at all times and provided for minor shifting in the horizontal plane of the suspension point itself. Arches and column elements could be adjusted individually, if the strings, as was usually the case, continued to the suspension point. The bundle of strings were threaded through a hole in the foundation plate and a hole in one corner of the suspension detail - a triangular wooden plank. The strings were spread out over the suspension point. Each string was wound around a screw in the suspension point and its length fixed by a pin.

Each string was coded at its suspension point according to the level of the sector of the arch it was forming and the main string it was suspended from (ref. I.5.2 schematic drawing of the primary structure).

b) La suspension

Los hilos fueron fijados a la placa de fundamento con un nuevo dispositivo (> p. 57 y p. 61 > 3), desarrollado de modo que sus longitudes podían ser cambiadas en cada momento y haciendo posible, pequeños desplazamientos del punto de suspensión en el plano horizontal. Arcos y sectores de columnas pueden ser dispuestos individualmente de acuerdo a su longitud, cuando - como en la mayoría de los casos - los hilos corren hasta el detalle de suspensión. El conjunto de hilos es conducido a través de un agujero en la placa de fundamento y otro en la esquina del detalle de suspensión (una tabla triangular de madera). Los hilos se distribuyen allí, radialmente. Cada hilo es colgado con un nudo corredizo de un tornillo en el punto de suspensión y fijado a la longitud deseada con un alfiler.
Cada hilo fue identificado en su punto de suspensión de acuerdo con el plano de corte del arco que él forma y de acuerdo al punto de suspensión del otro extremo del mismo (véase al respecto el dibujo esquemático de la construcción primaria en I.5.2.).

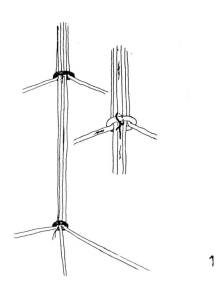
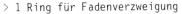

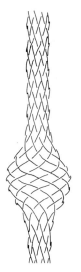
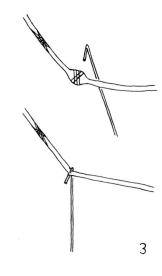

1

2

3

> 1 Ring für Fadenverzweigung
> 2 Säckchenaufhängung
> 3 Einhängen der Häkchen im Leinenfaden

> 1 Branching ring
> 2 Suspension of sachets
> 3 Hanging hooks into the linen string

> 1 Anillo para las ramificaciones de hilos
> 2 Suspensión de los saquitos de lastre
> 3 Suspensión de los ganchos en el hilo de lino

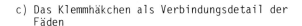

c) Das Klemmhäkchen als Verbindungsdetail der Fäden

Der Entwicklung des Klemmhäkchens für die Verbindung der Fäden ging eine Reihe von Versuchen voraus, um das Verbindungsdetail dem Original-Anschlußteil möglichst ähnlich zu machen. Es stellte sich heraus, daß die von uns untersuchten Varianten ähnlicher Holzklötzchen (S. 58 > 1) (32) im Modell aufwendig zu handhaben waren.

Schließlich wurden stattdessen Klemmhäkchen (S. 58 > 2 Mitte und S. 61 > 4) (33) als Verbindungselement entwickelt. Das Klemmhäkchen ist 20 mm lang und hat an beiden Enden eine offene Öse. Das Drahtende wird ein wenig aufgebogen, so daß ein Faden leicht im Haken angebracht werden kann. Die Klemmkraft entsteht, weil der Haken kleiner als der große Fadenquerschnitt ist. Auch bei Belastung mit Gewichten rutscht der Haken nicht. Für den dünneren Faden ist der Haken zu groß, so daß das Fadenende zweimal durch den Haken geschlungen werden muß, um zu halten.

c) The Small Clamping Hook as Connection Detail

During its development the connection detail underwent a number of tests in order to achieve the closest possible resemblance to the original. We found out that the various versions of the small wood blocks (p. 58 > 1) (32) were difficult to handle in the model.

In the end small metal clamping hooks (p. 58 > 2, middle and p. 61 > 4) (33) were used instead. The small hook is 20 mm long and has an eye at either end. The wire end was bent open slightly, facilitating the insertion of a string. The clamping force in the hook is achieved because the opening of the eye is smaller than the diameter of the heavier type string. Even when loaded with weights the hook does not slip. However, the hook is too large for the thinner type of string. This made it necessary to wind the thinner string around the hook to achieve a secure connection.

c) El gancho de pinza como detalle de unión de los hilos

Al desarrollo del gancho de pinza para la unión de los hilos, le precedió una serie de ensayos para hacer el detalle de unión lo más parecido posible a los puntos de conexión del original. De ellos resultó que las variantes de conexiones similares (tarugos) (p. 58 > 1) por nosotros estudiadas, eran difíciles de aplicar en el modelo.
Finalmente, en lugar de ellos, fueron desarrollados los ganchos de pinza (p. 58 > 2, mitad y p. 61 > 4) (33) como elementos de unión. El gancho de pinza tiene 20 mm de largo y en sus dos extremos un anillo abierto. El final del alambre está levemente arqueado de modo que un hilo pueda ser facilmente fijado al gancho. La fuerza de presión es producto de que el gancho es más pequeño que el diámetro del hilo. Aún bajo carga no se desliza el gancho. Para los hilos más delgados, el gancho es demasiado grande, de manera que el final del hilo debe ser doblemente entrelazado para poder resistir.

d) Der Verzweigungsring

Der Verzweigungsring (S. 59 > 1) (34) bündelt die Fäden an den Verzweigungen. Die unterschiedlichen Querschnitte der Ringe wurden nach der Zahl der Fäden, die zu bündeln waren, bestimmt, wobei noch Raum zur Verstellung der Fäden vorhanden bleiben mußte. An einem Faden jedes Bündels wurde der Ring mit einem Zwirnfaden angebunden, um ihn gegen Gleiten zu sichern. In einzelnen Fällen wurde Zwirnfaden auch zur Verbindung von Fäden benutzt.

Der Verzweigungsring wurde auch zur Verbindung der radialen Fäden in den Kuppel- und Turmscheiteln verwendet. Zur Ankupplung der Fäden an die Ringe wurde eine Variante des Klemmhäkchens hergestellt, mit etwas größerem Ösenmaß an der Ringseite (S. 58 > 2 unten).

e) Die Gewichtssäckchen und ihre Aufhängung

Wie bei den anderen Details wurde erst nach längerem Suchen die richtige Kombination von Material und Herstellungweise gefunden (S. 61 > 5) (35).

Aus einer Reihe Proben unterschiedlicher textiler und Kunststoff-Materialien wurde ein Säckchen aus Batist gewählt. Der Batiststoff ist dicht gewebt und fasert nur wenig. Mit dem Hersteller der Säckchen mußte eine einfache Fertigung der Säckchen überlegt werden. Die Säckchen (36) wurden aus einer gefalteten Stoffbahn genäht und umgestülpt, nachdem die Naht mit einem Leimtropfen gesichert war. Sie wurden so

d) The Branching Ring

The branching ring (p. 59 > 1) (34) bundles up the strings at the branching points. The varying diameters of the rings were determined by the number of strings that had to be passed through at the same time allowing room for adjustment. The ring was fixed to one of the strings with a thread securing it against sliding. In isolated cases threads were also used for the connection of strings.

The branching ring was also used in connecting the radial strings of the dome and tower tops. The fixing of the strings to the rings was carried out with a variation of the clamping hook with a slightly larger eye at the ring end (p. 58 > 2, below).

e) The Weight Sachets and their Suspension

As was the case with other details, it took some research to find the right combination of material and manufacturing method (p. 61 > 5).

From a number of samples of differing textile and plastic materials, a sachet made from batiste was chosen. The batiste material is of a dense weave with little tendency to fraying. Together working with the manufacturer we had to find a simple method of production. The sachets (36) were cut from a folded length of material and turned over after the seam had been secured by a drop of glue. The sachets were dimensioned in a way that their weight

d) El anillo de ramificación

El anillo de ramificación (p. 59 > 1) (34) une los hilos en las ramificaciones. El diámetro de los anillos fue determinado de acuerdo a la cantidad de hilos a unir, debiendo además quedar espacio suficiente para los ajustes. A cada uno de los hilos de cada hato, fue atado el anillo con una cuerda en base a hilos retorcidos, para así asegurarlos contra el deslizamiento. En casos particulares, aquel tipo de cuerda fue también utilizada para la unión de hilos.

El anillo de ramificación también fue utilizado para la unión de los hilos radiales en las cúspides de cúpulas y torres. Para el acoplamiento de los hilos al anillo, fue construída una variante del gancho de pinza, con una abertura mayor en los extremos del anillo (p. 58 > 2, abajo).

e) Los saquitos de lastre y su suspensión

Como en los otros detalles, la correcta combinación de materiales y formas de confección, fueron recién encontradas tras una larga búsqueda (p. 61 > 5) (35).

De una serie de pruebas con diferentes materiales textiles y plásticos fue elegido un saquito de batista. La tela de batista está densamente hilada y se deshilacha muy poco. Con el fabricante de los saquitos se debió pensar en una confección simple de los mismos. Los saquitos (36) fueron cosidos de una doble pieza de tela e invertidos, luego que la costura fuera asegurada con cola. Fueron dimensionados de modo tal

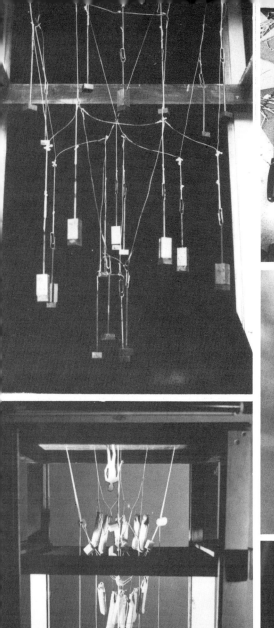

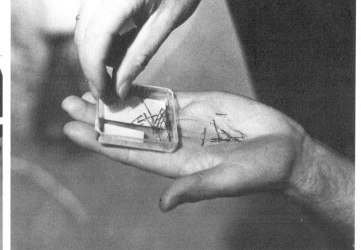

dimensioniert, daß sie bei 2/3 Füllung jeweils 10 und 20 Gramm wogen. Der Oberteil der Säckchen mußte leer bleiben, damit sie senkrecht hingen (prall gefüllte Säckchen hingen schräg). So konnte eingeschränkt werden, daß die Säckchen sich im Modell berührten. Auch wurde erwartet, daß sie sich bei einer konsequent durchgeführten senkrechten Aufhängung visuell am besten vom polygonalen Fadenverlauf unterscheiden ließen. Die Gewichtsklassen betrugen erst 10, 20 und 30 Gramm, später erweitert mit 5 und 40 Gramm.

Die Gewichtsfüllung der Säckchen konnte nicht Bleischrot sein, was Gaudî im Originalmodell benutzt hatte. Um verhältnismäßig die gleichen Größen in der Rekonstruktion zu bekommen, sollte das spezifische Gewicht der Füllung etwa dreimal geringer sein als das von Bleischrot. Als Gewichtsfüllung wurde aus vielen Materialien Kiessand als das am besten geeignete gewählt (37).

Die Häkchen für die Aufhängung der Säckchen (S. 59 > 2) (38) sind denkbar einfach. Ein Draht wurde an beiden Enden zu einem Winkel von 20° gebogen mit einer freien Länge von 7 mm. In fünf Längen wurden die Häkchen angefertigt.

Die Längen der Häkchen wurden so gewählt, daß beliebig neue Längen mit einer Zange gebogen, oder, durch Halbierung der nächst größeren Länge, die Menge der Standardlängen geändert werden konnte. Diese Freiheit in der Häkchenausführung war bedingt durch die Tatsache, daß zum Zeitpunkt der Bestellung noch zu wenig definitiv geplant war. Der Umgang mit den geschilderten Modellbauelementen erforderte einige Übung.

Das Einhängen der Häkchen im Leinenfaden z.B. erforderte eine bestimmte Technik (S. 59 > 3), vor allem wenn der Faden belastet war. Von vier Fingern mußte der Faden gehalten und an der Einhakstelle gestaucht werden, um das Webmuster des Fadens aufzulockern.

Solche und andere Probleme des Modellbaus führten zu einer regelrechten Schulung des Teams. Außerdem las sich jedes Team-Mitglied in die Literatur über Gaudîs Hängemodell und Kirchenprojekt ein.

with a 2/3 filling amounted to 10 and 20 grams respectively. The top part of the sachets had to be kept empty to allow the sachets to hang vertically (tightly filled sachets hung at an angle). This helped to reduce the possibility of sachets touching each other and at the same time improved the visual distinction between the vertical suspension strings and the polygonal direction of the other strings. The types of weight used initially, were 10, 20 and 30 grams, later extended with 5 and 40 gram sachets.

Unlike Gaudî, it was not possible to use lead shot as a filling material. In order to arrive at a similar weight to size ratio in the reconstruction, the specific weight of the filling had to be approximately three times less than the weight of the lead shot. The material finally selected was grit (37).

The hooks used for the suspension of the sachets are very simple (p. 59 > 2) (38). A piece of wire was bent 20° at either end, with a free length of 7 mm. The small hooks were manufactured in three lenghts.

The lengths were chosen to allow for the production of intermediate sizes by simply bending the standard lengths with a pair of pliers. This type of freedom in the design of the hooks resulted from early placing of the order for wire when details were still not finalised.

The handling of the described model elements required some practice. E.g. the suspension of the hooks from the linen strings asked for a specific skill (p. 59 > 3), especially when the string was loaded. The string had to be held with four fingers and the connection area had to be jolted to slacken the weaving pattern.

These and other problems in the model construction led to a proper training of the team. Apart from that each member read about Gaudî's work on the hanging model and the church project.

que para 2/3 de relleno, pesaran 10 y 20 gramos respectivamente. La parte superior de los saquitos debió quedar vacía de modo que colgaran a plomo (totalmente rellenos quedaban oblicuos). De este modo se pudo limitar el que los saquitos se tocaran entre sí en el modelo. También se esperaba que ellos,tras una suspensión vertical consecuentemente realizada, se diferenciasen visualmente del mejor modo posible del curso poligonal de los hilos. Las tipologías de pesos, eran en un principio de 10, 20 y 30 gramos, luego les fueron incorporados, 5 y 40 gramos.

El relleno de los saquitos no podía ser de perdigones de plomo como los utilizados por Gaudî en el modelo original. Para conseguir proporcionalmente las mismas dimensiones en la reconstrucción, el peso específico del relleno debía ser alrededor de tres veces menor que el de los perdigones de plomo. Entre muchos materiales, fue elegida la arena gruesa, como material de lastre más adecuado (37).

Los ganchos para la suspensión de los saquitos (p. 59 > 2) (38) son sumamente sencillos. Un alambre fue doblado en ambos extremos en un ángulo de 20°, con un largo libre de 7 mm. Los ganchos fueron construídos en cinco longitudes.

Las longitudes de los ganchos fueron determinadas de modo tal, que cualquiera nueva longitud pudiese ser doblada con una tenaza o bien, que la cantidad de longitudes standard pudiese ser cambiada por medio de la división en dos partes iguales de la longitud immediatemente superior. Esta libertad en la confección de los ganchos estaba condicionada por el hecho de que al momento de realizar el encargo, poco había sido definitivamente planificado.

El trato de los mencionados elementos constructivos del modelo exigía cierta ejercitación. La suspensión de los ganchos en los hilos de lino por ejemplo, exigía una determinada técnica (p. 59 > 3), sobre todo cuando el hilo se encontraba bajo carga. El hilo debía ser sostenido con cuatro dedos y en el lugar del colgado del gancho, ser torcido de modo de soltar el patrón de tejido del mismo.

Estos y otros problemas constructivos del modelo condujeron a una correcta instrucción del equipo. Además, cada integrante del mismo, se informaba particularmente sobre el modelo colgante de Gaudî y del proyecto de la iglesia.

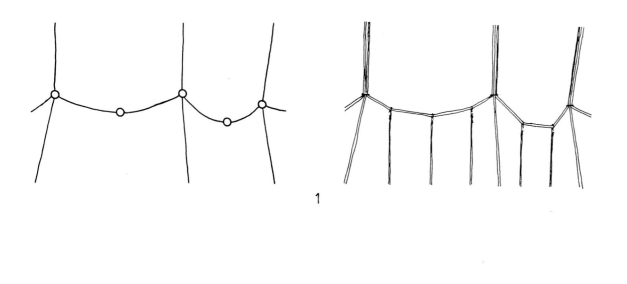

1

> 1 Erfassung des Fadenverlaufs, links Aus-
  gangsform, rechts gebaute Form
> 2 Methode zur Vermessung des Rekonstruktions-
  modells (nur für Höhenlagen)

> 1 Simplified representation of the hanging
  model, left: simplifacted, right: mounted
  in the model
> 2 Method for measuring the reconstruction
  model (only heights)

> 1 Registro del curso de los hilos, izquierda:
  forma inicial, derecha: forma construîda
> 2 Método para la medición del modelo de re-
  construcción (sólo para las altitudes)

I.4.3 Das Meßverfahren der Höhenlagen beim
      Modellbau

Im leicht bewegbaren Modell sollte die Vermessung der Höhenlagen möglichst ohne Berührung
des Modells stattfinden. Zu diesem Zweck wurden
an beiden Längsseiten des Modellrahmens waagerechte Gummi-Meßfäden auf gleichen Höhenlagen
gespannt. Zwei Meßfäden mit gleicher Höhenlage
bilden eine horizontale Ebene (> S. 63 > 2).
Die Schnittstelle mit dieser Ebene kennzeichnet
die Höhenlage eines beliebigen Punktes im Modell. Von der Seite ließ sich mit bloßem Auge
dann leicht feststellen, ob ein bestimmter
Punkt des Modells in gleicher Höhe lag (39).

Um Höhenlagen einzustellen, waren drei Personen
erforderlich. Ein Mitarbeiter oben auf der
Platte verstellte die Fadenlängen, ein Mitarbeiter verstellte im Modell die Fadenverbindungen
und ein dritter kontrollierte von außen die
Höhenlagen mit Hilfe der Meßfäden.

I.4.3 The Method for the Measurement of Heights
      in the Model

The measurement of heights in the easily mo-
vable model were best carried out without touching the model. To this end pairs of horizontal
rubber measuring strings were fixed at equal
heights to the long sides of the model frame.
A horizontal plane (p. 63 > 2) was formed by
two horizontally fixed measuring strings. The
intersection with this plane marked the level
of a particular point in the model. This made
checking whether particular points were at the
same level an easy task (39).

In order to adjust levels, three people were
necessary. One member of the team on top of the
plate adjusted the strings while another
changed the connections in the model and a
third checked the level from the outside with
the assistance of the measuring strings.

I.4.3. El método de medición de las alturas en
       la construcción del modelo

En el modelo, que se movîa con facilidad, la
medición de las alturas debîa realizarse en lo
posible, sin tocarlo. Con esta finalidad fueron
tendidos en los lados correspondientes al largo
del bastidor del modelo y a la misma altura,
hilos de goma para la medición. Dos hilos a la
misma altura forman un plano horizontal (p. 63
> 2). El punto de intercepción con este plano,
caracteriza la altura de un punto cualquiera en
el modelo. Desde el costado se puede fácilmente
y a simple vista, comprobar si un determinado
punto del modelo se encuentra a la misma altura
(39).

Tres personas eran necesarias para ajustar las
alturas. Una persona, sobre la placa, ajustaba
las longitudes de los hilos, otra regulaba en
el modelo las uniones de los hilos y una tercera, controlaba desde afuera las alturas con
la ayuda de los hilos de medición.

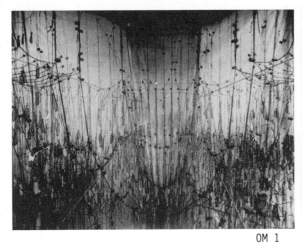

OM 1

OM 11

OM 9

Originalmodellfotos und ihre Übermalungen   Original Photographs and their Overpainting   Fotos originales y sus Repintados

OM 2

OM 3

OM 4

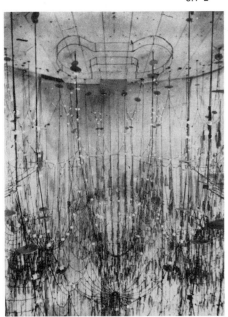

OM 5

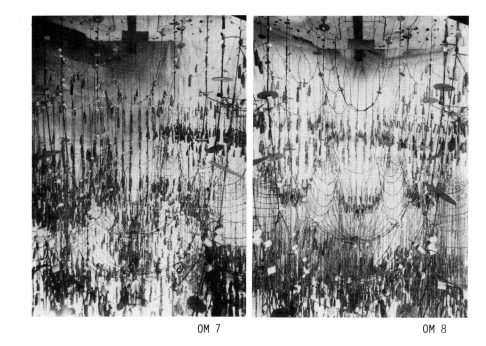

OM 7   OM 8

OM 6   OM 13   OM 14   OM 15

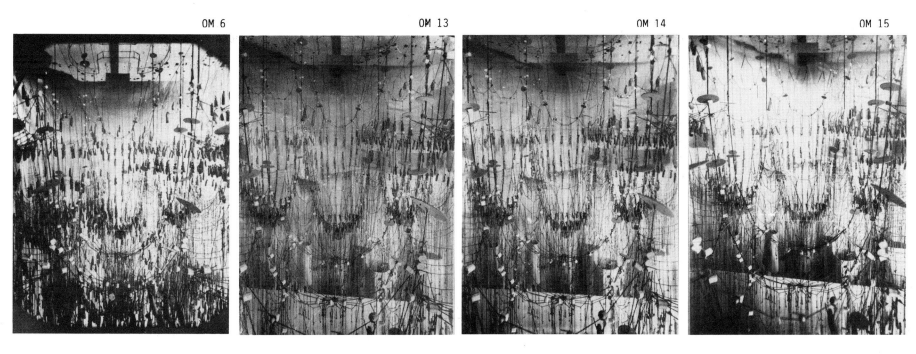

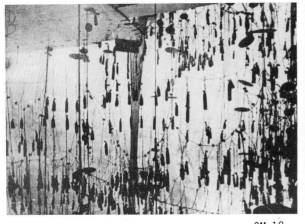

OM 10

OM 12

OÜ 1

Originalmodellfotos und ihre Übermalungen   Original Photographs and their Overpainting   Fotos originales y sus Repintados

OM 16

OM 17

OM 18

OM 19

OÜ 2

OÜ 2a

OÜ 4

OÜ 5 OÜ 6

OÜ 3

OÜ 3a

I.5 ERFASSUNG VON FADENVERLAUF UND FORM DES ORIGINALMODELLS - NACHBAU OHNE GEWICHTE

I.5.1 Originalfotos und ihre Übermalungen

Zur Gliederung der Fotos sind die einzelnen Aufnahmen nummeriert und OM für Originalmodellfotos oder OÜ für Aufnahmen von Originalübermalungen benannt worden.

Puig hatte unter anderem bereits die chronologische Folge der Originalmodellfotos OM 2, 3, 6, 13 festgestellt. Diese Annahme wurde durch ergänzende Studien bestätigt oder erweitert. Die zeitliche Reihenfolge der Fotos läßt sich anhand verschiedener Änderungen im Modell feststellen.

Die weiteren Entwicklungsschritte lassen sich verständlicherweise erst im Zusammenhang mit dem architektonischen Entwurf darstellen. Ich komme darauf in II.2.1.1 'Die Entstehung des Originalmodells' zurück.

a) 1. Entwurfsphase (OM 1, 9, 11) (> S. 64)
Spannfäden, wahrscheinlich zu Meßzwecken, durchschneiden das Modell auf OM 1 (40). Das Holzbrett für die Aufhängung der Fäden und die Holzklötzchen zur Fadenverstellung sind ohne Farbanstrich. Einer der Spannfäden von OM 1 ist auf OM 9 zu sehen. OM 11 wird zu dieser Phase gerechnet aufgrund des noch fehlenden Farbanstriches auf Brettern und Holzklötzchen. Auf OM 9 sind erstmals Scheiben auf die Stützenfäden geklemmt.

b) 2. Entwurfsphase (OM 2) (> S. 64)
Auf OM 2 sind das Holzbrett und sämtliche Holzklötzchen weiß gestrichen. Zwischen Vierungskuppel und Altarkuppel ist der Bogen I,i in die endgültige Form mit Öffnungen gebracht. An dieser Stelle befanden sich in der 1. Entwurfsphase noch vertikale Fäden (S. 71 > 1). Dieses Foto und alle weiteren zeigen das Modell mit Klemmscheiben an den Fäden.

c) 3. Entwurfsplase (OM 3, 4, 5) (> S. 64, 65)
Der Wandbereich hinter der Andeutung des Altars ist vereinfacht und mit vertikalen Fäden ausgeführt (S. 71 > 2). Bretter decken auf OM 5 die Säckchen im Vordergrund ab, wahrscheinlich um auf dem Foto den Kirchenboden anzudeuten.

> S. 69 Ausschnitt aus einem Foto des Originalmodells OM 7

I.5 RECORDING THE LOCATION OF THE STRINGS AND THE FORM OF THE ORIGINAL - RECONSTRUCTION WITHOUT WEIGHTS

I.5.1 Original Photographs and their Overpainting

For the sake of clarity the photographs were numbered, the original model photos coded OM and original over painted photos marked OÜ.

Puig had already established the chronological order of the model photographs as OM 2, 3, 6, 13. His assumption was supported by further studies. The chronological sequence can be determined from the various changes in the model.

Understandably, further development stages only come to light when one is looking at the architectural design. I deal with this in II.2.1.1 'The Evolution of the Original Model'.

a) 1. Design Phase (OM 1, 9, 11) (> p. 64)
Tension strings, possibly for measuring purposes, bisect the model on photo OM 1 (40). The wooden plank for the suspension of the strings and the small wooden blocks for their adjustment are without any colour coating. One of the tension strings of OM 1 can also be seen on OM 9. OM 11 is counted as part of this phase because of the missing paint cover to the planks and wood blocks. On OM 9 discs are squeezed onto the column strings for the first time.

b) 2. Design Phase (OM 2) (> p. 64)
On OM 2 the wooden plank and all the small wood blocks have been painted white. The arch I,i between the crossing dome and the dome over the altar has its final shape with all its openings. In the first design stage this area was still carried out with vertical strings (p. 71 > 1). This photo and all further pictures show the model with clamping discs on the strings.

c) 3. Design Phase (OM 3, 4, 5) (> p. 64, 65)
The wall area behind the outline of the altar has been simplified and carried out with vertical strings (p. 71 > 2). In photograph OM 5 the sachets in the foreground are covered with planks, probably indicating the church floor.

> p. 69 Section of an original model photograph, OM 7

I.5. REGISTRO DEL CURSO DE LOS HILOS Y DE LA FORMA DEL MODELO ORIGINAL - MODELO SIN PESOS

I.5.1 Fotos originales y sus repintados

Para la clasificación de las fotos han sido numeradas y designadas con OM las fotos del modelo original y con OÜ, las fotos repintadas originales.

La serie cronológica de las fotos OM 2, 3, 6 y 13, había sido ya determinada, entre otras cosas, por Puig. Esta hipótesis fue confirmada y ampliada a través de estudios complementarios. La sucesión cronológica se deja determinar en base a diversas modificaciones registradas en el modelo.
Como es de comprender, los pasos siguientes en el desarrollo, se dejan representar recién en unión con el diseño arquitectónico. Sobre este tema retornaré en II.2.1.1 'La creación del modelo original'.

a) Primera fase de diseño (OM 1, 9, 11)
   (> p. 64)
Hilos extendidos, probablemente para medición, atraviesan el modelo en OM 1 (40). La tabla para el colgado de los hilos y los dispositivos para los cambios en los mismos, están sin pintar. Uno de los hilos extendidos de OM 1 es también visible en OM 9. OM 11 es incluído en dicha fase en razón a la falta de pintura en las tablas y de los dispositivos nombrados. En OM 9 han sido por primera vez fijados discos en los hilos de columnas.

b) Segunda fase de diseño (OM 2) (> p. 64)
En OM 2, la tabla y todos los dispositivos de unión de madera están pintados de blanco. La forma definitiva, con aberturas, del arco I, i se muestra entre la cúpula en la intersección de las naves y la cúpula del altar. Aún en la 1ra. fase de diseño se encontraban en ese lugar, hilos verticales (p. 71 > 1). Esta foto y todas las demás, muestran al modelo con los discos fijados en los hilos.

c) Tercera fase de diseño (OM 3, 4, 5)
   (> p. 64, 65)
El sector de pared detrás de la alusión al altar, está simplificado y realizado con hilos

> p. 69 Fragmento de una foto del modelo original OM 7

d) Ausführungsentwurf (OM 6 bis 8, 10, 12 bis 19) (> S. 65, 66)

An beiden Seiten der Altarandeutung sind die Kuppeln im Querschiff mit Türmen ergänzt (S. 71 > 3). Der hintere Wandbereich ist nochmals geändert; die Zahl der Aufhängepunkte ist durch die Zusammenführung von Fäden verringert. Die endgültige Form des hinteren Wandbereichs ist auf OM 10 erkennbar und ebenfalls auf den Fotos, die das gesamte Modell von der Seite wiedergeben, nämlich OM 16 und OM 17, womit diese Fotos in die Chronologie eingeordnet sind. OM 12 gehört zum Ausführungsentwurf, weil auf dem Foto vertikale Fäden, die Schiffsstützen darstellen, mittels horizontaler Fäden verbunden sind, wie bei OM 6, 7, 8. Auf OM 12 ist auch die neue Form des sich verzweigenden Stützenfadens B zu sehen, der auf OM 9 noch einfach gerade war. OM 18 und OM 19 zeigen das Modell von vorne, aufwendig hergerichtet mit Tüchern, welche Säckchen und Hintergrund verdecken sollen. Mit OM 13, 14, 15 bildet OM 12 eine Gruppe, die das Modellinnere wiedergibt. Auf diesen Fotos ist außerdem die Form des Modells leicht dadurch verändert, daß viele der Gewichte in Gruppen zusammengefaßt und für das Foto in Papprröhren versteckt sind (S. 71 > 4).

OM 10, 16 und 17 wurden aus Veröffentlichungen abfotografiert und sind daher von minderer Qualität. In die Negative von OM 8 und 15 sind zur Verdeutlichung des Fadenverlaufs einzelne Fadenlinien von unbekannter Hand mit Ritzlinien nachgezeichnet.

Einige der Fotos wurden von Gaudí für Übermalungen benutzt. Sechs dieser Übermalungen sind als Fotografien erhalten, zwei als Originale (> S. 66, 67). Aus Formvergleichen stellten wir fest, welche Originalmodellfotos als Vorlage für die Übermalungen dienten: OM 4 für OÜ 2, OM 19 für OÜ 5/6, OM 16 für OÜ 3 und OM 17 für OÜ 4. Es handelt sich bei OÜ 5/6 (41) um die gleiche Übermalung, die in zwei Entstehungsphasen fotografiert wurde. OÜ 6 ist die spätere Version.

Das breitformatige Foto, das als Grundlage für OÜ 1 diente, wurde nicht aufgefunden, muß aber zur 3. Entwurfsphase gehört haben, wie aus der Form des Altarbereichs hervorgeht. OÜ 1 hat handgeschrieben die Bezeichnung: "Primer croquis de l'interior" (Katalanisch für "Erste Skizze des Innern"). OÜ 6 hat die Bezeichnung: "Croquis del conjunt d'esglesia" und die Zahl 45 (Katalanisch für "Skizze des Kirchenäußeren").

d) Final Design (OM 6 to 8, 10, 12 to 19) (> p. 65, 66)

On both sides of the outline of the altar the domes over the transept have been completed with towers (p. 71 > 3). The rear wall area has been changed again; the number of suspension points has been reduced with the linking of strings. The final form of the rear wall area can be seen on OM 10 as well as on the photos that depict the whole model from one side, namely OM 16 and OM 17 thereby confirming their position within the chronology. OM 12 belongs to the final design phase because the photo shows the vertical strings that represent the nave columns linked up with horizontal strings, similar to OM 6, 7, and 8. On OM 12 one can also see the new shape of the branching-out column string B which was still straight on OM 9. OM 18 and OM 19 give a front view of the model fitted up with great effort concealing sachets and background with drapes. OM 12, 13, 14 and 15 show the interior of the model. On these photos the form of the model is slightly changed because many of the weights were compressed into groups and hidden in cardboard tubes while the pictures were taken (p. 71 > 4).

OM 10, 16 and 17 were reproduced from publications and are therefore of inferior quality. In the negatives of OM 8 and 15 an unknown hand has retraced individual strings by scratching them onto the original.

Some of the photos were used by Gaudí for his over painting. Six of these were conserved as photographs, two of them as originals. As a result of comparing forms we were able to find out which of the original photos had served as copy for the over paintings: OM 4 for OÜ 2, OM 19 for OÜ 5/6, OM 16 for OÜ 3 and OM 17 for OÜ 4. OÜ 5/6 (41) is one and the same over painting, pictured in two different generic phases. OÜ 6 is the later version.

The photo in landscape format which served as a bases for OÜ 1, was not found. However, it must have belonged to the third design-phase judging by the form of the altar area.

OÜ 1 is annotated in hand writing 'Primer croquis de l'interior' (Catalan for 'First interior sketch'). OÜ 6 is annotated 'Croquis del conjunt d'esglesia' and the number 45 (Catalan for 'Sketch of the church exterior').

verticales (p. 71 > 2). En OM 5 los saquitos son tapados por tablas en un primer plano, probablemente para destacar el piso de la iglesia sobre las fotos.

d) Diseño para la ejecución (OM 6 a 8, 10, 12 a 19) (> p. 65, 66)

A ambos lados de la alusión al altar están las cúpulas de la nave transversal complementadas con torres (p. 71 > 3). El sector de pared posterior ha sido nuevamente modificado; la cantidad de puntos de suspensión ha sido disminuída a través de la unión de los hilos. En OM 10 es reconocible la forma definitiva del sector de pared posterior, como asimismo en las fotos que muestran desde el costado al modelo completo, es decir, OM 16 y OM 17, con lo cual estas fotos fueron clasificadas en la cronología. OM 12 pertenece al diseño definitivo, porque en la foto, los hilos verticales que representan a las columnas de la nave, están unidos por medio de hilos horizontales, como en OM 6, 7 y 8. La nueva forma del hilo ramificado B es también visible en OM 12, que en OM 9 era aún simplemente recto. OM 18 y OM 19 muestran al modelo de frente, complicadamente provisto con telas que debían ocultar los saquitos y el fondo. OM 12 forma junto a OM 13, 14 y 15, un grupo de fotos que muestran el interior del modelo. En estas fotos, la forma del modelo está además ligeramente modificada, debido a que muchos de los pesos fueron reunidos en grupos y ocultados para la foto en cilindros de papel (p. 71 > 4).

OM 10, 16 y 17 fueron fotografiadas de publicaciones y son por ello, de menor calidad. En los negativos de OM 8 y 15 han sido, por manos desconocidas, remarcadas singulares líneas de hilos con líneas quebradas, con el fin de aclarar el curso de los mismos.

Algunas de las fotos fueron utilizadas por Gaudí para ser repintadas. Seis de esas fotos se conservan fotografiadas y dos son originales (> p. 66, 67). Por comparación de la forma, determinamos cuales de las fotos del modelo original sirvieron como base para aquellas repintadas, siendo estas: OM 4 para OÜ 2, OM 19 para OÜ 5/6, OM 16 para OÜ 3 y OM 17 para OÜ 4. OÜ 5/6 (41) se trata de la misma foto repintada, fotografiada en dos distintas fases de su creación. OÜ 6 es la versión posterior.

La foto en formato ancho, que sirvió como base para OÜ 1, no ha sido encontrada, pero debe haber pertenecido a la tercera fase de diseño,

> 1 OM 2, Änderungen im Vergleich zu OM 1 (Überzeichnung)
> 2 Altarbereich in Entwurfsphase III (Überzeichnung)
> 3 Altarbereich im Ausführungsentwurf (Überzeichnung)
> 4 Für das Foto gebündelte und in Pappröhren versteckte Säckchen (Überzeichnung)

> 1 OM 2, changes in comparison with OM 1 (over drawing)
> 2 Area of the altar in the third design phase (over drawing)
> 3 Area of the altar in the final design (over drawing)
> 4 Bundled up sachets, concealed in card tubes for the picture taking (over drawing)

> 1 OM 2, modificaciones en comparación con OM 1 (remarcado)
> 2 Zona del altar en la tercera fase del diseño (remarcado)
> 3 Zona del altar en el diseño para la ejecución (remarcado)
> 4 Saquitos reunidos en grupos y ocultados en cilindros de papel, para la foto (remarcado)

OÜ 2 und OÜ 3 gibt es noch als Originale, OÜ 2a und OÜ 3a. Wegen des Alters der Originale ist die Farbschicht verblaßt. Der Untergrund ist dadurch wieder sichtbar geworden und zeigt eine weiße Grundierungsschicht über dem Foto, bei OÜ 3a ergänzt mit Bleistiflinien, welche mit einem flächigen Raster die Außenform des Originalmodells überziehen. Darüber wurde das Bild der Kirche gemalt.

OÜ 2 and OÜ 3 exist as originals, OÜ 2a and OÜ 3a. Due to the age of the originals, their paint cover is bleached. Because of this the base is now shining through again, and shows a white under coat that was applied to the photo and in the case of OÜ 3a, completed with pencil lines which cover the outer form of the original model with a flat spread grid. The picture of the church was then painted over this.

como se infiere de la forma de la zona del altar.
OÜ 1 tiene escrita a mano la inscripción en catalán: 'Primer croquis de l'interior'. OÜ 6 tiene la inscripción: 'Croquis del conjunt d'església' y el número 45.

De OÜ 2 y OÜ 3 se conservan los originales. Debido a la antigüedad de los originales, OÜ 2 y OÜ 3 han perdido su color. Es por ello que el fondo se ha tornado nuevamente visible y muestra una capa de fondo sobre la foto, complementada en OÜ 3a con líneas a lápiz, las que recubren con una red superficial la forma exterior del modelo original. La imágen de la iglesia fue dibujada encima.

> S. 72 Ausschnitt aus dem Originalmodellfoto OM 11
> S. 73 Ausschnitt aus dem Originalmodellfoto OM 5

> p. 72 Section of an original model photograph, OM 11
> p. 73 Section of an original model photograph, OM 5

> p. 72 Fragmento de la foto del modelo original OM 11
> p. 73 Fragmento de la foto del modelo original OM 5

I.5.2 Schrittweise Erfassung und Nachbau des Fadenverlaufs

Die Abzüge der Originalmodellfotos ermöglichten eine systematische Erfassung des Fadenverlaufs. Die Originalfotos - oder Ausschnitte daraus - wurden im Format 30 x 40 cm mit der Kennzeichnung der Aufhängepunkte versehen. Der Verlauf einzelner Fäden wurde durch Überzeichnen verdeutlicht.

In den außerordentlich schwierigen Studien der Originalfotos (42), von denen manches mehr als hundert Mal untersucht werden mußte, gelang es, den Verlauf jedes einzelnen Fadens zu erfassen und in Schemata und Skizzen festzulegen, um dann im rekonstruierten Modell wieder zum konkreten Bild zu werden.

Ein herausragendes Ereignis während der Recherchen der Originalmodellfotos war am 9. November 1982 Rainer Graefes Entdeckung der Existenz von Türmen an den Querschiffkuppeln (43).

a) Primärkonstruktion

Daß der Aufbau des Originalmodells hierarchisch gegliedert war, wirkte sich günstig auf die Rekonstruktion aus. Daher konnten wir uns anfangs auf die Erforschung der Primärkonstruktion im Originalmodell und deren Nachbau in der Rekonstruktion beschränken. An das Gerüst von Stützen und Bögen konnte später die komplexere Sekundärkonstruktion angehängt werden. Bei der Suche nach den Fäden der Primärkonstruktion war es hilfreich, daß die Stützenfäden mit Scheiben versehen und daß die Bogenfäden mit Holzklötzchen befestigt waren, während die Fäden der Sekundärkonstruktion mit Häkchen festgemacht waren.

I.5.2 Step by Step Record of the Course of Strings and its Reconstruction

The copies of the original model photographs enabled a systematic recording of the direction of the strings. The original photos - or sections from them - in the format 30 x 40 cm, were marked with the codes of the suspension points. The location of individual strings was made plain by over-drawing.

With these extremely difficult studies of the original photos (42), some of them had to be examined more than a hundred times, it was finally possible to define the direction of each individual string and to record it in schemes and sketches.

An outstanding event took place on the 9th November 1982. While researching the original model photos Rainer Graefe discovered the existence of two towers next to the domes of the transept (43).

a) Primary Construction

The fact that the structure of the original was articulated hierarchically was advantageous. It meant that we were able to restrict our research initially to the primary structure. The more complex secondary structure could be attached to the supporting framework of columns and arches at a later date. When searching for the strings of the primary structure it helped that the column strings had discs and the archstrings were fixed with small wood blocks, whilst the strings of the secondary structure were attached with small hooks.

I.5.2. Registro progresivo y reproducción del curso de los hilos

Las copias de las fotos del modelo original posibilitaron un registro sistemático del curso de los hilos. Las fotos originales - o partes de las mismas - en un formato de 30 x 40 cm, fueron provistas con la denominación de los puntos de suspensión. El curso de cada uno de los hilos fue aclarado mediante el remarcado de los mismos.

En los estudios extraordinariamente difíciles de las fotos originales (42), en los que algunas debían ser examinadas más de cien veces, se logró registrar el curso de cada uno de los hilos y fijarlos en esquemas y bosquejos, para luego concretarlos en el modelo reconstruido. Un evento sobresaliente durante las investigaciones se registró el 9 de noviembre de 1982 con el descubrimiento por parte de Rainer Graefe de la existencia de torres en las cúpulas de las naves transversales (43).

a) Construcción primaria

Que la construcción del modelo original haya sido estructurada jerárquicamente, repercutió favorablemente en la reconstrucción. Por esta razón pudimos limitarnos al principio a investigar la construcción primaria en el modelo original y su reproducción en la reconstrucción. Del esqueleto de columnas y arcos pudo ser suspendida posteriormente la construcción secundaria más compleja. En la búsqueda de los hilos de la construcción primaria fue de utilidad que los hilos de columnas estuviesen provistos de discos y que los hilos de los arcos estuvieran fijados con los tarugos de madera, mientras que los hilos de la construcción secundaria estuvieran fijados con ganchos.

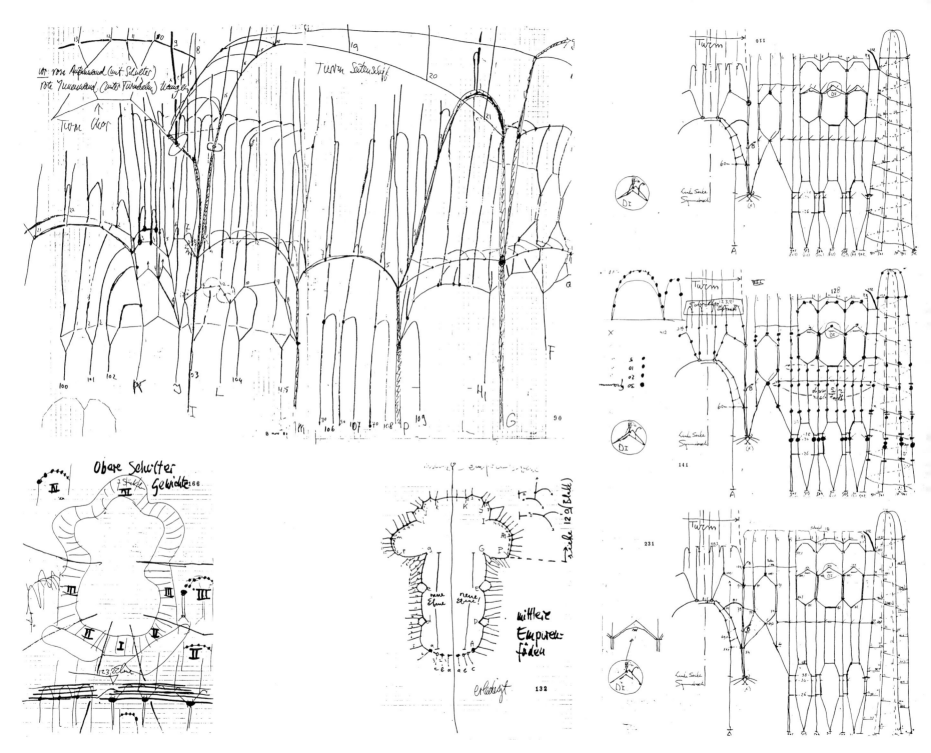

Der Verlauf der Fäden der Primärkonstruktion wurde in einfachen, schematischen Zeichnungen (S. 77 > 3, 4) festgehalten, auf denen die genauen Formen des Hängemodells (Längen der Fäden, Form der Bögen, Winkel usw.) bewußt unberücksichtigt blieben. Eine Zeichnung zeigt den Bereich der inneren Stützen, die zweite Zeichnung den Bereich der äußeren Stützen. Weil die Primärkonstruktion fast symmetrisch ist, brauchte nur die Hälfte des Originalmodells gezeichnet zu werden, in Form eines Längsschnitts mit halbem Plan.

Aufwendig war der Fadenverlauf der Primärkonstruktion von der sich verzweigenden Stütze B und im Eingangsbereich. Im Fall des Eingangsbereiches wurde während der Rekonstruktion lange Zeit der Gedanke verfolgt, daß der Eingangsbereich im Originalmodell und die ausgeführte Version am Gebäude identisch sein würden. Dies führte zur unbefriedigenden Lösung der von jeweils vier Rippen getragenen Stützen X und x, wie im Schema der Primärkonstruktion dargestellt. Kurz vor Abschluß der Rekonstruktion wurde der Eingangsbereich entsprechend der Situation auf den Originalmodellfotos geändert (siehe I.7.2 und II.2.1.7).

b) Sekundärkonstruktion

Erst mit der Serie räumlicher Skizzen (> S. 75) gelang es, ganze Teile des Originalmodells und die Zusammenhänge der Vielzahl von Fäden darzustellen. Außer den räumlichen Skizzen wurden schematische Zeichnungen von allen Kuppeln, Türmen und Emporen angefertigt. Die Skizzen bildeten die Grundlage für alle weiteren Arbeitsgänge. Manche mußten überarbeitet werden, als sich neue Erkenntnisse ergaben.

The directions of the strings of the primary structure were recorded in simple, schematic drawings (p. 77 > 3, 4), ignoring the exact forms (lengths of strings, form of arches, angles etc.) of the hanging model. The first drawing shows the area of the inner columns and the second drawing the area of the outer columns. The primary structure is almost symmetrical and it was therefore possible to draw only half of the original model employing a longitudinal section and half a plan.

Much effort went into the primary structure for the branching column B and the entrance area. In the case of the entrance area, it was thought originally that the reconstruction should be identical with the executed version in the building. This led to an unsatisfactory solution of columns X and x, both supported by four ribs as shown in the schematic drawing for the primary structure. Shortly before completion, the entrance area was altered in accordance with the position in the photos of the original model (ref. I.7.2 and II.2.1.7).

b) Secondary Structure

Only through a series of three-dimensional sketches (> p. 75) did it become possible to interpret the variations of the numerous strings. Apart from these sketches, drawings of all domes, towers and choirs were made. The sketches formed the basis for all future work. Some of them had to be amended following new findings.

El recorrido de los hilos de la construcción primaria fue registrado en simples dibujos esquemáticos (p. 77 > 3, 4), en los que deliberadamente no se contemplaron las formas exactas del modelo colgante (largo de los hilos, forma de los arcos, ángulos etc.). Un dibujo muestra la zona de columnas interiores, un segundo dibujo, las exteriores. Como la construcción primaria es casi simétrica, se necesitó dibujar solamente la mitad del modelo original, en forma de un corte longitudinal y la mitad de la planta.

Laborioso fue el recorrido de los hilos de la construcción primaria, correspondientes a los apoyos ramificados B y a la zona de ingreso. En el caso de la zona de ingreso, se siguió durante la reconstrucción por un largo tiempo el criterio de que la zona de ingreso en el modelo original y la versión construida del mismo, serían idénticas. Esto condujo a la insatisfactoria solución de que en cada caso, cuatro nervios soportan a las columnas X y x, como puede verse en el esquema de la construcción primaria. Poco antes de finalizar la reconstrucción, la zona de ingreso fue modificada, haciéndola concordar con la respectiva situación presente en las fotos del modelo original (véase I.7.2 y II.2.1.7).

b) Construcción secundaria

Recién con la serie de bosquejos espaciales (> p. 75) se lograron representar sectores completos del modelo original así como las relaciones entre la gran variedad de hilos. Además de los bosquejos espaciales, fueron realizados dibujos esquemáticos de todas las cúpulas, torres y coros altos. Los bosquejos crearon la base para todas la fases de trabajo posteriores. Algunos de ellos debieron ser reelaborados a la luz de nuevos conocimientos.

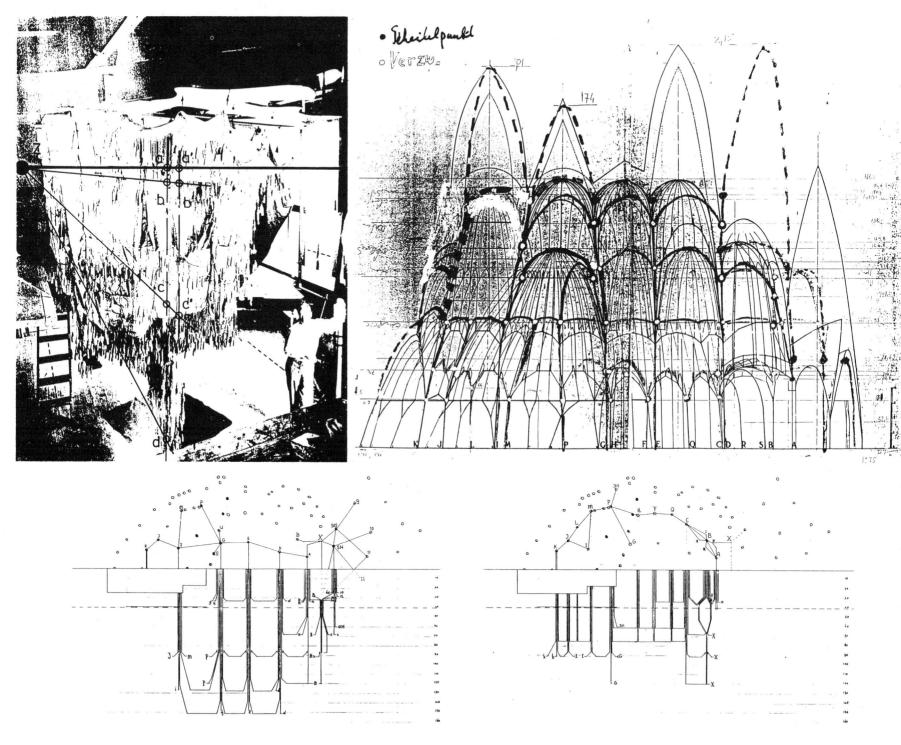

Bei genauer Betrachtung des Rippennetzes der Kryptadecke (> S. 50) wird sichtbar, daß durch die Scheitel der Rippen ein Steinband läuft, daß - mit Ausnahme des mittleren Gewölbes - die ganze Krypta als eine durchgehende Linie durchläuft. Dieses Steinband wird im Modell durch einen durchlaufenden Faden wiedergegeben, an den die anschließenden Rippenfäden angeknotet wurden. Dieser 'Tausendfüßler' wurde dann Rippe für Rippe im Modell eingehängt. Nach ähnlichem Prinzip wurden die meisten Kuppeln und Türme vorgefertigt und dann ins Modell eingebaut.

I.5.3 Schrittweise Ermittlung der Höhenmaße

Der Bedarf an exakten Proportionsangaben stieg mit fortschreitendem Nachbau des Fadenverlaufs. Deshalb wurden Höhenmaßschemata angefertigt, in welche die ermittelten Höhenlagen des Modells eingetragen wurden. Weil Puigs gezeichnete Rekonstruktion des Originalmodells in vielen Höhenangaben nach eingehender Überprüfung unserer eigenen Vorstellungen entsprach, übernahmen wir für den Anfang seine Schnitte als Vorbild für unsere Höhenmaßschemata (S. 77 > 2). Auf Fotokopien im Maßstab 1 : 75 dieser Schnitte trugen wir die Höhenlagen ein, allerdings abweichend von Puigs Maßangaben, wo es angebracht erschien. Die Zahl der Höhenlagen wurde so beschränkt wie möglich gehalten. Bei Stützen wurde lediglich die Höhenlage der Verzweigungen, bei Bögen die Höhenlage von Bogenansatz und Bogenscheitel angegeben (S. 63 > 1). Für die Kuppeln und Türme wurden die Höhenlagen der Scheitel aufgezeichnet. Bei Stockwerksebenen genügte die Angabe einer Höhenlage für alle Rippenfäden.

Die Einfachheit der Angaben über den Fadenverlauf ermöglichte es, ohne viel Aufwand neue Ergebnisse in den Höhenmaßschemata einzutragen. Nach dem Netz von Meßpunkten wurde der Fadenverlauf im Modell bemessen, ergänzt mit Angaben über die Höhenlagen einzelner Partien wie Fensteröffnungen, welche auf den räumlichen Skizzen eingetragen wurden (S. 75 > 6).

Nachdem erste Angaben über Höhenlagen durch Proportionsschätzungen des Fadenverlaufs mit den Originalmodellfotos erreicht wurden, konnten diese Angaben anhand von Überlegungen über den großen Turm und die Wendeltreppen präzisiert werden.

When looking at the reticulated ceiling of the crypt (> p. 50) one can see a strip running through the crest of the ribs. This continuous stone strip ran throughout the crypt with the exception of the central vault. In the model, this stone ribbon is shown as a continuous string with connecting rib strings knotted in. This 'millipede' was subsequently hung rib by rib into the model. Most of the other domes were prefabricated and then hung following a similar principle.

I.5.3 Step by Step Determination of Height Dimensions

The need for detailed information on proportions grew as the reconstruction progressed. This led to the introduction of height dimension charts. Puig's drawn reconstruction was in keeping with our own concept and so we decided to use his sections as examples to start with (p. 77 > 2). Heights were marked on photocopies of Puig's sections at a scale of 1 : 75, although we ignored Puig's dimensions where necessary. The number of levels taken was kept to a minimum. The dimensions given for columns were restricted to the level of the branching point and arches were defined by giving the levels of the rise and the base of the bow (p. 63 > 1). Domes and turrets were dimensioned by a single dimension for all rib strings.

The simplicity of this method allowed constant updating. The network of measurement points formed the basis for the dimensioning of strings in the model and was later completed by levels for window openings (p. 75 > 6).

The initial rough information on levels was arrived at by comparing proportions with those of the original photographs. Later these levels were calculated much more precisely when considering the large tower and the spiral stairs.

The reconstruction was further complicated by the height restrictions for the model's transport requirements (2.42 m). Even with a minimal construction thickness for the top and bottom parts of the frame, the large spire would be so close to the floor planks that it might look as if it were supported from the base plate. During the final days of the reconstruction this problem became more acute until a radical

Por medio de una precisa observación de la red de nervios de la cubierta de la cripta (> p. 50), se puede observar que a través del extremo superior de los nervios corre una banda pétra, que - con excepción de la bóveda central - recorre toda la cripta como una línea continua. Esta banda pétrea es reproducida en el modelo mediante un hilo que corre a través de él y al cual fueron amarrados los hilos de los nervios. Este 'ciempiés' fue luego colgado en el modelo, nervio por nervio. La mayoría de las cúpulas y torres fueron elaboradas bajo un principio similar y luego, incorporadas al modelo.

I.5.3 Determinación progresiva de las alturas

Con la progresiva reproducción del recorrido de los hilos, creció la necesidad de datos exactos respecto a las proporciones. Es por ello que fueron realizados esquemas en los cuales se registraron los datos de las alturas del modelo. Como muchos de los datos de las alturas en el dibujo de la reconstrucción del modelo original de Puig coincidían con nuestras propias ideas al respecto, lo que se desprendió de un estudio propio, tomamos inicialmente sus cortes como prototipo de nuestro esquema de alturas (p. 77 > 2). Sobre fotocopias en escala 1 : 75 de dichos cortes, registramos las alturas, desviándonos de los datos entregados por Puig cuando lo creíamos necesario. El número de alturas fue mantenido lo más reducido posible. En el caso de columnas, fue indicada solamente la altura de los nudos de ramificación y en el caso de arcos, la altura de la clave y de los apoyos de los mismos (p. 63 > 1). Para las cúpulas y torres, fueron indicadas las alturas correspondientes a las cúspides de las mismas. Respecto a los planos de pisos, era suficiente con una altura para todos los hilos de los nervios.
La simplicidad en la indicación del recorrido de los hilos, posibilitó sin demasiada complicación, la incorporación de nuevos resultados en los esquemas de alturas. El recorrido de los hilos en el modelo fue medido de acuerdo con la red de puntos de medición, complementado con datos sobre las alturas de partes singulares como aberturas de ventanas, las que fueron incorporadas a los bosquejos espaciales (p. 75 > 6).
Luego de alcanzados los primeros datos sobre las alturas a través de estimaciones en las proporciones del recorrido de los hilos que aparecen en las fotos del modelo original,

Die Rekonstruktion wurde durch die aus Transportgründen maximal zulässige Höhe des Modellrahmens (2,42 m) kompliziert. Auch bei minimaler Konstruktionsstärke der Ober- und Unterseiten des Rahmens würde die Spitze des großen Turms im Modell so dicht über der Bodenplatte schweben, daß visuell der Eindruck entstehen müßte, der Turm stehe auf der Bodenplatte. Das beschriebene Problem, vergrößert durch unsere Unsicherheit über die Zuverlässigkeit des angenommenen Höhenmaßes, wurde in den letzten Tagen der Rekonstruktionsarbeit radikal gelöst. Es wurde großzügig ein Loch in die Bodenplatte gesägt, das vertieft wieder geschlossen wurde. Damit konnte der große Turm auch visuell frei hängen.

a) Maß des großen Turms

Das Höhenmaß des großen Turms (A, a, d, D) war für die Rekonstruktion ein wichtiger Anhaltspunkt, weil mit diesem 'großen' Maß ein Standard gegeben war. Ein Versuch, die Proportionen dieses Turms wenigstens in Relation zur Höhe des Eingangsbereiches zu ermitteln, wurde anhand des Originalmodellfotos (OM 19) (S. 77 > 1) unternommen. Der auf dieser Aufnahme sichtbare Atelierraum, in dem sich das Modell befand, ermöglicht es, die Fotoperspektive zu rekonstruieren (44).

Die tatsächliche Gesamthöhe des großen Turms mußte zunächst weiterhin geschätzt werden, wobei wir uns an die Maßangabe von Puig hielten (in unserem Modell 2,15 m von der Fundamentplatte).

b) Maße aus den Wendeltreppen

Einen sicheren Anhaltspunkt für eine Systematik der Höhenlagen der Rekonstruktion lieferte erst die Idee, Höhenlagen aus den Wendeltreppen in Bezug zu bringen mit Höhenlagen des Originalmodells. Im Modell ist die Wendeltreppe durch einen spiralförmig mit gleichem Abstand ansteigenden Faden angedeutet. Da der untere Teil dieser Treppe im Kryptabereich fertiggestellt ist, allerdings ohne Stufen, konnte die Höhe des Treppenlaufs ermittelt werden (45). Mit der Idee, Maße aus den Wendeltreppen als Standard für allgemeine Höhenlagen des Modells zu benutzen, wurde ein sichtbarer Maßstab gefunden;

solution was found. A large hole was cut into the floor plate permitting the tall spire to hang freely.

a) Height of the large Tower

The height of the large tower (A, a, d, D) was crucial because it provided a standard dimension. With the use of the original model photo (OM 19) (p. 77 > 1) an attempt was made to relate the proportions of the tower to the height of the entrance area. The picture shows the atelier in which the model was stored, enabling us to reproduce the photographic perspective (44).

Initially the overall height of the tower had to remain an estimated figure based on Puig's measurements (in our model 2.15 m from the foundation plate).

b) Dimensions deduced from Spiral Stairs

The idea to use spiral stairs in the original model as a scale formed the basis for a systematic approach to levels in our model. In the original, the spiral stairs are indicated with parallel strings that ascend in a spiral form.

As the lower part of the stairs in the area of the crypt were completed, albeit without steps, it was possible to ascertain the height of the stair flight (45). Using this method a visible scale was found, an opportunity that had been missed in previous reconstructions. The steady rise of the spiral string is clearly visible on

pudieron estos datos ser precisados en base a consideraciones sobre la torre grande y las escaleras de caracol.
La reconstrucción se complicó debido a que para ser transportada, la altura máxima permitida del bastidor era de 2,42 m. Aún cuando los elementos superiores e inferiores del bastidor fueran reducidos los más posible, ello no impedía que la cúspide de la torre más grande prácticamente rozara el piso del bastidor, creándose la impresión visual de que la torre estuviese apoyada sobre la placa del piso. El problema descrito, aumentado por nuestra inseguridad en cuanto a la fidelidad de las alturas adoptadas, fue radicalmente solucionado en los últimos días de la reconstrucción. En la placa del piso del bastidor fue aserrado un gran agujero, el que a cierta profundidad se cerraba nuevamente. De esta forma, la torre más alta podía también colgar visualmente libre.

a) Dimensiones de la torre grande

Un importante punto de referencia para la reconstrucción fue la altura de la torre grande (A, a, d, D), puesto que con aquella 'gran' dimensión se establecía un standard. Una búsqueda fue entonces emprendida, cual fue, la de determinar en base a una foto del modelo original (OM 19) (p. 77 > 1), las proporciones de dicha torre, al menos en relación a la altura de la zona de ingreso. El atelier en el que se encontraba el modelo, visible en dicha foto, posibilitó la reconstrucción de la perspectiva fotográfica (44).
A partir de aquel punto, la altura efectiva de la gran torre debía ser estimada, para lo cual nos mantuvimos en los datos de Puig (en nuestro modelo, 2,15 m desde la placa de fundamento).

b) Dimensiones de la escalera de caracol

Un punto de referencia seguro para una sistematización de las alturas de la reconstrucción, lo suministró inicialmente, la idea de relacionar las alturas de la escalera de caracol con las alturas del modelo original. La escalera de caracol está indicada en el modelo, por medio de hilos que en forma de espiral se elevan equidistantes. Gracias a que la parte inferior de dicha escalera, ubicada en la cripta, está ya terminada aúnque sin escalones, pudo ser determinada la altura del desarrollo de la escalera (45). Con la idea de utilizar las medidas extraídas de la escalera de caracol como

eine Möglichkeit, die bei früheren Rekonstruktionen übersehen worden war. Der gleichmäßige Anstieg des spiralförmigen Fadens der Wendeltreppe ist auf den Originalmodellfotos gut erkennbar und läßt darauf schließen, daß die Wendeltreppen als durchgehende Schraube ohne Podeste entworfen waren. Gaudîs Begeisterung für geometrisch komplexe Formen, wie auch die Helicoide eine ist, demonstrierte er auf ähnliche Weise bei den Treppen in den Türmen der Sagrada Familia, wo er auf einer Unterbrechung der helicoidalen Form durch Podeste verzichtete.

the original photographs, indicating a continuous spiral without landings. Gaudî was enthusiastic about geometrically complex shapes and the helical stair in the Sagrada Familia towers is one example where he did not want to interrupt the form by the introduction of landings.

standard para las alturas generales en el modelo, fue encontrada una escala manifiesta; una posibilidad que había sido pasada por alto en las anteriores reconstrucciónes. La ascensión regular del hilo en forma de espiral de las escaleras de caracol, es fácilmente reconocible en las fotos del modelo original y de ello se deja concluîr, que las mismas fueron diseñadas como un tornillo contînuo sin descansos. El entusiasmo de Gaudî por las formas geométricas complejas, siendo la helicoidal una de ellas, fue demostrado por él de manera similar, en las escaleras de las torres de la Sagrada Familia, en donde desistió de la interrupción de la forma helicoidal a través de descansos.

I.5.4 Fotografisches Festhalten der einzelnen Rekonstruktionsphasen

a) Erste fotografische Dokumentation (S. 82 > links)

Die Fäden der Stützen und Bögen der Primärkonstruktion sind ins Modell gehängt. Außerdem sind der große Turm, die vertikalen Fäden beider Wendeltreppen und die kleinen seitlichen Türme ausgeführt, weil diese für kleinteiligere Bereiche der Außenwand eine tragende Funktion erfüllen.

b) Zweite fotografische Dokumentation (S. 82 > rechts)

Schiff- und Querschiffkuppeln, sowie alle Türme und die Rippenfäden des Kirchenbodens sind im Modell ausgeführt. Die ausgeführte Chorwand ist der Anfang der letzten Bauphase, in der alle restlichen Fäden im Modell ergänzt werden.

c) Dritte fotografische Dokumentation (S. 83 > links)

Alle Fäden im Modell. Die Verzweigung der Stütze B wurde anfangs durch Aufspreizen mit Hilfe dünner Scheiben ermöglicht (S. 84 > 3, 4).

I.5.4 Photographic Documentation of individual Reconstruction Phases

a) First Photographic Documentation (p. 82 > left)

The strings for columns and arches of the primary structure were in place. Furthermore the large tower, the vertical strings of both spiral stairs and strings of the small side towers which have to support parts of the external wall, were completed.

b) Second Photographic Documentation (p. 82 > right)

Domes over the nave and transept as well as all towers and strings representing the floor ribs were finished. The wall to the choir was added beginning the final construction phase.

c) Third Photographic Documentation (p. 83 > left)

All strings were fixed. The branching out of column B was achieved initially with the help of thin discs (p. 84 > 3, 4).

I.5.4 Documentación fotográfica de las fases de la reconstrucción

a) Primera documentación fotográfica (p. 82 > izquierda)
Los hilos de columnas y arcos de la construcción primaria, están suspendidos en el modelo. Además, han sido ejecutadas la gran torre, los hilos verticales de la escalera de caracol y las pequeñas torres laterales, pues éstas cumplían funciones sustentadores para pequeños sectores de la pared exterior.

b) Segunda documentación fotográfica (p. 82 > derecha)
Han sido construîdas las cúpulas de la nave principal y las de la nave transversal, así como todas las torres y los hilos de los nervios del piso de la iglesia. La realización de la pared del coro, es el inicio de la última etapa de la construcción, en la que se complementaron todos los hilos restantes del modelo.

c) Tercera documentación fotográfica (p. 83 > izquierda)
Todos los hilos se encuentran en el modelo. La ramificación en los apoyos B, fue inicialmente posible gracias a la distribución de los mismos por medio de placas delgadas intermedias (p. 84 > 3, 4).

d) Vierte fotografische Dokumentation (S. 83 > rechts und > S. 85)

Seit der letzten Rekonstruktionsphase wurden die Höhenlagen nach der Maßsystematik der Wendeltreppen neu eingestellt. Wie ein Vergleich der Fotos beider Dokumentationen mit den Originalmodellfotos aus ähnlichen Blickpunkten (OM 7/8, 9) zeigt, war die Übereinstimmung der Rekonstruktion mit dem Originalmodell deutlich verbessert (S. 84 > 1, 2). Überflüssige lange Fadenenden konnten nun abgeschnitten werden, wodurch die Modellfotos klarer wurden und die Fäden gleichmäßiger hingen, weil das Gewicht der Fadenenden nur noch wenig die Form der Bögen und Rippen mit beeinträchtigte.

d) Fourth Photographic Documentation (p. 83 > right and > p. 85)

All levels were adjusted according to the measuring system based on the spiral stairs. A comparison between photographs of both documentations with the original model photos (OM 7/8, 9) showed a noticable improvement in conformity (p. 84 > 1, 2). It was now possible to cut the loose ends of string which made the photographs more understandable. The removal of superfluos ends had the additional benefit of losing unnecessary weight which was influencing the shape of arches and ribs.

d) Cuarta documentación fotográfica (p. 83 > derecho y > p. 85)

A partir de la última fase de reconstrucción, todas las alturas fueron nuevamente ajustadas de acuerdo con la sistematización de medidas hecha con la escalera de caracol. La concordancia entre la reconstrucción y el modelo original, mejoró notablemente, lo que se logra apreciar en una comparación, desde similares puntos de vista, de las fotos de ambas documentaciones con las fotos del modelo original (OM 7/8, 9) (p. 84 > 1, 2). Los extremos innecesarios de los hilos pudieron entonces cortarse, tornándose así más claras las fotos del modelo. Además, los hilos cuelgan ahora de forma uniforme, pues el peso de los extremos de los mismos influye en consecuencia muy poco en la forma de arcos y nervios.

S. 82 - 83
Das Rekonstruktionsmodell in vier Entstehungsphasen (ohne Gewichte)

S. 82
> 1, 4 Seitenansichten
> 2 Unteransicht
> 3 Vorderansicht
> 5 Ansicht von schräg hinten

S. 83
> 1, 3 Seitenansichten
> 2, 4 Ansichten von schräg hinten

S. 84
> 1 Rekonstruktionsmodell vor Einhängen der Gewichte: Innenaufnahme (vgl. S. 117 > oben)
> 2 Innenaufnahme mit Blick in Altarrichtung (vgl. S. 115)
> 3 Fadenverlauf Stütze B
> 4 Detailaufnahme Stütze B
> 5 Blick von oben

S. 85
> 1, 2 Modell ohne Gewichte; Fotos um 180° gedreht

p. 82 - 83
The reconstructed model in four phases (without weights)

	1	4
2	3	5

p. 82
> 1, 4 Model viewed from the side
> 2 from below
> 3 from the front
> 5 Seen from the rear side

	1	3
2	4	

p. 83
> 1, 3 Model viewed from the side
> 2, 4 from the rear side

	1	2
3	4	5

p. 84
> 1 Model without loads: interior view (cf. p. 117 > above)
> 2 Interior view of the altar area (cf. p. 115)
> 3 Direction of strings of column B
> 4 Detail photograph of column B
> 5 Model seen from above

p. 85
> 1, 2 Model without loads; photos turned 180°

p. 82 - 83
El modelo de la reconstrucción en cuatro fases de su creación (sin pesos)

p. 82
> 1, 4 Vistas laterales
> 2 Vista inferior
> 3 Vista frontal
> 5 Vista oblicua tomadas de atrás

p. 83
> 1, 3 Vistas laterales
> 2, 4 Vistas oblicuas tomadas de atrás

p. 84
> 1 Modelo de la reconstrucción antes del colgado de los pesos: foto del interior (comparar con p. 117 > arriba)
> 2 Foto del interior con vista en dirección al altar (comparar con p. 115)
> 3 Recorrido del hilo en el apoyo B
> 4 Foto de detalle del apoyo B
> 5 Vista desde arriba

p. 85
> 1, 2 Modelo sin pesos; fotos giradas en 180°

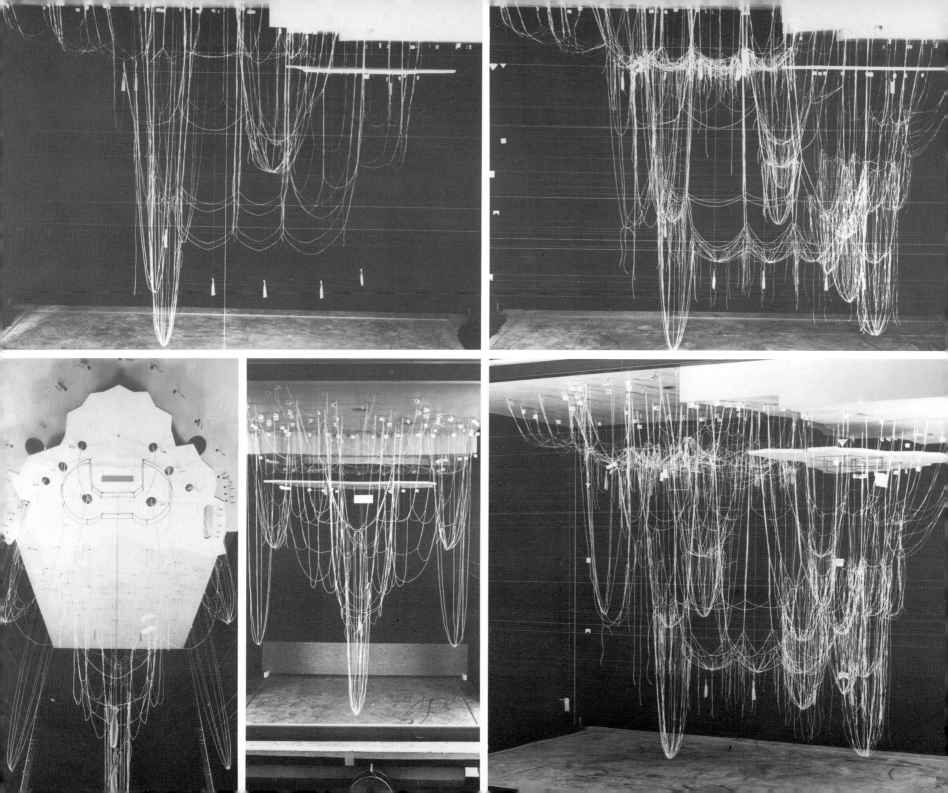

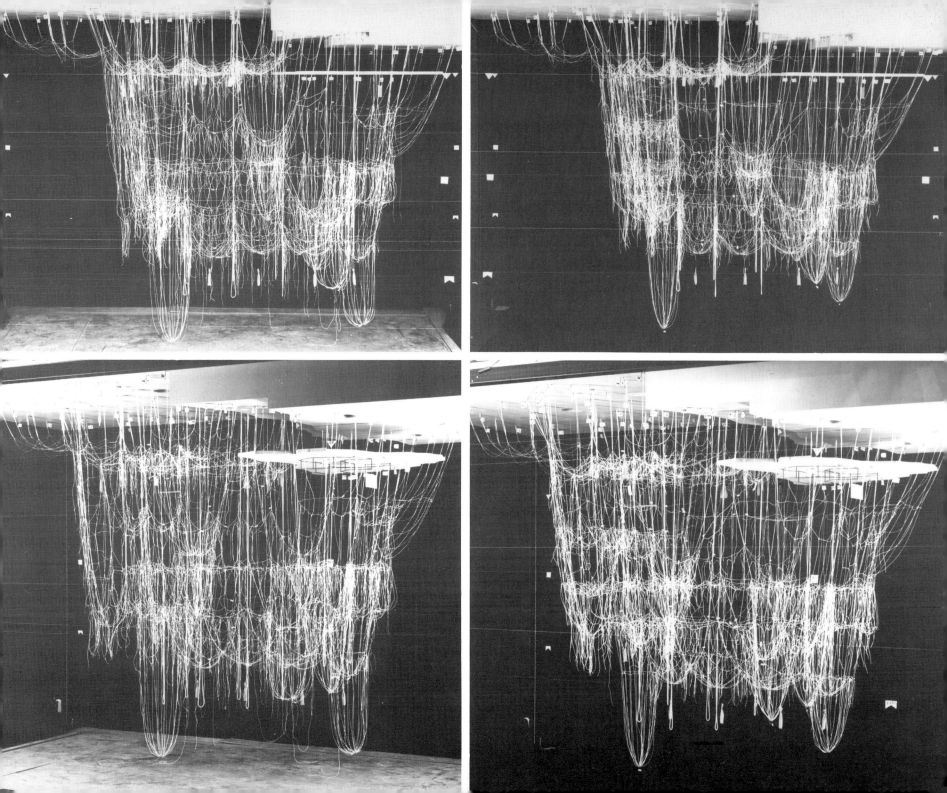

I.6.1 Ermittlung der Gewichtsverteilung im Originalmodell

Die Auswertung des Originalquellenmaterials ergab einige Hinweise zur Gewichtsverteilung im Originalmodell. Die Gewichtsberechnungen auf den Originalkalkulationsskizzen (> S. 141) (46) ergaben einzelne Bauteile mit Massen in der Größenordnung von 460 bis 2.700 kg, bei einem spezifischen Materialgewicht des Mauerwerks von 2.000 kg/m³. Die entsprechenden Ballastsäckchen hätten beim Gewichtsmaßstab 1 : 10.000 also 46 Gramm bis 270 Gramm gewogen. Bei einer Stärke der gemauerten Bögen von 30 cm schwankten die Längen der Abschnitte, auf die sich die Berechnung für ein Säckchen jeweils bezog, um 90 cm, mit Extremwerten von 64 und 110 cm.

Der Originalbelastungsplan (S. 139 > 2) gab Daten über die Belastung bei den Aufhängepunkten für den Kryptabereich. Die Summe der Angaben (47) über die Massen, die von den Stützen und Wänden der Krypta getragen werden sollten, ist ungefähr 1.800.000 kg. Die Masse des ganzen Gebäudes hätte also, grob geschätzt, etwa 4.000.000 kg betragen.
Diese Fakten, die an sich nicht für schlüssige Aussagen über die Gewichtsverteilung im Originalmodell reichen, konnten mit einfachen Berechnungen der Konstruktionsgewichte ergänzt werden, konkret im Fall des gebauten Teils und theoretisch für den nicht ausgeführten Kirchenentwurf.

a) Die Gewichtsmengen

Die Gewichtsmengen der Rekonstruktion waren anfangs 10, 20 und 30 Gramm, bei einem Gewichts-

I.6.1 Establishing the Distribution of Weights in the Original Model

The study of the original source material prop produced some information on the distribution of weights in the original model. The weight calculations on the original sketches (> p. 141) (46) showed individual construction elements ranging from 460 to 2,700 kg, with a specific weight for the masonry of 2,000 kg/m³.

The equivalent sachets at a ratio of weight of 1 : 10,000 would have weighed between 46 to 270 grammes. The corresponding lengths of string for weights representing masonry arches with a wall thickness of 30 cm could vary between 64 and 110 cm.

The original load plan (p. 139 > 2) showed loads for suspension points of the crypt. The total mass which had to be supported by the columns and walls of the crypt (47) was roughly 1,800,000 kg. The mass for the complete building, therefore, would have been approximately 4,000,000 kg.

These facts, in themselves inconclusive as far as the distribution of weights in the original model, could be supplemented by simple calculations of the construction weights. In the case of constructed parts, this was a real task, whereas it was theoretical for the unexecuted church design.

a) The Amounts of Load

The various loads used in the beginning were 10, 20 and 30 grammes at a ratio of weight of

I.6.1 Determinación de la distribución de pesos en el modelo original

El análisis de las fuentes originales entregó algunas indicaciones respecto de la distribución de pesos en el modelo original. Los cálculos de los pesos en los croquis de cálculo originales (> p. 141), entregaron como resultado, elementos constructivos individuales con masas en el orden de los 460 hasta 1.700 kg, con un peso específico del material de la obra de mampostería de 2.000 kg/m³ (46). Con una escala de pesos de 1 : 10.000, los respectivos saquitos de lastre habrían pesado de 46 a 270 gramos. Con un espesor de 30 cm para los arcos de mampostería, las longitudes de la partes a las cuales se refería el respectivo cálculo para un saquito, oscilaban en los 90 cm, con valores extremos de 64 y 110 cm.

El plano de cargas original (p. 139 > 2), entregaba datos sobre la carga en los puntos de suspensión para la zona de la cripta. La suma de las indicaciones de masas (47) que deben ser soportadas por columnas y paredes de la cripta, es de aproximadamente, 1.800.000 kg. La masa de todo el edificio habría alcanzado entonces un peso estimado de 4.000.000 kg.

a) Los pesos de los saquitos de lastre

Al principio, los pesos utilizados en la reconstrucción, fueron de 10, 20 y 30 gramos,

S. 87
> 1 Bearbeitung des unbelasteten Modells
> 2 Einer der letzten Fäden wird im Modell angebracht
> 3 Abstandhalter im Fadenmodell während der Einbringung der Gewichte
> 4 Verteilung der Balastsäckchen bei Einbringung ins Modell

p. 87
> 1 Work on the load free model
> 2 One of the final strings is fixed
> 3 Spacer in the string model during the hanging of the weight sachets
> 4 Equal distribution of the ballast sachets

p. 87
> 1 Preparación del modelo descargado
> 2 Uno de los últimos hilos es incorporado al modelo
> 3 Piezas que conservaban las distancias en el modelo de hilos durante la colocación de los pesos
> 4 Distribucción de los saquitos de lastre al ser colocados en el modelo

$\frac{1 \quad | \quad 2}{3 \quad | \quad 4}$

maßstab von 1 : 100.000. Bei der Feststellung des Gewichts jedes einzelnen Ballastsäckchens wurde versucht, Modellteilen mit ähnlichen Bedingungen gleiche Gewichte zu geben.

b) Position der Säckchen

Die Plazierung der Gewichte im Modell mußte anhand der Originalfotos in langwierigen Recherchen festgestellt werden (S. 75 > 2, 5). Die Befestigungspunkte waren an einem Knick im Faden oder am Häkchen erkennbar. Die Verteilung der Gewichte im Originalmodell zeigte sich tendenziell regelmäßig, was die Rekonstruktion erleichterte. Die Größenverhältnisse zwischen den auf den Fotos sichtbaren Ballastsäckchen gaben grobe Anhaltspunkte für die Gewichtsverteilung.

Nachdem ein großer Teil der Ballastsäckchen ins Modell gehängt war, stellte sich heraus, daß die von uns gewählten Gewichtsmassen der Säckchen nicht ausreichten, um der Gewichtsverteilung im Originalmodell zu entsprechen. Es wurden darum Ballastsäckchen mit 5 und 40 Gramm zugefügt. Die Gesamtzahl der ins Modell gebrachten Ballastsäckchen betrug über 5.000 Stück.

Die Säckchen wurden zunächst zur Erleichterung der Modellarbeit in der Mehrzahl mit kurzen Haken befestigt, ohne Rücksicht auf das Erscheinungsbild.

I.6.2 Einbringen der Gewichte

Das Modell ohne Gewichte war nur durch das Eigengewicht belastet, vergleichbar mit einem Kettenmodell. Die Fäden des Modells würden sich durch die Ballastsäckchen von einer Kettenlinie ähnlicher Form in eine polygonale Form verwandeln. Das Modell ohne Gewichte konnte daher

1 : 100,000. When working out the weight for each individual sachet we tried to use the same weight for model elements of similar function.

b) Location of the Sachets

The location of the weights in the model had to be determined by lengthy study and with reference to the original photos (p. 75 > 2, 5). The fixing points were marked by a bend in the string or by a little suspended hook. The distribution of weights in the original model was in general uniform which aided reconstruction. The relative proportions of the visible sachets in the original photos acted as a rough guide for the distribution of weights.

After we had positioned a large number of them it became apparent that the amount of different weights we had chosen was not enough to achieve a distribution of weights equal to the original. We therefore added sachets of 5 and 40 grammes. The total number of sachets used in the model exceeded 5,000.

Initially the majority of sachets were hung by means of small hooks irrespective of their influence on the appearance of the model. This method was chosen to improve the modelwork.

I.6.2 Placing of Weights

The model without weights was only subjected to its own deadload comparable to a catenary model. Once the weights had been introduced the effect would be a change from the approximately catenary shape of the unloaded strings to a polygonal form. This meant the model without

para una escala de pesos de 1 : 100.000. En la determinación de los pesos de cada uno de los saquitos de lastre, se intentó que las partes del modelo que estuviesen bajo condiciones similares obtuviesen el mismo peso.

b) Posición de los saquitos

La colocación de los pesos en el modelo debió ser determinada luego de largas pesquisas, teniendo como base las fotos del original (p. 75 > 2, 5). Los puntos de sujeción eran reconocibles por medio de una dobladura en los hilos o bien, en los ganchos. La distribución de los pesos en el modelo original mostraba una tendencia a la regularidad, lo que facilitó la reconstrucción. Las relaciones de tamaño entre los saquitos de lastre visibles en las fotos, entregaban puntos de referencia generales para la distribución de pesos.

Luego que gran parte de los saquitos de lastre estaban colgados en el modelo, se descubrió que los pesos elegidos para los mismos eran insuficientes para la concordancia con la distribución de cargas del modelo original. Es por ello que se agregaron saquitos de 5 y 40 gramos. La totalidad de saquitos colocados en el modelo alcanzó a más de 5.000 piezas.

Inicialmente, los saquitos fueron fijados en su mayoría, con ganchos cortos, para aliviar el trabajo, sin consideración de la imagen que de ello resultaba.

I.6.2 Introducción de los pesos

El modelo sin los pesos estaba solo bajo la carga que se desprendía de su peso propio, comparable de este modo con un modelo realizado con cadenas. A través de los saquitos de lastre los hilos del modelo se transformarían de una forma similar a la catenaria, a una forma poli-

1	3	4
2	5	6

S. 89
> 1, 2 Arbeitsgespräch mit Meinungsunterschieden
> 3, 4 Arbeit am Modell
> 5, 6 Vergleich eines Originalfotos mit dem Rekonstruktionsmodell

p. 89
> 1, 2 Working discussion with controversial opinions
> 3, 4 Modelwork
> 5, 6 Comparison between an original photo and the reconstruction model

p. 89
> 1, 2 Conversación de trabajo con diferencias de opinión
> 3, 4 Trabajo en el modelo
> 5, 6 Comparación de una foto original con el modelo de reconstrucción

nicht als Zuschnitt des endgültigen Modells mit Ballastsäckchen aufgefaßt werden, sondern lediglich als eine notwendige Stufe in der Annäherung an das Originalmodell.

Im Vergleich zu den Ballastsäckchen wiegt das Modell ohne Gewichte fast nichts und läßt sich leicht verformen. Um während der Gewichtsaufhängung den Überblick zu behalten, versuchten wir die Verformung des Modells zu verringern. Dazu wurde die Form des Modells durch Abstandhalter (S. 87 > 3) zwischen den Stützen des Kirchenschiffs und durch relativ schwere Gewichte an den Stützen für den Zeitraum des Aufhängens der Ballastsäckchen stabilisiert.

Die Reihenfolge des Aufhängens der Ballastsäckchen wurde so bestimmt, daß die Modellform möglichst kleinen Änderungen unterlag (S. 87 > 4). Als erstes wurden die Nebenbereiche der Kuppeln und teilweise die Türme belastet. Hierdurch wurde das Modell auseinandergezogen. Danach wurden die Ballastsäckchen von unten nach oben, wo möglich in horizontalen Schichten, gehängt. Die Gewichte der schweren Modellteile, wie die Außenwände und die Turmspitzen, wurden erst später eingebracht.

Bis Anfang Januar 1983 wurde an der Aufhängung der Ballastsäckchen gearbeitet. In den Höhenlagen wurden in dieser Zeit nur unwesentliche Verbesserungen erreicht, da das Modell mit noch unvollständiger Aufhängung der Ballastsäckchen nicht mit den Originalmodellfotos vergleichbar war. Grundsätzliche Verbesserungen konnten in den Gewichtsproportionen erreicht werden. Die Ballastsäckchen der Gewölbe und Deckenkonstruktionen waren im Vergleich zu den Wänden zu schwer geschätzt (48).

Die 10-Gramm-Ballastsäckchen in den Kuppeln wurden gegen 5-Gramm-Säckchen ausgewechselt. Die Außenwände wurden schwerer belastet, vor allem die Dachränder, die auf den Originalübermalungen des Kirchenäußeren mit Zinnen versehen sind. Das Durchschnittsgewicht eines Säckchens der Außenwand ist etwa 25 Gramm (49).

weights could only be seen as a necessary step towards the shape of the original model with all its ballast sachets.

In comparison the model without ballast sachets weights little, and its shape is easily distorted. In order to reduce deformation during the hanging of weights the model shape was stabilised with temporary spacers (p. 87 > 3) between the columns of the nave and by the use of relatively heavy ballast sachets for the columns during the weight hanging process.

The hanging of weights was ordered in a way that would affect the model shape the least (p. 87 > 4). First of all weights were introduced in the areas adjoining the domes and in some of the towers thereby pulling the model apart. After this the sachets were hung in ascending order and, where possible, in horizontal layers. The weights for the heavy model parts such as the external walls and the spires were introduced later.

Work on the hanging of weights continued till the beginning of January 1983. During this time only small improvements were achieved. The distribution of weights was still incomplete and a direct comparison with the photos of the original model not yet possible. Basic improvements could be achieved by weight readjustment. The ballast sachets of vaults and ceiling constructions had been estimated incorrectly, compared with those of the walls they were too heavy (48).

The 10 gramme sachets in the domes were exchanged for 5 gramme sachets. The external walls had their loads increased, in particular the eaves of those areas which were shown with pinnacles on the original overpainted photos of the church exterior. The average weight of a sachet for the external wall is approximately 25 gramm (49).

gonal. Es por ello que el modelo sin los pesos no podía ser concebido como hechura del modelo definitivo, sino simplemente como una fase necesaria en la aproximación al modelo original.

En comparación con los saquitos de lastre, el modelo sin pesos casi carece de peso y es fácilmente deformable. Para aumentar la vista del conjunto durante la suspensión, intentamos disminuir la deformación. Para ello, la forma fue estabilizada durante el tiempo de colgado de los saquitos de lastre por medio de piezas que conservaban la distancia (p. 87 > 3) entre las columnas de la nave de la iglesia y con el uso de pesos relativamente grandes en dichas columnas.

La sucesión en el colgado de los saquitos de lastre fue determinada de modo tal, que la forma del modelo sufriera pocas deformaciones (p. 87 > 4). En primer lugar, fueron cargados los sectores laterales de las cúpulas y en parte, las torres. De ese modo fue estirado el modelo. Luego fueron colgados los saquitos, de abajo hacia arriba y en lo posible, en planos horizontales. Los pesos correspondientes a las partes pesadas del modelo, como las paredes exteriores y las puntas de las torres, fueron colocados más tarde.

Hasta principios de enero de 1983 se trabajó en la suspensión de los saquitos de lastre. En ese tiempo se lograron mejoramientos de poca importancia respecto a las alturas, pues el modelo sin la totalidad de los saquitos de lastre no era comparable con las fotos del modelo original. En las proporciones de las cargas se lograron mejoramientos fundamentales. La estimación del peso de los saquitos en las bóvedas y construcciones de cubierta había sido muy elevada en comparación a las paredes (48).

Los saquitos de 10 gramos en las cúpulas fueron reemplazados por otros de 5 gramos. Las paredes exteriores recibieron una carga de pesos mayor, sobre todo en los bordes de los techos que estaban provistos de pináculos en las fotos repintadas del original. El peso promedio de un saquito en la pared exterior es de alrededor de 25 gramos (49).

$$\frac{1 \mid 2}{3 \mid 4}$$

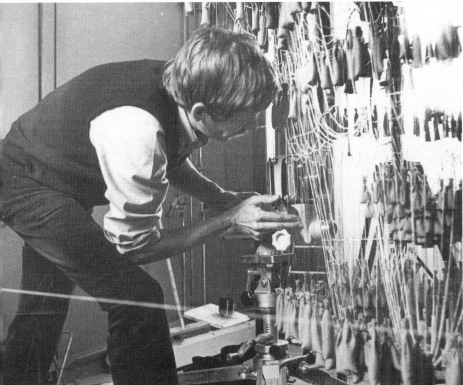
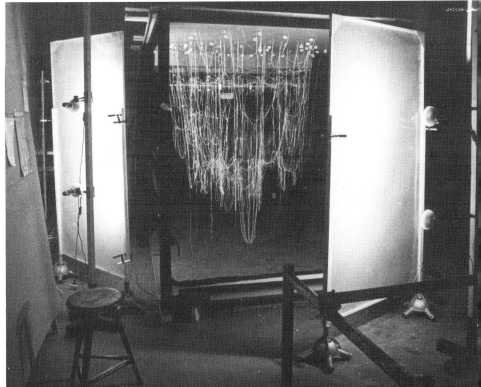

I.7.1 Abschließende Auswertung der historischen Fotos

Nachdem alle Ballastsäckchen im Modell angebracht waren, konnte das Modell genauer mit den Originalfotos verglichen werden. Es wurden Fotos des Rekonstruktionsmodells von den ermittelten Kamerastandpunkten bei Herstellung der Originalmodellfotos aus gemacht.
Der Fotovergleich ermöglichte es, die Maßangaben über den Fadenverlauf des Originalmodells, bisher auf Aufhängepunkte und ermittelte Höhenlagen beschränkt, zu verfeinern und zu ergänzen. Besondere Beachtung wurde den Neigungen der Stützen und der Außenwand gewidmet.

Neben dem Vergleich alter und neuer Fotos wurde auch die Rekonstruktion selbst mit den Originalmodellfotos verglichen. Nur eine Person mit einem geübten Blick (S. 89 > 5, 6) (50), der die Fotoperspektive im Modell 'einfriert' und die Tiefenwirkung zugunsten eines grafischen Bildes aufhebt, gelingt es, am Modell Proportionsunterschiede mit den Originalmodellfotos zu lokalisieren.

So konnten noch in der letzten Phase der Rekonstruktion Fehler entdeckt und behoben werden. Es mußte aber auch konstatiert werden, daß uns im gegebenen Zeitraum die Lösung einiger Fragen nicht gelang, und daß wir in diesen Fällen zum Kompromiß greifen mußten (siehe dazu II.1).

I.7.2 Änderungen und Verfeinerungen am Modell

Eine eingreifende Änderung wurde an der Frontseite vorgenommen: Anhand des Originalmodellfotos OM 19 wurde festgestellt, daß der Grundriß der großen Wendeltreppe nicht stimmen konnte (51). Das Ergebnis war, daß noch in der letzten Arbeitswoche im Modellgrundriß die Aufhängepunkte 502, 503 und 511 verlegt werden mußten.
Die von vier Rippen getragenen Stützen mit der Bezeichnung X und x, wurden in dieser Form aufgelöst; die Fäden X und x wurden nach den Aufhängepunkten 514 bzw. 614 geführt. Die anfänglich fehlerhafte Fadenführung über die Punkte X, x ist in den schematischen Zeichnungen der Primärkonstruktion (S. 77 > 3, 4) erkennbar.

I.7.1 Concluding evaluation of the historic photographs

Once all ballast sachets were fitted it was possible to compare the reconstruction model more closely with the photos of the original. The model was photographed from the same camera stand points as the original pictures.

Comparing the photos meant we could refine and complement the measurements for the location of strings in the original model. Up to this point these had been restricted to dimensions for suspension points and levels. Special attention was given to the correct inclination of columns and the external wall.

Apart from the comparison of old and new photos the reconstruction itself was compared with the original. It requires special skills to pin down differences in proportion in the model (p. 89 > 5, 6). A trained eye (50) able to freeze the photo perspective of the model and neutralise the plastic effect for the benefit of a (two dimensional) graphic image was necessary.

Even in the final phase of the reconstruction mistakes could be detected and were subsequently eliminated. In some cases no answers were found within the given time and a compromise had to be made (ref. II.1.).

I.7.2 Changes and Refinements in the Model

A substantial change was necessary at the front elevation. On the basis of the original model photo OM 19 it was established that the plan of the large spiral stair was incorrect (51). This meant a last minute relocation of suspension points 502, 503 and 511. The columns with the codes X and x which are supported by four ribs were adjusted in the following manner: the strings X and x were redirected to suspension points 514 and 614. The initial incorrect direction of these strings to points X and x is obvious from the schematic drawings of the primary construction (p. 77 > 3, 4).

I.7.1 Evaluación final de las fotos históricas

Luego de ser colocados todos los saquitos en el modelo, pudo éste ser comparado con mayor exactitud con el modelo original. Fueron realizadas fotografías del modelo reconstruído desde los mismos puntos de vista usados para fotografiar el modelo original.
La comparación fotográfica posibilitó perfeccionar y completar los datos relativos a las medidas del recorrido de los hilos, hasta ese momento, limitadas a las alturas y las posiciones de los puntos de suspensión. Especial atención se le dedicó a la inclinación de las columnas y de las paredes exteriores.
Junto a la comparación entre las nuevas fotos y las antiguas, fue además comparada la reconstrucción misma con las fotos del modelo original. Sólo una persona con ejercitada mirada (p. 89 > 5, 6) (50), que 'congele' la perspectiva fotográfica en el modelo y suprima la visión de profundidad en favor de una imagen gráfica, logra localizar las diferencias en las proporciones entre el modelo reconstruído y las fotos del modelo original.
Así pudieron ser descubiertos y corregidos errores, aún en la última fase de la reconstrucción. Empero, debió también constatarse que con el tiempo que teníamos a disposición, no se lograría obtener respuesta a algunos de los interrogantes, por lo que tuvimos que asumir un compromiso ante esos casos (véase al respecto II.1).

I.7.2 Modificaciones y perfeccionamientos en el modelo

Una modificación radical fue efectuada en la parte frontal: en base a la foto del modelo original OM 19, se comprobó que la planta de la gran escalera de caracol no concordaba (51). El resultado fue que aún en la última semana de trabajo, los puntos de suspensión 502, 503 y 511 debieron ser cambiados de planta.
Las columnas soportadas por cuatro nervios, con la denominación X y x fueron de esa forma eliminadas y los hilos X y x fueron conducidos entonces a los puntos de suspensión 514 y 614. La errónea dirección inicial de los hilos sobre los puntos X, x, es reconocible en los dibujos esquemáticos de la construcción primaria (p. 77 > 3, 4).

Zu den Änderungen kam eine allgemeine Harmonisierung des Modells, wobei besonders die gleichmäßige Streckenlänge zwischen den Fäden und die Angleichung der Scheitelhöhen von Bögen mit gleichen Höhenlagen kontrolliert wurden.

Concurrent with these changes a general harmonisation of the model was attempted especially in unifying the spacing between strings and the adjustment of crown heights of arches of similar levels.

Con las modificaciones se llegó a una armonización general del modelo, con la cual fueron especialmente controlados la distancia uniforme entre los hilos y el ajuste de las alturas de clave en los arcos de igual altura.

I.8 FERTIGSTELLUNG DER REKONSTRUKTION

I.8 FINALISATION OF THE RECONSTRUCTION

I.8 ACABADO DE LA RECONSTRUCCION

Ähnlich wie beim Originalmodell wurden technische Zeichen und Angaben im Rekonstruktionsmodell angebracht. Die Belastungsangaben der Krypta und die originale Kennzeichnung der Fäden wurden nach dem Original-Belastungsplan auf ovale Scheiben eingetragen (52). Die Aufhängepunkte wurden zur Erleichterung eventueller zukünftiger Studien gekennzeichnet.

Technical signs and information similar to the original model were added to the reconstruction. The information on loads in the crypt and the original marking of strings was carried out in accordance with the original load plan using oval discs (52). The suspension points were marked to assist possible future studies.

De manera similar que en el modelo original, fueron colocados, indicaciones técnicas y datos en el modelo reconstruído. Los datos de las cargas en la cripta y la caracterización original de los hilos, fueron registrados en discos ovalados de acuerdo al plano original de cargas (52). Los puntos de suspensión fueron marcados para facilitar eventuales estudios futuros.

Die Hakenlängen, die bisher aus praktischen Gründen, kurz gehalten waren, wurden verändert. Es wurde angestrebt, den dichten Schleier, der von den Säckchen bislang gebildet wurde, auseinanderzuziehen, um die Sicht auf das Hängemodell freizugeben (S. 97 > 4, 5). Hakenlängen über 50 cm wurden nicht verwendet, weil sich die Säckchen bei derart langen Haken leicht bewegen und durcheinander geraten können.

The lengths of hooks, which up to now had been kept short for practical reasons, were extended. An attempt was made to pull away the dense veil formed by the sachets in order to free the view of the hanging model (p. 97 > 4, 5). Hooks of more than 50 cm length were ruled out. They would have been moved about too easily and were in danger of being tangled up.

Las longitudes de los ganchos, que habían sido mantenidas cortas hasta ese momento, fueron modificadas por razones prácticas. Se intentó así liberar la vista sobre el modelo colgante, desplegando el tupido velo creado hasta ese momento por los saquitos (p. 97 > 4, 5). Longitudes de ganchos de más de 50 cm no fueron utilizadas, puesto que con longitudes mayores los saquitos pueden moverse fácilmente, llegando a confundirse unos con otros.

Am 16. Januar 1983 wurde die Modellform festgelegt (53). Die etwa 10.000 Verbindungsstellen im Modell wurden mit Alleskleber UHU verleimt, der mit Injektionsspritzen aufgetragen wurde (S. 91 > 1, 2). Auch an der Aufhängung wurden die Fäden mit Kleber gesichert, und das Aufhängedetail an der Fundamentplatte vernagelt. Nach Abbinden der Klebestellen wurden alle überflüssigen Fadenenden entfernt.

On 16 January 1983 the model shape was finally determined (53). Approximately 10,000 connection points were glued up with UHU general purpose glue applied by the use of syringes (> p. 91 > 1, 2). The strings were also secured by glue at their suspension points and the suspension detail nailed to the foundation plank. After curing, all the excess ends of string were removed.

El 16 de enero de 1983 fue fijada la forma del modelo (53). Las uniones en el modelo - cerca de 10.000 - fueron encoladas con pegamento universal UHU, el que fue aplicado con jeringa de inyección (p. 91 > 1, 2). Los hilos fueron también asegurados con pegamento en la suspensión y el punto de colgado fue clavado sobre la placa de fundamento. Las terminaciones sobrantes de los hilos fueron eliminadas una vez secos los puntos de pegado.

I.9 ANHANG

I.9.1 Chronologie der Rekonstruktion

- 28. Januar 1982: Das Kunsthaus Zürich gibt dem Institut für leichte Flächentragwerke den Auftrag einer Rekonstruktion von Gaudîs Hängemodell
- 7. Mai: Beginn der Beteiligung der Gaudî-Gruppe der TH-Delft
- 24. Mai: Nähere Formulierung der Aufgabe durch die Beteiligten
- bis Ende Mai: 170 Arbeitsstunden
- 15. Juni: Wahl des Maßstabes der Rekonstruktion (1 : 15); die Methode des Modelltransports wird festgelegt
- Ende Juni: Analyse der technischen Details des Originalmodells
- Juni: 220 Arbeitsstunden
- 5. Juli: Wahl des Grundrisses von Bonet als Grundlage für den Modellgrundriß
- 14./17. Juli: In Barcelona Besuche in den Archiven der Cátedra Gaudî und Sagrada Familia und beim Gaudî-Forscher Puig Boada; Vergleich der gebauten Substanz des Colonia Güell-Kirchenprojekts mit Bauaufnahmen
- Juli/August: Vorversuche für Modellbautechnik der Rekonstruktion
- Juli: 260 Arbeitsstunden
- ab 9. August: Konzept des 'Gummimodells'; Entwicklung der freien Verstellbarkeit der Fadenlängen im Modell
- 16. August/19. September: Untersuchung von Vergrößerungen der Originalmodellfotos; Klärung des Fadenverlaufs durch Überzeichnen, Chronologie der Originalmodellfotos
- August: Entwurf des transportablen Modellrahmens
- August: 330 Arbeitsstunden
- 8./22. September: Modellgrundriß; Ermittlung der Koordinaten der Aufhängepunkte der Modellfäden und Aufzeichnung im Modellmaßstab, Kennzeichnung nach Matsukura
- 13. September: Anlieferung des Modellrahmens
- 16. September/5. Oktober: Anfertigung der Fundamentplatte
- September: 480 Arbeitsstunden
- 2./25. Oktober: Feststellung des Fadenverlaufs bei der Primärkonstruktion des Modells
- Anfang Oktober: Einrichtung der Werkstatt in der Versuchshalle des Otto-Graf-Instituts
- 9. Oktober: Nachdem die Fundamentplatte im Modellrahmen eingebaut und dieser waagerecht justiert war, erste Fäden im Modell
- ab 13. Oktober: Schnitt der Puig-Konstruktion

I.9 APPENDIX

I.9.1 Chronology of the Reconstruction

- 28 January 1982: The Kunsthaus Zürich commissions the Institute of Lightweight Structures to construct a reproduction of Gaudî's hanging model
- 7 May: Beginning of the participation of the Gaudî Group of the TH Delft
- 24 May: A more detailed definition of the task by the participants
- Till the end of May: 170 man-hours
- 15 June: Selection of the scale for the reconstruction (1 : 15); the method of transport is decided
- End of June: Analysis of the technical details of the original model
- June: 220 man-hours
- 5 July: Selection of Bonet's plan as the basis for the model
- 14/17 July: Visits to the archives of the Cátedra Gaudî and the Sagrada Familia and visit of the Gaudî researcher Puig Boada; comparison between the built part of the church and the survey
- July/August: Trials to determine the model-making methods
- July: 260 man-hours
- From 9 August: The idea of a 'rubber model'; the development of the free adjustment of lengths of string in the model
- 16 August/19 September: Study of enlargements of the original model photos; clarification of the direction of strings by means of overlay drawings, chronology of the original model photos
- August: Design of the transportable model frame
- August: 330 man-hours
- 8/22 September: Model plan; determining the co-ordinates for the suspension points of the model strings and drawings to the scale of the model, marking according to Matsukura
- 13 Septemer: Delivery of the model frame
- 16 September/5 October: Construction of the foundation plate
- September: 480 man-hours
- 2/25 October: Determining the direction of strings for the primary structure of the model
- Beginning of October: Installing the workshop in the experimental laboratory of the Otto-Graf-Institute
- 9 October: After the foundation plate had

I.9 APENDICE

I.9.1 Cronología de la reconstrucción

- 28 de enero de 1982: Kunsthaus Zürich le entrega al Instituto para Estructuras Superficiales Livianas, el encargo de una reconstrucción del modelo colgante de Gaudí.
- 7 de mayo: Inicio de la participación del Grupo Gaudî de la Escuela Superior Técnica de Delft.
- 24 de mayo: Formulación pormenorizada de las tareas por parte de los participantes.
- Hasta fines de mayo: 170 horas de trabajo
- 15 de junio: Elección de la escala de la reconstrucción (1 : 15); se determina el método de transporte del modelo.
- Fines de junio: Análisis de los detalles técnicos del modelo original.
- Junio: 220 horas de trabajo.
- 5 de julio: Elección de la planta de Bonet como base para la planta del modelo.
- 14 al 17 de julio: Visita de los archivos de la Cátedra Gaudî y de la Sagrada Familia, y al investigador de Gaudî, Puig Boada, en Barcelona; comparación del sector construído del proyecto de la iglesia en la colonia Güell con la documentación de dicha construcción.
- Julio y agosto: Ensayos previos con la técnica de construcción de modelos, para la reconstrucción.
- Julio: 260 horas de trabajo
- Desde el 9 de agosto: Concepto del 'modelo de goma'; desarrollo del libre ajuste de las longitudes de los hilos en el modelo.
- 16 de agosto al 19 de septiembre: Investigación sobre las ampliaciones de las fotos del modelo original; aclaración del recorrido de los hilos mediante el remarcado, cronología de las fotos del modelo original.
- Agosto: Diseño del bastidor transportable del modelo.
- Agosto: 330 horas de trabajo.
- 8 al 22 de septiembre: Planta del modelo; determinación de la coordenadas de los puntos de suspensión de los hilos del modelo y registro de los mismos a la escala del modelo; caracterización de acuerdo a Matsukura.
- 13 de septiembre: Entrega del bastidor para el modelo.
- 16 de septiembre al 5 de octubre: Fabricación de la placa de fundamento.
- Septiembre: 480 horas de trabajo.

dient als Grundlage zur Ermittlung der Höhenmaße des Originalmodells
- Ende Oktober: Abschluß der Entwicklung der modellbautechnischen Details der Rekonstruktion, Lösungen für die Vermessung der Höhenmaße im Modell
- 24. Oktober/23. November: Erfassung des Fadenverlaufs des Originalmodells in räumlichen Skizzen
- Oktober: 655 Arbeitsstunden
- 9. November: Entdeckung der Existenz von Querschifftürmen
- 12. November: Die Fäden der Primärkonstruktion im Modell; 1. fotografische Dokumentation der Rekonstruktionsphase
- 22. November: 2. fotografische Dokumentation
- Ende November: Verfassung des Katalogtextes
- November: 800 Arbeitsstunden
- 3. Dezember: Alle Fäden ohne Gewichte im Modell; 3. fotografische Dokumentation
- 7. Dezember: Entwicklung der Höhenmaßsystematik nach Höhenmaßen der Wendeltreppen
- 14. Dezember: Korrektur des unbelasteten Modells nach neuen Höhenmaßangaben abgeschlossen; 4. fotografische Dokumentation
- 16. Dezember: Erste Gewichte im Modell
- Dezember: Erfassung der Gewichtsverteilung beim Originalmodell
- Dezember 1982/Januar 1983: Entwurf und Bau des Transportbehälters, experimentelle Prüfung des Transportsystems
- Dezember: 1.050 Arbeitsstunden
- 3. Januar 1983: Alle Gewichte im Modell
- 3./16. Januar: Änderungen der Gewichtsgrößen und im Fadenverlauf nach Vergleich der Originalmodellfotos mit der Rekonstruktion
- 16. Januar: Modell fertiggestellt; fotografische Dokumentation
- 20. Januar: Modell in seiner endgültigen Form fixiert und transportbereit
- Januar: 1.000 Arbeitsstunden
- Gesamtaufwand (nur Eigenleistung): ca. 5.000 Arbeitsstunden

been fixed and adjusted horizontally, first strings introduced to the model
- From 13 October: The section of Puig's reconstruction forms the basis of the determination of levels in the original model
- End of October: Conclusion of the development of model making details for the reconstruction, solutions for measuring levels in the model
- 24 October/ 23 November: Determining of the routing of strings in the original model in sketches.
- October: 655 man-hours
- 9 November: Discovery of spires above the transept
- 12 November: The strings of the primary structure constructed; First photographic documentation
- 22 November: Second photographic documentation
- End of November: Text for the exhibition catalogue
- November: 800 man-hours
- 3 December: All strings without weights included in the model; Third photographic documentation
- 7 December: Development of a system to determine heights on the basis of riser heights of the spiral stairs
- 14 December: Adjustment of the unloaded model with reference to the new levels complete; Fourth photographic documentation
- 16 December: First weights hung into the model.
- December: Recording of the weight distribution in the original model
- December 1982/January 1983: Design and construction of the transport container, experimental trial of the transport system
- December: 1,050 man-hours
- 3 January 1983: All weights in the model
- 3/16 January: Changes to the weights and direction of strings as a result of comparison between photos of original and the reconstruction
- 16 January: Model complete; photographic documentation
- 20 January: Fixation of the model in its final form; model ready for transport
- January: 1,000 man-hours
- Total man-hours (team input only): Approx. 5,000

- 2 al 25 de octubre: Determinación del recorrido de los hilos en la construcción primaria del modelo.
- Principios de octubre: Instalación del taller en la sala de ensayos del Instituto Otto-Graf.
- 9 de octubre: Introducción de los primeros hilos en el modelo, luego que la placa de fundamento fuese adherida al bastidor del modelo y ajustada en su horizontalidad.
- Desde el 13 de octubre: El corte de la construcción de Puig sirve como base para la determinación de las medidas de las alturas del modelo original.
- Fines de octubre: Se finaliza el desarrollo de detalles técnicos en la construcción de modelos para la reconstrucción, soluciones para la medición de alturas en el modelo.
- 24 de octubre al 23 de noviembre: Registro del recorrido de los hilos del modelo original en bosquejos espaciales.
- Octubre: 655 horas de trabajo.
- 9 de noviembre: Descubrimiento de la existencia de torres en la nave transversal.
- 12 de noviembre: Los hilos de la construcción primaria se encuentran en el modelo; 1ra. documentación fotográfica de la fase de reconstrucción.
- 22 de noviembre: 2da. documentación fotográfica.
- Fines de noviembre: Redacción del texto del catálogo.
- Noviembre: 800 horas de trabajo.
- 3 de diciembre: Desarrollo de la sistematización de medidas de alturas de acuerdo a la escalera de caracol.
- 14 de diciembre: Término de las correcturas en el modelo sin las cargas, tras nuevas indicaciones en las medidas de las alturas; 4ta documentación fotográfica.
- 16 de diciembre: Primeros pesos en el modelo.
- Diciembre de 1982 a enero de 1983: Diseño y construcción de la caja para el transporte, prueba experimental del sistema de transporte.
- Diciembre: 1.050 horas de trabajo.
- 3 de enero 1983: Todos los pesos en el modelo.
- 3 al 16 de enero: Modificaciones en el tamaño de los pesos y en el recorrido de los hilos por comparación de las fotos del modelo original con la reconstrucción.
- 16 de enero: Terminación del modelo; documentación fotográfica.
- 20 de enero: Fijado del modelo en su forma definitiva y preparado para el transporte.
- Enero: 1.000 horas de trabajo.
- Despliegue completo (sólo del rendimiento propio): Cerca de 5.000 horas de trabajo.

I.9.2 Lösung des Transportproblems

a) Vorbereitung des Modelltransports

Die Notwendigkeit, das empfindliche Modell wiederholt über große Entfernungen transportieren zu müssen, stellte uns vor neuartige Probleme, für die noch keinerlei Lösungen bekannt waren. Die bisherigen Erfahrungen beschränkten sich im wesentlichen auf den gelegentlichen Transport von kleineren und flächigen Hängemodellen des Ateliers Frei Otto. Nicht immer hatten dabei Transportschäden, verbunden mit hohen Reparaturkosten, vermieden werden können. Demgegenüber warfen Größe und Gewicht der Gaudí-Rekonstruktion, verbunden mit der Belastung durch eingehängte Gewichte (die überdies in bestimmten Positionen gehalten werden mußten) eine ganze Reihe zusätzlicher Probleme auf. Bei jedem einzelnen Planungsschritt der Rekonstruktion mußte deshalb die Lösung des Transportproblems mit berücksichtigt werden.

Einige Transportvorschläge:
- Versteifung des Modells durch Besprühung der Fäden und Verbindungen mit Leim.
- Gewichte des Modells werden während des Transports an ihren Aufhängepunkten abgesenkt und in Hülsen auf der Bodenplatte fixiert.
- Die Gewichte werden während des Transports abgenommen. Das Fadenmodell wird durch langsames Anheben der Bodenplatte zusammengefaltet.
- Ein Gefäß, in dem sich das Modell befindet, wird mit flüssigem Wachs gefüllt. Nach der Erstarrung erfolgt der Transport. Danach kann das Wachs durch Erwärmen wieder verflüssigt werden und aus dem Gefäß abgelassen werden.
- Teile des Modells werden mit Fäden zum Transportrahmen abgespannt.
- Das Modell wird fixiert mit einem räumlichen Gitter aus Stäben, die das Modell durchdringen.
- Formteile mit der Negativform des Modells umhüllen das Modell und bilden den Transportbehälter.
- Das Modell wird in einem Behälter durch weiche, luftgefüllte Kissen fixiert.

Alle Vorschläge, auch Kombinationen, wurden von uns überdacht, aber verworfen. Die Argumente gegen die Vorschläge waren: ungenügende Stabilisierung, Unzuverlässigkeit bei plötzlichen Stößen, zu hohes Gewicht (vor allem beim Transport innerhalb der Museumsräume ein großes Problem), zu aufwendige oder zu komplizierte Verpackungsarbeiten.

I.9.2 Solution to the transport problem

a) Preparation for transporting the model

The fact that such a delicate model would have to be transported several times and over large distances presented new problems for which there were no known solutions. Previous experience was restricted to the occasional transportation of smaller and more flatspread hanging models of Frei Otto's atelier. It had not always been possible to avoid damage and associated high costs of repair. In comparison, the Gaudí model with its size and weight coupled with the additional problem of keeping the weights in position meant a whole range of additional problems. Consequently, each step in the design of the model had to be made with transport in mind.

Some of the suggested solutions were:
- Solidifying the model by means of spraying the strings with glue.
- The weights of the model to be lowered into sleeves fixed to the base plate.
- The weights to be temporarily removed during transport. The string model to be folded by gradually lifting the base plate.
- The model to be placed in a vessel and filled up with liquefied wax. The model transported when hardened. Subsequently the wax to be liquefied again and drained from the vessel.
- Parts of the model to be tied to the transportation frame and tensioned.
- The model to be fixed with a three dimensional grid of rods penetrating the model.
- Shaped parts to enclose the model and act as transport container.
- The model to be placed in a container and fixed with cushions.

All suggestions and combinations were considered but then rejected. The main arguments against were: Insufficient stability, doubtful performance during sudden impact, excessive weight (particularly problematic when moving the model around in the museum) and the packaging might be too costly or too complicated.

I.9.2 Solución del problema de transporte

a) Preparación del transporte del modelo

La necesidad de tener que transportar tan delicado modelo a través de grandes distancias, nos presentó un nuevo problema, para el cual aún no se conocía solución. Las experiencias se limitaban, hasta ese entonces, al transporte ocasional de pequeños modelos colgantes y planos del atelier Frei Otto. Daños durante el transporte no pudieron siempre evitarse y estaban unidos con altos costos de reparación. Contrastando con ello, las dimensiones y el peso de la reconstrucción, unidos a la carga producto de los pesos suspendidos (los que además debían ser sostenidos en determinadas posiciones), planteaban una serie completa de problemas adicionales. Es por ello que en cada una de las fases de planificación debía ser contemplada la solución al problema del transporte.

Algunas propuestas para el transporte:
- Rigidización del modelo a través del rociado con cola de hilos y uniones.
- Los pesos del modelo son bajados durante el transporte en sus puntos de suspensión y fijados dentro de cápsulas sobre la placa del piso.
- Los pesos son retirados durante el transporte. El modelo, sólo con los hilos, es plegado, elevando lentamente la placa de piso.
- Un recipiente, en el que se encuentra el modelo, es llenado con cera líquida. Una vez endurecida, se transporta. Luego puede nuevamente licuarse la cera, calentando la misma, pudiendo así ser extraída del recipiente.
- Partes del modelo son asegurados al bastidor con hilos tensados al mismo.
- El modelo es fijado con una red espacial de barras que lo atraviesan.
- Elementos con la forma en negativo del modelo lo rodean y crean el recipiente de transporte.
- El modelo es fijado en un recipiente por medio de blandas almohadas neumáticas.

Todas las propuestas, como también sus combinaciones fueron reflexionadas por nosotros, pero en su defecto desechadas. Los argumentos en contra de dichas propuestas, eran: insuficiente estabilización, inseguridad ante golpes repentinos, peso muy elevado (un gran problema, sobre todo para su transporte dentro del museo), muy costosos o muy complicados trabajos de embalaje.

Ein weiterer Vorschlag, in einem Behälter das Modell ganz in eine Füllung von Styroporgranulat einzubetten, wurden als praktikable Lösung ausgewählt. Weitere Untersuchungen zu Behälter, Styropormaterial, durch die Füllung erreichbare Stabilisierung des Modells und zur Technik des Abfüllens und Leerens des Granulats waren erforderlich und wurden in die Planung aufgenommen.

b) Entwurf eines transportablen Modellrahmens

Beim Entwurf des Rahmens, in dem das Modell hängen würde, mußten alle Anforderungen des Modellbaus und zusätzlich des Transports berücksichtigt werden. Bedingung des Transportunternehmens war, daß die Höhe des Rahmens 2,42 m nicht überschreiten durfte.

Als Ergebnis aller Überlegungen entstand ein Rahmen (S. 102 > 1) (54) mit einfacher Form, aus Stahlprofilen (80/80/3 mm) und T-Profilen zur Befestigung der Fundament- und Bodenplatte mit Schrauben.

Der Rahmen mußte eine ausreichende Steifigkeit aufweisen, die Verformungen und Schwingung beim Modellbau (Personen auf und in der Rahmenkonstruktion) und beim Transport (dynamische Belastungen, Stöße) ausschloß. Ursprünglich vorgesehene Aussteifungen speziell für den Transport erübrigten sich aufgrund einer Überprüfung des ausgeführten Rahmens.

c) Der Transportbehälter des Hängemodells

Als Transportbehälter (> S. 105) (55) wurde ein mit Styroporgranulat gefüllter Holzkasten entwickelt. Zur Verringerung des Gesamtgewichts des gefüllten Behälters wurde ein möglichst geringer Behälterinhalt angestrebt (56).

Der Behälter wird aus Teilen in einer bestimmten Folge zusammengeschraubt (57). In den Behälterteilen und in der Fundamentplatte des Hängemodells sind Löcher zum Einfüllen des Styroporgranulats geschnitten. Wichtig ist, daß der Behälter vollständig gefüllt wird.

Das gefürchtete elektrostatische Verhalten des Styroporgranulats konnte durch eine spezielle Behandlung des gelieferten Granulats unterbunden werden (58).

b) Design of a transportable model frame

When designing the frame, from which the model would be supported, both model construction and transport requirements had to be taken into consideration. One of the conditions imposed by the transport company was a maximum frame height of 2.42 m.

The result was a simple frame (p. 102 > 1) (54) made of hollow steel sections (80/80/3 mm) with T-sections supporting the foundation and base plate.

The frame had to be sufficiently stiff to avoid distortion and suppress vibration during model construction (people on top of the frame) and during transit (dynamic loads and blows). Specially devised reinforcement for transport purposes, originally believed to be necessary, turned out to be superfluous after the completion of the frame.

c) The transport container

A timber box (> p. 105) (55) filled with styrofoam granules was devised. In order to keep the weight down, the volume of this box was reduced to a minimum (56).

Put together in a particular sequence, with the individual components being screw fixed (57), holes were cut into the container sides and suspension plane to allow for the filling with the styrofoam granules. It was important to fill the container completely.

The dreaded electrostatic charge associated with styrofoam could be avoided through special treatment of the supplied granules (58).

Una nueva propuesta, que era la de colocar al modelo en un recipiente relleno con styropor, fue elegida como una solución plausible. Nuevas investigaciones respecto al recipiente, al styropor, a la estabilidad posible de alcanzar con el relleno y sobre la técnica de llenado y vaciado del granulado, fueron necesarias y consecuentemente incluídas en la planificación.

b) Diseño de un bastidor transportable para el modelo

Para el diseño del bastidor en el que se colgaría el modelo, debieron ser contempladas todas las exigencias impuestas por la construcción del modelo y además, las del transporte. La empresa de transportes puso la condición de que la altura del bastidor fuese de 2,42 m, la que no debía ser superada.

Como resultado de todas estas reflexiones, resultó un bastidor de forma sencilla (p. 102 > 1) (54), de perfiles de acero (80/80/3 mm) y perfiles T para la fijación con tornillos de las placas de fundamento y de piso.

El bastidor debía demostrar la rigidez necesaria que impidiera las deformaciones y las vibraciones durante la construcción del modelo (personas sobre y en dicho bastidor) y durante el transporte (cargas dinámicas, golpes). Tras una prueba del bastidor construido, las rigidizaciones que se habían inicialmente previsto, en especial para el transporte, resultaron innecesarias.

c) El recipiente para el transporte del modelo colgante.

Como recipiente para el transporte (> p. 105) (55) fue diseñada una caja de madera rellena con granulado de styropor. Para disminuir el peso total del recipiente lleno, se intentó minimizar el contenido del mismo (56).

El recipiente se compone de partes que se atornillan en una determinada serie (57). En los costados del recipiente y en la placa de fundamento, se abrieron agujeros para el rellenado con el granulado de styropor. Es importante que el recipiente se llene totalmente.

El temido comportamiento electrostático del granulado de styropor, pudo ser contrarrestado mediante un tratamiento especial del granulado suministrado (58).

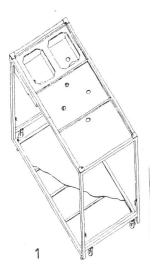

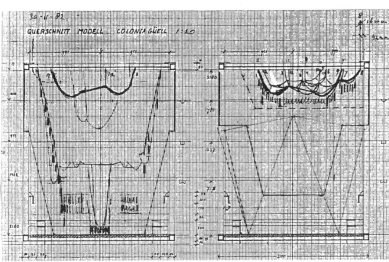

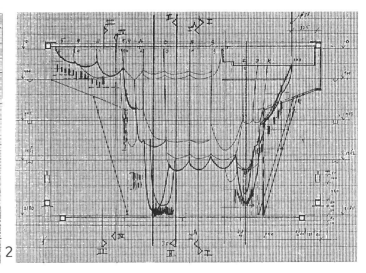

> 1 Modellrahmen
> 2 Entwurfszeichnungen des Transportbehälters
>   (Roel van der Heide)

> 1 Model frame
> 2 Design drawing of the transport container
>   (Roel van der Heide)

> 1 Bastidor del modelo
> 2 Dibujos de diseño del recipiente para el
>   transporte (Roel van der Heide)

Bis jetzt hat sich das Transportsystem voll bewährt. Allerdings verursachen die großen Dimensionen und das Gewicht des verpackten Modells bei der Aufstellung des Modells einigen Aufwand. Das Aufladen des Modells auf den luftgefederten Laster für den Transport auf der Straße ist normalerweise nur mit Hilfe eines Krans, der das Modell zusammen mit dem Aufzug des Lasters hochbringt, möglich. Der Transport innerhalb der Museen in höhere Stockwerke wurde mehrere Male mit schienenähnlichen Konstruktionen über die Treppen bewältigt (S. 105 > 1).

Bevor das Modell ausgepackt werden kann, werden die Füße ausgefahren, um das Modell waagerecht zu stellen, und die Räder vom Modellrahmen entfernt. Ein zu diesem Zweck von Arnold Walz ergänztes Gebläse mit Zubehör wie Schläuchen und Luftgittern befördert die 10 m³ Styroporgranulat (S. 105 > 4). Mit diesem Gebläse kann innerhalb einiger Stunden das Styropor aus dem Behälter in Stoffsäcke befördert bzw. umgekehrt in den Behälter geblasen werden. Ebenfalls mehrere Stunden braucht man für die Entfernung der im Modell hängenden Styroporkügelchen (59).

To date the transport system has stood the test. Admittedly the large size and weight of the wrapped model did create problems during setting up. The loading onto the air-cushioned lorry for road transport is generally only possible with the assistance of a crane which supports the action of the lorry's own hydraulic lift. On several occasions, transport inside museums was organised via a system of rail-like structures between storeys on the stairwells (p. 105 > 1).

Before the model could be unwrapped the legs had to be lowered and the castors to be removed in order to level the model. Arnold Walz modified a reversible vacuum cleaner which made possible the filling and removal of the 10 cubic metres of styrofoam granules (p. 105 > 4) which were then stored in sacks during the exhibition. After the mechanical removal of the styrofoam it still took several hours more to clean the model from granules still stuck to the strings (59).

El sistema de transporte ha dado un buen resultado hasta ahora. En todo caso, las grandes dimensiones y el peso del modelo embalado, provocan durante el montaje del mismo, algunos inconvenientes. Cargar el modelo sobre el camión con suspensión neumática para el transporte terrestre, sólo es posible mediante la ayuda de una grúa, la que eleva el modelo junto con el montacargas del camión. El transporte a pisos superiores dentro de los museos, ha sido varias veces llevado a cabo mediante construcciones que se asemejan a rieles (p. 105 > 3).

Antes que el modelo pueda ser desembalado, son descendidos los pies para mantenerlo horizontalmente y las ruedas del bastidor son quitadas. Un ventilador, modificado por Arnold Walz, con accesorios como mangueras y rejillas de aire, impulsan los 10 m³ de styropor necesarios para el rellenado (p. 105 > 4). Con aquel ventilador puede ser conducido el styropor en el lapso de unas horas dentro de sacos o viceversa, ser soplado dentro del recipiente. Asimismo, son necesarias varias horas para retirar las bolitas de styropor que quedan colgadas en el modelo (59).

I.9.3 Rekonstruktion als Ausstellungsobjekt

Innerhalb der Ausstellung 'Der Hang zum Gesamtkunstwerk' wurde für das rekonstruierte Modell
ein Raum geschaffen. Zur Herstellung eines kon-
trastierenden Hintergrunds für die weißen Fäden
des Modells wurde der Raum völlig schwarz gehalten (> S. 106, 107). Ein Podest ermöglicht es
den Zuschauern, in den Kryptaraum des Modells
zu sehen und das Modell aus den Blickpunkten
zweier Originalmodellfotos zu erleben (S. 104
> 2). An beiden Längsseiten des Modells sind in
horizontaler Position Spiegel (60) angebracht.
In diesen Spiegeln sehen die Zuschauer das Hängemodell umgekehrt als stehende Form. Die Be-
leuchtung wird von einigen Spots besorgt, die
mit den Spiegeln an einem Holzrahmen befestigt
sind (61).
Holzsilhouetten von Menschenfiguren an der
Fundamentplatte sind Hinweise auf die
umgekehrte Lage des Modells und verdeutlichen
den Maßstab des Modells.
Der Raum wurde mit den zwei noch existierenden
Exemplaren von Gaudîs Übermalungen der Modellfotos, einem Säckchen des Originalmodells und
weiterer Dokumentation des Originalmodells und
des gebauten Teils ergänzt. Matsukuras Studien
waren in einem Latexabguß seines Tonmodells des
Kirchenentwurfs vertreten (62).

Im Rahmen der Ausstellung 'Der Hang zum Gesamt-
kunstwerk' wurde die Rekonstruktion, außer im
Kunsthaus Zürich 1983/1984, auch in Düsseldorf,
Wien und Berlin ausgestellt.
Später konnte das Modell in der Ausstellung
'Antoni Gaudî (1852 - 1926)' gezeigt werden.
Die Fundaciô Caixa de Pensions, Barcelona, or-
ganisierte diese umfassende, auf ein großes
Publikum gerichtete Wanderausstellung über den
Architekten und seine Werke. Nach Barcelona
ging sie 1985/1986 nach Madrid, Brüssel, Nîmes,
München, Buenos Aires, Wien und Amsterdam.

I.9.3 The Reconstruction as Exhibit

At the exhibition 'Der Hang zum Gesamtkunstwerk'
one room was reserved solely for the reconstructed model. The room was painted completely
black to help create a contrasting background
for the white strings of the model (> p. 106,
107). A pedestal allowed visitors to look into
the crypt and to view the model from a similar
angle as two of the original model photos
(p. 104 > 2). On the long sides of the model
two horizontal mirrors were installed (60). In
these the visitors could see the model in re-
flection as an upright image.
The lighting was carried out by a number of
spots which were fixed to a timber frame, together with the mirrors (61).
Wood cuts of human figures glued to the foundation board made it plain that the model was upside down and they gave a scale to the model.
Other exhibitis in the room included the only
two examples of Gaudî's overpainted model photos still in existence, a weight sachet from
the original model and other documents related
to the original model and the part of the
church actually constructed. Matsukura's studies were shown in a latex cast from his clay
model of the church design (62).

By arrangement with the exhibition 'Der Hang
zum Gesamtkunstwerk' in the Kunsthaus Zürich
1983/1984 the model was also shown in Düsseldorf, Vienna and Berlin.
Later the model was shown in the 'Antonio Gaudî
(1852 - 1926)' exhibition. The Fundacio Caixa
de Pensions, Barcelona organised this comprehensive travelling exhibition aimed at a wide
public. In 1985/1988 the exhibition travelled
to Madrid, Brussels, Nîmes, Munich, Buenos
Aires, Vienna and Amsterdam.

I.9.3 La reconstrucción como objeto de exposi-
ción

Dentro de la exposición 'La tendencia a la obra
de arte integral', fue destinada una sala para
el modelo reconstruîdo. Para crear un fondo que
contrastara con los hilos blancos del modelo,
la sala fue mantenida totalmente negra (> p.
106, 107). Un estrado permite a los espectadores contemplar los espacios de la cripta y experimentar al modelo desde los puntos visuales
de dos de las fotos del modelo original
(p. 104 > 2). Frente a los lados más largos del
modelo, fueron colocados espejos en posición
horizontal (60). En ellos, los espectadores ven
el modelo colgante invertido, es decir, en
forma erecta.
La iluminación la proveen algunos spots, los
que como los espejos, son fijados a un bastidor
de madera (61).
Siluetas de figuras humanas hechas de madera
en la placa de fundamento, aluden la posición
invertida del modelo y aclaran la escala del
mismo.
La sala fue complementada con los dos ejempla-
res todavîa existentes de las fotos del modelo
original repintadas por Gaudî, uno de los saquitos originales y documentación del modelo
original y del sector construîdo. Los estudios
de Matsukura estuvieron representados por un
colado en látex de su modelo de arcilla (62).

Además del Kunsthaus Zürich y en el marco de
la exposición 'La tendencia a la obra de arte
integral', la reconstrucción fue también ex-
puesta en Düsseldorf, Viena y Berlin.
Posteriormente, el modelo pudo ser expuesto en
la exposición 'Antoni Gaudî (1852 - 1926)'. La
'Fundaciô Caixa de Pensions' de Barcelona, or-
ganizó esta completa exposición ambulante sobre
el arquitecto y su obra, dirigida al gran pûb-
lico. Luego de Barcelona, 1985/1988 dicha exposición se dirigió a Madrid, Bruselas, Nîmes,
Munich, Buenos Aires, Viena y Amsterdam.

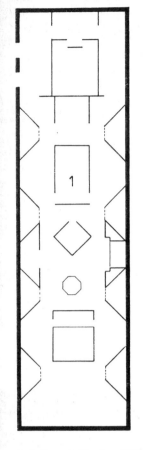

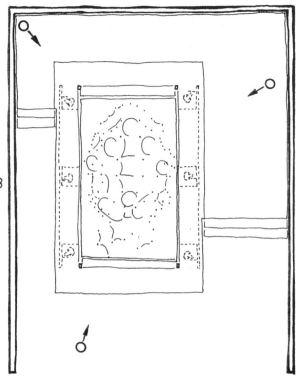

> 1 Grundriß des großen Saals des Kunsthauses Zürich während der Ausstellung 'Der Hang zum Gesamtkunstwerk'
> 2, 3 Das Modell in der Ausstellung, > 3: Anordnung der Spiegel und Lampen gestrichelt

> 1 Plan of the large hall of the Kunsthaus Zürich at the time of the exhibition 'Der Hang zum Gesamtkunstwerk' (Kunsthaus Zürich)
> 2, 3 The model in the exhibition, > 3: positioning of mirrors and lights hatched

> 1 Planta de la gran sala de Kunsthaus Zürich, durante la exposición 'La Tendencia a la obra de arte integral'
> 2, 3 El modelo en la exposición, > 3: Disposición de espejos y lámparas en líneas interrumpidas

1	2	3
4	5	

S. 105
> 1 Transport im Treppenhaus des Kunsthauses Zürich
> 2 Gebläse zum Absaugen des Styroporgranulats
> 3 Transportbehälter halb gefüllt
> 4 Erste Füllung des Transportbehälters mit Styroporgranulat
> 5 Das verpackte Modell im Ausstellungsraum

> S. 106 Der Blick in das Modell
> S. 107 Das Modell in der Ausstellung (Berlin)

p. 105
> 1 Transport container partly filled with styrofoam granules
> 2 Transport inside the museum
> 3 Blower for the transport of granules
> 4 Initial filling carried out by hand
> 5 The model in the exhibition

> p. 106 Look into the model
> p. 107 The model exhibited (Berlin)

p. 105
> 1 Primer llenado del recipiente de transporte con granulado de styropor
> 2 El recipiente de transporte a medio llenar
> 3 El transporte en la caja de escaleras de Kunsthaus Zürich
> 4 El ventilador para la extracción del granulado de styropor
> 5 El modelo embalado, en la sala de exposición

> p. 106 La vista en el modelo
> p. 107 El modelo en la exposición (Berlin)

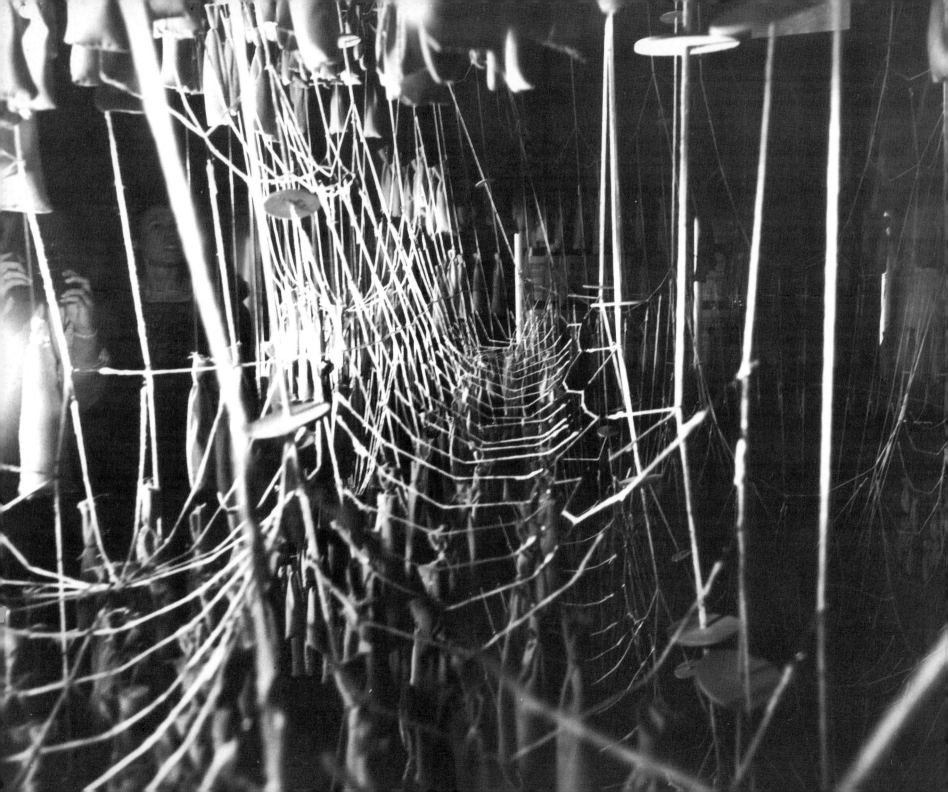

NEUE ERKENNTNISSE AUS DER REKONSTRUKTION UND AUS WEITERFÜHRENDEN UNTERSUCHUNGEN

NEW OBSERVATIONS RESULTING FROM THE RECONSTRUCTION AND FURTHER RESEARCH

NUEVOS CONOCIMIENTOS RESULTANTES DE LA RECONSTRUCCIÓN Y LA CONTINUACIÓN DE LAS INVESTIGACIONES

II.1.1 Zum Aussehen des rekonstruierten Modells

Priorität bei der Rekonstruktion hatte für uns die Rückgewinnung des Bauentwurfs, d.h. der Hängeform mit Verteilung und Verlauf aller Fäden. Vom Kunsthaus Zürich war außerdem eine größtmögliche Ähnlichkeit im Aussehen (z.B. Wiederverwendung von Ballastsäckchen) gewünscht.
An dieser Stelle soll das Aussehen des rekonstruierten Modells und die Unterschiede zum Originalmodell beschrieben werden.
Das Originalmodell war ein Arbeitsmodell. Riesig groß, beengt aufgehängt in einer Bauhütte, mit vielen Spuren von Änderungen und mit Schildchen mit technischen Angaben versehen, vermittelte es überdeutlich die lange und mühevolle Geschichte seiner Entstehung, verlor aber zugleich an Aussagekraft hinsichtlich der großartigen Architektur, welche es verkörperte.
Es freute uns, daß das Rekonstruktionsmodell, trotz des kleineren Maßstabs, noch beachtliche Dimensionen erhalten konnte. Dadurch kann das Modell vom Betrachter als räumliches Objekt gut erfaßt werden.
Bei der Rekonstruktion sollte die Vereinfachung mancher Modellbaudetails, die sorgfältigere Gestaltung der Aufhängungsebene (63) oben im Modellrahmen und eine Verteilung der Ballastsäckchen, die Einblicke in das Modell offenließ, zur Verdeutlichung der architektonischen Aussagen beitragen.
Die für eine klare Erfassung des Hängemodells so wichtige Transparenz (64) wurde leider dadurch gemindert, daß unsere Ballastsäckchen durch einen Berechnungsfehler zu groß dimensioniert wurden.

II.1.1 The Appearance of the reconstructed Model

In our reconstruction work the recreation of the construction design was given priority with its hanging shape, the distribution of strings and their location. Furthermore the Kunsthaus Zürich had asked for a close resemblance in appearance going so far as to request the use of little sacks with ballast similar to those in the original model.
We shall describe the difference between the reconstructed model and the original.
The original was a working model. Enormously big, hanging in a congested site hut, showing many traces of revisions and covered with little labels of technical information the original model conveyed the long and laborious history of its creation. However the clarity and expressiveness of the magnificent architecture was lost.
In spite of its smaller scale, we were happy that the new model could still be built to impressive dimensions. This would help the viewer to appreciate the three dimensional quality of the model.
The rationalisation of some model building details together with a more careful design of the plane of suspension (63) in the top section of the model frame and a distribution of the ballast sachets that allowed views into the model, were all designed to clarify its architectural statement.
The extremely important transparency of the hanging model (64) had been sadly reduced due to the over-sizing of the ballast sachets due to an error in computation.

II.1.1 Sobre la apariencia del modelo reconstruido

Para nosotros tuvo la recuperación del diseño original, es decir, de la forma colgante con la distribución y el recorrido de los hilos, la prioridad en la reconstrucción. Del Kunsthaus Zürich se deseaba además, que la apariencia fuese del mejor parecido posible (por ejemplo, el usar nuevamente saquitos de lastre).
En este espacio deben ser descritas la apariencia del modelo reconstruído y las diferencias con el modelo original.
El modelo original era un modelo de trabajo. De enormes dimensiones, estrechamente colgado en un taller en la obra, con muchas huellas de cambios y provisto con cartelitos con indicaciones técnicas, transmitía claramente la larga y lamboriosa historia de su creación, perdía empero al mismo tiempo en fuerza expresiva en lo que concierne a la grandiosa arquitectura que representaba.
Nos alegró que el modelo de la reconstrucción, pese a su menor escala, pudiese aún mantener dimensiones considerables. Por ello, puede el mismo ser bien comprendido como objeto espacial por el observador.
En la reconstrucción, debían contribuir la simplificación en algunos detalles constructivos del modelo, la cuidadosa conformación de la plataforma de colgado (63) en la parte superior del bastidor y una distribución de los saquitos de lastre que despejara la visión del modelo, a la aclaración del mensaje arquitectónico.
La transparencia, tan importante para una clara comprensión del modelo colgante (64), se vió lamentablemente disminuída debido a que los saquitos de lastre, por un error de cálculo, fueron dimensionados muy grandes.

II.1.2 Vergleich von Fotos des Originalmodells mit Fotos der Rekonstruktion (> S. 114 - 123)

Zum Vergleich von Fotos des Originalmodells mit denen der Rekonstruktion wurden von sieben Ori-

II.1.2 Comparison between Photos of the Original and the Reconstruction Model (> p. 114 - 123)

In order to compare photos of the original with the reconstruction, seven original photographs

II.1.2 Comparación de las fotos del modelo original con las de la reconstrucción (> p. 114 -123)

Para una comparación de las fotos del modelo original con las del modelo reconstruído,

ginalfotos die rekonstruierten Blickpunkte überprüft (65), wobei gewisse Ungenauigkeiten in
den Annahmen der Blickpunkte korrigiert werden
konnten.

Die Rekonstruktion wurde neu von den derart
festgestellten Blickpunkten der Originalfotos
aus fotografiert (> S. 114). Diese Fotos ermöglichten recht genaue Feststellungen über die
Unterschiede zum Originalmodell. Die wichtigsten Ungenauigkeiten, ermittelt aufgrund dieser
Fotovergleiche, sind:

a) Das aus parallelen Fadenbögen angedeutete
Dachgewölbe der Seitenschiffe, das das
Schiff und Querschiff umläuft, hat im Bereich des Querschiffs im Originalmodell die-
selbe Höhe wie im Hauptschiffbereich. In der
Rekonstruktion hat das Seitenschiffdach im
Querschiffbereich ein etwa 7 cm kleineres
Höhenmaß, ebenso das Seitenschiffdach im Altarbereich (> S. 121 - 123). Die Ungenauigkeit des Höhenmaßes vom Seitenschiffdach
setzt sich bis zum Hauptschiffbereich fort.
Entsprechend dieser Unterschiede zwischen
Originalmodell und Rekonstruktion sind einige Proportionen im Umfeld des Seitenschiff-
daches in der Rekonstruktion ungenau.
b) Die Hauptschiffkuppeln der Rekonstruktion
haben einen zu hohen Stich, sie müßten fla-
cher sein.
c) Die Stützen G und g sind im Originalmodell
im Kirchenraum senkrecht (S. 117 oben), in
der Rekonstruktion aber leicht geneigt. Dies
ist auf das proportional zu hohe Gesamtgewicht an den Fäden des Kirchenbodens zurückzuführen. (Schon während der Rekonstruktion
wurde das zu hohe Gewicht des Kirchenbodens
erkannt, konnte aber aus Zeitmangel nicht
korrigiert werden.)
d) Die Terrasse vor dem Kircheneingang wurde in
der Rekonstruktion aufgrund einer Bauaufnahme der gebauten Terrasse ausgeführt. Dadurch
ist die Terrasse in der Rekonstruktion im
Vergleich zum Originalmodell um ein Gewölbe-
feld zu breit (siehe II.2.1.7).

II.1.3 Vergleich der Rekonstruktion mit Details
des ausgeführten Untergeschosses

Zwei Daten über die Rekonstruktion, deren Genauigkeit uns unbekannt waren, wurden am Bau
überprüft.

---

were checked for their points of focus (65).
This helped to correct some inaccuracies in the
assumed camera positions.

The reconstruction model was then photographed
again from the redefined camera positions
(> p. 114). These photos provided a fairly accurate representation of difference to the original. The most important inaccuracies according
to this photo comparison were:

a) The roof vaults of the aisles, indicated by
parallel string arches and encompassing the
main nave and transept, are of similar
height in both the transept and the main
nave areas of the original model. In the
reconstruction, the roof to the aisle in the
area of the transept has a height reduced by
approximately 7 cm. The same applies for the
aisle in the area of the altar (> p. 121 -
123). There is no accurate height dimension
for the side nave roof. Due to these differences between the original model and the
reconstruction some of the proportions
around the roof of the aisle are inaccurate.
b) The domes of the main nave in the reconstruction have too much of a rise. They should
be shallower.
c) Columns G and g inside the church are vertical in the original (p. 117 > above), but
slightly inclined in the reconstruction.
This can be explained with the proportionally excessive total weight on the strings
of the church floor. (The excessive weight
had already been detected during reconstruction but could not be rectified due to lack
of time.)
d) In the new model, the terrace in front of
the church entrance follows the dimensions
taken from a site survey. In comparison with
the original the terrace in the reconstruction model is too wide now (by one vault
dimension) (ref. II.2.1.7).

II.1.3 Comparison between the Reconstruction
and Details in the executed Basement

Two pieces of doubtful reconstruction data were
checked on site.

---

fueron examinados los puntos de vista fotográficos de siete de las fotos originales (65), con
lo cual pudieron ser corregidas ciertas inexactitudes en la adopción de los mismos.

La reconstrucción fue nuevamente fotografiada
desde los puntos de vista fotográficos determinados a partir de las fotos originales
(> p. 114). Estas fotos posibilitaban comprobaciones exactas sobre las diferencias con el
modelo original. Las inexactitudes más importantes, determinadas a partir de esta comparación de las fotos, son:

a) La bóveda de techo de las naves laterales,
indicadas por los arcos de hilos paralelos
que rodean a las naves principal y transversal, tiene en la zona de la nave transversal
del modelo original, la misma altura que la
correspondiente a la nave principal. En la
reconstrucción, el techo de la nave lateral
tiene en la zona de la nave transversal, una
medida de altura de casi 7 cm menor, como
también el techo de la nave lateral en la
zona del altar (> p. 121 - 123). La inexactitud en la altura del techo de la nave lateral continúa hasta la zona de la nave principal. Debido a esta diferencia entre el
modelo original y la reconstrucción, algunas
de las proporciones en la zona de los techos
de las naves laterales son pocos precisas en
la reconstrucción.
b) Las cúpulas de la nave principal tienen en
la reconstrucción, una muy elevada altura de
clave, debiendo ser más aplanadas.
c) Los apoyos G y g están a plomo en el modelo
original (> p. 117 arriba), mientras que en
la reconstrucción están ligeramente inclinados. Esto es atribuîble al peso total en los
hilos del piso de la iglesia, proporcionalmente muy elevado. (El elevado peso del piso
habîa sido ya reconocido durante la reconstrucción, pero por falta de tiempo no pudo
ser corregido.)
d) La terraza delante de la entrada de la iglesia pudo ser ejecutada en base a un releva-
miento de la misma. Por ello, en comparación
con el modelo original la terraza en la reconstrucción, es una sección de bóvedas más
ancha (ver II.2.1.7).

II.1.3 Comparación de la reconstrucción con
detalles del piso bajo construído

Dos datos sobre la reconstrucción, cuya exactitud nos era desconocida, fueron examinadas en
obra.

a) Wie vorher erörtert, sind bei der Rekonstruktion die Höhenlagen mit Hilfe der Wendeltreppen bestimmt worden. Das aufgrund einer Querschnittszeichnung (> S. 49) ermittelte Maß einer Treppenwindung (230 cm) wurde am Bau kontrolliert. Es stellte sich heraus, daß der Treppenlauf nicht exakt gleichmäßig gemauert war. Der mittlere Abstand zwischen zwei Treppenwindungen beträgt 245 cm. Aufgrund dieses exakteren neuen Maßes könnten einige Ungenauigkeiten der Rekonstruktion erkannt werden.
Bei gleichbleibender Höhenlage der Schiffkuppelscheitel - die während der Rekonstruktion richtig bestimmt waren - sollten in der Rekonstruktion folglich die verschiedenen Ebenen der Emporen und Dächer proportional näher an den Kuppelscheitel gerückt werden.

b) Die Anordnung der Rippen eines Raumes links hinter der Krypta, von uns hypothetisch rekonstruiert, nachdem sich herausstellte, daß die vorhandenen Quellen die Lage nicht genügend belegen, wurde vor Ort kontrolliert. Im Prinzip wurden dabei unsere Überlegungen während der Rekonstruktion bestätigt (66).

Außerdem zeigt der Vergleich der Originalfotos mit der gebauten Substanz, daß gewisse Unterschiede, vor allem im Bereich des Kircheneingangs, nicht auf eine Ungenauigkeit der Rekonstruktion zurückzuführen sind, sondern auf Änderungen im Entwurf. Die Änderungen werden in II.2.1.7 beschrieben.

II.1.4 Ergebnisse der Genauigkeitsprüfungen

Die Genauigkeitsprüfung der Rekonstruktion hat als wichtigstes Ergebnis, daß einige noch offenstehende Fragen beantwortet werden konnten. Die damit erreichte Genauigkeit gab eine verbesserte Möglichkeit zum Versuch, auch den Kirchenentwurf in seiner Konstruktion und Architektur zu rekonstruieren.

Konkret war ein Ergebnis der Genauigkeitsüberprüfung, daß die Form des Originalmodells durch neue Maßangaben exakter bestimmbar war. Nach diesen neuen Erkenntnissen wurden Rekonstruktionszeichnungen - Pläne und Schnitte - vom eigentlichen Kirchenentwurf angefertigt. Nach meiner Schätzung beträgt die Genauigkeit dieser Zeichnungen +/- 50 cm im Maßstab des Baus (> S. 210, 211).

a) Levels of height were determined with the help of the spiral staircases as previously discussed. The dimension for one stair winding (230 cm) was taken from a sectional drawing (> p. 49) checked on site. It was found that the flight of stairs had not been built to exacting standards. The mean distance between two stair windings is 245 cm. This more precise new dimension helped to expose further inaccuracies in the reconstruction. The crowns of the domes on the naves (correctly established during reconstruction) if kept at one level, would have to be matched by moving the choirs and roofs proportionaly closer towards the top level of the dome.

b) The locations of the ribs in the room on the left behind the crypt are based on hypothetical assumptions after it was found that the sources available to us were not specific enough. The positioning of the ribs was later checked on site and our reasoning confirmed in principle (66).

The comparison between the original photos and the building revealed that some differences, especially in the entrance area of the church did not stem from an inaccurate reconstruction; they could be traced back to changes in the design. The changes will be described in II.2.1.7.

II.1.4 Checking Accuracy

The checking of accuracy of the reconstruction helped to answer some open questions. The level of accuracy achieved improved our chances of attempting the reconstruction of the church design as well.

As a result of the checking process the shape of the original model could be determined more accurately with the use of new measurements. Based on these new findings, reconstruction drawings (plans and sections) of the actual church design were drawn up. My own estimate is that these drawings have an accuracy of +/- 50 cm related to full scale (> p. 210, 211).

a) Como se dijo anteriormente, las alturas para la reconstrucción fueron determinadas con la ayuda de la escalera de caracol. La medida de un giro de la escalera (230 cm), extraído de un plano de corte (> p. 49), fue controlado en obra. Se comprobó que el tramo de escalera no fue construído en forma regular. La distancia media entre los giros es de 245 cm. En base a esta nueva medida más exacta, pudieron ser reconocidas algunas inexactitudes de la reconstrucción.
Para alturas invariables en la clave de las cúpulas de la nave principal - las que fueron exactamente determinadas durante la reconstrucción - los distintos planos de las naves altas y techos debían por consecuencia ser proporcionalmente acercados en la reconstrucción a dichas claves.

b) La disposición de los nervios de una sala en el lado posterior izquierdo de la cripta, reconstruída en forma hipotética por nosotros, fue controlada en el lugar luego de comprobarse que las fuentes disponibles no documentaban suficientemente la situación. Nuestras consideraciones fueron, en principio, confirmadas durante la reconstrucción (66).

La comparación de las fotos del original con la substancia construída muestra además, que ciertas diferencias, sobre todo en la zona de la entrada de la iglesia, no son atribuíbles a una inexactitud en la reconstrucción, sino a cambios en el proyecto. Estos cambios son descritos en II.2.1.7.

II.1.4 Resultados de las comprobaciones en la exactitud

La comprobación de la exactitud de la reconstrucción tiene como importante resultado, que algunas de las interrogantes aún abiertas, pudieron ser respondidas. La exactitud así lograda entregó una mejor posibilidad en el intento de reconstruir también el proyecto de la iglesia en su arquitectura y aspectos constructivos.

Un resultado concreto de la comprobación de la exactitud fue que la forma del modelo original, gracias a nuevos datos en las medidas, fuera más exactamente determinable. De acuerdo con estos nuevos conocimientos fueron organizados planos de la reconstrucción en planta y corte del proyecto original de la iglesia. De acuerdo con estimaciones propias, la exactitud de dichos planos es de +/- 50 cm, en la escala de la construcción (> p. 210, 211).

Auf den Seiten 115 - 123 Vergleiche der Originalfotos und Übermalungen mit Fotos der Rekonstruktion (alle Fotos um 180° gedreht). Kennzeichnung der wichtigsten Fäden am unteren
Bildrand nach Grundriß auf S. 50.
> Grundriß des Untergeschosses mit Projektion
  der Deckenkonstruktion (Bonet) und mit Ein-
  tragung der (rekonstruierten) Standpunkte der
  Kamera am Originalmodell während der Aufnahmen (Angabe der entsprechenden Fotos bei den
  Punkten). Unterhalb des Gebäudes: ungefähre
  Plazierung der Bauhütte mit dem Hängemodell.
  Rechts unten: verwackeltes Foto vom Inneren
  der Bauhütte, an der Wand Gaudîs Übermalungen.

Pages 115 - 123 show comparisons between the
original photographs and overpaintings with
photos of the reconstruction (all photographs
turned upside down). The principal threads are
identified at the bottom edge of the photo in
accordance with the ground plan on p. 50.
> Ground plan of the basement together with a
  projection of the ceiling structure (Bonet)
  and with (reconstructed) camera positions
  marked on the original model (the numbers of
  the corresponding photographs are given near
  those points). Below the building plan: approximate location of the site workshop together
  with the hanging model. Bottom right: Blurred
  photo of the interior of the site workshop
  with Gaudî's overpainted sketches on the wall.

En las páginas 115 - 123 comparación de las
fotos del original y las repintadas con fotos
de la reconstrucción (todas giradas en 180°).
Identificación de los hilos más importantes en
el borde inferior de las figuras, de acuerdo
con la planta de la p. 50.
> Planta del piso bajo con proyección de las
  construcciones de techo (Bonet) y con el registro de las posiciones (reconstruîdas) de
  la cámara en el modelo original durante el
  fotografiado (Indicación de las fotos correspondientes en los puntos). Debajo del edificio: ubicación aproximada de la choza en la
  obra con el modelo colgante.
  A la derecha abajo: foto morrida del interior
  de la choza en la obra, sobre la pared las
  fotos repintadas de Gaudî.

OM 16 = OÜ 3/3a

OM 18
OM 19 = OÜ 5/6

OM 10

OM 12

OM 1
OM 2
OM 4 = OÜ 2/2a
OM 3,5
OÜ 1
OM 6,7,8
OM 13,14,15

OM 9

OM 17 = OÜ 4

| |d| |e| |l||g| |j| |i| |k| | | |K| |I| |J| |L||G| |E| |
| |e| |g| |l| |j| |i| |k| | | |K| |I| |J| |L||G| |E| |

Blick zum Altarbereich: Vergleich Originalfoto OM 7 (links) mit Rekonstruktion. Wichtigste Abweichungen: tonnenförmiges Dach über Seitenschiffen (dicht oberhalb des waagerechten Fadens in Bildmitte) und Verzweigungen der Stützen G und g. Kennzeichnung der Stützenfäden unten (vgl. Grundriß S. 50)

View towards the altar area: comparison between the original photo OM 7 (left) and the reconstruction. Principal differences: barrel-vaulted roof above aisles (immediately above the horizontal thread in the centre of the picture) and branching of columns G and g. Column threads identified below (see ground plan p. 50).

Vista hacia la zona del altar: comparación de la foto original OM 7 (izq.) con la reconstrucción. Desviaciones más importantes: el techo en forma de bóveda de cañón sobre la nave lateral (immediatamente por encima del hilo horizontal en la figure del centro) y ramificaciones de los apoyos G y g. Debajo identificación de los hilos de los apoyos (comparar con p. 50)

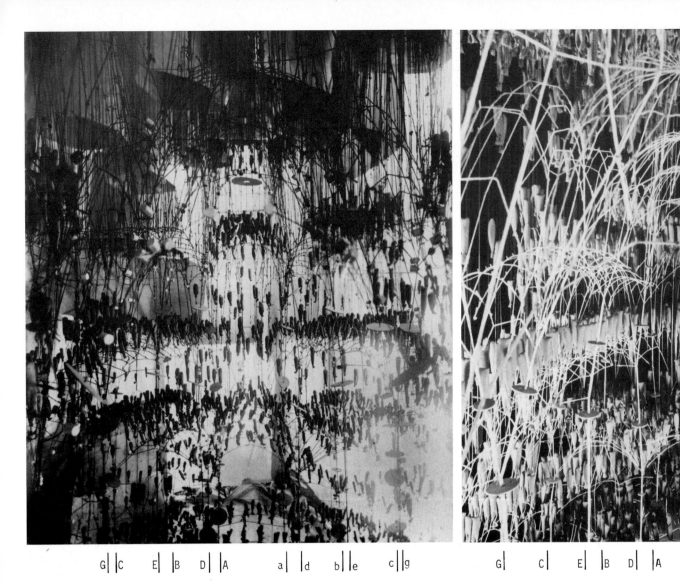

G|C E|B D|A   a|d   b|e   c|g   G| C| E| |B D| |A   a| |d b| |e c| |g

> Vergleich Originalfoto OM 12 (links) mit der
Rekonstruktion (Blickrichtung: > Plan auf
S. 114)
> S. 117 oben
Vergleich Originalfoto OM 9 (links) mit der
Rekonstruktion. Schiefstellung der Stützen G
und g durch zu hohes Gewicht der Kryptadecke.
> S. 117 unten
Vergleich Originalfoto OM 10 (links) mit der
Rekonstruktion (Blickrichtungen: > Plan S. 114)|

> Comparison between the original photo OM 12
(left) with the reconstruction (viewing directions: > plan on p. 114)
> p. 117 top
Comparison between the original photograph OM 9
(left) and the reconstruction. The inclination
of columns G and g is caused by the excessive
weight of the crypt ceiling.
> p. 117 bottom
Comparison between original photo OM 10 (left)
with the reconstruction (directions of view:
> plan page 114)

> Comparación de la foto del original OM 12
(izq.) con la reconstrucción (direcciones
visuales: > plano de la pág. 114)
> p. 117 arriba
Comparación de la foto del original OM 9 (izq.)
con la reconstrucción. Posición oblicue de los
apoyos G y g debido al elevado peso del techo
de la cripta.
> p. 117 abajo
Comparación de la foto del original OM 10
(izq.) con la reconstrucción (direcciones
visuales: > plano de la pág. 114)

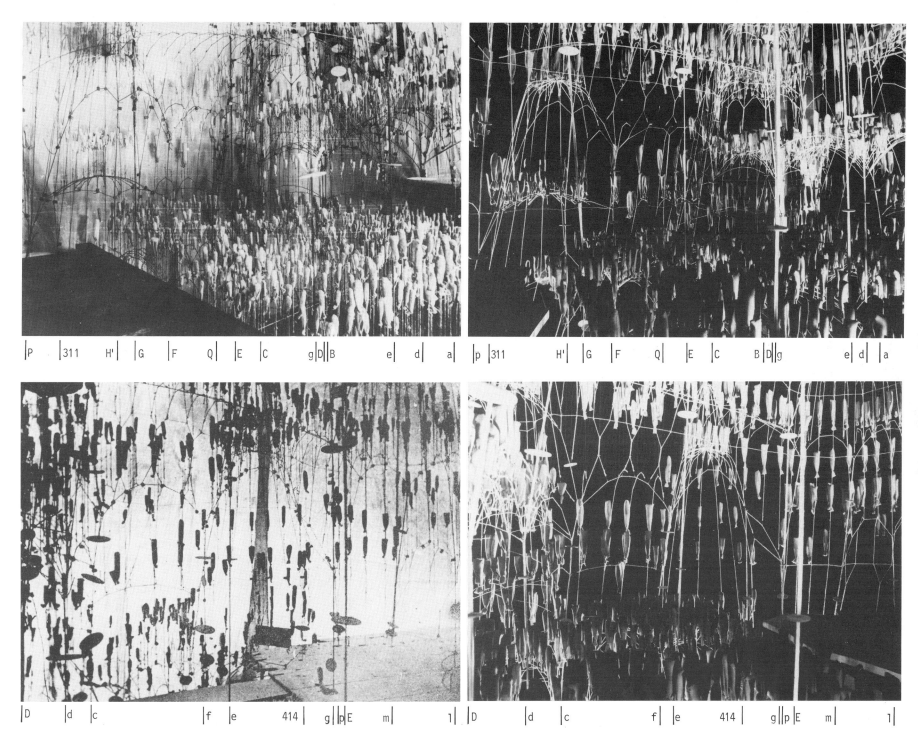

|P |311   H'| |G |F   Q| |E |C   g|D||B   e| d| a| |p |311   H'| |G |F   Q| |E |C   B|D||g   e| d| a|

|D |d |c |f |e   414 | g||p|E   m| 1| |D |d |c   f| |e   414 | g||p|E   m| 1|

> Blick auf Eingangsfassade; Vergleich Original-
foto OM 19 (links) mit der Rekonstruktion

> View of the entrance facade: comparison bet-
ween the original photo OM 19 (left) and the
reconstruction

> Vista de la fachada de ingreso; comparación
de la foto del original OM 19 (izq.) con la
reconstrucción.

> Blick auf Eingangsfassade, von Gaudî gemalt auf Foto OM 19. Links die erste Fassung (Originalübermalung OÜ 5), rechts die zweite Fassung der gleichen Übermalung (OÜ 6).

> View of the entrance facade, painted by Gaudî on photo OM 19. On the left the first version (original overpaintig OÜ 5), on the right the second version of the same overpainting (OÜ 6).

> Vista de la fachada de ingreso, pintada por Gaudî sobre la foto OM 19. A la izquierda la primera versión (repintado del original OÜ 5) a la derecha la segunda versión del misma repintado (OÜ 6).

|301| |105| |104| |103| |102| |101| |100|

|301| |105| |104| |102| |101| |100|

> Vergleich von Originalübermalung OÜ 3a
(links) mit der Rekonstruktion. Auffälligste
Abweichung: Verlauf des Dachrandes vor dem
Querschiffturm oberhalb von 105 und 104
(vgl. > S. 50). Die Übermalungen auf beiden
Seiten zeigen dasselbe Bild, links im Origi-
nalzustand, rechts im heutigen, vergilbten
Zustand.
> S. 120
Blick von Nordosten, Originalübermalung OÜ 3
(links), von Gaudî gemalt auf OM 16 (rechts).

> Comparison between original overpainting OÜ 3a
(left) and the reconstruction. Most obvious
difference: the line of the eave in front of
the transept tower above 105 and 104 (cf.
> p. 50). The overpainted pictures on both
sides show the same image, on the left in the
original state and on the right in its present
yellowed state.
> p. 120
View from north east, original overpainting
OÜ 3 (left), painted by Gaudî on OM 16 (right).

> Comparación de la foto del original repintada
OÜ 3a (izq.) con la reconstrucción. Desviación más notoria: recorrido del borde del
techo delante de la torre de la nave transversal por encima del 105 y 104 (comparar
> p. 50). Las repintadas sobre ambos páginas
muestran la misma figura, a la izquierda en
estado original, a la derecha en el amarillen-
to estado actual.
> p. 120
Vista del noreste, foto del original repintada
OÜ 3 (izq.) para quia base usó Gaudî la OM 16
(derecha)

100| |201 |202 |203 |204 |205 406| 402| 401| 1| 2|

Blick von Westen, Vergleich von Originalübermalung OÜ 4 (S. 122, links)
mit der Rekonstruktion (S. 123). Die
Übermalung entstand auf Originalfoto OM 17 (S. 122 rechts oben).

View from the west, comparison between original overpainting OÜ 4
(p. 122 left) with the reconstruction (p. 123). The overpainting was
done on original photo OM 17 (p. 122
top right).

Vista del oeste, comparación de la
foto del original repintada OÜ 4
(p. 122, izq.) con la reconstrucción (p. 123). La repintada se ori-
gina de la foto del original OM 17
(p. 122 a la derecha arriba).

100| |201 | 202 |203 |204 |205   406| 402| 401| 1| 2|

II.1.5 Vergleich der Rekonstruktion mit den Studien von Puig und Matsukura

Puig war sich bewußt, daß seine Forschungsergebnisse nicht endgültig waren. In seinem Buch fordert er geradezu dazu auf, weiter zu studieren (67). Problematisch ist sein Vorgehen, auf zeichnerischem Weg das Hängemodell zu rekonstruieren. Überdies sind der Zeichnung keine Rückschlüsse auf Gewichtsproportionen zu entnehmen.

Beim Besuch bei Puig am 16. Juli 1982 im Rahmen unserer Rekonstruktion erklärte er, daß ihm bei seinem Rekonstruktionsversuch ein Foto des Originalmodells (OM 12) gefehlt habe, weshalb der vordere Modellbereich in seinem Versuch nicht gelingen konnte. Eine andere Schwierigkeit, das Originalmodell zu begreifen, kam durch Puigs irrtümliche Annahmen zustande, daß die letztgemachten Aufnahmen des Hängemodells mit Blickrichtung auf den Altar (OM 13, 14, 15) die endgültige Entwurfsphase darstellen. In Wirklichkeit diente das Zusammenfassen von Gewichtssäckchen durch Pappröhren auf diesen Fotos keiner statischen Funktion, sondern war lediglich der Versuch, die auf dem Foto störenden Gewichtssäckchen zu verstecken.

In einem Punkt steht Puigs Rekonstruktion (S. 36 > 3) uns näher als die Studien von Matsukura, nämlich in der Annahme, daß die Kuppeln des Kirchenschiffes und ebenso die Scheitel der Bogenfäden der oberen Empore gleich hoch sind.

Jedenfalls muß Puigs Studie gewürdigt werden als wegweisende Pionierleistung. Vieles in seinem Buch bleibt - unberührt von späteren Forschungsergebnissen - auch weiterhin aktuell.

Matsukuras Vorgehensweise bei seinen Rekonstruktionsversuchen ist uns im wesentlichen bekannt. Leider sind seine Publikationen bisher nur in japanischer Sprache erschienen. Ein Vergleich der Untersuchungen Matsukuras mit unseren kann daher nur anhand seiner Modelle stattfinden.

Das Drahtmodell (S. 37 > 1 - 3) von Matsukura, das vorerst letzte Ergebnis seiner Studien, weicht in vier Punkten wesentlich von unserer Rekonstruktion ab:
- Die Annahme eines einzelnen Turms auf der Vierungskuppel, anstelle zweier Türme auf den Querschiffkuppeln.
- Die Annahme einer zweiten Kuppel im großen

II.1.5 Comparison between the Reconstruction and the Studies of Puig and Matsukura

Puig was conscientious about the fact that his research was not final. In his book he actually suggests that further studies should be carried out (67). His method of reconstructing the hanging model by means of drawings is questionable. Furthermore his drawings do not show any proportions of weights.

When I visited Puig's home on 16th July 1982 he told me that he was lacking a photograph of the original model when attempting the reconstruction (OM 12). He saw this as the main reason for his failure to reconstruct the front area of the model. A further complication in understanding the original model resulted from Puig's erroneous assumption that the last pictures of the hanging model facing the altar (OM 13, 14, 15) were depicting the final design phase. The compilation of weight sachets inside card tubes on those photos was in reality only an attempt to conceal the obtrusive sachets.

In one point Puig's reconstruction is closer to ours then Matsukura's. Like ourselves, Puig assumed the top level of the domes over the church nave, as well as the crowns of the string arches of the upper gallery roof, have the same height.

Puig's study must clearly be seen as a pioneer work. A great deal in his book, untouched by later research, is still valid.

Matsukura's method of reconstruction could be understood well. Unfortunately his publications so far are only in Japanese. A comparison between Matsukura's research and our own is therefore restricted to a comparison of models.

The wire model (p. 37 > 1 - 3), the penultimate result of his studies, differ essentially from our model in four points:

- Assuming there is one tower on the dome above the crossing instead of two on the transept domes.
- Assuming there was a second dome in the large tower. We believe there was only one dome at a lower level.
- Matsukura shows the western spiral stairs (suspension points 401, 402, 420, 620, 602, 601) projecting beyond the roof line of the

II.1.5 Comparación de la reconstrucción con los estudios de Puig y Matsukara

Puig era consciente de que los resultados de sus investigaciones no eran definitivos. En su libro exhorta justamente a continuar con los estudios (67). Su método de reconstruir el modelo a través del camino del dibujo es problemático. Aparte de eso, del dibujo no es posible extraer conclusión alguna sobre las proporciones en los pesos.

En una visita realizada a Puig el 16 de julio de 1982, en el marco de nuestra reconstrucción, éste nos aclaró que durante su intento de reconstrucción le había faltado una de las fotos del modelo original (OM 12), por lo que la parte anterior no pudo llegar a buen resultado. Otra dificultad para comprender el modelo original, provino de la errónea suposición de Puig de que las últimas fotos tomadas del modelo con vista hacia el altar (OM 13, 14, 15), representaban la fase definitiva del diseño. En realidad, reunir en esas fotos los saquitos de lastre mediante cilindros de papel no cumplía función estática alguna, sino que era sólo el intento de ocultar los saquitos que estorbaban en las mismas.

En un punto, la reconstrucción de Puig (p. 36 > 3) nos es más próxima que los estudios de Matsukura, éste es, la hipótesis de que las cúpulas de la nave de la iglesia como también la clave de los hilos de los arcos en los coros altos son iguales en altura.

En todo caso deben ser reconocidos los estudios de Puig como un trabajo pionero y orientador. Mucho queda en su libro - sin ser afectado por posteriores resultados de investigaciones - siempre actual.

La manera de proceder de Matsukura en sus intentos de reconstrucción nos es conocida en lo esencial. Lamentablemente sus publicaciones han aparecido hasta ahora sólo en lengua japonesa. Debido a ello, una comparación de las investigaciones de Matsukura con las nuestras puede realizarse sólo con la ayuda de sus modelos.

El modelo con alambres (p. 37 > 1 - 3) de Matsukura, por el momento el último resultado de sus estudios, difiere de nuestra reconstrucción esencialmente en cuatro puntos:
- La aceptación de una torre única sobre la cúpula en la intersección de las naves, en lugar de dos torres sobre las cúpulas de la nave transversal.

Turm, wo wir nur eine einzelne, tiefergelegene Kuppel annehmen.
- Die westliche Wendeltreppe (Aufhängepunkte 401, 402, 420, 620, 602, 601) reicht bei Matsukura über die Dachlinie des Seitenschiffes hinaus. Nach unserer Ansicht (und Rekonstruktion) endet sie bereits mit einer Terrasse auf der Ebene des oberen Stockwerks.
- Matsukura läßt die Kuppeln und die Emporen zum Eingang hin ansteigen. Wir nehmen hingegen durchgehend gleiche Höhen an.

Der kleine Maßstab von Matsukuras Modell (1 : 100) beeinträchtigt die Genauigkeit. Überdies wurde ein verhältnismäßig starker Draht verwendet, um das Modell stehend, in der Umkehrform, zeigen zu können. Im Vergleich zu unserem Modellfaden verwendete Matsukura eine zwanzigfache Drahtstärke. Manches Detail mußte deshalb vernachlässigt werden.

Obwohl Matsukura mit seinen Kettenmodellen eine Annäherung an die Gewichtsproportionen des Originalmodells erreicht (wie unser Modell ohne Gewichtssäckchen), fehlt bei seiner endgültigen Rekonstruktion natürlich der formbestimmende Gewichtsfaktor.
Matsukuras Rekonstruktion des Äußeren des Kirchenentwurfs mit einem Latex-Modell (S. 37 > 6) entspricht in der erreichten Genauigkeit dem Drahtmodell.
Die hohe Qualität seiner Arbeit wurde uns eigentlich erst gegen Ende unserer eigenen Rekonstruktionsarbeit deutlich, nachdem wir zuvor durch offenkundige Irrtümer (Proportionen, Position der Türme) verunsichert worden waren.
Die große Bedeutung von Matsukuras Studien liegt darin, daß hier zum ersten Mal fast alle Fäden des Originalmodells erfaßt und gekennzeichnet wurden. Seine Rekonstruktionsmodelle geben den Fadenverlauf des Originalmodells - abgesehen von erwähnten Abweichungen - bereits weitgehend richtig wieder (68).

aisle. We believe (supported by our reconstruction) that the stairs ended in a terrace on the upper level.
- Matsukura lets the domes and choirs rise towards the entrance. We think however they were at the same level throughout.

The small scale of Matsukura's model (1 : 100) impairs its accuracy. What is more, he uses a relatively thick wire in order to show the model standing up in the reverse form. Compared to the string used by us, Matsukura's wire is twenty times thicker. Therefore, some details had to be neglected

In spite of the fact that Matsukura's chain models do achieve some resemblance to the proportions of weight of the original (like our model without the weight sachets) there is of course a lack of the shaping weight factor.

Matsukura's reconstruction of the exterior of the church with the use of a latex model has the same level of accuracy as his wire model (p. 37 > 6).

The high standard of his work became really apparent to us towards the end of our own reconstruction. His obvious errors (in proportions, location of towers) had made us feel insecure. Matsukura's studies are of great importance because for the first time he recorded and marked almost all the strings of the original model. His reconstruction models already show the direction of the strings of the original model (with the afore mentioned reservations) in most points in their correct position (68).

- La aceptación de una segunda cúpula en la torre grande, donde nosotros suponemos sólo una única cúpula y a menor altura.
- La escalera de caracol occidental (Puntos de colgado 401, 402, 420, 620, 602 y 601) sobrepasa la línea de techo de la nave lateral. En nuestra opinión (y reconstrucción), ella finaliza en una terraza a la altura del último piso.
- Matsukura deja elevar las cúpulas y los coros altos hacia la entrada. En cambio, nosotros suponemos una misma altura contínua.

La pequeña escala del modelo de Matsukura (1 : 100) reduce la exactitud. Además fue utilizado un alambre relativamente rígido, para así mostrar al modelo en su forma invertida, es decir, parado. En comparación con el hilo usado por nosotros en el modelo, Matsukura utilizó uno de resistencia veinte veces superior. Es por ello que más de un detalle debió ser descuidado.
Pese a que Matsukura logra con su modelo de cadenas una aproximación a las proporciones de pesos del modelo original (como nuestro modelo sin saquitos de lastre), falta naturalmente en su reconstrucción definitiva el factor formante del peso.
La reconstrucción de Matsukura del exterior de la iglesia con un modelo en látex (p. 37 > 6) equivale al modelo de alambre en lo que a la exactitud lograda se refiere.
La elevada calidad de su trabajo nos resultó evidente recién cuando nos encontrábamos finalizando nuestra propia reconstrucción, luego de haber estado inseguros debido a notorios errores (proporciones, posición de las torres). La gran importancia de los estudios de Matsukura reside en que en éstos fueron por primera vez registrados y caracterizados casi todos los hilos del modelo original. Sus modelos de reconstrucción muestran en gran parte el correcto recorrido de los hilos del modelo original (exceptuando las desviaciones mencionadas) (68).

> S. 126 - 133 Das Modell als architektonisches Gebilde (alle Fotos um 180° gedreht; S. 128 - 132: schwarz/weiß-Umkehrung); S. 126 links: Chorseite, rechts: Eingangsfassade / S. 127: Hauptportal / S. 128: Blick zum Eingang / S. 129: mittlerer Seitenbereich von innen / S. 130: Eingangsempore (Bildmitte) / S. 131: westlicher Querschiffsturm (Bildmitte) / S. 132: Kuppeln des Hauptschiffs / S. 133 links: westlicher Querschiffturm, rechts: oberer Bereich des Kirchenschiffs.

> pp. 126 - 133 The model as an architectural structure (all photographs turned upside down; pp. 128 - 132: black and white inversion); p. 126 left: choir side, right: entrance facade / p. 127: main entrance / p. 128: view towards entrance / p. 129: interior of central side area / p. 130: entrance gallery (centre of picture) / p. 131: western transept tower (centre of picture) / p. 132: nave domes / p. 133 left: western transept tower, right: top part of the church nave.

> p. 126 - 133 El modelo como imagen arquitectónica (todas las fotos giradas en 180°; p. 128 - 132: inversión de blanco y negro); p. 126 izq.: sector del coro, derecha: fachada del ingreso / p. 127: portal principal / p. 128: vista hacia el ingreso / p. 129: interior del sector lateral medio / p. 130: emporio del ingreso (figura del medio) / p. 131: torre occidental de la nave transversal (figura del medio) / p. 132: cúpulas de la nave principal / p. 133 izq.: torre occidental de la nave transversal, derecha sector superior de la nave principal.

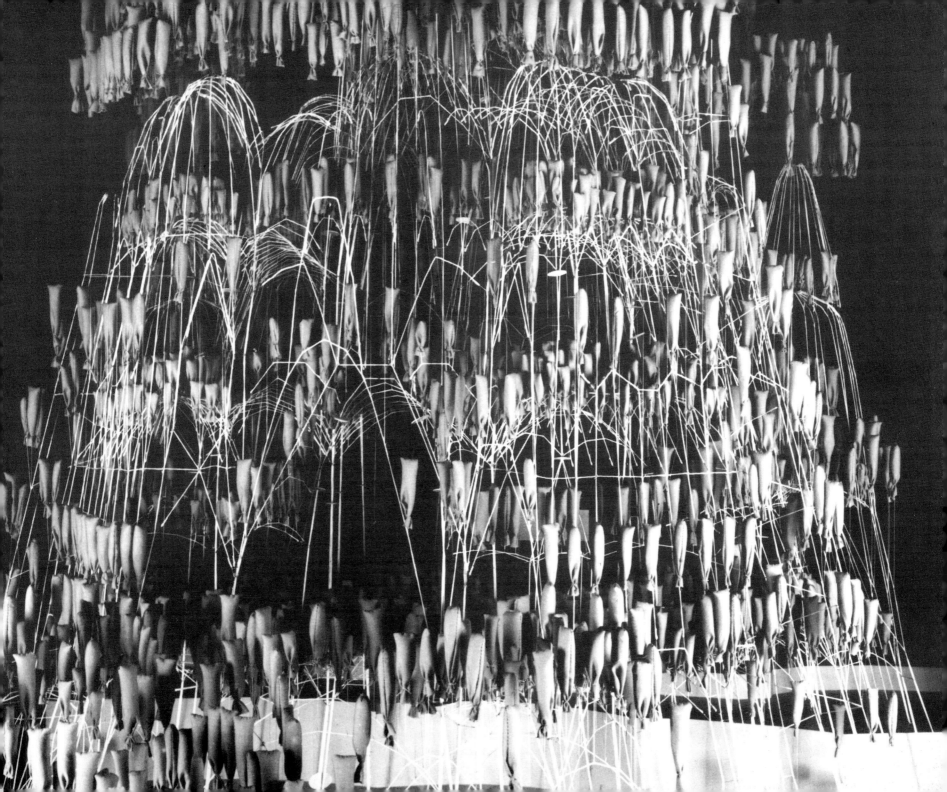

II.2 DER ARCHITEKTONISCHE ENTWURF UND SEINE AUSFÜHRUNG

Eine komplette Rekonstruktion des Entwurfsprozesses, in dem Gaudîs Hängemodell entstand, wird in dieser Studie nicht versucht. Dafür ist das Quellenmaterial zu fragmentarisch und seine Auswertung, was diesen Punkt angeht, noch vorläufig.

II.2.1 Zur Arbeitsweise Gaudîs beim Entwurf für die Kirche der Colonia Güell

1. Die Entstehung des Originalmodells

a) Der Schritt vom Modell ohne Gewichte zum Modell mit Gewichten
Wie Gaudî beim Modellbau im einzelnen vorging ist nicht mehr bekannt. Wir wissen nicht, ob erst mit unbelasteten Fäden das ganze Modell gebaut wurde, oder schon in einem relativ frühen Stadium Gewichte eingehängt wurden. Ersteres ist jedoch aufgrund unserer Erfahrungen bei der Rekonstruktion (vergl. S. 84 > 1, 2 mit S. 117 oben und S. 115) wahrscheinlicher. Wenn dem so ist, könnte das für Gaudîs Modellverfahren bedeuten, daß die Form des Entwurfs im leicht bearbeitbaren Modell ohne Gewichte erforscht wurde, um später anhand der entstandenen Form, die derjenigen eines Kettenmodells ähnelt, die ersten Berechnungen für die Gewichte der Ballastsäckchen durchzuführen.

Die Gewichtsunterschiede im Hängemodell, die Gaudî einführte, indem er nicht nur - der Baupraxis folgend - für Wände eine größere Stärke wählte als für Gewölbe, sondern auch die Extralasten der Turmspitzen und Dachzinnen einbezog, bekommen in seinem Modellbauverfahren die Funktion der gezielten Formkorrektur des Modells.

b) Der Schritt der Entwurfsphasen zum Ausführungsentwurf im Originalmodell
Vom Entwurfsprozeß, wie dieser aus der Serie von Originalmodellfotos herleitbar ist, sind wohl die Änderungen beim Schritt von der 3. Entwurfsphase zum Ausführungsentwurf am interessantesten (siehe I.5.1). Der Altarbereich wurde geändert und die, bis dahin nur mit einer Kuppel überwölbten, Querschiffe wurden jeweils mit einem darübersitzenden Turm ergänzt. Hätte dem Entwurf die 3. Entwurfsphase zugrundegelegen, hätte das Gebäude also zwei Türme weniger aufgewiesen (S. 71 > 2, 3). Die Ergänzung der

II.2 THE ARCHITECTURAL DESIGN AND ITS EXECUTION

This study will not attempt a complete reconstruction of the design process of Gaudî's hanging model. The source material for this is too fragmented and its analysis still in a preliminary state.

II.2.1 Gaudî's Working Method for his Design of the Church of the Colonia Güell

1. The Evolution of the Original Model

a) The Step from the Model without Weights to the Model with Weights
It is no longer known how Gaudî actually worked on his models. We do not know whether the complete model was built first with unweighted strings or whether weights were already introduced at a relatively early stage. However, judging by our reconstruction, the first case seems more plausible (cf. p. 84 > 1, 2 with p. 117, above, and p. 115). If this is true, it could mean that the form was researched in an easy to work with model without weights. At a later stage this form, which resembles a chain model, could have been used to carry out the first computations necessary to establish the weight of the ballast sachets.

Gaudî introduced changes in weight in the ballast sachets of the hanging model. In following normal construction tradition he chose greater dimensions for the walls compared to vaults at the same time incorporating extra weights for the spires and merlons thereby achieving a direct correction of form of his model.

b) The Step from the Design Phases to the Execution of the Original Model
Possibly the most interesting step in the design process that can be deducted from the sequence of original model photographs is the change from the third design phase to the final design (ref. I.5.1). The area around the altar was changed and the transepts, up to then only covered by domes, were each supplemented with a spire. If the building were to have been constructed according to the third design phase, the finished structure would have had two less spires (p. 71 > 2, 3). The addition of two spires, with their additional weight, to the

II.2 EL DISEÑO ARQUITECTONICO Y SU EJECUCION

Una completa reconstrucción del proceso de diseño que dió origen al modelo colgante de Gaudî no será intentada en este estudio. Para ello, la documentación es muy fragmentaria y su valoración, en lo que al tal punto respecta, es todavîa provisional.

II.2.1 Sobre el método de trabajo de Gaudî en el diseño de la iglesia de la Colonia Güell

1. La creación del modelo original

a) El paso del modelo sin pesos al modelo con pesos
La forma detallada de proceder de Gaudî en la construcción del modelo nos es desconocida. No sabemos si el modelo fue primeramente construîdo con los hilos descargados, o si los pesos fueron colgados en un estado relativamente primitivo. Sin embargo, en base a nuestras experiencias durante la reconstrucción (comp. p. 84 > 1, 2 con p. 117, arriba y p. 115), la primera posibilidad es la más probable. Si así fuese, puede significar para el procedimiento de modelaje de Gaudî, que la forma del diseño fue investigada en un modelo sin pesos fácilmente trabajable, para luego, en base a la forma así originada, que asemeja a la de un modelo de cadenas, poder realizar los primeros cálculos para los pesos de los saquitos de lastre.

La diferencia en peso que introdujo Gaudî en el modelo colgante, al elegir no solamente un mayor espesor para las paredes que para las bóvedas - práctica usual en la construcción - sino también al incluir las cargas adicionales de los pináculos de las torres y de las cornisas de los techos, cumple en su técnica de construcción de modelos, la función de una correctura dirigida en la forma de los mismos.

b) El paso de las fases de diseño a la del diseño a ejecutar en el modelo original
Del proceso de diseño, tal como se extrae de la serie de fotos del modelo original, las modificaciones en el paso de la tercera fase de diseño a la del diseño a ejecutar, son probablemente las más interesantes (ver I.5.1). La zona del altar fue modificada y las naves transversales, hasta ese momento cubiertas solamente con una cúpula, fueron completadas para cada caso con una torre apoyada sobre ellas. Si el

> A Hängemodell mit hohen Kuppeln (schemati-
 sche Darstellung)
> B Hängemodell mit flachen Kuppeln und Türmen
 im Außenbereich

> A Hanging model with high domes
> B Hanging model with shallow domes and
 towers to the periphery

> A Modelo colgante con las cúpulas altas (re-
 presentación esquemática)
> B Modelo colgante con cúpulas rebajadas y
 torres en los sectores extremos

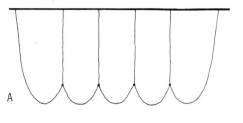

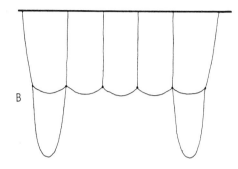

außenliegenden Kuppeln eines Hängemodells mit Türmen, welche durch das zusätzliche Gewicht die Bildung von flacheren Kuppeln im Zwischenbereich ermöglicht, wird auf beigefügter Abbildung dargestellt (> S. 135). Mit den Querschiffstürmen waren alle Türme im Außenbereich des Originalmodells angeordnet, womit erreicht wurde, daß die zwischenliegenden Kuppeln und Decken relativ flach konstruiert werden konnten.
In derselben Änderungsphase wurden im Originalmodell horizontale Fäden angebracht, welche die Fadenstützen G, E und g, e auf der Höhe der Seitenschiffgewölbe verbinden (> S. 69). Die drei Fäden könnten als konstruktive Elemente mißverstanden werden; in diesem Fall würden sie als waagerechte Druckstäbe im Bau interpretiert werden. Daß diese Fäden jedoch keinen Einfluß auf die Statik des Hängemodells nehmen, ist daran ersichtlich, daß sie nicht straff gespannt sind, sondern unter ihrem Eigengewicht leicht durchhängen. Meiner Meinung nach sollten diese horizontalen Fäden während der Änderungen des Modells im Altarbereich und bei den Querschiffen Verformungen der übrigen Modellbereiche verhindern.
Die Horizontalfäden wurden im unteren Bereich des Hängemodells angebracht, wo bereits Änderungen durch geringe Kräfte hervorgerufen werden können. Ein stärkeres Durchhängen oder ein strafferes Spannen der Fäden ließen nicht gewollte Formveränderungen erkennen.
Eine weitere interessante Änderung war, daß zwischen der 1. Entwurfsphase und dem Ausführungsentwurf die mittlere Stichhöhe der Fadenbögen der Rippen des Kirchenbodens verringert wurde, was erkennbar ist bei Vergleich des Fadenverlaufs der Außenwand der Krypta auf OM 11

outer domes of a hanging model, allows the construction of shallower domes in between the spires. This is shown in the enclosed drawings (> p. 135). Once the spires on the transepts were placed along the periphery of the original model it was possible to construct the intermediate domes and ceilings with a relatively shallow bow.

During the same phase of changing, horizontal strings were introduced which connect the string columns G, E and g, e at the level of the vaults of the aisles (> p. 69). The three strings could be misunderstood as structural elements; in this case they would be interpreted as horizontal compression rods. However, these strings do not have any structural influence on the hanging model. This is clear from the way they are not in tension yet sag slightly under their own weight. In my opinion these horizontal strings were meant to prevent distortions of the other model areas during the changes to the area of the altar and the transepts.
The horizontal strings were attached to the lower parts of the hanging model where even small forces could effect changes. Allowing these strings to sag more or increasing the tension did not reveal any wilful changes in form.

Another interesting point is the reduction of the average rise of the string arches representing the ribs in the church floor. This can be detected when comparing the routing of the outer wall strings of the crypt of OM 11 and on OM 18, 19. This change produced a more elegant

proyecto se hubiese basado en la tercera fase de diseño, el edificio habría tenido entonces dos torres menos (p. 71 > 2, 3). La complementación con torres de las cúpulas de los costados en un modelo colgante, las que a través del peso suplementario que añaden posibilitan la formación de cúpulas más aplanadas en la zona intermedia, es presentada en la figura adjunta (> p. 135). Estas y las torres de la nave transversal estaban dispuestas en la zona periférica del modelo original, con lo que se logró que las cúpulas y techos intermedios pudieran ser construidos relativamente planos.
En la misma fase de cambio fueron colocados hilos que unen los apoyos G,E y g,e a la altura de la nave lateral (> p. 69). Los tres hilos podrían ser calificados erróneamente como elementos constructivos, en este caso serían interpretados como barras horizontales a compresión. El que estos hilos no ejercen influencia alguna en el comportamiento estructural del modelo, es visible en el hecho de que no están estirados, sino que cuelgan bajo su propio peso. En mi opinión, éstos hilos horizontales debían impedir las deformaciones en las restantes zonas del modelo durante las modificaciones del mismo en la zona del altar y de las naves transversales.
Los hilos horizontales fueron montados en la zona baja del modelo, donde incluso la acción de pequeñas fuerzas puede producir cambios. Un colgado más firme o más estirado de dichos hilos, dejaba reconocer cambios no deseados en la forma.
Otra interesante modificación fue que entre la primera fase de diseño y la del diseño a ejecutar, la altura media de los nervios arqueados

der 1. Entwurfsphase und auf OM 18, 19. Mit dieser Änderung wurde eine elegantere und leichtere Deckenkonstruktion ermöglicht.

Es gibt keine Hinweise dazu, inwieweit Gaudî den Ausführungsentwurf in Plänen und Schnitten dargestellt hat. Offen ist, ob außer den Originalübermalungen nur das Hängemodell und die im Hängemodell gemessenen Daten den Entwurf repräsentieren. Einige der erhaltenen Skizzen zeigen, daß es für einzelne Bauteile (z.B. einen Bogen) Ausführungszeichnungen mit Maßangaben gab.

2. Die Feststellung der Gewichtsmengen für das Hängemodell

Vielleicht am schwierigsten muß innerhalb des Hängemodellverfahrens, wie Gaudî es interpretierte, die Feststellung der richtigen Gewichtsmengen des Hängemodells gewesen sein. Die Gewichtsmengen wurden aus den Dimensionen der Bauteile und dem spezifischen Materialgewicht berechnet. Für diesen Zweck mußte in der frühen Phase des Entwurfs sowohl das Material der Bauteile als auch die Wandstärke als eine Dimension des Bauteils festgelegt werden.

Auf Kalkulationsskizzen (S. 141 > 1, 2) wurde die Form eines Bauteils, z.B. ein Bogen, ein Wandabschnitt, ein Kuppelsegment, ermittelt (69). Die für die Dimensionen eines Bauteils wichtigen Eckdaten, wie die Spannweiten von Bögen, wurde durch Schätzung vom Architekten vorgegeben. Weil die Kalkulationsskizzen isoliert vom Kräfteverlauf des ganzen Gebildes produziert werden mußten, waren anfängliche Fehler in den Berechnungen der Dimensionen des Gebäudeabschnitts, dessen Gewicht berechnet wurde, unumgänglich.
Die Feststellung der Gewichtsmengen für das Hängemodell und die Überprüfung ihrer Richtigkeit im Modell ist ein Iterationsprozeß. In schrittweiser Näherung kann die Übereinstimmung von den ermittelten Gewichten und den Dimensionen der Bauteile im Hängemodell optimiert werden. Zu einem Iterationsprozeß gehört eine sogenannte Abbruchschranke, die angibt, wann der Prozeß ein befriedigendes Ergebnis erreicht hat und gestoppt werden darf. Diese Abbruchschranke ergibt sich aus dem Genauigkeitsanspruch (70), den in diesem Fall Gaudî bei der Formfindung anlegte.

and lighter ceiling construction.
There are no indications as to what extent sectional drawings and plans were used by Gaudî for his detail design. It is open to speculation whether, besides the painted over originals, only the hanging model together with the dimensions taken from it constituted the design. Some of the preserved sketches show the existence of dimensioned workshop drawings for individual construction elements (e.g. an arch).

2. Establishing the Amount of Weights to be used in the Hanging Model

Potentially the most difficult task with Gaudî's type of hanging model must have been the determination of the correct weights. The weights were calculated from the dimensions of the construction elements and the specific weight of the materials used. This meant that the construction materials as well as the depths of the walls had to be specified at an early stage.

The form of a construction element e.g. an arch, a part of a wall, a section of a dome, was established in calculation sketches (p. 141 > 1, 2) (69). Crucial design data such as the span of arches were estimated by the architect. These sketch calculations had to be produced without the input of the overall interrelation of forces. Initial errors in computation of the dimensions of the building part under consideration were therefore unavoidable.

Establishing the amounts of weight required for the hanging model and their verification in the model is a process of iteration. The accord between the established weights and the dimensions of the construction elements can be optimised in the hanging model in a step by step approach. Any iteration process requires a so called ending point which defines a successful result and allows the process to be called off. The breaking point is dependent on the desired accuracy (70), in this case as defined by Gaudî.

The form finding process in a hanging model is similar in principle to the iteration process

del piso de la iglesia fue disminuîda, lo que es reconocible al comparar el recorrido de los hilos de la pared exterior de la cripta en OM 11 de la primera fase de diseño con el correspondiente a OM 18, 19. Con esta variación se posibilitô una construcción más liviana y elegante del techo.
No existe indicación alguna respecto hasta que punto representô Gaudî en plantas y cortes el diseño a ejecutar. Está pendiente si, además de las fotos repintadas, sólo el modelo colgante y los datos de él extraîdos representan el proyecto. Algunos de los esbozos conservados muestran que para elementos constructivos singulares (por ejemplo, un arco), existîan dibujos con indicaciones de dimensiones para la ejecución de la obra.

2. Determinación de los pesos para el modelo colgante

Quizás lo más dificil dentro de la técnica de modelo colgantes, como era interpretado por Gaudî, debe haber sido la determinación de los pesos correctos en el modelo colgante. Estos pesos fueron calculados de acuerdo a las dimensiones de los elementos constructivos y del peso específico de los materiales. Con tal fin, tanto el material de los elementos constructivos como también los espesores de las paredes, como una dimensión del elemento constructivo, debîan ser determinadas en la fase pimaria del proyecto.
En cálculos en forma de esbozos (p. 141 > 1, 2) era establecida la forma de un elemento constructivo, por ejemplo de un arco, un corte de pared o de un segmento de cúpula (69). Los cálculos de los datos de referencia, importantes para las dimensiones de un elemento constructivo, como la luz de un arco, fueron dados en forma aproximada por el arquitecto. Como éstos esbozos debîan ser realizados aisladamente de la distribución de fuerzas en la totalidad de la configuración, los errores iniciales en el cálculo de las dimenciones de los sectores del edificio, cuyo peso era calculado, fueron inevitables.
La determinación de los pesos para el modelo colgante y el exámen de su precisión en el modelo es un proceso de iteración. En una paulatina aproximación la concordancia entre los pesos averiguados y las dimensiones del elemento constructivo puede ser optimizada. A todo proceso de iteración le corresponde un valor lîmite, que indica cuando el proceso ha alcanzado un resultado satisfactorio y puede ser por tal motivo interrumpido. Este valor es el resul-

Im Prinzip ist der Ablauf der Formfindung in Hängemodellen dem Iterationsprozeß eines Computers gleich. Tatsächlich erscheint es möglich, mit einem Computer einen Entwurfsprozeß, wie denjenigen für die Colonia Güell Kirche, durchzuführen. Bedingung dabei wäre, daß bei solchen Optimierungsschritten, welche der Computer nicht selbständig ausführen kann (z.B. wegen Mangel an Vorgaben, um wieviel ein Aufhängepunkt geändert werden darf), der Entwerfer dem Computer Fragen vorlegt, um das Problem, das den Vorgang abbrach, analysieren zu können. Kann ein Computer auf Wunsch den Entwurf in Perspektiven darstellen und über Form und Kräfte Bescheid geben, so hat ein Hängemodell dafür den Vorteil, eine räumliche Darstellung des Entwurfs zu sein und die Form und Kräfte komprimiert zu beinhalten.

Bemerkenswert an Gaudîs Modellbauverfahren ist die Tatsache, daß das Gewicht der Primärkonstruktion der Bögen und Stützen nicht im Hängemodell berücksichtigt wurden. Die Dimensionierung dieser Teile wurde nachträglich aus den am Modell gemessenen Kräften in den jeweiligen Fäden festgestellt. Auch wenn man den Spielraum berücksichtigt, den Gaudî in seinem Modellverfahren hatte (kein absoluter Genauigkeitsanspruch), ist hier doch ein Ansatz für Kritik gegeben.

Das Nichtberücksichtigen des Gewichts von Gebäudeteilen im Hängemodell hat mit einer Ausnahme immer Konsequenzen für die statische Richtigkeit des nach dem Hängemodell dimensionierten Gebäudes (71).

3. Gaudîs Mitarbeiter, der 'Elsässer Ingenieur Eduard Goetz'

In der Literatur gibt es eine Bemerkung, die neugierig macht: "Gaudî übergab die so erschöpfende Arbeit (gemeint ist die Bearbeitung des Originalmodells, Üb.) dem Architekten José Canaleta und dem Elsässer Ingenieur Eduardo Goertz (72), von der Compañia de Aguas de Barcelona. Der Letztere war ein meisterlicher Rechner, dessen Dienste Gaudî sich auch bediente, um seine originellen Methoden für die schnelle Statikberechnung zu entwickeln". (73) Auf meine Bitte sammelte Guillermo Font Boix, Barcelona, Daten über Person und Arbeit des 'Elsässer Ingenieurs Goetz', die ich nachfolgend verwende.

of a computer. Actually, it seems possible to carry out a computer design for the Colonia Güell church. One of the conditions would be for the designer to formulate parameters for the computer for those optimisation steps which the machine cannot handle (e.g. due to lack of parameters for the amount of change permissible for each hanging knot) and which allow an analysis of the problem that caused the computer to shut down.
A computer can be programmed to show perspective views of the design and give information on form and forces. The hanging model in turn has the advantage of giving a true three-dimensional representation of the design with all its forces and overall shape in a condensed form.

Worth mentioning in Gaudî's model building technics is the fact that he completely neglected the weight of the primary structure of arches and columns in his hanging model. These elements were given dimension later using measured forces in the appropriate strings. This approach gives rise to some criticism even when assuming Gaudî's model building techniques did not have an absolute demand for accuracy.
To neglect the weight of building elements in the hanging model, with one exception (71), always has consequences for the correctness of the structural evaluation of the building dimensioned by means of a hanging model.

3. Gaudî's Collaborator the Alsatian Engineer Eduard Goetz

In studying the literature there is the curious making phrase: "Gaudî handed the so exhaustive work (meaning the work on the original model) over to the architect José Canaleta and the Alsatian engineer Eduardo Goertz (72), of the Compañia de Aguas de Barcelona. The latter was a masterly mathematician whose services were used by Gaudî for his development of a method for quick structural evaluation" (73). I asked Guillermo Font Boix in Barcelona to help with the collection of data on the person and work of the 'Alsatian engineer Goetz'. This information is used in the following paragraph.

tado de la pretendida exactitud (70) que en este caso colocó Gaudî en el encuentro de la forma.
En principio, el desarrollo del proceso en el encuentro de la forma en modelos colgantes es igual al proceso de iteración de una computadora. En realidad, efectuar con una computadora un proceso de diseño como el de la iglesia de la Colonia Güell es aparentemente posible. Condición para ello sería que en las fases de optimización que la computadora no puede realizar por sî misma (por ejemplo, debido a falta de datos en relación a cuanto puede ser cambiado un punto de colgado), el proyectista le presente preguntas a la computadora para así poder analizar el problema que detuvo el proceso. Si bien la computadora puede, según el deseo del proyectista, representar el diseño en perspectiva y dar información sobre forma y fuerzas, así tiene en cambio el modelo colgante la ventaja de ser una representación especial del diseño y de contener en forma comprimida la forma y las fuerzas.
Digno de atención en la técnica de modelos de Gaudî, es el hecho de que el peso propio de la construcción primaria de arcos y columnas no fue contemplado en el modelo colgante. El dimensionamiento de estos elementos fue realizado a partir de las fuerzas medidas con posterioridad en los respectivos hilos del modelo. Aún tomando en cuenta el margen de acción que Gaudî tenía en su técnica de modelos (al no aspirar a una exactitud absoluta), encontramos aquí un principio a ser criticado.
El no contemplar el peso de ciertos elementos constructivos en el modelo colgante tiene, con una excepción, siempre consecuencias en la exactitud del cálculo estático del edificio dimensionado de acuerdo al modelo colgante (71).

3. El 'ingeniero alsaciano Eduardo Goetz', colaborador de Gaudî

En la bibliografía existe una acotación que despierta la curiosidad: "Gaudî hacía ejecutar un trabajo tan agotador (la ejecución del modelo colgante) al arquitecto José Canaleta y al ingeniero alsaciano Eduardo Goertz (72), de la Compañia de Aguas de Barcelona y gran calculista, del cual también se sirvió para compulsar sus originales métodos de cálculo mecánico abreviado." (73)

Guillermo Font Boix de Barcelona reunió, en respuesta a un pedido mío, datos biográficos del ingeniero Goetz, los que utilizo en lo que sigue.

Das Zitat und die Angaben machen deutlich, daß Eduardo Goetz beim Modellbau für die Ausführung der umfangreichen Berechnungen und die damit zusammenhängende systematische Datenverarbeitung zuständig war. Als Maschinenbauingenieur war Goetz Fachmann auf diesem Gebiet. Allerdings gibt es über die Literaturstelle hinaus keine konkreten Hinweise von Goetz' Mitarbeit beim Modellbau. Die erhaltene Kalkulationsskizzen sind nicht von Goetz sondern von Berenguer erstellt worden, wie auf meine Nachfrage der Berenguer-Spezialist Ros Pérez, Barcelona, ausdrücklich bestätigte (74).

Unser anfänglicher Verdacht, der in Zusammenhang mit Rainer Graefes Studien über die Geschichte der Hängemodelle entstand, daß Gaudî durch den geborenen Elsässer Goetz von den Hängemodellversuchen und -entwürfen Heinrich Hübschs (75) im frühen 19. Jahrhundert erfahren hätte und so zum Bau seiner Hängemodelle angeregt wurde, ließ sich nicht bestätigen. Goetz studierte nicht im Elsaß oder in Süddeutschland, sondern in Barcelona.

Die von Font Boix ermittelten Tatsachen zum Thema Goetz:
a) Eduardo Goetz Maurer wurde am 20. Juli 1858 in Mulhouse (Alt Rhin dept.), Frankreich, geboren. Die Familie Goetz emigrierte nach Barcelona und Goetz studierte von 1879 - 1884 an der 'Escuela Técnica Superior de Ingenieros Industriales de Barcelona (ETSIIB)' mit den Schwerpunkten Maschinenbau und Chemie (1887).
b) 1892 arbeitete er am Hochofen von Bilbao.
c) 1892 bis 1910 entwarf er Elektro- und Gasmotoren, Öfen, Dampfgeneratoren usw. für Werkstätten und kleine Fabriken. Quelle: Liste von Ingenieuren am Câtedra Gaudî.
d) Daß Goetz für die Companîa de Aguas de Barcelona (oder für die anderswo mit Sociedad General de Aguas de Barcelona benannte angebliche Arbeitsstelle von Goetz) gearbeitet hat, konnte trotz Ermittlungen nicht mit Dokumenten belegt werden.

S. 139
> 1 Ausschnitt Siedlungsplan mit der Kirche (vgl. S. 171)
> 2 Originalplan mit Lastangaben ('Belastungsplan')
> 3 Originalplan mit Position der Aufhängepunkte ('Koordinatenplan')
> 4 Originalplan mit Angaben der Steinsorten ('Materialplan')

The quotation and the data make clear that Eduardo Goetz was responsible for carrying out the extensive calculations and the associated processing of data during the model building phase. Trained as a mechanical engineer Goetz was a specialist in this field. Admittedly there are no other sources besides this quotation that tell of Goetz's colaboration with the model construction. The existing calculation sketches are not from Goetz but from Berenguer. This was confirmed by the Berenguer specialist Ros Pérez, of Barcelona, following my investigation (74).

Our initial suspicion stems from Rainer Graefe's studies of the history of hanging models. Gaudî may have had knowledge of the hanging model experiments in the early 19th century of Heinrich Hübsch via Alsatian-born Goetz though this was not confirmed. Goetz did not study in Alsace nor in southern Germany, but in Barcelona (75).

Font Boix's investigation provides the following information:
a) Eduardo Goetz Maurer born 20th, July 1858 in Mulhouse (Dept. Alt Rhin), France. The Goetz family emigrates to Barcelona and from 1879 - 1884 Goetz studies at the 'Escuela Técnica Superior de Ingenieros Industriales de Barcelona (ETSIIB)' with emphasis on Mechanical Science and Chemistry (1887).
b) 1892 he works at the furnace of Bilbao.
c) 1892 - 1910 he designs electrical and gas engines, furnaces, steam turbines etc. for workshops and small factories. Source: List of engineers at the Câtedra Gaudî.
d) Whether Goetz had worked for the Companîa de Aguas de Barcelona (or even for the somewhere else mentioned Sociedad General de Aguas de Barcelona) could not be proved with documents in spite of our investigations.

p. 139
> 1 Part of site plan with church (cf. 171)
> 2 Original drawing showing loads
> 3 Original drawing showing coordinates
> 4 Original drawing showing stone materials

La referencia citada y tales informes demuestran que Eduardo Goetz fue el encargado de la realización de los extensos cálculos y de la valoración de los datos correspondientes en la construcción del modelo. Como ingeniero mecánico Goetz era un especialista en ese campo. En todo caso, aparte de la cita bibliográfica, no existe indicación concreta sobre la colaboración de Goetz en la construcción del modelo. Los bosquejos de cálculo conservados, fueron realizados por Berenguer, como lo certificó explícitamente el especialista de Berenguer por mi consultado, Ros Pérez, de Barcelona (74).

Nuestra sospecha inicial, surgida en conexión con los estudios de Rainer Graefe sobre la historia de los modelos colgantes, de que Gaudî hubiese tenido noticia a través del alsaciano Goetz de las investigaciones y disenos con modelos colgantes realizadas por Heinrich Hübsch (75) a principios del siglo XIX y como resultado de ello hubiese sido incitado a construir sus propios modelos colgantes, no pudo ser comprobada. Goetz no estudió en Alsacia o en el sur de Alemania, sino en Barcelona.
Los datos hallados por Font Boix sobre el tema Goetz son:
a) Eduardo Goetz Maurer nació en Mulhouse (Dep. Alt Rhin), Francia, el 20 de julio de 1858. La familia Goetz emigró en Barcelona, estudiando Goetz de 1879 a 1884 en la 'Escuela Técnica Superior de Ingenieros Industriales de Barcelona' (ETSIIB) las especialidades de ingenieria mecánica y química (1887).
b) En 1892 trabajó en los altos hornos de Bilbao.
c) De 1892 a 1910 diseñó motores eléctricos y a gas, hornos, generadores a vapor, etc. para talleres y pequeñas fábricas. Fuente: Nómina de ingenieros en la Câtedra Gaudî.
d) No ha podido ser probado documentalmente que Goetz hubiese trabajado para la Companîa de Aguas de Barcelona (o para la que en otra parte se denomina Sociedad General de Aguas de Barcelona).

p. 139
> 1 Parte del plano de la colonia con la iglesia (comparar p. 171)
> 2 Plano original con los datos de las cargos ('plano de cargas')
> 3 Plano original con la posición de los puntos de colgado ('plano de coordenadas')
> 4 Plano original con los datos de los tipos de piedra ('plano de materiales')

$$\begin{array}{c|c} 1 & 2 \\ \hline 3 & 4 \end{array}$$

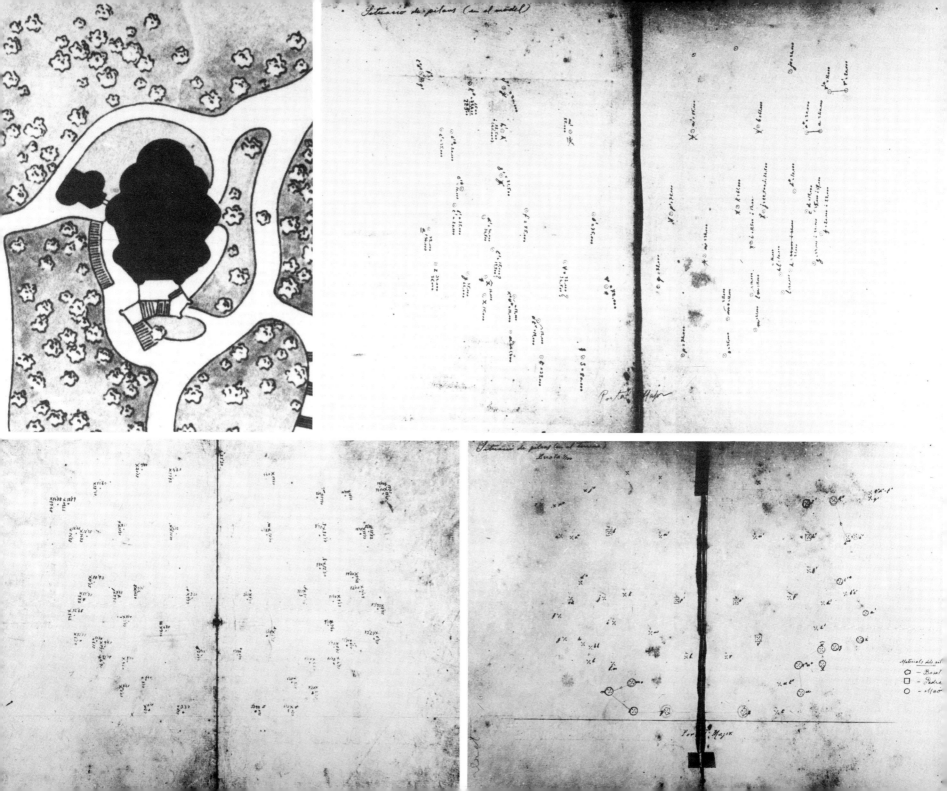

Umkehrung der Hängeform in die stehende Form > von A nach B: Abbilden durch Projektion (spiegelbildlich); > von C nach D: Abbilden durch Umkehren (auf dem Kopf stellen; entspricht doppelter Spiegelung A-B-D)

Turning the hanging form in an erect one > from A to B: projection image (mirror image); > from C to D: inverted image (turned on its head; e.g. double mirror projection A-B-D)

Inversión de la forma colgante en la forma parada > de A a B: representación a través de proyección (reflejada) > de C a D: representación a través de inversión (colocación 'de cabeza'; equivale a una doble reflexión A-B-D)

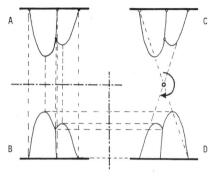

4. Das Problem der Umkehrung des Hängemodells für die Bauausführung

4. The Problem of Reversing the Hanging Model for Building Execution

4. El problema de la inversión del modelo colgante para la construcción

Es gibt grundsätzlich zwei Methoden, ein Hängemodell als Abbild eines Gebäudeentwurfs zu betrachten (> S. 140). Entweder als Abbild durch Projektion, wobei das Hängemodell den Gebäudeentwurf spiegelbildlich darstellt. Oder aber als Abbild durch Umkehrung (auf den Kopf stellen), wobei Hängemodell und Gebäudeentwurf eine identische Form besitzen.

Einem Zitat (76) kann die Vermessungsweise des Originalmodells entnommen werden. "Das Hängemodell wurde an einer Holzplatte aufgehängt. Die Säckchen waren mit feinem Schrot gefüllt. Unten war ein großer Tisch, mit Zink überzogenen Platten bedeckt. Auf diese Platten wurde die Projektion der Fäden des Hängemodells mit einem Gravierstichel für die spätere Umkehrung im Bauwerk gestochen." (77)

Die in sehr knappen Worten gefaßte Darstellung des Vermessungsverfahrens des Hängemodells ergibt, wenn man das Zitat wörtlich nimmt, daß das Bauwerk spiegelbildlich zum Hängemodell zur Ausführung kommen sollte. Die Meßdaten konnten in dem Fall direkt zur Verwendung am Bauwerk benutzt werden, was den Arbeitsgang der spiegelbildlichen Umsetzung der Koordinaten zur Nach-

In principle there are two methods of viewing a hanging model as an image of a construction design (> p. 140). Either as a projection image, where the hanging model represents a mirror image of the construction design, or, as an inverted image in which case both hanging model and construction design have the same form.

The following quote (76) describes the method of measuring the original model: "The funicular model was hung from a wooden platform. The bags were filled with fine birdshot. Below, there was a large table divided into separate sections covered with zinc. On these sections was drawn the projection of the funiculars with a burin, for the later laying out of the work." (77)

Taking the quotation literally, the brief description of the measuring method of the hanging model tells us that the final structure should be built mirror-inverted to the hanging model. In this case, it was possible to use the measurements directly in the construction, obviating the process of transforming the co-ordinates into their mirror images.

Fundamentalmente existen dos métodos para observar un modelo colgante como representación del proyecto de un edificio (> p. 140). Bien como reproducción a través de la proyección, con lo cual el modelo colgante representa al proyecto del edificio como imajen reflejada en un espejo o bien, como reproducción por medio de la inversión (poner de cabeza), de tal forma que el modelo y el proyecto tienen una forma idéntica. De una cita (76) puede ser extraída la forma de medición del modelo original: "La maqueta funicular estaba colgada de una plataforma de madera; los saquitos eran de perdigones finos. Debajo había una mesa grande dividida en plafones separables forrados de cinc. En estos plafones se dibujó la proyección de las funiculas con un buril, para el replanteo posterior de la obra." (77)
De esta muy resumida exposición del método de medición del modelo colgante, tomando la cita en su sentido literal, resulta que el edificio debía ser construido como la imagen del modelo reflejada en un espejo. Los datos medidos podían ser utilizados en este caso en forma directa en la construcción, ahorrándose de esta forma la fase de trabajo que lleva la transformación en forma de una imágen reflejada de las coordenadas a la reproducción de la forma del

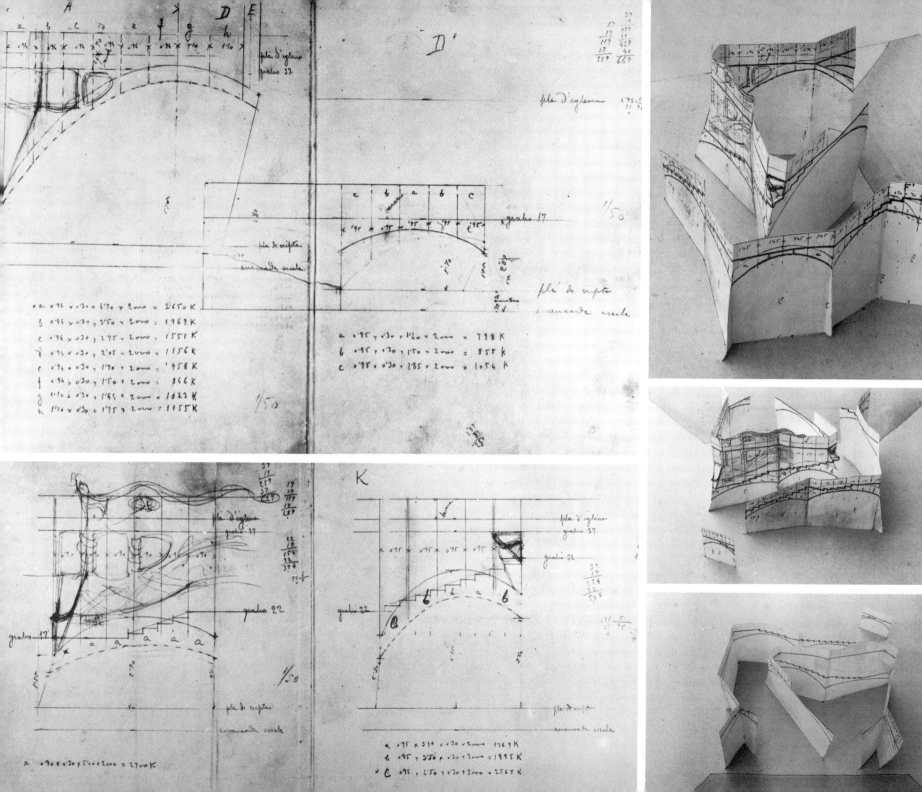

bildung der Form des Hängemodells erspart.
Der Vorteil der Darstellung des Gebäudeentwurfs durch Umkehrung ist, daß Modell und Gebäudeentwurf die gleiche Form haben und die verwirrende Spiegelbildlichkeit vermieden wird.
Die nähere Betrachtung einiger Originalquellen bringt Argumente für die Annahme, daß Gaudí anfangs die Methode der Projektion anwandte und das Gebäude spiegelbildlich zum Hängemodell ausführen wollte. Später baute er jedoch das Untergeschoß der Kirche nach der Methode der Umkehrung (78). Auch die Originalübermalungen zeigen den Gebäudeentwurf identisch mit der Form des Hängemodells.

Die frühere Phase wird durch zwei Originalquellen belegt.
a) Ein Plan der Güell-Siedlung (S. 139 > 1), der 1910 publiziert wurde, zeigt die Kirche an heutiger Stelle. Obwohl skizzenhaft ausgeführt ist deutlich erkennbar, daß die Portikus mit dem Treppenaufgang zum Kircheneingang zwar fast identisch ist mit der im Hängemodell (und im Bau) ausgeführten Portikus, jedoch spiegelbildlich (79) angeordnet wurde.
b) Aus einer Reihe von Kalkulationsskizzen, die einzelne Teile der Portikus wiedergeben, ließ sich der größte Teil der Portikus, wie er zu diesem Zeitpunkt geplant war, rekonstruieren (S. 141 > 3 - 5) (80). Auch diese Planung zeigt sie, ebenso wie auf dem Plan der Siedlung, spiegelbildlich zum Originalmodell.

Jan Molema wies mich auf die Tatsache hin, daß ein Baum genau auf der Gebäudeachse steht, dessen Stelle zur Ausrichtung der Gebäudeachse benutzt worden sein könnte. Der Treppenaufgang vor der Kirche wurde mit großer Sorgfalt um diesen Baum geführt (S. 139 > 1). Über diesem Bereich wirkt der Baum wie ein natürliches Dach.

5. Der Stellenwert der Fotografie im Entwurfsverfahren

a) Die Originalmodellfotos

Die Fotos des Hängemodells wurden in verschiedenen Phasen der Entstehung aufgenommen (siehe I.5.1). Ganz offensichtlich benutzte Gaudí diese Fotos als wesentliche Hilfe bei den langwierigen Arbeiten an Modell und Entwurf. Die Sorgfalt, mit der sie hergestellt wurden, mit der die Standpunkte der Kamera ausgewählt und mit

The advantage of presenting the building design in reversed form is that model and building design have the same form and the disturbing mirror-inversion is avoided.

A close inspection of some original sources supports the assumption that Gaudí initially applied the projection method and intended the building as a mirror image of the hanging model. However, he later constructed the basement of the church using the reversal method (78). The painted-over originals also show agreement between the building design and the form of the hanging model.

The earlier phase is documented by two original sources.

a) A plan of the Güell Colony (p. 139 > 1), published in 1910, shows the church in its present-day location. Although shown in sketch form it can be clearly seen that the portico with the flight of stairs towards the church entrance is almost identical with the built portico and the one in the hanging model. However, it is mirror-inverted (79).
b) The largest part of the portico as it was planned at the time could be reconstructed from a series of calculation sketches representing the individual parts (p. 141 > 3 - 5) (80). Like the site plan of the colony, this design phase also showed the portico mirror-inverted to the original model.

Jan Molema pointed out to me that there is a tree growing right on the middle of the building axis and it is feasible that it was used as a datum to align the building axis. The stair flights are carefully laid around this tree (p. 139 > 1). The tree shields the area like a natural roof.

5. The Importance of Photography in the Design Process

a) The Original Photos of the Model

The photos of the hanging model were taken during different phases of the construction (ref. I.5.1). Gaudí quite obviously used these photos to assist him during his lengthy work on the model and design. They were diligently produced. The standpoint of the camera was carefully chosen and the model specially prepared for the shots, all of which underlines

modelo colgante.
La ventaja de reproducir el diseño del edificio a través de la inversión reside en que el modelo y el diseño del edificio tienen la misma forma, evitándose así la desconcertante proyección invertida en un espejo.
La cuidadosa observación de algunas de las fuentes originales argumenta a favor de la presunción de que Gaudí usó inicialmente el método de la proyección y que quiso ejecutar al edificio como la imágen del modelo colgante reflejada en un espejo. Sin embargo construyó posteriormente el piso bajo de la iglesia de acuerdo al método de la inversión (78). También las fotos originales repintadas muestran que el diseño del edificio es idéntico a la forma del modelo colgante.
Dos documentos originales dan prueba de la fase primaria.
a) Un plano de la colonia Güell (p. 139 > 1) publicado en 1910, muestra a la iglesia en su actual posición. Pese a ser sólo un bosquejo, es claramente reconocible que si bien el pórtico con la escalera que va a la entrada de la iglesia es casi idéntico al ejecutado en el modelo colgante (y en la construcción) está en todo caso dispuesto como la imágen propia reflejada en un espejo (79).
b) A partir de una serie de bosquejos de cálculo que reproducen partes especiales del pórtico, se puede reconstruir la mayor parte del mismo tal como a esa fecha estaba planificado (p. 141 > 3 - 5) (80). Al igual que el plano de la colonia, también estos planos muestran la iglesia como una imágen reflejada en un espejo.

Jan Molema me advirtió sobre la existencia de un árbol en el eje del edificio, cuya posición pudo haber sido utilizada para la alineación de tal eje. La escalera de acceso delante de la iglesia fue construida con gran cuidado alrededor de tal árbol (p. 139 > 1). El árbol obra como un techo natural sobre ese sector.

5. La importancia de la fotografía en el método de diseño

a) Las fotos del modelo original

Las fotos del modelo colgante fueron tomadas en distintas fases de la creación del mismo (ver I.5.1). Evidentemente utilizó Gaudí tales fotos como ayuda esencial en el paciente trabajo en el modelo y en el diseño. El cuidado con el que fueron realizadas, con el que fueron elegidas las posiciones de la cámara y con el que el

der das Modell speziell für die Aufnahmen hergerichtet wurde, machen ihre Bedeutung bei der Entwicklung dieses Projekts deutlich. Fotograf war Vicens Villarrubias, von Beruf Bildhauer. Villarrubias hatte schon bei der Restauration der Kathedrale von Palma auf Mallorca im Entwurfsteam Gaudîs gearbeitet. Er war als Fotograf bei Güell angestellt (81).

Die mit einer Großbildkamera mit der Möglichkeit der Standartenverstellung aufgenommenen Fotos, auf Glasnegativen im Format 9 x 12 cm, sind durchweg von bester Qualität. Die Kamera wurde immer mit genau horizontaler Objektivachse eingestellt. Um für einige Fotos einen besseren Bildausschnitt zu bekommen, wurde die Objektivachse parallel verschoben. Die Standpunkte der Kamera wurden anscheinend nach zwei Kriterien ausgewählt: Einmal sollte das ganze Modell mit möglichst wenigen Fotos dokumentiert werden können. Andererseits wurden die Standpunkte an Stellen gewählt, die in etwa mit Positionen übereinstimmen, welche Besucher innerhalb und außerhalb der Kirche einnehmen können. Die Fotos, bei denen der Kamerastandpunkt auf der Modellachse liegt, ermöglichen eine Kontrolle der fast symmetrischen Form des Modells. In das Originalmodell wurden für die Fotos weiße Tücher zur Tarnung der Ballastsäckchen gehängt, welche die Vorstellung von der durch die Fäden angedeuteten Kirchenarchitektur gestört hätten. Mit diesen Tüchern anstelle der Wände wurde bei einigen Fotos auch versucht, dem filigranen Hängemodell einen Eindruck eines geschlossenen Gebäudes zu geben. Für die Ausleuchtung des Modells bei den Fotoaufnahmen waren die weißen Tücher, durch die Fenster des Ateliers angeleuchtet, ein brauchbares Mittel, das Licht gleichmäßig zu verteilen.

b) Der Zweck der Originalmodellfotos

Wie schon erwähnt, war der Zweck der Fotos weit umfassender als der bloßer Erinnerungsfotos oder bloßen Bildmaterials für Publikationen. Ein erster Zweck war die Dokumentation des Hängemodells in verschiedenen Entstehungsphasen (82).

Die Fotos ermöglichten einen präzisen Vergleich der Entwurfsvarianten. Maß- und Proportionsänderungen waren im Fotovergleich erkennbar. Außerdem konnte man sich anhand der umgedrehten Fotos bereits in etwa den Gebäudeentwurf vorstellen, wobei die Scheiben um die Stützenfäden die Materialquerschnitte angaben. Gaudî benutzte dann auch die Fotos als Vorlage für

the importance of these photographs for the development of the project. The photographer was Vicens Villarrubias, a professional sculptor, who had already worked with Gaudî before on the restoration of the cathedral of Palma de Mallorca. He was also employed by Güell as a photographer (81).

His photos on glass negatives, with the format 9 x 12 cm and taken with a large format camera with adjustable lens carrier, were consistently excellent. The camera was always used with the axis of the lens kept absolutely horizontal. In order to get a better angle of view for some photos, the axis of the lens was shifted to one side. It seems that the standpoint of the camera was chosen according to two criteria: The model should be documented with the minimum number of pictures; the standpoints should more or less coincide with positions taken up that a visitor looking at the outside or the interior of the church might adopt.
Photos taken with the camera positioned on the model axis allow the checking of the near-symmetrical form of the model.
During the photo sessions white cloths were hung to camouflage the little bags of weights. In some photos these cloths were also used to represent walls and to give the filigree of the hanging model an impression of a closed structure. The white fabric also served as a means to diffuse the light from the windows of the atelier.

b) The Purpose of the Original Model Photographs

As previously mentioned the purpose of the photos was more than just recollecting or serving as publication material. The main purpose was to document the various stages of the hanging model (82).

The photos allowed a precise comparison between the different design variations. The changing dimensions and proportions could be recognised when comparing photographs. In addition to this, it was possible to imagine approximately the building design with the discs around the strings representing the thickness of the columns. Gaudî later used the photos as copies for his perspective drawings of the church design by simply drawing over them. In this way he completed the form of the hanging model with building elements like spires, merlons and window frames.

modelo fue especialmente preparado para tales fotos, muestran claramente su importancia en el desarrollo de este proyecto. El fotógrafo fue Vicens Villarrubias, de profesión escultor. Villarrubias había ya trabajado en el equipo de Gaudî en la restauración de la Catedral de Palma de Mallorca. El estaba empleado por Güell como fotógrafo (81).
Las fotos tomadas con una cámara de formato grande sobre negativos de vidrio emulsionado de 9 x 12 cm, son generalmente de muy buena calidad. La cámara fue siempre enfocada con el eje del objetivo exactamente horizontal. Para conseguir mejores detalles parciales en algunas fotos, tal eje era trasladado paralelamente.
Las posiciones de la cámara fueron elegidas, al parecer, de acuerdos a dos criterios: por un lado el modelo debía ser documentado en lo posible con pocas fotos. Por otro lado, fueron elegidas posiciones que coincidían aproximadamente con los lugares que pueden ocupar los visitantes dentro y fuera de la iglesia. Las fotos, en las cuales la posición de la cámara se encuentra en el eje del modelo, posibilitan un control de la forma casi simétrica del mismo.
Para las fotos fueron colgadas en el modelo original telas blancas, para disimular los saquitos de lastre que pudiesen entorpecer la presentación de la arquitectura de la iglesia sugerida por los hilos. Con estas telas en el lugar de las paredes, en algunas fotos se intentó también darle al filigranado modelo colgante la impresión de un edificio cerrado. Para la iluminación del modelo durante el fotografiado fueron iluminadas las telas blancas, un medio útil para repartir uniformemente la luz, a través de las ventanas del taller.

b) La finalidad de las fotos del modelo original

Como se mencionó anteriormente, el objetivo de las fotos era mucho más amplio que el de ser simples fotos de recuerdo o simple material para publicaciones.
Un primer objetivo era la documentación del modelo colgante en las distintas etapas de su creación (82).
Las fotos posibilitaban una comparación precisa de las variantes de diseno. Cambios en las medidas y en las proporciones eran reconocibles a partir de la comparación de las fotos. Además con la ayuda de las fotos en posición invertida, se podía representar aproximadamente el diseño del edificio, en cuyo caso las secciones de los materiales estaban indicadas por medio de discos alrededor de los hilos de los apoyos. Gaudî

die perspektivische Darstellung des Kirchenentwurfs, indem er sie einfach übermalte. Auf den Übermalungen wurde die Form des Hängemodells ergänzt mit Gebäudeteilen wie Turmspitzen, Fensterrahmungen und Dachzinnen.

Bei der Darstellung der Außenwände und der Türme wurde die Außenform zunächst in ein Raster von vertikalen und horizontalen Linien unterteilt. Diagonale Linien verbinden die Knotenpunkte des Rasters. Die vertikalen Linien folgen in der Regel dem Verlauf der vertikalen Fäden des Hängemodells.

Im Entwurfsprozeß gehören die Übermalungen zur letzten Phase der Fertigstellung des Originalmodells, in der die Gewichtsverteilung nur noch vereinzelt überarbeitet wurde. In dieser Phase war die Festlegung der Gestaltung von Innenraum und Äußerem noch offen (Textur, Farbe, dekorative Malerei und Skulpturen und konstruktive Detaillierung). Mit den Übermalungen konnte nun dem Auftraggeber zum ersten Mal die Architektur gezeigt werden.

6. Die Materialwahl

Das wesentliche Material, woraus der Bau entstehen sollte, war Backstein (> S. 145). Es handelte sich um Backsteine in drei Ausführungen. Ein Ziegel (29 x 14 x 5 cm) wurde für das Mauerwerk der Außenwände, Bögen und einen Teil der Stützen verwendet. Ein kleinerer Ziegel wurde für die Rippen gewählt. Ein Flachziegel von hoher Qualität wurde, vermauert mit gipshaltigem Mörtel, als Basismaterial der Decken- und Gewölbekonstruktionen gewählt. Der spezielle schnelltrocknende Mörtel ermöglicht das Mauern der Decken ohne Gerüste. Bei dem Bau der Kryptadecke wurden die Rippen mit Gerüsten unterstützt, nicht aber die flache Deckenplatte. Für stärker belastete Bauteile, wie Türpfosten, wurde vor allem weißer Kalkstein aus Garraf verwendet. Aus diesem Stein besteht auch ein Teil der Säulentrommeln und -kapitelle. Die zentralen Stützen wurden aus Basalt hergestellt, der aus Castellfollit de la Rocca (Provinz Gerona) stammt. Diese Säulenschäfte, -kapitelle und -platten sind, der natürlichen Form des Basalts folgend, lediglich grob zugehauen. Nur die Fugenflächen sind fein geplättet. Zur gleichmäßigen Abtragung der hohen Lasten (bis zu 75.000 kg oder 750 kN) wurden diese Fugen mit Blei gefüllt - ein übliches traditionelles Verfahren. Neben den in der Krypta verbauten

When drawing the external walls and the towers, he first covered the outer form with vertical and horizontal grids. Diagonal lines connecting the knots of the grid. The vertical lines usually follow the direction of the strings of the hanging model.

The drawing over of the photos is part of the final design phase, and corrections to the distribution of weights were rare. The finalisation of the design of the interior and the external skin (texture, colour, decorative painting and sculptures as well as the detail design) was still open in this phase. It was now possible to show the client the architecture for the first time.

6. The Selection of Materials

The principle construction material for the building was to be bricks (> p. 145). Three types were chosen. 29 x 14 x 5 cm is used for external walls, arches and part of the columns.

A smaller brick was chosen for the ribs. Ceiling and vault constructions were executed with brick tiles of high quality and a mortar mix containing gypsum. The special fast setting mortar enabled brick laying of the ceilings without the use of scaffolding. In constructing the crypt ceiling the ribs had to be supported with scaffolding whereas with the shallow ceiling it was unnecessary. Construction elements carrying heavier loads, such as door posts, were built from white limestone from Garraf. Some of the column drums and capitals are made from the same material. The central columns were constructed with basalt from Castellfollit de la Rocca (Province of Gerona). These column shafts, capitals and column bases are simply rough-hewn. Only the surfaces of the joints are neatly cut. The joints are filled with lead, a traditional method to guarantee the uniform transmission of the high loads (up to 75,000 kg or 750 kN). Next to the columns of the crypt columns for the main nave of the church were already finished at the time the works were discontinued. Today they are lying in front of the building.

The level of compression in the materials is low. It can be calculated from the figures available from the original drawing giving the loads and the information on the diameters of columns. The figures for the maximum compres-

también utilizó las fotos como modelo para la representación en perspectiva del proyecto de la iglesia, simplemente pintando sobre ellas. Sobre estas fotos sobrepintadas la forma del modelo colgante fue complementada con elementos como pináculos de las torres, vanos de ventanas y remates de los techos.
Para la representación de las paredes exteriores y de las torres, la forma exterior fue dividida en una malla de líneas horizontales y verticales. Líneas diagonales unen los nudos de la malla. Las líneas verticales siguen generalmente el recorrido de los hilos verticales del modelo colgante.
En el proceso de diseño, las fotos repintadas partenecen a la última fase de la elaboración del modelo original, en la que la distribución de las cargas fue tratada solamente en casos puntuales. La determinación de la configuración del espacio interior y exterior estaba en esta fase todavía abierta (textura, color, pinturas decorativas y esculturas y los detalles constructivos). Con las fotos repintadas pudo ser mostrada la arquitectura por primera vez al comitente.

6. La elección de los materiales

El material esencial, con el cual debía ejecutarse la construcción era ladrillo (> p. 145). Se trataba de tres tipos de ladrillos. Para la mampostería de las paredes exteriores, arcos y una parte de los apoyos fue utilizado un ladrillo de 29 x 14 x 5 cm. Para los nervios fue elegido un ladrillo más pequeño. Un ladrillo de poco espesor y de elevada calidad, tapiado con mortero conteniendo yeso, fue elegido como material base en las construcciones de cubiertas y de bóvedas. El mortero especial de fraguado rápido posibilita hacer sin andamios el trabajo de albañilería de los techos. Durante la construcción del techo de la cripta, los nervios fueron apuntalados con andamios, no así la losa plana de cubierta. Para los elementos constructivos más fuertemente cargados, como las jambas fue utilizado sobre todo piedra caliza blanca de Garraf. De esta piedra está constituida también una parte de los discos de las columnas y capiteles. Los apoyos centrales fueron construídos de basalto proveniente de Castellfollit de la Rocca (Provincia de Gerona). Estos fustes, capiteles y plintos están tallados en forma tosca, siguiendo la forma natural del basalto. Sólo las superficies de unión están aplanadas en forma precisa. Para una transmisión uniforme de las elevadas cargas (de hasta 75.000 kg o 750 kN) fueron rellenadas las uniones con plomo

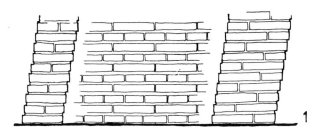

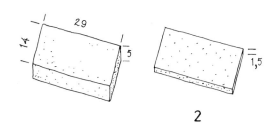

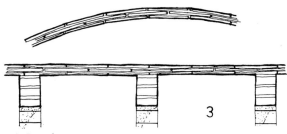

> 1 Mauerverband
> 2 Ziegelabmessungen
> 3 Konstruktionen in Flachziegeln

> 1 Masonry Bond
> 2 Brick dimensions
> 3 Masonry construction in brick tiles

> 1 Patrón de mampostería
> 2 Dimensiones de los ladrillos
> 3 Construcciones con ladrillos delgados (rasilla)

Säulen waren bei Beendigung der Bauarbeiten auch schon die für das Kirchenschiff fertiggestellt. Sie liegen heute vor dem Gebäude.

Die Werte der Druckspannung im Material sind niedrig. Sie können errechnet werden nach den Angaben des Originalbelastungsplanes und nach den Stützenquerschnitten. Für Backstein wurden Werte für die maximale Druckspannung des Materials um 8 kg/cm² (80 N/cm²) gefunden, für Basalt um 40 kg/cm² (400 N/cm²). Zum Vergleich zwei im letzten Entwurf der Sagrada Familia vorkommende Werte für Druckbeanspruchung: Backsteinmauerwerk 15 und 16 kg/cm² (150 und 160 N/cm²) und Granit (wie Basalt ein sehr hartes Gestein) 80 kg/cm² (800 N/cm²) (83). Hinzu kommen weitere Materialien von reichhaltiger Struktur und bunten Farben, mit denen die Fassade verkleidet wurde.

sive strength of brick was found to be approximately 8 kg/cm² (80 N/cm²), for basalt approximately 40 kg/cm² (400 N/cm²). As a comparison two figures from the final design of the Sagrada Familia: Brick masonry 15 and 16 kg/cm² (150 and 160 N/cm²) and granite (a very hard rock, like basalt) 80 kg/cm² (800 N/cm²) (83). Other materials of rich texture and varied colours are used to clad the elevations.

- una técnica tradicional. Al término de la construcción de la cripta, habían sido también confeccionadas las columnas de la nave principal. Ellas se hallan hoy delante del edificio. Los valores de la tensión a compresión en el material son bajos. Ellos pueden ser calculados de acuerdo con los datos de los planos originales de carga y con las secciones de los apoyos. Para el ladrillo fueron encontrados valores para la tensión maxima de compresión de alrededor de 8 kg/cm² (80 N/cm²), para el basalto alrededor de los 40 kg/cm² (400 N/cm²). Como comparación, dos de los valores encontrados para la tensión a compresión en el último diseño de la Sagrada Familia: para obras de mampostería 15 y 16 kg/cm² (150 y 160 N/cm²) y para el granito (como el basalto, una piedra muy firme) 80 kg/cm² (800 N/cm²) (83). A ello se añaden otros materiales de variada estructura y colorido con los que fue revestida la fachada.

7. Späte Änderungen am Hängemodell

Es gibt Anzeichen dafür, daß Änderungen vorgenommen wurden, und zwar in der Entwurfsphase, in der das Hängemodell eigentlich schon fertiggestellt war und die Bauausführung begonnen hatte.

Bei einem derartigen Entwurfsverfahren können Änderungen, nachdem das Hängemodell fertig vermessen ist, nur beschränkt vorgenommen werden. Jede größere Änderung der Form oder der Gewichtsverteilung im Hängemodell macht die Vermessensarbeit zunichte und gefährdet die mühsam erreichte Übereinstimmung zwischen den berechneten Gewichtsmengen und der Form des Modells. Aus diesen Gründen sind nur stellenweise Ände-

7. Late Alterations to the Hanging Model

There are indications that changes were made during the design phase when the hanging model should really have been ready and the construction on site started.
Once the final measurement of the hanging model has been taken there can only be restricted modifications in a design process of this type. Any mayor alteration to the form or to the distribution of weight in the hanging model ruins the measuring and jeopardises the hard found convergence between the calculated amounts of weight and the form of the model. Therefore, only sporadic alterations are conceivable which follow the parameters of the original hanging model.

7. Modificaciones posteriores en el modelo colgante

Hay indicios señalando que fueron emprendidas modificaciones, precisamente en la fase de diseno en la que el modelo colgante estaba realmente terminado y la construcción había comenzado.
En un método de diseño de estas características, luego de haberse terminado de medir el modelo, las modificaciones pueden ser encaradas solo en forma limitada. Cada modificación mayor en la forma o en la distribución de los pesos del modelo colgante, reduce a la nada los trabajos de medición y peligra la concordancia lograda con tanta laboriosidad entre el valor de los pesos calculados y la forma del modelo. Por estas razones son probables sólo modifica-

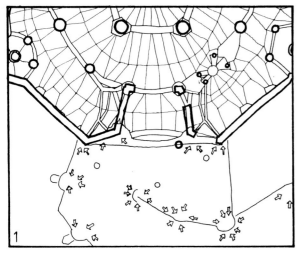

> 1 Eingangsbereich Kirche, wie ursprünglich
  vorgesehen (Grundriß; die darunterliegende
  Rippenkonstruktion der Krypta mit dünnem
  Strich wiedergegeben)
> 2 Eingangsbereich Kirche, wie teilweise aus-
  geführt (Grundriß wie > 1)

> 1 Initial planning of the church entrance
  (plan; crypt ceiling ribs in thin lines)
> 2 Church entrance like partially executed
  (plan cf. > 1)

> 1 Sector de ingreso a la iglesia, tal como
  estaba previsto originalmente (planta; la
  construcción nervada de la cripta, que se
  encuentra debajo, esta representada con
  líneas delgadas)
> 2 Sector de ingreso a la iglesia, tal como fue
  parcialmente ejecutado (planta como > 1)

rungen wahrscheinlich, die in ihren Randbedingungen dem ursprünglichen Hängemodell entsprechen.
Die wichtigste Änderung, offensichtlich in diesem Sinne, war die Verbreiterung des Eingangsbereiches der Kirche. Auf beigefügter Abbildung
ist wiedergegeben, wie meiner Ansicht nach die
Außenwand im Eingangsbereich hätte verlaufen
sollen (S. 146 > 2) (84).
Welche Konsequenzen diese Verbreiterung für das
Eingangsportal gehabt hätte, ist nur zu ahnen.
Pläne sind nicht überliefert, wir können nur
den heutigen Bau überprüfen. Sicher mußte der
asymmetrische Entwurf des Eingangsportals neu
bearbeitet werden und - wo in den drei Kirchen-
eingängen des neueren Entwurfs eine Symmetrie
des Eingangsbereiches ausgeprägt ist (S. 148
> 1) - wurde möglicherweise die Asymmetrie des
Entwurfs verlassen. Daß auch im neuen Zustand
ein gleiches Eingangsportal vorgesehen war, erscheint mir deshalb wahrscheinlich, weil der
Fortfall seines beträchtlichen Gewichts die
Gleichgewichtsfigur des Gebäudes zu sehr verändert hätte.
Wie der Fadenverlauf im Hängemodell für den
neuen Entwurf geändert wurde, ist nicht bekannt. Hypothetisch möchte ich eine Aussage
hierzu versuchen. In der Deckenkonstruktion der
Krypta, unmittelbar unter dem Kirchen-Eingangs-
bereich, befinden sich vier flachgespannte Rippenpaare, die dicker als die normalen Rippen
der Deckenkonstruktion sind (> S. 149). Die
Funktion dieser Rippen, die teilweise frei
unter der Decke verlaufen, ist eine doppelte.
Einerseits geben sie den Horizontalschub aus

Obviously, the most important modification in
this context, is the widening of the entrance
area of the church. The adjacent drawing records how the external wall in the entrance
area should have been positioned according to
my opinion (p. 146 > 2) (84).
The consequences this widening would have had
on the entrance portal can only be guessed at.
There are no existing plans, so all we can do
is look at the present building. Clearly the
assymetrical design of the entrance portal had
to be amended. Where symmetry is shown in the
new design for the three church entrances
(p. 148 > 1) - the designer left the underlying
assymetrical of the overall design. I believe,
however, that a similar entrance portal was
intended for the new location because the
omission of its considerable weight would have
altered the form of the building.

We do not know how much the routing of the
strings in the hanging model was changed for
this new design. I will try to hypothecise.
There are four shallow pairs of ribs in the
roof structure of the crypt, immediately under
the area of the church entrance. These ribs are
thicker than the normal ones (> p. 149). The
function of these ribs, which are partly running under the ceiling, is twofold. Firstly,
they transmit the horizontal force from the
arches of the stairway to the outer ring of
the columns and arches. Secondly, two pairs of
ribs each support a wall in the area of the
church entrance.

ciones parciales que correspondan en sus condiciones de borde a las del modelo original.
En ese sentido evidentemente, la modificación
más importante fue la ampliación de la zona de
acceso de la iglesia. En la figura adjunta se
reproduce como debería haber sido el curso, en
mi opinión, de la pared exterior en la zona de
acceso (p. 146 > 2) (84).
Que consecuencias hubiese tenido esta ampliación para el portal de acceso pueden sólo ima-
ginarse. No fueron transmitidos planos, sólo
podemos examinar la actual construcción. El
diseño asimétrico del portal de acceso debió
ser seguramente reelaborado y - destacándose en
las tres entradas a la iglesia del nuevo diseño
una simetría de la zona de acceso (p. 148 > 1) -
fue posiblemente abandonada la asimetría del
diseño. Me parece probable que el mismo portal
de acceso estuviera previsto también en el
nuevo estado, porque la supresión de su considerable peso hubiese modificado mucho la configuración de equilibrio del edificio.
No se conoce como fue modificado el recorrido
de los hilos para el nuevo diseño en el modelo
colgante. A ese respecto desearía intentar for-
mular hipotéticamente una declaración. En la
construcción de cubierta de la cripta, directamente bajo la zona de acceso a la iglesia, se
encuentran cuatro pares de nervios aplanados,
que son más gruesos que los nervios normales de
la construcción de la cubierta (> p. 149). La
función de tales nervios, que corren en parte
libremente bajo la cubierta, es doble. Por una
parte transmiten el empuje horizontal de los
arcos de la escalera de acceso al anillo

den Bögen des Treppenaufgangs an den äußeren Ring von Stützen und Bögen weiter. Außerdem stützen zwei der Rippenpaare jeweils eine Wand des Kircheneingangsbereiches.
Beim Bau der Krypta (S. 146 > 2) wurde den Rippen, die diese Wände stützen, eine größere Stärke gegeben, als den zwei Rippenpaaren, die keine besondere Last tragen. Wäre der Entwurf hier, wie anfänglich geplant, ausgeführt worden (S. 146 > 1), hätten die inneren Rippenpaare die Wandstücke getragen und deshalb - im Vergleich zu den äußeren Rippenpaaren - die stärkeren sein müssen. Meine Vermutung ist, daß Gaudî die Funktion der äußeren beiden Rippenpaare mit denen der inneren vertauscht hat.

Während des Baus wurde außerdem auch eine Vergrößerung der Terrasse des Treppenaufgangs an der rechten Seite (S. 146 > 2) vorgenommen (85).

When constructing the crypt (p. 146 > 2) the two ribs that support these walls were made stronger than the two which did not carry any particular load. If the design were executed in the way initially planned (p. 146 > 1), then the inner pairs of ribs would have carried the wall segments and would therefore have needed to be stronger then the outer ones. My speculation is that Gaudî has exchanged the function of the outer two pairs of ribs with the inner pairs.

During construction the landing of the stairway was also enlarged (p. 146 > 2) (85).

exterior de columnas y arcos. Por otra parte, dos de los pares de nervios soportan cada uno una pared de la zona de acceso a la iglesia. En la construcción de la cripta (p. 146 > 2) se concedió una mayor robustez a los nervios que soportaban tales paredes respecto a los pares de nervios que no reciben una carga especial. Si esto hubiese sido realizado de acuerdo al diseno original (p. 146 > 1), los pares de nervios interiores hubiesen debido soportar a los sectores de pared y por ello - en comparación con los pares de nervios exteriores - debian de haber sido los más robustos. Mi conjetura es que Gaudî intercambió la función de los dos pares de nervios exteriores con la de los interiores.
Durante la construcción se emprendió también una ampliación en su parte derecha de la terraza de la escalera de acceso (p. 146 > 2) (85).

S. 148
> 1 Eingangsbereich der Kirche mit zugemauerten Türöffnungen
> 2 Zugemauerter Eingang zur Taufkapelle (schließt links an > 1 an)
> 3 Eingangsbereich der Kirche. Die oberen provisorischen Mauern folgen nicht Gaudîs Mauerführung darunter.
> 4 Fenster der Krypta mit begonnenem westlichen Treppenturm (rechts unten). Darüber erkennbar die Wandstärke des Turms (45 cm).
> 5 Stützenbasen und -kapitelle (nicht datierbares Foto)

S. 149
> 1, 2 Deckenkonstruktion der Krypta mit den breiten Rippen östlich des Eingangs
> 3, 4 Deckenkonstruktion der Krypta mit den breiten Rippen westlich des Eingangs

S. 150
> 1, 3 Stütze B im Hängemodell und in der Krypta (vgl. Grundriß S. 50)
> 2, 4 Portikus im Hängemodell und in der Ausführung (Blick von Westen)

S. 151
> 1, 3 Portikus (Hängemodell und Gebäude, Blick von Osten)
> 2, 4 Fenster in der Kryptawand (Hängemodell und Gebäude, Ostwand)

Die Hängemodellfotos S. 150, 151 um 180° gedreht.

p. 148

1	2
3	4	5

> 1 Church entrance with bricked-up door opening
> 2 Bricked-up entrance to the baptising chapel (annex to > 1)
> 3 Entrance area of the church, differing from Gaudî's final design
> 4 Wall detail: the wall thickness of the west stair tower (45 cm)
> 5 Parts of columns (photo date unknown)

p. 149

1	3
2	4

> 1, 2 Ceiling detail of the crypt showing widened ribs east of entrance
> 3, 4 Ceiling detail of the crypt showing widened ribs west of entrance

p. 150

1	2
3	4

> 1, 3 Column B in the hanging model and in the crypt (cf. plan on p. 50)
> 2, 4 Portico in the hanging model and in the actual construction (view from the west)

p. 151

1	2
3	4

> 1, 3 Portico (hanging model and building, view from the east)
> 2, 4 Window in the crypt wall (hanging model and building, east wall)

The hanging model photographs of p. 150, 151 are turned upside down.

p. 148
> 1 Sector de ingreso a la iglesia con las aberturas de las puertas tapiadas
> 2 Entrada al baptisterio tapiada (empalma a la izquierda con > 1)
> 3 Sector de ingreso a la iglesia. Los muros provisorios superiores no siguen la dirección planeada por Gaudî.
> 4 Ventana de la cripta con la torre de escaleras occidental comenzada (derecha abajo). Por encima, es reconocible el espesor de la pared de la torre (45 cm).
> 5 Basamentos y capiteles de apoyos (foto no datable)

p. 149
> 1, 2 Construcción de techo de la cripta con los nervios anchos al este del ingreso
> 3, 4 Construcción de techo de la cripta con los nervios anchos al oeste del ingreso

p. 150
> 1, 3 Apoyo B en el modelo colgante y en la cripta (comp. planta p. 50)
> 2, 4 Pórtico en el modelo colgante y en la construcción (vista occidental)

p. 151
> 1, 3 Pórtico (modelo colgante y edificio, vista oriental)
> 2, 4 Ventana en la pared de la cripta (modelo colgante y edificio, pared oriental)

Las fotos del modelo colgante p. 150, 151 giradas en 180°

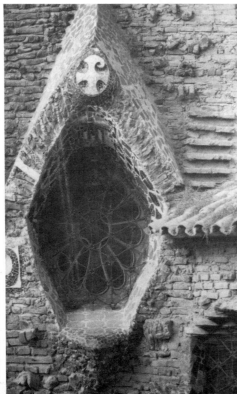

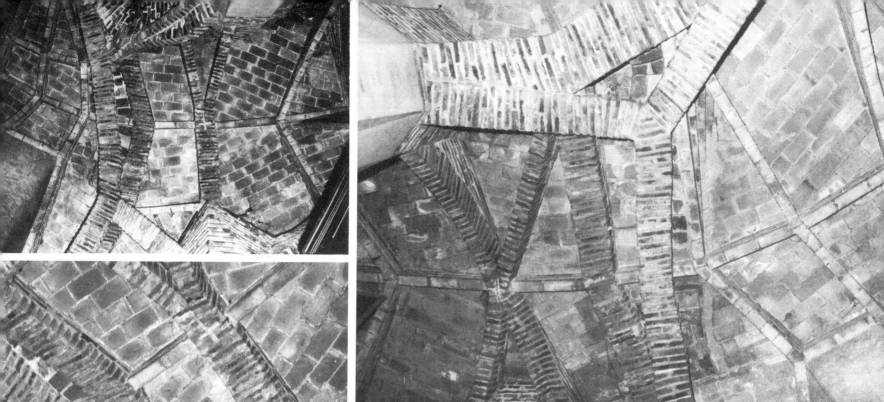

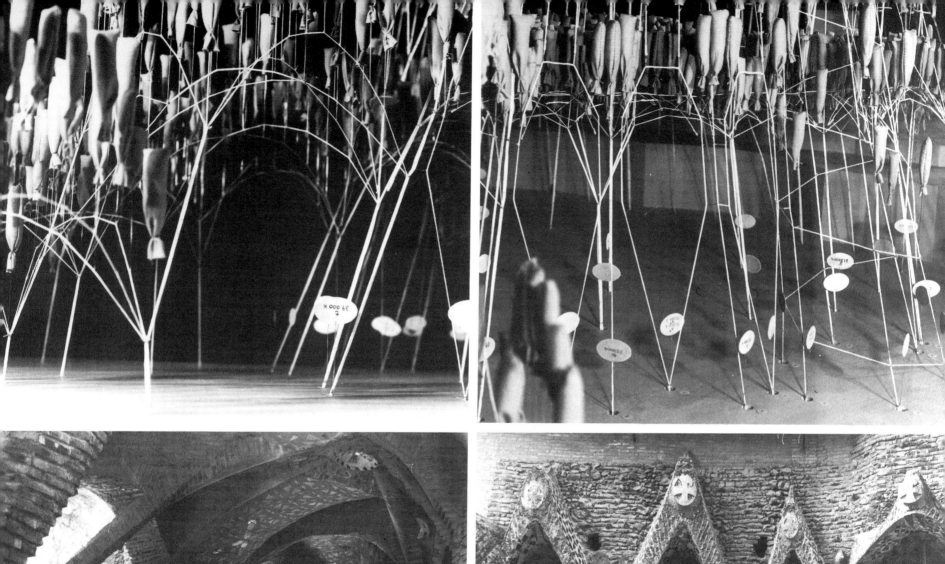
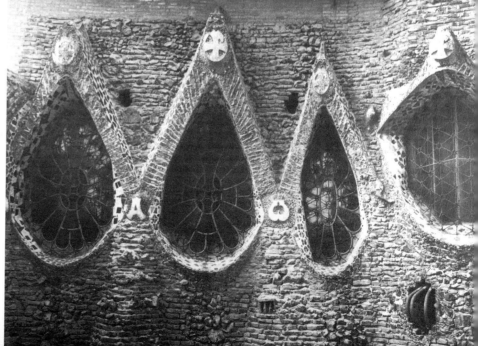

II.2.2 Die Umsetzung des Hängemodells ins Gebäude

1. Die Stütze

Die Dimensionierung der Stützen erfolgt aufgrund der an den entsprechenden Fäden des Modells gemessenen Zugkräfte und der spezifischen Druckfestigkeit des jeweils verwendeten Materials (S. 153 > 1). Gemessen wurde die Kraft in den Fäden mit einem sogenannten Dynamometer (86).

Nicht nur die Druckkraft war bei den Stützen das Kriterium für die Ermittlung des Stützenquerschnitts. Im allgemeinen wurden die Schlankheiten der Stützenteile hinsichtlich der Gefahr des Ausknickens in einem sicheren Bereich gehalten. Die Stützenteile werden nach oben immer kürzer, so daß die Schlankheiten der Stützenteile etwa gleich bleiben. Die Stützen der 6 m hohen Krypta sind im Vergleich zu denjenigen des Kirchenraums plump, weil sich hier sonst zu geringe Querschnitte in Bezug zur Belastung ergeben hätten. Immerhin hätten im Kirchenraum die Stützen E, e die erhebliche Schlankheit von etwa 1 : 20 erreicht, wenn für die Schlankheitsberechnung der Querschnitt der hier verwendeten Basaltsäulen genommen wird.

In den Teilen einer verzweigten Stütze treten unterschiedlich hohe Kräfte auf. Wären die gemessenen Kräfte in den Fäden der Stützenteile direkt auf die Stützenquerschnitte umgerechnet worden, würden sich bei den Verzweigungen die Querschnitte sprunghaft ändern. Zur Vermeidung dieser konstruktiv unbefriedigenden Querschnittsänderungen wurden die Stützenteile aus Kegelstümpfen, die genau aufeinanderpassen, zusammengesetzt (S. 153 > 2).
Den Stützenteilen in schräggeneigter Position wurde eine leichte Krümmung gegeben, anscheinend um die für das Eigengewicht der Stützenteile erforderliche Bogenwirkung zu erreichen (87).
Allgemein wird angenommen, daß das Kirchenprojekt zahlreiche schiefstehende Säulen vorsah. Tatsächlich waren aber die Stützen im Kirchenraum senkrecht oder annähernd senkrecht konzipiert. Die Arme der verzweigten Stützen weisen, weil sie asymmetrisch belastet worden wären, unterschiedliche Neigungen auf. Daß die Stützen senkrecht stehen, was im Hängemodell keineswegs leicht auszuführen war, bringt einige Vorteile für den Entwurf mit sich. Die Kraft ist im senkrechten Gebäudeteil gleich der Last, die zu

II.2.2 Translation of the Hanging Model into the Built Form

1. The Column

The columns sizes were quantified by measuring the tensile force in the appropriate strings and observing the compressive strength of the proposed materials (p. 153 > 1). The force was measured with a so-called 'dinamometer' (86).

The compressive strength was not the only criterion to influence the dimensions of the columns. The column segments were generally kept within safe parameters to avoid buckling. The segments decrease in height towards the top of the column. This meant the width to height ratio could be kept constant throughout. The columns in the only six meter high crypt are heavy compared with those of the church hall due to the high loads determining a appropriate width. However, assuming the columns were made from basalt, it would have been possible to achieve a width to height ratio of 1 : 20 for columns E, e in the church hall.

In a branched column the forces vary. Therefore, if forces in the strings representing the column segments were converted directly into diameters, the cross sections at the branching off points would have shown erratic changes. To avoid these unpleasant changes the column segments were assembled from accurately fitting truncated cones (p. 153 > 2).

The column segments in slanting positions were given a slight bent. Apparently this achieved the necessary arc (87).

It is generally assumed that the church project incorporated numerous slanted columns. In reality, the columns in the church were designed to be vertical or nearly vertical.

The branches of the tree columns are at differing angles because of the variety of assymmetrical forces.
The column shafts were constructed vertically providing some design advantages, but were difficult to build into the hanging model.
Increases in slope produce greater horizontal forces. In order to reduce the forces generally, it is possible this was taken into account when designing the hanging model. It is also much easier to build a vertical column as there is no need for complex scaffolding.

II.2.2 La transformación del modelo colgante en el edificio

1. Los apoyos

El dimensionado de los apoyos resulta de las fuerzas de tracción medidas en los respectivos hilos del modelo y de la resistencia específica a la compresión del material usado en cada caso (p. 153 > 1). La fuerza en los hilos fue medida con un (así llamado) dinamómetro (86).
Para la determinación de la sección de los apoyos, no fue sólo la fuerza a compresión el único criterio. En general las esbelteces de las distintas partes de los apoyos fueron mantenidas dentro de límites seguros en vista al peligro de pandeo en los mismos. Las partes de los apoyos se acortan progresivamente con la altura, de modo de mantener más o menos constantes las esbelteces de las mismas. Los apoyos en la cripta de 6 m de altura son toscos en comparación con los de la iglesia misma, porque sino hubiesen resultado aquí secciones muy pequeñas en relación con la carga. De todos modos, en el espacio de la iglesia, hubiesen alcanzado los apoyos E, e la considerable esbeltez de alrededor de 1 : 20, si se adopta la sección de las columnas de basalto ahí utilizadas, para el cálculo de las esbelteces.
En las partes de un apoyo ramificado aparecen fuerzas de diverso valor. Si se convirtiesen las fuerzas medidas en los hilos de las partes de un apoyo directamente a las secciones de los apoyos, las secciones en las ramificaciones cambiarían en forma violenta. Para evitar estos cambios constructivamente insatifactorios de las secciones, las partes de los apoyos fueron montadas en forma de conos truncados que coincidían exactamente entre sí (p. 153 > 2).
A las partes de los apoyos en posición inclinada, se les dió una ligera curvatura, al parecer para lograr el efecto de arco necesario para el peso propio de dichas partes (87).
En general se supone que el proyecto de la iglesia preveía un gran número de columnas en posición inclinada. Pero, en realidad, los apoyos en la iglesia fueron concebidos verticales o casi verticales.
Los brazos en los apoyos ramificados tienen diferentes inclinaciones, porque estarían siendo cargados asimétricamente. Que los apoyos sean verticales, lo que de ninguna manera es fácil de ejecutar en el modelo colgante, trae consigo algunas ventajas para el proyecto. La fuerza en el elemento constructivo vertical es igual a la carga que es soportada. Con el aumento de la inclinación crece la fuerza en el elemento

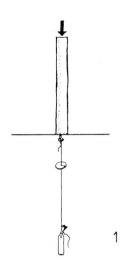

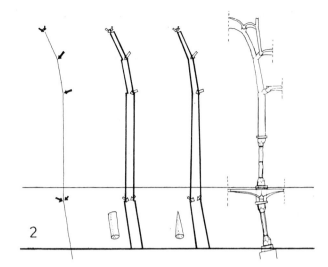

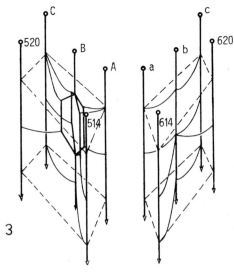

> 1 Stütze im Hängemodell (unten)
> 2 Von der Stützlinie zur verzweigten Stütze
> 3 Fadenverlauf Stütze B und b (vgl. Grundriß
    S. 50)

> 1 Column in the hanging model
> 2 From the line of forces to the branched
    column
> 3 Locations of strings for columns B and b
    (cf. plan p. 50)

> 1 Apoyo en el modelo colgante (abajo)
> 2 De la línea de presiones al apoyo ramifi-
    cado
> 3 Recorrido de los hilos de los apoyos B y b
    (comp. planta p. 50)

tragen ist. Bei zunehmender Schrägneigung
steigt die Kraft im Gebäudeteil und mit ihr der
Horizontalschub. Dies kann bei Entscheidungen
zur Gestaltung des Hängemodells berücksichtigt
worden sein, um möglichst kleine Kräfte zu erreichen. Eine senkrechte Stütze ist zudem sehr
viel einfacher, ohne aufwendige Gerüste, auszuführen.
Eine besondere Gestalt sollte Stütze B (S. 153
> 3) erhalten, was schon Matsukura festgestellt
hatte. Für Stütze B war eine Aufspreizung des
Fadens in vier Fäden vorgesehen. Für den Bau
hätte das bedeutet, daß auf Kirchenbodenebene
vier kleine Stützen, im Viereck angeordnet, die
tragende Funktion einer normalen Stütze über-
nehmen würden. Von einer Art Schwingbogen gehalten verzweigen sich im Entwurf die senkrechten
Stützen, um sich kurz unterhalb der Rippenkonstruktion in einer Empore zu treffen. Von dort
nach oben sind die vier Stützen in einer ver-
eint. Unter dem Kirchenboden werden die vier
Stützen mittels verbreiteter Bögen ebenfalls
von einer einzelnen Stütze getragen (S. 150
> links). Wie die tragende Funktion auch ohne
diese Umleitung über vier Stützen zu bewältigen
ist, zeigt das über die ganze Höhe durchgehende
Pendant dieser verzweigten Stütze, die Stütze b
(S. 153 > 3). Offenbar spielt der Architekt
hier virtuos mit seinem konstruktiven Können.

Column B had a special design (p. 153 > 3).
Matsukura had already understood this. The B
column was shown with four strings. This meant
that four small columns positioned in a rec-
tangle, were to fulfil the role of a standard
column. The vertical columns in the design are
held in position by a kind of swinging arc,
branching out to join up immediately below the
ribbed construction of a gallery. The four columns merge further up. Below the church floor,
the four columns are supported by a single column (p. 150 > left). Column b covers the full
height without splitting the loads between four
columns (p. 153 > 3) thus demonstrating Gaudí's
expertise and his sense for virtuousity.

constructivo y con ella el empuje horizontal.
Esto puede ser contemplado en las decisiones
respecto a la formación del modelo colgante, de
manera de lograr las fuerzas más pequeñas posibles. Un apoyo vertical es además mucho más
simple de construir, sin costosos andamiajes.
El apoyo B debía recibir una forma especial
(p. 153 > 3), lo que ya había determinado Matsukura. Para el apoyo B estaba prevista una
ramificación del hilo en cuatro hilos. Ello
hubiese significado para la construcción, que
en el plano del piso de la iglesia, cuatro pequeños apoyos, dispuestos en un cuadrilátero,
recibiesen la función resistente de un apoyo
normal. Soportados por una especie de arbo-
tante, los apoyos verticales se ramifican en
el diseño, para encontrarse nuevamente debajo
de la construcción nervada de un coro alto. De
allí hacia arriba se unifican los cuatro apoyos. Debajo del piso de la iglesia, mediante
arcos extendidos, los cuatro apoyos son soportados asimismo por un único apoyo (p. 150
> izq.). El que la función soportante sea tam-
bién superable sin dicha desviación sobre
cuatro apoyos, se muestra en la réplica de
dicho apoyo ramificado, el apoyo b, que recorre
toda la altura sin interrupción alguna (p. 153
> 3). Evidentemente el arquitecto juega aquí
virtuosamente con su saber constructivo.

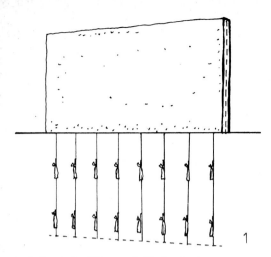

1

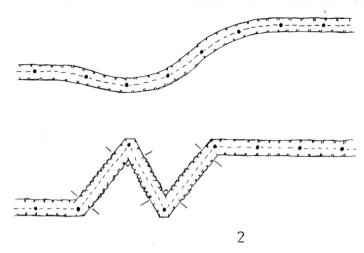

2

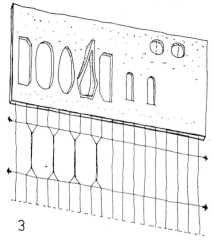

3

> 1 Wand im Hängemodell (unten)
> 2 Geschwungene und eckige Wand (Punkte: Fäden im Modell)
> 3 Fenster im Hängemodell und in der Ausführung

> 1 Wall in the hanging model (below)
> 2 Curved and angled wall
> 3 Window in the hanging model and in the actual construction

> 1 Pared en el modelo colgante (abajo)
> 2 paredes serpenteada y angulada (puntos: hilos en el modelo)
> 3 Ventana en el modelo colgante y en la construcción

2. Die Wand

Im Hängemodell wird die Wand durch eine Addition von annähernd parallelen Fäden angedeutet, die wie die Fäden der Gewölbe in Abständen bis ca. 1 m im Gebäudemaßstab (S. 154 > 1) verlaufen.

Die Wände sind normalerweise gerade oder weisen lediglich geringe Krümmungen auf, die mit diesen Fäden leicht wiedergegeben werden können (S. 154 > 2). Durch den gewundenen Verlauf erreicht in den höheren Partien des Gebäudeentwurfs die Wand die erforderliche Steifigkeit.

Gaudî hat im unteren Bereich die Wände als Faltwerke ausgebildet (> S. 155) (88), vielleicht die erste Anwendung von Faltwerken an einem Gebäude in der Geschichte.

Bei diesen Wänden sind Kräfte nicht gleichmäßig in der Fläche verteilt, sondern konzentrieren sich in den Ecken. Nur die Ecken sind deshalb im Modell durch Fäden dargestellt (S. 154 > 2).

2. The Wall

In the hanging model, the walls are shown by a series of almost parallel strings at 1 meter intervals (p. 154 > 1) similar to those used for the vaults.

The walls are usually straight or only slightly curved (p. 154 > 2). The curved shape gives the wall the necessary stability, especially higher up. Gaudî designed the lower part of the walls, as folded structures (88). This was possibly the first application of this structural system (> p. 155).

In this type of wall, forces are no longer equally distributed but concentrated in the corners. This is why only the corners are shown in the model (p. 154 > 2). These structural

2. La pared

En el modelo colgante, la pared está sugerida por medio de hilos aproximadamente paralelos, que corren a distancias de cerca de 1 m, a escala del edificio, como en el caso de los hilos de las bóvedas (p. 154 > 1).
Las paredes son generalmente rectas o presentan sólo pequeñas curvaturas, que pueden ser representadas fácilmente con tales hilos (p. 154 > 2). A través del recorrido sinuoso, la pared alcanza en las partes altas del edificio la rigidez necesaria.
Gaudî ha formado las paredes de la zona inferior como 'obra plegada' (88), quizás el primer uso de 'obra plegada' para un edificio en la historia (> p. 155).
En tales paredes las fuerzas no están uniformemente distribuidas en la superficie, sino que se concentran en las esquinas. Es por ello que sólo las esquinas están representadas con hilos en el modelo (p. 154 > 2). Estas esquinas soportantes están construîdas con ladrillo nor-

S. 155
> 1 Gefaltete Wand an der Ostseite
> 2 Graben an der Nordseite und Ventillationsöffnungen für die rückwärtigen Räume
> 3 Die Wand als Faltwerk
> 4 Wanddetail des Untergeschosses

1	2
3	4

p. 155
> 1 Folded wall above the foundation (east)
> 2 Trench on the north side with ventilation openings for the adjoining rooms
> 3 Wall built as a folded structure
> 4 Detail of basement wall

p. 155
> 1 Pared plegada en la parte oriental
> 2 Canal de desagüe en el parte norte y aberturas de ventilación para los espacios posteriores
> 3 La pared como obra plegada
> 4 Detalle de pared en el piso bajo

Diese tragenden Eckzonen werden beim Bau aus normalem Backstein hergestellt. Die Wandausfüllung dazwischen besteht aus minderwertigem (in seinem statischen Verhalten unzuverlässigem oder weniger festem) Material: an der Außenseite der Wand aus verformten, zu stark gebrannten Ziegeln und aus Basaltschlacke, an der Innenseite der Wand aus Bruchstein.
Die tragenden Teile wurden in den Ecken konzentriert, weil hier im Vergleich zu anderen Stellen die gefaltete Wand am wenigsten durch Ausknicken gefährdet ist (89).
Größere Fenster werden im Originalmodell durch Zusammenbinden der vertikalen Wandfäden dargestellt (S. 154 > 3). Das Zusammenbinden passiert auf unterschiedliche Weise, je nach Fenstergröße. Kleinere Fenster, die im Hängemodell zwischen zwei Wandfäden zu liegen kämen, sind nicht dargestellt. Die kleinsten Fenster können beliebig in den gleichmäßig gemauerten Wänden angeordnet werden. Einzeln spielen sie statisch ohnehin eine untergeordnete Rolle.

Die Fensterformen werden im Hängemodell nur grob angedeutet. Die Gestaltung der Fenster im gebauten Untergeschoß, die scheinbar rein ästhetischen Kriterien folgt, ist in Wahrheit eine höchst raffinierte konstruktive Anwendung einer verwundenen Fläche (S. 162) (90).

3. Das Tonnen- und Rippengewölbe

Gekrümmte Fäden, in einer Ebene aneinandergereiht, stellen im Hängemodell Decken- und Dachkonstruktionen dar. In der einfachsten Form ergibt diese Fadenkonfiguration ein Tonnengewölbe (S. 157 > 1). Das Gewölbe kann in einer Ebene einen gewundenen Verlauf nehmen und, in Zusammenhang mit Wandfäden, Stockwerke bilden.

Die Umsetzung der parallelen Fäden im Bau ist unterschiedlich. Die Tonnengewölbe der Dächer (S. 157 > 2) wären in leichter, aus einigen Schichten Flachziegeln bestehender Bauweise konstruiert worden. Das Dach fällt nach außen ab, damit das Regenwasser frei abfließen kann.

Begehbare Deckenkonstruktionen wurden sicherlich - wie bei der Kryptadecke - als Rippengewölbe (S. 157 > 3) geplant. Eine horizontale Platte aus wenigen Schichten Flachziegel wird in regelmäßigen Abständen von Rippen aus Backsteinmauerwerk gestützt. Bei winkligen Randbedingungen, wie beim Verlauf der Stützenreihen in der gebauten Krypta, bilden die Rippen komplexe Muster.

corner zones are constructed from ordinary brick. The infil panels are made from low-grade materials (of uncertain structural quality): On the outside over-burned clay-bricks and basalt slag was used with rubble on the inside.

The load bearing elements were concentrated in the corners because they are least likely to buckle (89).

Larger windows were represented by vertical wall strings which had been knotted together (p. 154 > 3). The knotting differs according to window-size. Smaller windows between two wall strings are omitted in the model, with the smallest windows being positioned anywhere in the wall. Individually they do not affect the structure.

The design of the windows to the finished basement seems to be dictated by aesthetic consideration. In fact it is a highly sophisticated application of a screw surface (> p. 162) (90).

3. The Barrel Vault and the Ribbed Vault

Curved strings set side by side in the hanging model represent ceiling and roof structures. In its most simple form, this configuration of strings generates a barrel vault (p. 157 > 1). The vault may be bent in one direction and form storeys in combination with strings representing a wall.

The transformation of the parallel strings into the built form varies. The barrel vaults of the roofs (p. 157 > 2) were meant to be of light weight construction, consisting of several layers of clay tiles. The roof is pitched towards the outside providing unrestricted drainage.

Accessed roof structures were probably designed as ribbed vaults similar to the crypt ceiling (p. 157 > 3). A horizontal plate made from a few layers of clay tiles is supported by ribs of brick masonry spaced at equal intervals. If plan conditions are angular complex patterns like those in the crypt are formed.

mal. El relleno de la pared entre las esquinas se compone de material de menor calidad (no confiable en su comportamiento estático o menos resistente): en la cara externa de la pared por ladrillos deformados, demasiado quemados y por escombros de basalto, en la cara interior de la pared por trozos de piedra de cantera.
Las partes soportantes se concentraron en las esquinas, porque en comparación con otros lugares, la pared plegada está aquí mínimamente amenazada por el pandeo (89).
Las ventanas grandes están representadas en el modelo original por medio del atado de los hilos verticales de las paredes (p. 154 > 3). El atado sucede de distintas formas, de acuerdo a las dimensiones de la ventana. Ventanas pequeñas, que caben entre dos hilos de pared en el modelo colgante, no son representadas. Las ventanas más pequeñas pueden ser dispuestas arbitrariamente en las paredes homogéneamente tapiadas. Individualmente juegan de cualquier modo un rol estático irrelevante.
Las formas de las ventanas están sólo rudimentariamente indicadas en el modelo. La configuración de las ventanas en el piso bajo construído, que parece seguir criterios puramente estéticos, es en realidad un uso constructivo altamente refinado de una superficie alabeada (> p. 162) (90).

3. Las bóvedas de cañon y las nervadas

Hilos en curvas, enfiladas en un plano, representan las construcciones de cubiertas y techos en el modelo. De esta configuración de hilos resulta, en la forma más simple, una bóveda de cañon (p. 157 > 1). La bóveda puede adoptar un recorrido sinuoso en un plano y formar los diferentes niveles en conexión con los hilos de las paredes.
La conversión de los hilos paralelos en la construcción es diversa. Las bóvedas de cañon de las cubiertas (p. 157 > 2) habrían sido construídas de forma liviana, con algunas capas de ladrillo delgado. El techo tiene declive hacia afuera, de modo que el agua de lluvia pueda escurrir libremente.
Construcciones de cubierta transitables fueron seguramente proyectadas - como en el caso de la cubierta de la cripta - como bóvedas nervadas (p. 157 > 3). Una losa horizontal compuesta de pocas capas de ladrillos delgados, es soportada a intervalos regulares por nervios de mampostería de ladrillo. Bajo condiciones angulosas de borde, como en el recorrido de las filas de apoyos en la cripta, los nervios forman patrones complejos.

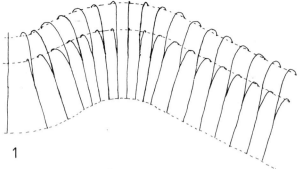

1

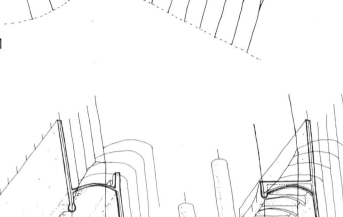

2

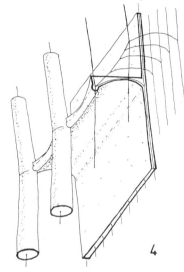

3

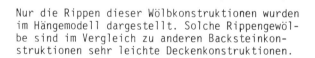

4

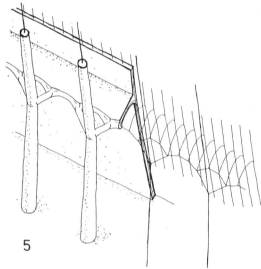

5

Nur die Rippen dieser Wölbkonstruktionen wurden im Hängemodell dargestellt. Solche Rippengewölbe sind im Vergleich zu anderen Backsteinkonstruktionen sehr leichte Deckenkonstruktionen.

Bei begehbaren Deckenkonstruktionen mit geringer Spannweite oder solchen mit sehr niedrigen Stichhöhen, bringen Rippen nur noch geringfügige Gewichtsersparnis. Bei diesen Deckenkonstruktionen ist eine hinterfüllte Tonne (S. 157 > 4) eine gute Alternative und könnte von Gaudî vorgesehen worden sein. Gewichtseinsparungen für Deckenkonstruktionen hängen auch von der Art der Verzweigungen an den Stützen ab (S. 157 > 5) Eine Variante derartiger Verzweigungen stellen die Bögen dar, die, ohne die Deckenfläche zu berühren, die Rippengewölbe in der Krypta tragen.

Only the ribs of these vaulτ structures were shown in the hanging model. Compared to other brick structures, such ribbed vaults make a very light floor construction.

In ceiling structures of short span or with very shallow curvature which can be walked on, a ribbed structure will only marginally reduce the weight. In these instances, a back-filled vault (p. 157 > 4) is a good alternative, and might have been planned by Gaudî. The reduction of weight is also dependent on the way the columns are branching off (p. 157 > 5). The supporting arches of the ribbed vault in the crypt are an example of this.

Sólo los nervios de tales construcciones de bóvedas fueron representados en el modelo. Tales bóvedas nervadas son construcciones de cubierta muy livianas en comparación con otras construcciones de ladrillo.
En construcciones de cubierta transitables de poca luz o en aquellas con poca altura de clave, los nervios aportan un muy reducido ahorro en el peso. Para estas cubiertas, una bóveda de canón maciza (p. 157 > 4) es una buena alternativa y pudo haber sido prevista por Gaudî. El ahorro en el peso de las construcciones de cubierta, depende también del tipo de las ramificaciones en los apoyos (p. 157 > 5). Una variante de este tipo de ramificaciones la representan los arcos que soportan la bóveda nervada en la cripta, sin tocar la superficie de la cubierta.

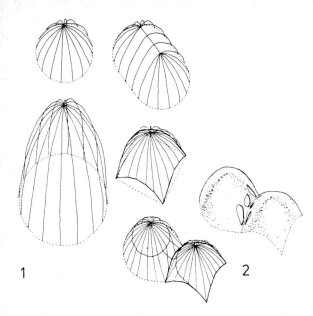

1

2

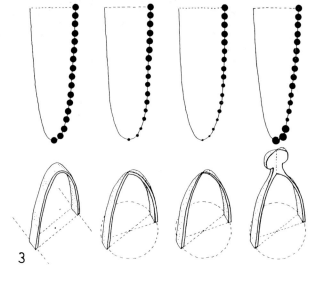

3

4. Die Kuppeln und Türme

Kuppeln und Türme sind im Hängemodell durch radial angeordnete Fäden dargestellt (S. 158 > 1)
Nicht nur die Kuppeln, sondern auch die Türme
sollten offensichtlich flächig konstruiert werden.

Daß die Kuppeln flächig konstruiert werden
sollten, ist auf den Übermalungen, die den Kirchenraum darstellen (> S. 185, 187), zu erkennen. Die radiale Anordnung der Turmfäden im
Originalmodell könnte zu der Annahme verführen,
daß die Bauweise dieser Türme, ähnlich wie bei
der Sagrada Familia, in Rippen geplant war.
Wahrscheinlich ist aber eine Planung als flä-
chige Konstruktion. Die identische Anordnung
der Kuppel- und Turmfäden im Modell läßt wegen
der Logik einer gleichmäßig durchgehenden Lastabtragung schon vermuten, daß die Ausführung
der Türme der der Kuppeln entspricht. Einen
weiteren Hinweis dafür findet man beim Vergleich vom Originalmodell mit den Übermalungen
Gaudîs. Die vertikalen Linien der Übermalung
OÜ 3a (> S. 199) stimmen bei den Türmen nicht
mit den Fäden überein (z.B. großer Turm: 20
Fäden, 16 Linien). Wäre der Turm als Rippenkonstruktion geplant, müßten die Modellfäden die
einzelnen Turmrippen wiedergeben und damit mit
den vertikalen Linien der Übermalung übereinstimmen.

> S. 159 Kuppeln und Türme im Hängemodell

4. The Domes and the Towers

In the hanging model, the domes and towers are
shown with radial strings (p. 158 > 1). It
seems that both were planned to be of a flat
construction. As far as for the domes this can
be seen on the over-painted photos of the
church interior (> p. 185, 187). The radial
arrangement of the strings for the towers could
lead to the assumption that the towers were
planned as a ribbed structure, though it is
more likely they are of a flat construction.
Presumably the strings for the towers and domes
are arranged in the same way, because loads are
also handled uniformly. When comparing the
original model with Gaudî's over-painted photos, it is apparent that the vertical lines of
the image OÜ 3a (> p. 199) representing the
towers, did not coincide with the number of
strings in the model. For example, the large
tower has 20 strings but only 16 lines. If the
tower was planned as a ribbed structure, the
model strings would have to represent the ribs
and at the same time correspond to the vertical
lines on the over-painted photo.

The forms of the vault construction found by
using the model can be duplicated (p. 158 > 3).
The standard catenary line is only suitable for
barrel vaults. In domes with a uniform wall
thickness, it is necessary for the weight in

> p. 159 Domes and spires in the hanging model

4. Las cúpulas y las torres

Las cúpulas y las torres están representadas en
el modelo colgante a través de hilos dispuestos
radialmente (p. 158 > 1). No sólo las cúpulas,
sino también las torres debían ser, evidentemente, construidas con superficies sin nervios.
El que las cúpulas debían ser construidas con
superficies no nervadas, es reconocible en las
fotos repintadas que representan al espacio de
la iglesia (> p. 185, 187). La disposición radial de los hilos de las torres en el modelo
original podría inducir a suponer que el modo
de construcción de tales torres, de forma similar a las de la Sagrada Familia, estaba planificado con nervios. Empero, lo más probable es
que estuviese planificada como construcción
superficial sin nervios. La idéntica disposición de los hilos de torres y cúpulas en el
modelo deja suponer, debido a la lógica de una
transmisión continua y uniforme de las cargas,
que la construcción de las torres concuerda con
la de las cúpulas. Otra indicación en favor de
ello se encuentra en la comparación del modelo
original con las fotos repintadas de Gaudî. Las
líneas verticales en la foto repintada OÜ 3a
(> p. 199) no coinciden con los hilos (por
ejemplo en la torre mayor hay 20 hilos pero
sólo 16 líneas). Si la torre hubiese sido planificada como una construcción nervada, los
hilos del modelo deberían reproducir los ner-

> p. 159 Cúpula y torre en el modelo colgante

Die im Hängemodell ermittelten Formen der Wölbkonstruktionen können nachvollzogen werden
(S. 158 > 3). Die 'normale' Kettenlinie eignet
sich eigentlich nur für die Form von Tonnenge-
wölben. Bei Kuppeln mit gleichbleibender Wandstärke muß das Gewicht der Fäden zum Scheitel
hin abnehmen. Die Kuppeln des Kirchenentwurfs
sollten wahrscheinlich aus einigen Schichten
Flachziegeln gebaut werden.

Nimmt zum Scheitel hin die Wandstärke der Kuppel ab, kann eine gleichbleibende Druckbeanspruchung des Materials erreicht werden. Dieser
optimierte Gewölbetypus eignet sich nicht für
die geringen Spannweiten des Kirchenentwurfs.
In Anbetracht der schwierigen Ausführung einer
kontinuierlich verringerten Wandstärke in
Flachziegeln, wurde er wahrscheinlich nicht im
Originalmodel dargestellt.

Die kegelartige, relativ spitze Außenform der
Türme wird durch zusätzliche Gewichte an der
Turmspitze erreicht. Hier wurde also durch zu-
sätzliche Auflasten die Form manipuliert.

In den Kuppelflächen der Altar- und Vierungskuppel sind, auf ähnliche Weise wie bei den
Außenwänden, Fenstergruppen ausgespart (S. 158
> 2).

5. Das Fundament

Das Fundament, das auf den Fotos vom Bau des
Untergeschosses (> S. 162) zu erkennen ist, besteht unter den Wänden und den Stützen aus
Backsteinmauerwerk. Es ist etwas breiter als
der Gebäudeteil, den es trägt. Wegen der geringen Druckfestigkeit des Bodens, auf dem die
Kirche steht, stehen die Basaltstützen auf sehr
breiten Platten, die denjenigen entsprechen,
die den Übergang von den Basaltsäulen zu den
Backsteinkapitellen und -bögen darüber herstellen.

Die gefaltete Außenwand vergrößert im Vergleich
zu einer geraden Wand gleichfalls die Fläche,
über welche Kräfte ins Fundament abgetragen
werden (S. 155 > 1). Die in den Ecken konzen-
trierten Kräfte werden nämlich durch die Ziegel-
fundamente gleichmäßig auf den Untergrund verteilt. (Auch unter den Füllwänden aus minderwertigem Stein bestehen die Fundamente aus normalen Ziegeln.)

Der Hügel, auf dem die Kirche steht, wurde ter-
rassenförmig abgetragen. Erddruck auf die Außenwände wurde so vermieden. Ein Graben um den

the model to decrease towards the top of the
string dome. The domes above the nave were
supposedly to be built with several layers of
brick tiles.

If the thickness of the dome diminishes towards
the top, it is possible to achieve a constant
compressive load. This optimised type of dome
is not suitable for the small spans of the
church design. In view of the problems associated with the execution of a continuously
reduced wall thickness, one may assume that
this type was not shown in the original model.

The cone-like relatively pointed external shape
of the towers is achieved with additional
weights at the top. The form was manipulated
by adding weights.

Similar to the external walls, groups of windows are inserted in the dome above the crossing (p. 158 > 2).

5. The Foundation

The foundations shown on the pictures of the
building process (> p. 162), are built in brick
masonry. The foundation is slightly wider than
the building element it supports. The basalt
columns are resting on very wide plinths because of the low compressive strength of the
ground.

The folding of the external wall enlarges the
area through which loads can be transmitted to
the foundation (p. 155 > 1). The loads concentrated in the corners are equally distributed
by the brick foundations. (The infill walls,
built from low-grade materials, are supported
by foundations of standard bricks.)

The hill on which the church is built was
terraced to provide levelled areas.
In this way ground pressure against the outer
walls was avoided. A ditch surrounding the rear
section of the church (p. 155 > 2) prevents
entry of rainwater. The foundations and lower
wall sections of the church are ventilated to
keep the brickwork dry.
The careful load transfer into the foundations
provided by the shape and construction of the
lower parts of the building protects the building against settling.

vios respectivos y así coincidir con las líneas
verticales de las fotos repintadas.
Las formas de las construcciones abovedadas determinadas con el modelo pueden ser comprendidas (p. 158 > 3). Las catenarias 'normales' son
en realidad apropiadas sólo para la forma de
las bóvedas de canón. En cúpulas de espesor
constante, el peso de los hilos debe disminuir
hacia la clave. Las cúpulas del proyecto de la
iglesia debían ser construidas probablemente en
varias capas de ladrillos delgados.
Si disminuye el espesor de las cúpulas hacia la
clave, puede lograrse una solicitación a compresión constante del material. Este tipo de
bóveda optimizada no es adecuada para las pequeñas luces del proyecto de la iglesia. Su
representación en el modelo original, fue probablemente omitida en razón a la difícil ejecución con ladrillos delgados de una pared cuyo
espesor disminuye en forma continua.
La forma cónica exterior relativamente puntia-
guda de las torres es lograda con pesos suple-
mentarios en la punta de las mismas. De este
modo, la forma fue manipulada aquí a través de
la aplicación de cargas adicionales.

En las superficies de las cúpulas del altar y
de la intersección de las naves, grupos de ventanas fueron dejados libres, de manera similar
que en las paredes exteriores (p. 158 > 2).

5. Los cimientos

Los cimientos, que son reconocibles en las fotos
de la construcción del piso bajo (> p. 162) y
que se encuentran debajo de paredes y apoyos,
consisten en mampostería de ladrillo. Estos son
un poco más anchos que el elemento constructivo
que soportan. Debido a la escasa resistensia
del suelo sobre el que descansa la iglesia, los
apoyos de basalto se encuentran sobre anchas
placas que se corresponden con las de la tran-
sición de las columnas basálticas a los capiteles y arcos de ladrillo sobre ella.
La plegada pared exterior en comparación a una
pared recta, aumenta igualmente la superficie
sobre la que las fuerzas son transmitidas a los
cimientos (p. 155 > 1). Las fuerzas concentradas en las esquinas son uniformemente distribuidas al subsuelo a través de los cimientos de
ladrillo. (También bajo las paredes de relleno
compuestas de material de inferior calidad, los
cimientos se componen de ladrillos normales.)

La colina sobre la que se encuentra la iglesia
fue nivelada en forma de terrazas. De este
modo fue evitada la presión del suelo sobre las

hinteren Teil der Kirche (S. 155 > 2) vermeidet das Einsickern von Regenwasser. Fundament und untere Wandpartien der Kirche werden belüftet, um ein Feuchtbleiben des Backsteinmaterials zu verhindern.

Die sorgfältige Lastabtragung in die Fundamente durch Form und Ausführung der unteren Bauteile sichert das Gebäude gegen Setzungen.

6. Zur Mauertechnik

Der Backstein mit seiner typischen länglich-rechteckigen Form ist an sich ungeeignet für die Ausführung der in schiefen Winkeln zueinanderstehenden Formen.

Ein zusätzliches Problem ist, daß in den Bauteilen das Mauerwerk möglichst so geschichtet sein muß, daß der Kraftfluß im Material etwa senkrecht auf die durchgehenden Fugenschichten trifft. Damit ist die Anzahl der möglichen Formen der Backsteinkonstruktion erheblich eingeschränkt.

Flächen mit größeren Krümmungsradien können unter Verwendung des Spielraums in den Fugen gemauert werden, der kleine Winkelverschiebungen zwischen den Backsteinen zuläßt. Auch bei gleich starken Fugen können gekrümmte Flächen entstehen, wenn Steinschichten übereinander schrittweise gedreht werden. So entstehen die hyperbolisch-paraboloiden Flächen, die an verschiedenen Stellen in der Außenwand des Untergeschosses vorkommen.

Komplizierter wird es, wenn die Steinen nicht nur in der Fläche, sondern auch räumlich zueinander gedreht werden. Die Handhabung dieser Komplexität ist nur aufgrund profundem Wissen der Geometrie möglich (91).

Die lange Bauzeit des ausgeführten Gebäudeteils, während der nur wenige Maurer unter ständiger Betreuung der Architekten arbeiteten, läßt vermuten, wie schwierig die Ausführung war. Als Gaudî 1911 einige Monate erkrankte, bedeutete das die Einstellung der Arbeit, bis er wieder gesund war. Daß trotz dieser Einschränkungen doch Backstein für die Gebäudekonstruktion verwendet wurde, muß darauf zurückgeführt werden, daß es kaum Alternativen für die Ausführung der Hängemodellform gab (92).

> S. 162 historische Aufnahmen vom Bau der Krypta
> S. 163 Verwundene Form der Portikus-Randbögen

6. Notes on Wall Construction

Bricks with their typical elongated rectangular form are at first sight unsuitable for constructing shapes enclosing skewed angles.

A further problem is that the bricks have to be laid in such a way that the direction of loading is as near as possible perpendicular to the mortar joints. This considerably limits the number of possible shapes of the brickwork structure.

Surfaces having large radii of curvature can be bricked using the clearance provided by the joints which allows small angular displacements between the bricks. Even with joints of constant width curved surfaces can be created provided successive courses of bricks are rotated with respect to each other. In this way hyperbolic-paraboloid surfaces are created such as can be found at various places in the outer wall of the basement.

It becomes more complicated if the bricks are not only rotated in the same plane but also tilted towards each other. The handling of such complexity is only possible on the basis of a profound knowledge of geometry (91).

The long period of construction during which only a few bricklayers were working under the constant supervision of the architects seems to indicate the difficulty presented by the construction. When Gaudî fell ill for several months in 1911 work came to a standstill until he had recovered his health. That despite these limitations brick was used for the constrution of the building may be explained by the fact that there were virtually no alternatives for the production of the hanging model shape (92).

> p. 162 Historic photographs of the construction of the crypt
> p. 163 The twisted shape of the boundary arches of the portico

paredes exteriores. Una excavación alrededor de la parte posterior de la iglesia (p. 155 > 2), evita las filtraciones del agua de lluvia. Los cimientos y las partes inferiores de las paredes son ventiladas para evitar una humedad permanente en el material de mampostería.

La cuidadosa transmisión de las cargas a los cimientos a través de la forma y ejecución de los elementos constructivos inferiores, asegura al edificio contra los asentamientos.

6. Sobre la técnica constructiva de los muros

El ladrillo, con su típica forma rectangular alargada, es en sî inadecuado para la ejecución de formas que se encuentran en ángulos oblicuos entre sî.

Un problema suplementario es que las hiladas de un muro deben ser dispuestas de tal modo que el flujo de fuerzas en el material se encuentre aproximadamente perpendicular a las continuas juntas del mismo. Con ello, el número de las posibles formas de las construcciones con ladrillos está considerablemente limitado.

Superficies con grandes radios de curvatura pueden ser levantadas haciendo uso del espacio libre en las juntas que permiten pequeños giros entre los ladrillos. También con juntas de espesor constante pueden ser construidas superficies curvas, cuando las capas son giradas progresivamente una sobre otra. Asî se forman las superficies paraboloide-hiperbólicas que aparecen en distintos lugares de la pared externa del piso bajo.

La complicación aumenta cuando los ladrillos no son solamente girados entre sî en la superficie sino también espacialmente. El manejo de tal complejidad es sólo posible en base a un profundo conocimiento de la geometrîa (91).

La larga duración de la construcción de la parte realizada, durante la que trabajaban sólo pocos albaniles bajo el constante asesoramiento de los arquitectos, deja suponer lo difícil que fue la misma. Cuando Gaudî se enfermó por algunos meses en 1911, ello significó la paralización de los trabajos hasta que recobró la salud. Que haya sido utilizado el ladrillo para la construcción del edificio pese a las limitaciones mencionadas, debe ser atribuîdo a que no existîa alternativa alguna para la construcción de la forma del modelo colgante (92).

> p. 162 Fotos históricas de la construcción de la cripta
> p. 163 Formas alabeadas de los accos de borde del pórtico

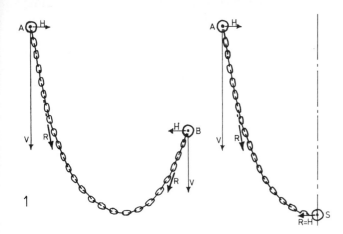

1

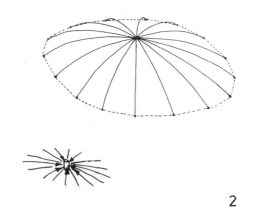

2

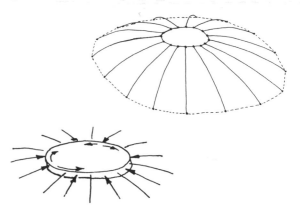

> 1 Statik der Kettenlinie
> 2 mögliche Ausbildungen eines Kuppelschei-
>   tels im Hängemodell

> 1 Forces acting on a catenary
> 2 Possible shapes of a dome apex in a hanging
>   model

> 1 Estática de la catenaria
> 2 Formaciones posibles de una cima de cúpula
>   en el modelo colgante

II.2.3 Statische Aspekte (93)

1. Die Darstellung der Kuppel mit radial angeordneten Seilpolygonen

In einer Kuppelkonstruktion treten außer Meri-
diankräften (im Hängemodell entlang der Seilpolygonen verlaufend) auch Ringkräfte auf. Ihre
Größe ist abhängig von der Kuppelform (94).

Die Horizontalkräfte der radial angeordneten
Seilpolygone greifen im gemeinsamen Scheitel
konzentriert an (S. 164 > 2). In Realität aber
tritt diese Kraftkonzentration am Kuppelscheitel nicht auf. Es bilden sich über einen größeren Bereich konzentrische Druckkräfte. Im Hängemodell kann die Auflösung der Druckringkräfte
durch einen Scheitelring berücksichtigt werden.

Die Druckringkräfte müssen jedoch nicht unbe-
dingt auf diese Weise berücksichtigt werden,
weil sie, selbst bei sehr flachen Kuppeln mit
verhältnismäßig hohen Horizontalkräften, die
Kuppelform nur unwesentlich beeinflussen. Die
Kuppelform kann sehr wesentlich durch bewußte
Manipulation mittels Einführung unterschiedlicher Druckringkräfte in der Kuppel geändert
werden. Das ist im Hängemodell durch Ein-
schnürung von mit den radialen Seilpolygonen
verknüpften Fäden in horizontalen Ringen
erreichbar (95).

II.2.3 Structural Aspects (93)

1. Simulating a dome using radial string polygons

Apart from meridional forces (which in the hanging model act along the string polygons) there
are also annular forces in a dome structure.
Their magnitude depends on the shape of the
dome (94).

The horizontal forces of the radially arranged
string polygons all act in a concentrated manner on the common crown point (p. 164 > 2). In
reality, however, this concentration of forces
at the crown of the dome does not occur. Instead concentric thrust forces are distributed
over a large area. In the hanging model the
distribution of the annular thrust forces can
be allowed for by using a crown ring.

It is, however, not necessary to allow for
these annular thrusts because they have very
little effect on the shape of the dome even in
the case of very shallow domes in which the
horizontal forcesare relatively large. By introducing varying annular thrust forces into
the dome the shape of the dome can be varied
considerably. In the hanging model this may be
achieved by forming horizontal thread rings
which are tied to the radial polygon strings
and constrict these strings (95).

II.2.3 Aspectos de la estática (93)

1. La representación de la cúpula con polígonos
funiculares dispuestos radialmente

En una cúpula, además de las fuerzas en la dirección de los meridianos (en el modelo colgante transcurriendo a lo largo de los polígonos
funiculares) aparecen también fuerzas en la
dirección de los paralelos. Su intensidad depende de la forma de la cúpula (94).
Las fuerzas horizontales de los polígonos funiculares actúan concentradas en la cima común
(p. 164 > 2). Pero en la realidad esta concentración de fuerzas no aparece en la cima de la
cúpula. Sin embargo surgen fuerzas de compresión concéntricas sobre una zona más extensa.
La descomposición de tales fuerzas horizontales
de compresión a través de un anillo en la cima
puede ser contemplada en el modelo colgante. De
cualquier modo, no es imprescindible contemplar
tales fuerzas de compresión de ésta manera,
pues ellas, aún para cúpulas muy planas con
fuerzas de empuje horizontales relativamente
elevadas, influyen sólo insignificantemente en
la forma de la cúpula. La forma de la cúpula
puede ser considerablemente modificada por
medio de una intencionada manipulación consis-
tente en la introducción de diferentes fuerzas
de compresión anular en la cúpula. Esto es posible de realizar en el modelo colgante, atando
a los hilos dispuestos radialmente en la dirección de los meridianos, otros hilos anulares,
horizontales (95).

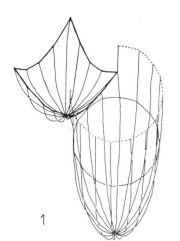

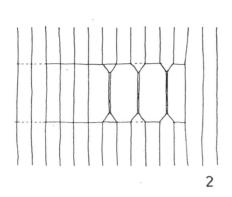

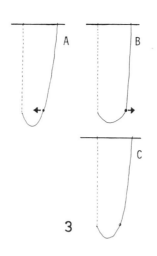

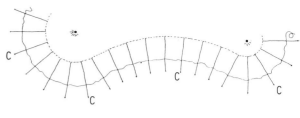

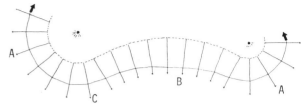

> 1 Gleichmäßige Abstände der Wandfäden beim
>   großen Turm durch horizontale Fadenverbin-
>   dung
> 2 Verknüpfung der Wandfäden mit horizontalen
>   Fäden
> 3 Beeinflussung des Fadenverlaufs durch hori-
>   zontale Fäden

> 1 Uniform spacing of the polygon strings in
>   a tower shape is achieved by horizontal
>   linking threads.
> 2 Linking the (vertical) wall threads by hori-
>   zontal threads
> 3 Controlling the thread pattern by using
>   horizontal threads

> 1 Distanciamiento uniforme de los hilos de
>   pared en la gran torre, logrado con el hilo
>   horizontal
> 2 Unión de los hilos de pared con los hori-
>   zontales
> 3 Influenciación del recorrido de los hilos
>   a través de los hilos horizontales

2. Der horizontale Faden im Hängemodell

Die Ausbildung eines Hängemodells nur als Addition von Seilpolygonen, sei es in paralleler
oder radialer Anordnung, bedeutete eine große
Einschränkung der Formen bzw. Konstruktionen,
welche im Hängemodell ausgedrückt werden können. Wie das frühere Hängemodell Gaudîs zeigt,
von dem ausführlich im Abschnitt II.3 die Rede
sein wird, ist die Formensprache solch einfacher Modelle beschränkt.

Mit dem horizontalen Faden fand Gaudî einen
Weg, die Einschränkung in der Formbildung über
die bloße Addition von Seilpolygonen hinaus zu
erweitern. Er nutzte dabei die in einer Gebäudekonstruktion vorhandene Möglichkeit, auch
horizontale Kräfte aufzunehmen. Der horizontale
Faden verbindet solche Teile der Seilpolygone,
die weitgehend in vertikaler Richtung laufen
(Außenwände und untere Turmbereiche). Horizontale Fäden gibt es im Hängemodell auf fünf Ebenen, der Aufteilung in Stockwerke entsprechend.
Da wo keine Kräfte auf diese Ebenen abzuführen
wären, wurde auf den horizontalen Faden
streckenweise verzichtet. Die Funktionen des
Fadens sind vielfältig.

2. The Horizontal Thread in the Hanging Model

Forming a hanging model from a number of parallel or radial string polygons means that the
shapes or structures which can be simulated
using a hanging model are restricted. The ver-
satility of such simple models is restricted,
as the hanging model of Gaudî has shown which
will be discussed in detail in section II.3.

By using a horizontal thread, Gaudî found a way
of extending the variety of possible shapes
beyond the mere addition of string polygons.
In doing this he made use of the transfer of
horizontal forces which is possible in a building structure. The horizontal thread links
those parts of the string polygons which mainly run in a vertical direction (outer walls and
lower tower sections). In the hanging model
horizontal threads can be found at five levels
corresponding to the number of storeys. In
those places where no forces have to be transferred to these levels the horizontal thread
has been omitted. The threads fulfill a number
of functions.

2. El hilo horizontal en el modelo colgante

La creación de un modelo colgante sólo por adición de polîgonos funiculares, ya sea dispuestos paralela o radialmente, significaba una
gran limitación de las formas o construcciones
que pueden ser expresadas en el modelo colgante. Como lo muestra un modelo anterior de
Gaudî, del que se informará en detalle en II.3,
el lenguaje formal de tales modelos simples es
limitado.

Con los hilos horizontales, Gaudî encontró un
camino para superar la limitación en la creación de formas por sobre la simple adición de
polîgonos funiculares. Con ello utilizó la posibilidad de absorber fuerzas horizontales
existentes en una construcción. El hilo horizontal une aquellas partes del polîgono funicular que corren predominantemente en dirección
vertical (paredes exteriores y zona inferior de
las torres). En el modelo colgante hay hilos
horizontales en cinco niveles, correspondientes
a la división de los pisos. En las partes de
tales pisos donde no existiría fuerza alguna a
transmitir, se prescindió de los hilos horizontales. Las funciones del hilo son variadas.

a) Gleichmäßige Verteilung der Wandfäden
Ausgeprägt erkennbar ist diese Funktion beim großen Turm (S. 165 > 1). Durch einen ringförmigen horizontalen Faden wurden die Turmfäden in gleichmäßigen Abständen verteilt. Der horizontale Faden ist notwendig, um die Kräfte aus dem Schiffgewölbe, die an nur einer Seite des Turms angreifen, auszugleichen. Auch der Altarturm hat einen derartigen Ring. Die Verteilung der Seilpolygone in regelmäßige Abstände erleichtert die Gewichtsberechnung für alle Ballastsäckchen (96).

b) Bildung von Fensteröffnungen
Größere Fensteröffnungen wurden im Hängemodell durch die Verknüpfung der Wandfäden mit dem horizontalen Faden erreicht (S. 165 > 2). Kräfte, welche durch die Umlenkung der Wandfäden entstehen, wurden vom horizontalen Faden aufgenommen und über mehrere Wandfäden verteilt. Bei dieser Funktion sind nicht auf allen Abschnitten des horizontalen Fadens Kräfte erforderlich. Dort könnte auf den Faden verzichtet werden, wie auch beim Originalmodell an manchen Stellen geschehen.

c) Formmanipulation
Mit einem horizontalen Faden kann außerdem das Gewicht von entfernteren Modellteilen eingesetzt werden, um die Form des Hängemodells zu beeinflussen (S. 165 > 3). Ergebnis der Formmanipulation in diesem Fall wäre die Bildung einer möglichst senkrechten Außenwand im Mittelteil. Das hier nur ansatzweise dargestellte Thema der horizontalen Umleitung von Kräften zeigt sich im Originalmodell in der Art, wie Kapellnischen im Altarbereich gebildet wurden (S. 167 > 1). Der horizontale Faden verursacht deutliche Knicke an den vertikalen Fäden.

Nur in den Außenwänden gab es diese horizontalen Fäden im Originalmodell. Ihre Wirkung, um horizontale Kräfte abzuleiten, gab es aber ebenso im Modellinneren, dort übernommen von den teils sehr flach gespannten Bögen zwischen den Stützen.

S. 167
> 1 Hängemodell, Altarbereich mit horizontalen Fäden
> 2 Die ansteigende Tonne im Hängemodell (von Ecke links unten ausgehend)
> 3 Chorbereich im Hängemodell (obere Bildhälfte: horizontale Verbindungsfäden)

a) Uniform distribution of the wall threads
This function is clearly recognisable in the large tower (p. 165 > 1). The annular horizontal thread ensures uniform spacing of the tower threads. The horizontal thread is necessary to balance the thrust of the nave vault which acts only on one side of the tower. The altar tower also has such a ring. The even spacing of the string polygons makes the weight calculation for the weight sachets easier (96).

b) Formation of window openings
In the hanging model the larger window openings are produced by tying the wall threads to the horizontal thread (p. 165 > 2). The forces created by the diversion of the wall threads are distributed by the horizontal thread over several wall threads. This function does not require forces to be acting in all sections of the horizontal thread. In such sections the thread could be omitted altogether as is the case in certain locations in the original model.

c) Manipulation of the shape
By using a horizontal thread the weight of more distant sections of the model may be used to affect the form of the hanging model (p. 165 > 3). In this case the result of the manipulation of the form would be the formation in the centre section of as vertical an outer wall as possible. The theme of the horizontal diversions of forces, which in the present context is only touched upon, is represented in the original model in the way in which the chapel niches in the altar area have been formed (p. 167 > 1). The horizontal thread produces quite obvious kinking at the intersections with the vertical threads.

In the original model these horizontal threads existed only in the outer walls. Their function of transferring horizontal forces did, however, exist also in the interior of the model where this function was taken over by the arches of which some were very shallow.

$\frac{1}{2}\big|3$

p. 167
> 1 Hanging model, altar area with horizontal threads
> 2 The rising barrel vault in the suspended model (starting from the bottom left-hand corner)
> 3 Choir area in the hanging model (top section of illustration: horizontal linking threads)

a) Distribución uniforme de los hilos de las paredes
Esta función es notoriamente reconocible en la torre grande (p. 165 > 1). A través de un hilo anular horizontal, los hilos de la torre fueron distribuidos con separaciones regulares. El hilo horizontal es necesario para equilibrar las fuerzas provenientes de la cúpula de la nave que actúan sólo lateralmente sobre la torre. También la torre del altar tiene un anillo de tal tipo. La distribución de los polígonos funiculares en distancias regulares, facilita el cálculo de los pesos para todos los saquitos (96).

b) Creación de los vanos de las ventanas
Los vanos de las ventanas más grandes fueron ejecutados en el modelo colgante por medio de la unión de los hilos de las paredes con los hilos horizontales (p. 165 > 2). Las fuerzas que resultan de la desviación de los hilos de las paredes, fueron reconocidas por los hilos horizontales y distribuidas en diferentes hilos de las paredes. Para tal función no se requiere de fuerzas horizontales en todas las partes del hilo horizontal. En tales partes puede prescindirse del hilo, como sucede también en algunos lugares del modelo original.

c) Manipulación de la forma
Con un hilo horizontal puede además ser puesto en juego el peso de partes lejanas del modelo para influir sobre la forma del modelo (p. 165 > 3). En este caso, el resultado de la manipulación de la forma sería la formación en la parte media, de una pared exterior lo más vertical posible. El tema de la desviación horizontal de las fuerzas, expuesto aquí sólo en sus principios, se muestra en el modelo a través de la forma como fueron creados los nichos para las capillas en la zona del altar (p. 167 > 1). El hilo horizontal provoca evidentes quiebres en los hilos verticales.
Sólo en las paredes exteriores del modelo original existían estos hilos horizontales. Pero su efecto de desviar las fuerzas horizontales existía del mismo modo en el interior del modelo, asumido allí por los arcos en parte muy rebajados, tendidos entre los apoyos.

p. 167
> 1 Modelo colgante, zona del altar con hilos horizontales
> 2 El techo en forma de tonel ascendente en el modelo colgante (partiendo de la esquina inferior izquierda)
> 3 Zona del coro en el modelo colgante (en la mitad superior de la figura: hilos de unión horizontales)

3. Wiedergabe ansteigender Tonnen im Hänge-modell

Ebenso wie die Wiedergabe von Flächen in diesem Modell nur vereinfacht und andeutungsweise möglich ist, ist auch die Wiedergabe einer speziellen Wölbform, der ansteigenden Tonne, im Fadenmodell schwierig. An einer bestimmten Stelle im Originalmodell läßt sich zeigen, warum die Darstellung von Tonnen durch die Addition von Fadenbögen nicht in allen Fällen schlüssig ist. Dabei handelt es sich um ansteigende Tonnen, die sich zwischen der Vierungskuppel und den Querschifftürmen befinden (S. 167 > 2), und von der Überdachung der Empore um den Altarturm einige Meter ansteigen, um in die Wölbung der Lichtgaden überzugehen.

Vergleicht man eine ansteigende Tonne, die in einem Hängemodell durch eine Addition von hängenden Bögen dargestellt wird, mit der tatsächlich gebauten Tonne (S. 169 > 1), zeigt sich eine wesentliche Differenz. Im Hängemodell üben die einzelnen Fadenbögen jeweils gleiche Kräfte auf die sie tragenden Modellteile aus. Im Gebäude würden aber die Kräfte nicht·nur in Querrichtung der Tonne abgetragen, sondern ein Teil würde auch in der Längsrichtung der Tonne Druck ausüben. Dies bedeutet eine Kraftkonzentration am unteren Ende der Tonne und eine Entlastung des oberen Endes. Diese Differenz würde das Hängemodell für die Form der ansteigenden Tonne nur bedingt brauchbar machen. Allerdings kann das Tragverhalten der ansteigenden Tonne mit Hilfe eines zusätzlichen Fadens besser dargestellt werden, welcher in Längsrichtung der Tonne die Fadenscheitel verbindet. Tatsächlich wurde im Originalmodell ein solcher Faden angebracht. Es ist aber nicht sicher feststellbar, ob dieser Faden für den genannten Zweck benutzt wurde oder ob er nur für gleichmäßige Abstände der Fadenbögen des Tonnengewölbes sorgen sollte.

4. Die Fensteranordnung aus statischer Sicht

Auch bei den Wänden ergeben sich Probleme bei der Wiedergabe der Fläche nur mit linearen Elementen. Der Fadenverlauf einer von Bögen und Stützen getragenen Wand wird im Hängemodell dargestellt in parallelen Fäden (S. 169 > 2). Bei der gebauten Wand (S. 169 > 3) stellt sich normalerweise eine andere Lastabtragung von der Wand in die Stützen ein. Die Wand wird nicht mit ihrem Gesamtgewicht die sie tragenden Bögen belasten, sondern ein Teil der Last wird bereits von bogenförmigen Stützlinien, die sich

3. Simulation of rising Barrel Vaults in the Hanging Model

In the same way in which the simulation of surfaces in this model is possible only in a simplified and rudimentary manner, the simulation of a special form of vaulting i.e. that of the rising barrel, is difficult using a thread model. There is a certain point in the original model where it can be shown why the simulation of barrel vaulting by adding thread arches is not conclusive in all cases. Such a point are the rising barrel vaults between the transept towers and the dome above the intersection between nave and transepts (p. 167 > 2) which rise by several meters from the roof of the gallery surrounding the altar tower to merge into the vaulting of the cleresstory.

If a rising barrel, which in a hanging model is simulated by adding suspended arches, is compared with the barrel vault actually built (p. 169 > 1), a significant difference emerges. In the hanging model the individual thread arches exert equal forces on the parts of the model which support them. In a building, however, these forces would not only be transferred perpendicular to the main axis of the barrel, but part of the forces would exert thrust in the direction of the axis of the barrel. This would result in a concentration of forces at the bottom end of the barrel and a relieving of the top end. This difference would mean that the shape of the rising barrel could not be simulated by the hanging model in every case. On the other hand the load-bearing behaviour of the rising barrel vault can be illustrated better by using an additional thread which connects the crowns of the threads along the longitudinal axis of the barrel. Such a thread was indeed used in the original model. It is, however, not known whether this thread was used for the above-mentioned purpose or whether it was merely to ensure uniform spacing of the arched threads of the barrel vault.

4. The Arrangement of the Windows investigated from a Structural Point of View

The walls also create problems when an attempt is made to simulate the surface using only linear elements. In the hanging model a wall supported by arches and columns is simulated by parallel threads (p. 169 > 2). In a real wall (p. 169 > 3) the load transfer from the wall into the support columns is normally different. The wall does not load the supporting arches

3. Reproducción en el modelo colgante de las bóvedas de cañón de directriz alabeada

Así como la reproducción de superficies en este modelo sólo es posible a grandes rasgos y en forma simplificada, la reproducción en el modelo con hilos de una forma especial de bóveda, la bóveda de cañón de directriz alabeada, es también difícil. En un lugar específico del modelo original se deja ver el porqué la reproducción de arcos de cañón a través de la adición de arcos de hilos no es concluyente en todos los casos. Nos referimos aquí a las bóvedas de cañón de directriz alabeada que se encuentran entre las torres de la nave transversal y la cúpula de la intersección de las naves (p. 167 > 2) y que ascienden algunos metros desde el techado de los coros altos alrededor del altar para transformarse en las bóvedas del sector superior de la nave principal.
Si uno compara la bóveda de cañón de directriz alabeada que está representada en el modelo a través de una adición de arcos colgados, con la bóveda de cañón realmente construida (p. 169 > 1), se evidencia una importante diferencia. En el modelo colgante, cada uno de los arcos de hilos ejerce la misma fuerza sobre la parte del modelo que lo soporta. En el edificio en cambio, las fuerzas no son transmitidas solamente en la dirección transversal de la bóveda de cañón sino que una parte ejercería también presión en la dirección longitudinal. Esto implica una concentración de fuerzas en el extremo inferior de la bóveda de cañón y una descarga en el extremo superior. Esta diferencia haría que el modelo colgante fuese sólo limitadamente utilizable para la forma de la bóveda de cañón de directriz alabeada. De cualquier modo, el comportamiento estructural de la bóveda de cañón de directriz alabeada puede ser mejor representada con ayuda de un hilo adicional que una las claves de la bóveda de cañón. Un hilo de tal tipo fue efectivamente colocado en el modelo original. Pero no es posible constatar si ese hilo fue utilizado con tal fin o si sólo debía cuidar de mantener la distancia regular entre los arcos de hilos de la bóveda de cañón.

4. La disposición de las ventanas desde el punto de vista estructural

También en las paredes se presentan problemas en la reproducción de las superficies sólo con elementos lineales. El recorrido de los hilos de una pared que es soportada por arcos y columnas, es representado en el modelo colgante con hilos paralelos (p. 169 > 2). En la pared

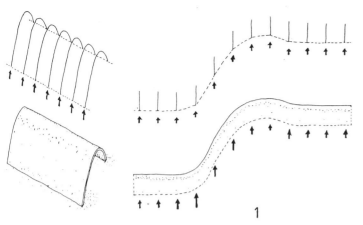

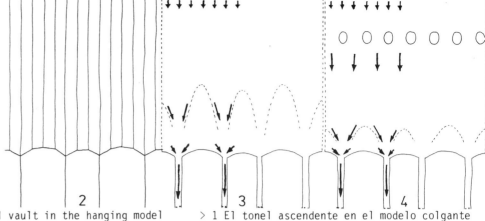

1

2

3

4

> 1 Die ansteigende Tonne im Hängemodell und
>   im Gebäude
> 2 Wand auf Stützen im Hängemodell (um 180°
>   gedreht)
> 3 Gebaute Wand auf Stützen: voraussichtliches
>   Tragverhalten
> 4 Gebaute Wand mit Fensteröffnungen auf Stüt-
>   zen: voraussichtliches Tragverhalten

> 1 Rising barrel vault in the hanging model
>   and in the construction
> 2 Wall supported by arches and columns in
>   the hanging model (turned upside down)
> 3 Built wall and columns; expected load
>   transfer
> 4 Built wall with window openings and co-
>   lumns; expected load transfer

> 1 El tonel ascendente en el modelo colgante
>   y en el edificio
> 2 Pared sobre columnas en el modelo colgante
> 3 Pared construîda sobre columnas; probable
>   comportamiento estructural
> 4 Pared con aberturas de ventana construîda
>   sobre columnas: probable comportamiento
>   estructural

oberhalb der Bögen in der Wandfläche bilden,
abgefangen und direkt auf die Stützen abgege-
ben. Form und Stichhöhe dieser Stützlinien in
der Wand hängen von Material und Bauweise des
Mauerwerks ab (97).

Diese Verlagerung der Kräftekonzentration aus
den Bögen in die gemauerten Wandflächen ist ein
normales Verhalten, das nur selten zu einer
Gefährdung einer Wand führt und der Konstruktion sogar eine gewisse Reserve in den noch
wenig belasteten Bögen läßt.

Bei diesem Entwurf aber, wo Gebäudeteile sich
nur in der vom Hängemodell bestimmten Anordnung
zueinander im Gleichgewicht halten, ist dieses
Verhalten unter Umständen riskant. Möglicherweise hat Gaudî Maßnahmen gegen eine zu große
Abweichung von der Kraftabtragung im Modell getroffen. Tatsächlich weist der Entwurf mit den
auffällig zahlreichen Fensteröffnungen ein Mittel auf, um die Lastabtragung in der Wand derjenigen des Hängemodells anzugleichen. Beige-
fügte Abbildung (S. 169 > 4) zeigt die Wand
regelmäßig unterbrochen von kleinen Fensteröffnungen, ähnlich wie bei den zwei Schalen der

with its total weight but instead part of the
load is carried by arched support lines forming
above the arches in the wall and directly transferred to the support columns. Shape and crown
height of these support lines in the wall de-
pend on the material and construction of the
masonry (97).

This displacement of the force concentration
from the arches into the masonry walls is a normal feature which only rarely puts a wall at
risk and even creates spare loading capacity in
the arches.

In this design however, where the sections of
the building balance each other only in the
arrangement determined by the hanging model,
this feature may present a risk. It is possible
that Gaudî took measures to avoid an excessive
deviation from the load transfer in the model.
Indeed the design with its numerous window
openings provides a means of approximating the
load transfer in the wall to that in the hanging model. The accompanying illustration
(p. 169 > 4) shows the wall regularly pierced
by small window openings similar to the two

construîda (p. 169 > 3), normalmente se presenta otra transmisión de las cargas de la pared
a las columnas. La pared no cargará con todo su
peso a los arcos que la sostienen, sino que una
parte de las cargas es recibida por lineas de
presiones parabólicas que se forman en la superficie de pared por sobre los arcos y directamente transmitida a los apoyos. La forma y la
flecha de tales lineas de presiones en la pared
dependen del material y de la forma constructiva del muro (97).
Esta transferencia de la concentración de fuerzas de los arcos a la superficie del muro, es
un comportamiento normal que sólo raramente
conduce a una amenaza en la estabilidad de una
pared e incluso deja a la construcción una ves-
ta reserva en los arcos todavia poco cargados.
Pero en este diseno, donde las partes del edificio se mantienen en equilibrio entre sî sólo
gracias al orden determinado por el modelo colgante, tal comportamiento es riesgoso bajo determinadas circunstancias. Posiblemente, Gaudî
encontró medidas en contra de una desviación
muy grande en la transmisión de fuerzas en el
modelo. En efecto, el proyecto, con su notoria
cantidad de vanos de ventanas, ofrece un medio
para ajustar la transmisión de cargas de la
pared real con la del modelo. La figura adjunta
(p. 169 > 4) muestra a la pared interrumpida en
forma regular por pequenos vanos, de forma

Kuppel und der Außenwand des hinteren Bereiches des Kirchenentwurfs. Durch diese Fensterreihen werden die von oben kommenden Kräfte (aus den Kuppeln und Türmen) in den Wandabschnitten zwischen den Fenstern konzentriert. Erst unter der Fensterreihe wird es den derart aufgeteilten Kraftkonzentrationen möglich, sich punktförmig zu sammeln. Der verbleibende Abstand für die Bildung einer bogenförmigen Kraftkonzentration ist gering und wird daher weniger ausgeprägt auftreten als bei Wänden ohne Fenster.

5. Die Folgen des Baustops nach Fertigstellung des Untergeschosses für die statische Richtigkeit des Entwurfs

Da die Last des Obergeschosses fehlt, ist die Form des Untergeschosses statisch eigentlich nicht richtig. Bis jetzt sind größere Bauschäden nicht aufgetreten, die auf eine Gefährdung der Standsicherheit des ausgeführten Gebäudeteils hinweisen würden. Einerseits sind die von Stützen und Wänden zu übertragenen Kräfte viel geringer als geplant, weil die Kirche über dem Untergeschoß fehlt (98). Gegenüber der hierdurch verringerten Beanspruchung des Materials steht andererseits, daß der Verlauf der Stützlinien im Untergeschoß ein neues und anderes Gleichgewicht innerhalb der im Hängemodell ermittelten Konstruktionsform bilden muß.

shells of the dome and the outer wall of the rear area of the church design. These rows of windows concentrate the loads acting from above (from the domes and towers) in the wall sections between the windows. It is only below the row of windows that these distributed concentrated forces can focus in one point. The remaining spacing distance allowing the formation of an arched load concentration is small and such a concentration will therefore be less pronounced than in walls without windows.

5. Consequences of the Termination of Building after Completion of the Basement for the Structural Correctness of the design

Since the upper storey is missing the form of the basement is really structurally incorrect. Up to now major structural damage which would point to a risk to the structural safety of the existing building, has not appeared. On the one hand the loads to be transferred by support columns and walls are much smaller than planned because the church above the basement is missing (98). The reduced loading of the materials is, however, counterbalanced by the fact that the shape of the support lines in the basement has to form a new and different balance within the design derived from the hanging model.

similar que en las dos cáscaras de la cúpula y de la pared exterior del sector posterior del proyecto de la iglesia. A través de éstas filas de ventanas, las fuerzas provenientes de la parte superior (de las cúpulas y las torres) son concentradas en las secciones de pared entre las ventanas. Recién debajo de la fila de ventanas le es posible a la concentración de fuerzas de tal modo repartida, encontrarse puntualmente de nuevo. La distancia que resta es poca para la formación de una concentración de fuerzas por efecto de las líneas de presiones parabólicas provocadas por el antedicho abovedamiento espontáneo y por ello aparecerá menos pronunciadamente que en el caso de las paredes sin ventanas.

5. Las consecuencias de la paralización de la obra luego de la finalización del piso bajo para la precisión en la estática del proyecto
Como falta la carga del piso superior, la forma del piso bajo no es correcta en realidad desde el punto de vista de la estática. No han aparecido danos constructivos notorios que pudiesen senalar una amenaza para la seguridad de la parte construída del edificio. Por un lado, las fuerzas transmitidas por apoyos y paredes son mucho más pequeñas que las planificadas, pues falta la iglesia sobre el piso bajo (98). Frente a la así ocasionada disminución en la solicitación del material, se encuentra por otro lado que el recorrido de las líneas de presión en el piso bajo debe crear un nuevo y distinto equilibrio dentro de la forma de la construcción determinada por el modelo colgante.

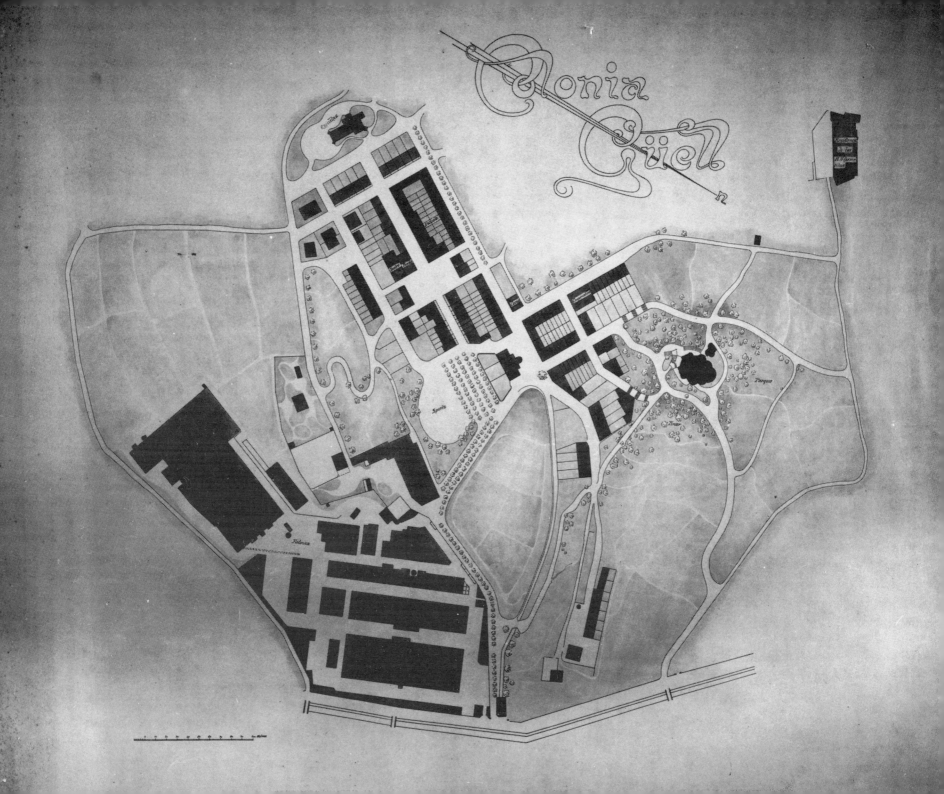

II.2.4 Zur Gestaltung der Stützen und Mauer-
       werksflächen

1. Die Krypta

Die Gestaltung des Mauerwerks in der Krypta ist
in erster Linie konstruktiv bedingt. Die erforderliche Mauertechnik zur Lösung der schiefwinkligen Konstruktionen wurde schon in II.2.2.6
'Zur Mauertechnik' beschrieben. Höchst interessant aber ist, wie der Architekt über technische Notwendigkeiten hinaus das Material gestalterisch anwandte.

Die Idee, Basalt in seiner natürlichen Säulen-
form in einem Backsteinbau zu verwenden
(> S. 183), ist höchst originell. In den eckigen Formen der Säulen und den gemauerten Ziegel-
stützen und -rippen fand Gaudî ein überzeugen-
des Gestaltungsthema für eine kristalline Formenwelt.

Die Kapitelle aus Ziegeln über den Basaltstützen wurden sechseckig gestaltet und so den unregelmäßigen fünf- oder sechseckigen Quer-
schnitten der Basaltsäulen angenähert. Bei den
aus mehreren Basaltteilen zusammengesetzten
Säulen sind die vieleckigen Teile übereck verdreht angeordnet. Größere Maßsprünge wurden erreicht, indem der Basaltblock grob behauen wurde, wobei entsprechend versetzte Flächen entstanden. Vereinfacht kann die Gestaltung der
Basaltsäulen mit Kapitell auf Polyeder zurückgeführt werden (> S. 181). Die Anfänge der polygonalen Backsteinbögen, die frei unter der
flachen Decke mit konstantem Querschnitt verlaufen, stehen senkrecht auf den Flächen der
sechseckigen Kapitelle und verstärken so den
kristallinen Eindruck der Konstruktion.

Das Aussehen des Kryptaraumes wird mitgeprägt
durch die teilweise verputzten Mauerflächen.
Der Putz hat einen hellgrauen Farbton,
der demjenigen des Bodenestriches aus Beton und
den Basaltsäulen ähnelt. Die Innenseiten der
Außenwände sind im unteren, zwei Meter hohen
Teil verputzt, wo sich die schrägen Flächen,
die das Faltwerk der Außenwände bilden, befinden. Erst über dieser Wandverkleidung mit Putz
wird das Mauerwerk komplizierter, um Fenster
und Rippen der Deckenkonstruktion aufzunehmen.
Ähnlich wie die Außenwand sind die unteren zwei
Meter einiger runder Backsteinstützen mit Putz
verkleidet. Vier der dickeren Backsteinstützen
sind bis an ihre Backsteinkapitelle kunstvoll
verputzt. Unten ist die Verputzung kreisrund

II.2.4 Notes on the Design of support Columns
       and Wall areas

1. The crypt

The design of the masonry in the crypt is primarily the result of the type of construction
used. The bricklaying techniques necessary to
achieve the skewed structures has been described in section II.2.2.6 'Notes on Wall Construction'. It is, however, extremely interesting to see how the architect has used the materials in a decorative way which transcends the
technical and structural requirements.

The idea of using basalt in its natural column
form in a brick building is highly original
(> p. 183). In the angular shapes of the columns and the brick supports and ribs Gaudî
found a convincing design idiom for a world of
crystalline forms.

The brick capitals crowning the basalt columns
are hexagonal and therefore approximate the
irregular pentagonal or hexagonal cross sections of the basalt columns. In the columns
consisting of several basalt segments the polygonal segments are rotated and offset against
each other. Larger discontinuities were
achieved by only roughing the basalt block
which produced the offset surfaces. In a simplified manner the design of the basalt columns
with capitals can be traced back to polyhedrons
(> p. 181). The start of the polygonal brick
arches (which have a constant cross section and
span the room below the shallow ceiling) are
perpendicular to the surfaces of the hexagonal
column capitals and thus reinforce the crystalline impression which the structure conveys.

The appearance of the crypt is also characterised by the wall surfaces which are only partially rendered. The rendering is light grey
which is similar to the colour of the concrete
floor and the basalt columns. The inner surfaces of the outer walls are rendered to a
height of two metres in the lower part in which
can be found the skewed surfaces which form the
folds of the outer walls. It is above this
rendering that the masonry becomes more complicated to accomodate windows and the vault
ribs of the ceiling. Similar to the outer wall
the bottom two metres of some circular brick
columns have been rendered. Four of the heavier
brick columns have also been rendered in an
artistic right up to their brick capitals.

II.2.4 Sobre la conformación de apoyos y super-
       ficies de muros

1. La cripta

La conformación de los muros en la cripta está
condicionada en primera línea, constructivamente. La técnica constructiva de muros necesaria
para la solución de las construcciones alabeadas, fue descrita en II.2.2.6 'Sobre la técnica
constructiva de muros'. Empero, es altamente
interesante como usó el arquitecto creativamen-
te el material, por encima de las necesidades
técnicas.

La idea de utilizar el basalto en su natural
forma de columna, en una construcción de ladrillos (> p. 183), es altamente original. En
las formas angulares de las columnas y de los
apoyos y nervios de ladrillo, Gaudî encontró un
convincente tema creativo para un cristalino
mundo de formas.

Los capiteles de ladrillo sobre las columnas de
basalto fueron diseñados con forma hexagonal y
así aproximados a las secciones irregulares
penta o hexagonales de las columnas de basalto.
En las columnas compuestas por varios trozos de
basalto, estas partes multiangulares están dispuestas giradas transversalmente. Habiendo
tallado toscamente los bloques de basalto, se
lograron mayores saltos en las dimensiones,
surgiendo las correspondientes superficies giradas. Simplificada, la configuración de las
columnas de basalto con capitel puede ser re-
ducida a poliedros (> p. 181). Los arcos de
ladrillo de sección poligonal que corren libremente con sección constante bajo la cubierta
plana, descansan perpendicularmente a las superficies de los capiteles hexagonales y refuerzan
así el aspecto cristalino de la construcción.

La apariencia del espacio de la cripta está im-
presa también por las superficies parcialmente
enlucidas de los muros. El enlucido tiene una
tonalidad gris clara, que se asemeja a la del
pavimento de cemento y a la de las columnas de
basalto. Las caras interiores de las paredes
externas están enlucidas en su parte inferior
hasta una altura de dos metros, donde se encuentran las superficies inclinadas que forman
las plegaduras de la pared exterior. Recién
sobre este revestimiento con enlucido de la
pared, aumenta la complejidad del muro, de modo
de incorporar las ventanas y los nervios de la
cubierta. En forma similar a la pared exterior,

wie die Stütze, darüber geht sie allmählich in den eckigen Querschnitt des Kapitells über. Die Wände der niedrigen Nebenräume im hinteren Teil des Untergeschosses sind in ganzer Höhe verputzt (S. 183 > 3).

Die Verkleidung des Mauerwerks mit glattem Putz bewirkt eine bessere Überschaubarkeit des Innenraumes, indem sie die Wandform in klare Flächen gliedert. Außerdem wird durch den Verputz dort, wo eine Berührung des eckigen und behauenen Backsteins als unangenehm empfunden werden könnte, die rauhe Backsteinoberfläche abgedeckt.

At the bottom the rendering is circular just like the column itself and gradually changes to the polygonal section of the capital. The walls of the low adjacent rooms in the rear part of the basement have been rendered up to ceiling level (p. 183 > 3).

The smooth rendering of the masonry provides a less cluttered interior by dividing the shape of the wall into clearly defined areas. Furthermore the rendering covers the rough brick surface in places where touching the brick might be felt to be undesirable.

los dos metros inferiores de algunos de los apoyos redondos de ladrillo están enlucidos. Cuatro de los apoyos de ladrillo de mayor grosor están artîsticamente revestidos con enlucido hasta sus capiteles. En la parte inferior el revestimiento es circular como la columna, arriba se convierte gradualmente en la sección angular de los capiteles. Las paredes de los espacios laterales más bajos, en la parte posterior del piso bajo, están enlucidas en toda su altura (p. 183 > 3).
El revestimiento de los muros con enlucido liso, al articular la forma de las paredes en claras superficies, produce una mejor apreciación del espacio interior. Además, la áspera

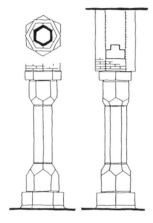

Basaltstütze der Krypta

Basalt column in the crypt

Apoyos de basalto de la cripta

> S. 182 Krypta im Hängemodell (um 180° gedreht)

> S. 183
> 1 Die Krypta aus ähnlichem Blickwinkel wie S. 182
> 2 Fenster in westlicher Kryptawand
> 3 Sakristei hinter der Krypta
> 4 Plastische Ergänzung einiger Rippen mit Putz bei Stütze F (vgl. Grundriß S. 50)
> 5 Plastische Ergänzung des Bogens zwischen A und a mit Putz (vgl. Grundriß S. 50)

> S. 184 Krypta (Altarbereich)

S. 185 Kirche, Blick auf Altarbereich
> 1 Originalmodellfoto OM 4
> 2 Originalübermalung OÜ 2 (auf OM 4)
> 3 Originalübermalung OÜ 2a (OÜ 2 in vergilbtem Zustand, Ausschnitt)

> p. 182 Crypt in the hanging model (turned upside down)

p. 183
> 1 The crypt seen from a similar angle as p. 182
> 2 Window in the western crypt wall
> 3 Sacristy behind the crypt
> 4 Sculpturing of some ribs by using cement rendering on column F (cf. ground plan p. 50)
> 5 Sculpturing of the arch between A and a by using cement rendering (cf. ground plan p. 50)

> p. 184 Crypt (altar area)

p. 185 Church, view towards altar area
> 1 Original model photo OM 4
> 2 Original overpainting OÜ 2 (on OM 4)
> 3 Original overpainting OÜ 2a (section of OÜ 2 shown in yellowed state)

> p. 182 cripta en el modelo colgante (girada en 180°)

> p. 183
> 1 La cripta desde un ángulo visual similar al de la p. 182
> 2 Ventana en la pared occidental de la cripta
> 3 Sacristîa detras de la cripta
> 4 Complemento plástico con enlucido de algunos nervios en el apoyo F (comp. planta p. 50)
> 5 Complemento plástico con enlucido, del arco entre A y a (comp. planta p. 50)

> p. 184 Cripta (Zona del Altar)

p. 185 Iglesia, vista sobre la zona del altar
> 1 Foto del modelo original OM 4
> 2 Foto del original repintada OÜ 2 (sobre OM 4)
> 3 Foto del original repintada OÜ 2a (OÜ 2 en estado amarillento; fragmento)

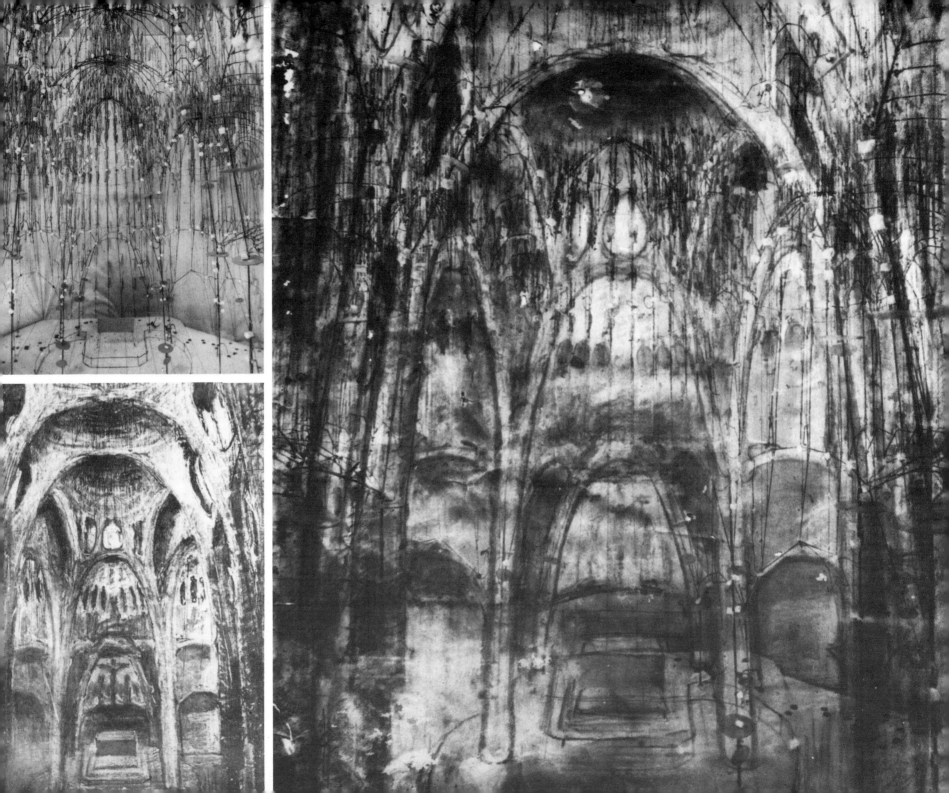

Dem gestalterischen Zweck, das Vorherrschen der Backsteinkonstruktion zu lindern, dienen die noch verbleibenden kleinflächigen Anwendungen von Putz in spielerischer Variation. Die an der Innenseite verputzten Fensterlaibungen reflektieren das natürliche Licht. Eine Variante des normalen Ziegels, der halbrunde Ziegel, die zur Formung von kleineren Bögen ausgezeichnet geeignet ist, wurde in Kombination mit Putz für Stützen verwendet (> S. 176 und 184). Dabei entstanden komplexe Muster mit einem bestechenden dekorativen Effekt.

Offenbar war ursprünglich ein vollständiger Verputz des Kryptaraumes vorgesehen, ebenso wie im Kirchenraum, wie dies auf OÜ 1 (> S. 189) und 2 (> S. 185, 187) sichtbar ist und worauf im nächsten Abschnitt noch eingegangen wird. An zwei Stellen in der Krypta wurde eine Verputzung auch der Bögen und Rippen erprobt (S. 183 > 4, 5). Da dies aber nicht konsequent weitergeführt wurde, darf man annehmen, daß das Resultat dem Architekt nicht gefiel.

Daß nicht der ganze Kryptaraum einschließlich Rippen und Bögen verputzt wurde, ist ein Hinweis dafür, daß Gaudî die dekorativen Aussagen des rohen Materials der Konstruktion als wesentliches Gestaltungsthema annahm, um somit die architektonische Aussage seines Baus noch zu intensivieren.

2. Der Kirchenraum

Ganz anders als die ausgeführte Krypta sollte nach den Entwürfen der Kirchenraum (> S. 185 und 189) aussehen. Gaudîs Übermalungen der Modellfotos zeigen glatte, helle Oberflächen aller Wände, Stützen, Bögen und Gewölbe. Zahlreiche Wandgemälde auf dem hellen Untergrund lassen ebenfalls verputzte Wandflächen annehmen. Nur die Basaltstützen sollten anscheinend nicht verputzt werden.
Alles spricht dafür, daß Gaudî das Obergeschoß in gleichem Ziegelmauerwerk wie die Krypta ausführen wollte. Eine Glättung und Ausrundung der

A further means of reducing the predominance of the brick construction are the remaining small areas of rendering which are quite varied. The rendering on the internal window reveals reflects the natural light. A variation of the normal brick, i.e. the semi-circular brick, which is eminently suitable for forming the smaller arches, has been used for the columns in combination with the rendering (> pp. 176 and 184). This combination results in complex patterns which have an attractive decorative effect.

It appears that originally the crypt was to be rendered entirely just like the church itself, as can be seen on OÜ 1 (> p. 189) and 2 (> pp.185, 187) and which will be dealt with in the next section. In two places in the crypt the rendering of arches and ribs was tried (p. 183 > 4, 5). Since this was not carried out throughout the crypt we may assume that the architect was not satisfied with the result.

The fact that the entire crypt including ribs and arches was not rendered indicates that Gaudî wanted to preserve the decorative effect of the raw building material as an essential design feature to intensify the architectural expressiveness of his building.

2. The Church

According to the drawings the church (> pp. 185 and 189) was intended to look quite different from the crypt. Gaudî's overpainting of the model photographs shows smooth and light-coloured surfaces on all walls, supports, arches and vaults. Numerous murals on the light-coloured background also indicate rendered wall surfaces. Apparently only the basalt columns were not intended to be rendered.
Everything points to the fact that Gaudî intended to execute the upper storey in the same type of brickwork as the crypt.

superficie de ladrillo es cubierta mediante el enlucido, allî donde un contacto entre los ladrillos angulares y los tallados pudiese haber sido considerado desagradable.
Los aún restantes usos del enlucido en pequeñas superficies contribuyen con libre variación, al objetivo creativo de moderar la preponderancia de las construcciones de ladrillo. Los interiores enlucidos de las ventanas reflejan la luz natural. Una variante del ladrillo normal, el ladrillo semicircular, que es muy adecuado para la formación de pequeños arcos, fue utilizado en combinación con enlucido para las columnas (> p. 176 y 184). De ésta forma resultan complejos modelos con un perdurable efecto decorativo.
Evidentemente estaba previsto un enlucido completo del espacio de la cripta, como también del espacio de la iglesia, lo que se puede apreciar en OÜ 1 (> p. 189) y 2 (> p. 185, 187) y de lo que nos ocuparemos en el próximo capítulo. En dos lugares en la cripta se probó también con el enlucido de arcos y nervios (p. 183 > 4, 5). Dado que ello no fue consecuentemente continuado, debemos suponer que el resultado no agradó al arquitecto.
El que no todo el espacio en la cripta fuera enlucido, incluyendo nervios y arcos, indica que Gaudî adoptó los atributos decorativos del material de construcción en bruto como un esencial tema creativo, para intensificar de ese modo la expresión arquitectónica de su construcción.

2. El espacio de la iglesia

De acuerdo con los disenos del espacio de la iglesia (> p. 185 y 189), éste debîa tener un aspecto muy diferente a la cripta construîda. Los repintados de Gaudî de las fotos del modelo, muestran superficies lisas y claras en todas las paredes, arcos y bóvedas. Numerosas pinturas murales sobre el fondo claro dejan también suponer la presencia de paredes enlucidas. Al parecer, sólo las columnas de basalto no debîan ser enlucidas.

> S. 187 Ausschnitt aus Originalübermalung
  OÜ 2a
> S. 188 Rekonstruktionsmodell, Blick in Altarrichtung (um 180° gedreht)
> S. 189 Orignalübermalung OÜ 1 mit gleicher Blickrichtung

> p. 187 Section from the original overpainting
  OÜ 2a
> p. 188 Reconstruction model, view towards the altar (turned upside down)
> p. 189 Original overpainting OÜ 1 viewed in the same direction

> p. 187 Fragmento de la foto del original repintada OÜ 2a
> p. 188 Modelo de reconstrucción, vista en dirección al altar (girada en 180°)
> p. 189 Foto del original repintada OÜ 1 con la misma dirección visual

bei dieser Mauertechnik und bei den komplizierten Bauformen zwangsläufig eckig abgestuften Flächen wäre nur mit dicken Putzschichten möglich gewesen, die die Querschnitte von Stützen und Bögen erheblich vergrößert und die Bauformen vergröbert hätten. Diese Erkenntnis hatte Gaudí offensichtlich bereits bei der Fertigstellung des Kryptaraumes auf einen flächendeckenden, vollständigen Verputz verzichten lassen. Eine gleiche Änderung gegenüber dem ursprünglichen Entwurf wäre sicherlich auch bei Ausführung der Oberkirche erfolgt.

3. Die Gewölbe der Portikus aus hyperbolisch paraboloiden Formen

Berühmt sind die Gewölbe der Portikus (> S. 195), d.h. des Terrassenbaus mit Treppenaufgang, der dem Bau vorgelagert ist. Ihre Wölbflächen sind aus hyperbolischen Paraboloiden gebildet. Hyperboloide waren etwa zwei Jahrzehnte früher vom russischen Ingenieur Suchow mit seinen gitterförmigen Stahltürmen in das Bauwesen eingeführt worden.

Wahrscheinlich unabhängig davon verwendete Gaudí nun erstmals die Formen hyperbolischer Paraboloide. Diese Formgebung stieß bei Architekten und Ingenieuren (Le Corbusier, Candela, Bonet Armengol u.v.a.) auf großes Interesse. Erst seit den fünfziger Jahren sind nach Regelflächen geformte Konstruktionen allgemein verbreitet.

Die tragende Konstruktion der Portikus besteht aus einem System von gemauerten polygonalen Bögen. Die dreieckigen Felder zwischen den Bögen sind mit HP-Flächen aus Flachziegeln ausgefüllt. Jeweils zwei Ränder dieser Flächen schließen geradlinig an zwei Bögen an, der dritte Rand ist mit konvexer oder konkaver Krümmung an den dritten Bogen angeschlossen. Der Vorteil dieser Formgebung besteht bekanntlich darin, daß sich steife, räumlich gekrümmte Flächen sehr einfach mit zwei geraden Erzeugenden (und entsprechend einfacher Schalung) bilden lassen.

Die relativ dünnen HP-Flächen aus Flachziegeln tragen eine Schüttung, der die Terrassenflächen und Treppenstufen aufliegen. An den Unterseiten sind die Wölbflächen mit Kachelstücken verziert, die in die Putzflächen gedrückt sind. Diese Dekoration bildet reizvolle, regelmäßige Muster, in deren Mitte jeweils ein Kreuz aus den beiden Erzeugenden gebildet ist (> S. 195):

The smoothing and rounding-off of the angular surfaces resulting from this construction method and the complicated shapes, would only have been possible by applying very thick coats of rendering which would have increased the cross sections of the columns and arches considerably and coarsened the shape of the building. It is apparently this realisation which caused Gaudí to reject a complete rendering of the church once he had finished the crypt. A similar change of mind compared with the original design would almost certainly have taken place in the building of the church itself.

3. The Portico Vaults consisting of Hyperbolic-paraboloid Forms

Especially famous is the vaulting of the open portico (> p. 195) above which a staircase leads to the main building. The vault surfaces are formed from hyperbolic paraboloids. Hyperboloids had been introduced into building history in the form of latticed steel towers by the Russian engineer Suchow approximately two decades earlier.

Probably independently of Suchow Gaudí now used the forms of hyperbolic paraboloids for the first time. This shape aroused great interest in architects and engineers such as Le Corbusier, Candela, Bonet Armengol and many others. It was not until the fifties that structures based on regular surfaces became popular.

The load-bearing structure of the portico consists of a system of polygonal brick arches. The triangular areas between the arches are filled in by HP surfaces consisting of thin bricks. Two edges of each of these surfaces meet two arches in a straight line, whereas the third edge meeting the third arch has either a convex or concave curvature. The advantage of this shape lies in the fact that rigid and three-dimensionally curved surfaces can be formed very simply using two straight generating lines (and correspondingly simple shuttering).

The relatively thin HP surfaces made from flat bricks carry the hardcore on which the terrace surfaces and stair steps are laid. The bottom side of the vaulting is decorated with ceramic tile fragments which have been pressed into the rendering. This ornamentation provides attractive regular patterns. In the centre of each pattern there is a cross formed by the two gene-

Todo hace suponer que Gaudí deseaba construir el piso superior con la misma mampostería de ladrillo que la cripta. Un alisamiento y redondeado de las superficies, las que para esa técnica de mampostería y para las complicadas formas constructivas eran obligadamente escalonadas y angulares, sólo hubiese sido posible con gruesas capas de enlucido, las que habrían aumentado las secciones de columnas y arcos y habrían producido formas constructivas más toscas. El reconocimiento de esta situación, habría hecho desistir evidentemente a Gaudí de un enlucido completo que cubriera todas las superficies, para la finalización del espacio de la cripta. Un mismo cambio respecto al diseño original, habría seguramente proseguido también en la construcción de la parte superior del templo.

3. Las bóvedas del pórtico con formas paraboloide-hiperbólicas

Famosas son las bóvedas del pórtico (> p. 195), es decir, de la construcción aterrazada con la escalera de entrada que se extiende delante del edificio. las superficies de tales bóvedas están constituídas por paraboloides hiperbólicos. Los hiperboloides fueron introducidos en la construcción hace alrededor de dos décadas por el ingeniero ruso Suchov, con sus torres de acero en forma de red.
Probablemente de forma independiente a ello, Gaudí usó entonces por primera vez las formas del paraboloide hiperbólico (formas PH). Este modelado de las formas encontró un gran interés por parte de arquitectos e ingenieros (Le Corbusier, Candela, Bonet Armengol y otros más). Recién desde los años cincuenta se han difundido en general las construcciones realizadas con superficies regladas.
La construcción portante del pórtico se compone de un sistema de arcos poligonales de mampostería. Los campos triangulares entre los arcos son rellenados con superficies paraboloide-hiperbólicas hechas con ladrillo de poco espesor. En cada una de estas superficies, dos bordes se conectan en línea recta a dos arcos, mientras que el tercer borde se conecta en forma cóncava o convexa con el tercer arco. La ventaja de tal modelado de las formas reside, como es conocido, en que superficies rígidas curvadas espacialmente se dejan configurar muy fácilmente con dos generatrices rectas (y de acuerdo a ello con un encofrado simple).
Las relativamente delgadas superficies paraboloide-hiperbólicas en ladrillo de poco espesor, soportan un relleno sobre el que se apoyan las superficies de terraza y los escalones. En la

ein schönes Beispiel einer Einheit von Konstruktion und Symbol.

Eine weitere Anwendung der HP-Form ist in der teilweisen Verkleidung der Unterkanten der Portikusbögen zu finden (S. 195 > 4). Diese Verkleidung, HP-Formen aus Putz, in den Ecken der polygonalen Bögen sollen gestalterisch zwischen den Bögen und den Wölbflächen vermitteln. Die tragende Funktion der Bögen und ihr Mauerwerk bleiben in der gefundenen Lösung erkennbar.

Die Gründe für die Anwendung der HP-Form im Untergeschoß sind vielfältig. Bei den Außenwänden (S. 155 > 2) war es vor allem die Logik einer praktikablen Umsetzung der vom Hängemodell vorgegebenen Wandform, die zur Regelfläche führte, indem einfach Ziegelschichten übereinander, schrittweise verdreht wurden. Die Gewölbe der Portikus ergeben mit ihrer doppelten gegenseitigen Krümmung eine steife Konstruktion und fügen sich leicht in die schiefen Randbedingungen der Bögen. Die HP-Formen aus Putz (S. 195 > 4) runden die polygonalen Bögen aus und erfüllen damit einen dekorativen Zweck. Mit den Fensterlaibungen der Krypta (S. 183 > 2) schließt die Reihe der Beispiele der HP-Formen im gebauten Untergeschoß. Es war die Führung des natürlichen Lichts mit windschiefen Flächen, welche Gaudî hier anstrebte; ein Versuch, bei diesen Fenstern möglichst viel Licht nach innen zu reflektieren.

Was sich hier mit der Verwendung von Regelflächen in Ansätzen anbahnte, war nicht weniger als die Erschließung einer neuen Formensprache, welche die weiteren Entwicklungen in der Architektur erheblich beeinflussen sollte.

Zu HP-Flächen

Einige Bemerkungen sind noch zu den HP-Flächen erforderlich, die Gaudî in der Baukonstruktion anwendete. In der Literatur findet sich immer wieder die Verwechslung dieser Flächen mit statisch optimierten Wölbformen einerseits, wie sie mit Hilfe von Hängemodellen oder mit Hilfe der grafischen Statik ermittelt werden; andererseits mit sogenannten Minimalflächen (99).

Hier muß deutlich unterschieden werden. HP-Flächen sind nicht, wie bereits angedeutet, statisch optimierte Wölbformen, die sich als Hängefigur bilden ließen. Gaudî fügte diese

> S. 192, 193 Portikus (links: mit Kryptaeingang)

rating lines (> p. 195): A beautiful example of the unity between construction and symbol.

Another application of the HP shape can be found in the partial covering of the bottom edges of the portico arches (p. 195 > 4). This covering (HP forms made from cement mortar) in the corners of the polygonal arches is intended to act as a visual link between the arches and the vault surfaces. The load-bearing function of the arches and their brickwork remains clearly visible.

There are many reasons for using the HP form in the basement. In the outer walls (p. 155 > 2) it was above all the logic of executing the shape of the wall determined by the hanging model in a practical way, which led to the regular surface, in which simply successive courses of bricks were rotated. With their double anticlastic curvature the portico vaults result in a rigid structure and are easily accommodated in the skewed boundaries of the arches. The HP shapes made from mortar (p. 195 > 4) round the polygonal arches off thereby serving a decorative purpose. The window reveals in the crypt (p. 183 > 2) conclude the series of examples of HP forms in the basement. It was the guiding of the natural light using skewed surfaces which Gaudî tried to achieve. It was an attempt to reflect as much light as possible into the interior.

The rudimentary use of regular surfaces was no less than the discovery of a new form idiom which was to have a considerable effect on the further development of architecture.

Notes on HP Surfaces

Some notes are required on the HP surfaces used by Gaudî in the construction of the building. In the appropriate literature we continually find that these surfaces are on the one hand being confused with structurally optimised forms of vault such as are determined using hanging models or graphic structural engineering, and on the other hand with the so-called minimal surfaces (99).

We have to make a clear distinction here. HP surfaces are not, as has already been indicated, structurally optimised forms of vaulting

> pp. 192, 193 Portico (left: with crypt entrance)

cara inferior, las superficies de las bóvedas están adornadas con trozos de azulejo, los que son apretados en las superficies del enlucido. Esta decoración crea modelos regulares, muy atractivos, en cuyo centro las generatrices forman respectivamente una cruz (> p. 195): un hermoso ejemplo de unidad entre construcción y símbolo.

Otro uso de las superficies PH se encuentra en el revestimiento parcial de los cantos inferiores de los arcos del pórtico (p. 195 > 4). Este revestimiento con superficies PH hechas con enlucido en las esquinas de los arcos poligonales, deben mediar formalmente entre los arcos y las superficies de la bóveda. La función soportante de los arcos y su mampostería permanece reconocible en la solución encontrada.

Las razones del uso de formas PH en el piso bajo son variadas. Para las paredes exteriores era sobre todo la lógica de una transformación practicable de la forma de la pared dada por el modelo colgante, la que condujo a las superficies regladas, donde capas de ladrillos eran simplemente giradas unas sobre otras progresivamente. Las bóvedas del pórtico con su doble curvatura de sentido contrario, dan como resultado una construcción rígida y se someten fácilmente a las condiciones de borde oblicuas que presentan los arcos. Las formas PH en enlucido redondean los arcos poligonales y cumplen con ello un fin decorativo. Con los intrados de las ventanas de la cripta se completa la serie de ejemplos en el uso de superficies PH en el piso bajo construido. Lo que aquí pretendió Gaudî, fue conducir la luz natural con superficies alabeadas; un intento de reflejar al interior por medio de tales ventanas, la mayor cantidad de luz posible (p. 183 > 2).

Lo que aquí se iniciaba con los principios del uso de superficies regladas, era nada menos que el desarrollo de un nuevo lenguaje formal, el que influiría considerablemente en ulteriores desarrollos de la arquitectura.

Sobre las superficies paraboloide-hiperbólicas

Algunas observaciones sobre las superficies PH que usó Gaudî en sus construcciones son aún necesarias. En la bibliografía se confunden con frecuencia estas superficies, por un lado, con formas abovedadas optimizadas como aquellas determinadas con ayuda de modelo colgantes o con ayuda de la estática gráfica; por otro lado, con las denominadas superficies mínimas (99).

> p. 192, 193 Pórtico (izq.: con acceso de cripta)

HP-Formen aus Putz an den Portikusrippen

HP forms sculpted in cement rendering on ribs of the portico

Formes paraboloides hiperbólicas hechas con enlucido en los nervios del pórtico

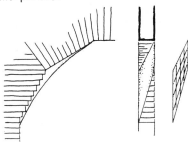

Flächen beispielsweise in das Bogensystem des Treppenaufgangs der Colonia Güell-Kirche ein, weil sie sich durch eine Anzahl von Vorteilen auszeichnen, die ich oben bereits beschrieben habe. Ebenso sind HP-Flächen keine Minimalflächen (100), wie sie beispielsweise in den zugbeanspruchten Konstruktionen des modernen Membranbaus (etwa von Frei Otto) verwendet werden.

Gaudî scheint sich mit Statik und Mathematik der Minimalflächen und deren Anwendung bei Zeltdächern nicht beschäftigt zu haben. In bescheidenem Umfang hat Gaudî allerdings zugbeanspruchte Konstruktionen geplant und gebaut (101).

Ein sehr interessanter Vorschlag Gaudîs zu einem riesigen Hängedach für einen Bahnhof (102) zeigt ebenfalls Gaudîs Beschäftigung mit zugbeanspruchten Konstruktionen, wie Tarragó zutreffend bemerkt.

Aus der erhaltenen Beschreibung dieses Projekts geht nicht hervor, ob eine besondere Formoptimierung versucht wurde, wie es etwa der Fall war bei Zeltbauten von V. G. Suchow (103).

4. Die Gestaltung der Außenwände

Anders als die Südfassade des Kirchenentwurfs, deren Mauerwerk schlicht seine konstruktive Funktion erfüllt, hätten die seitlichen und hinteren Außenwände besondere Dekorationen aufweisen sollen. Die geplante Gestaltung der Außenwände und der Türme läßt sich in etwa noch anhand der Originalübermalungen feststellen (> S. 198). Auf den Übermalungen teilen Hilfs-

S. 195 Portikus
> 1 Zentrale Stütze ('Palme')
> 2, 3 HP-Gewölbe
> 4 HP-Formen aus Putz an den Rippen

which could be formed by hanging models. Gaudî introduced these surfaces, for instance, into the system of arches of the staircase of the Colonia Güell church because it offers a number of benefits which I have described above. Likewise HP surfaces are not minimal surfaces (100) such as they are used, for instance, in the modern lightweight membrane structures (such as those designed by Frei Otto), which are under tensile stress.

It seems that Gaudî did not study the structural and mathematical aspects of minimal surfaces and their application to membrane roofs. He did, however, to a modest extent design and build structures under tensile stress (101).

A very interesting proposal presented by Gaudî for a huge suspended roof for a railway station (102) also shows Gaudî's interest in structures under tensile stress, as Tarragó has noted.

The extant description of this project does not reveal whether a special optimisation of form was attempted as in the case of the tent structures designed by V.G. Suchow (103).

4. The Design of the outer Walls

Contrary to the south facade of the church design whose masonry merely serves a constructional purpose, the side and rear outer walls should have had special decorations. The planned design of the outer walls and the towers can be roughly gleaned from the overpainted versions of the original designs (> p. 198). On the overpainted drawings the

p. 195 Portico
> 1 Central column ('palm tree')
> 2, 3 HP vaults
> 4 HP forms sculpted in cement rendering on ribs

Aquî debe diferenciarse claramente. Las superficies PH no son, como ya se señaló, formas abovedadas optimizadas que se dejan formar como figuras colgantes. Gaudî incorporó estas superficies, por ejemplo en el sistema de arcos de la escalera de entrada a la iglesia de la Colonia Güell, porque ellas se caracterizan por poseer una serie de ventajas, las que han sido descritas más arriba. Del mismo modo, las superficies PH no son superficies mînimas (100), como las que son utilizadas por ejemplo en las modernas construcciones solicitadas a tracción realizadas con membranas (por ejemplo, de Frei Otto).

Gaudî parece no haberse ocupado de la estática y de los aspectos matemáticos de las superficies mînimas y su uso en tiendas. En todo caso, Gaudî planificó y realizó construcciones solicitadas a tracción en modestas proporciones (101).

Una propuesta muy interesante de Gaudî respecto de un gigantesco techo colgante para una estación de ferrocarril (102), muestra asimismo la ocupación de él con construcciones solicitadas a tracción, tal como observó Tarragó acertadamente.

De la descripción conservada de dicho proyecto, no se desprende si fue intentado un tipo especial de optimización de la forma, como lo fue por ejemplo el caso de las construcciones de tiendas de V. G. Suchov (103).

4. La configuración de las paredes exteriores

De distinta manera a la fachada sur del proyecto de la iglesia, cuya mamposterîa cumple sencillamente su función constructiva, las paredes exteriores laterales y posteriores habrîan debido acusar una decoración especial. La planificada configuración de las paredes exteriores y de las torres, se deja todavîa determinar parcialmente en base a las fotos repintadas del

p. 195 Pórtico
> 1 Apoyo central ('palma')
> 2, 3 Boveda paraboloides hyperbólicas
> 4, 5 Formas PH hechas con enlucido en nervios

$\frac{2}{3}$ 1
4

linien die Außenwand in regelmäßige Felder auf. Dieses Raster bildet die Grundlage für die Gestaltung. Wie schon erwähnt, geben die Vertikalen des Linienrasters die Fäden des Modells wieder. Horizontale Linien, sozusagen Höhenlinien, teilen die Wand in Abschnitte von ca. 15 Ziegelschichten. Über dieses Netz aus Linien ist ein zweites Netz aus diagonalen Linien gelegt. Dieses diagonale Linienraster bestimmt das dekorative Muster der Außenfläche.

In beigefügter Abbildung (S. 197 > 2) ist an einem Wandabschnitt dargestellt, wie die Mauerwerksfläche nach OÜ 3 (> S. 198) hätte aussehen können. Die Diagonalen des Linienrasters sind erkennbar als s-förmige, aus der Mauerfläche tretende Ziegelbänder. Die Flächen dazwischen sollten anscheinend mit farbigen Keramikmosaiken verkleidet werden. Kleinere Fenster sind mittig in ihnen plaziert. Zinnen, von kleinen Öffnungen durchbrochen, bekrönen im Rhythmus der obersten Fensterreihe die Wand. Der Höhenunterschied zwischen den Dächern im Altarturmbereich und in den Bereichen der Querschifftürme wird von der ansteigenden Zinnenreihe in unauffälliger Weise ausgeglichen (S. 197 > 1).

Das Mauerwerk der Türme sollte vollständig verkleidet werden. Auch hier folgt die Dekoration einem diagonalen Linienraster, welches den Schuppen eines Tannenzapfens gleicht.

Beim kleinen Seitenturm auf OÜ 3 (> S. 198) ist eine andere Umsetzung des Linienrasters in die Wanddekoration zu vermuten. Das räumliche Rautennetz aus geraden Diagonalen sollte wohl mit hyperbolisch paraboloiden Mauerwerksflächen gefüllt werden (104).

Die zweite Übermalung, OÜ 4 (> S. 122), die die Westseite der Kirche wiedergibt, zeigt eine üppigere und freiere Dekoration. Die Wandgliederung aus vortretenden Ziegelbändern folgt aber ebenso dem beschriebenen Raster.

Die Gestaltung der Außenwände erfüllt nicht nur dekorative und symbolische Funktionen. Die Wände sind in gleichmäßige Felder gegliedert, die wiederum durch das Ziegelmauerwerk strukturiert sind. Erst diese Gliederung hätte es dem Betrachter ermöglicht, die überaus komplexen Gebäudeformen als räumliche Gebilde zu erfassen und mit dem Auge dem Verlauf der gekrümmten Wandflächen zu folgen (105).

outer wall is divided by lines into a regular grid. This grid is the basis of the design. As mentioned before the vertical lines of this grid represent the threads of the model. Horizontal lines, which may be called lines of equal altitude, divide the wall into sections of approximately 15 courses of bricks each. Over this grid of lines a second grid is superimposed consisting of diagonal lines. This diagonal line grid determines the ornamental pattern of the outside surface.

The illustration (p. 197 > 2) shows a wall section as it could have looked in accordance with the original overpainting 3 (> p. 198). The diagonals of the line grid can be recognised as S-shaped brick bands protruding from the wall surface. Apparently the areas in between were supposed to be covered with coloured ceramic mosaic. Smaller windows are placed centrally in these areas. Battlements pierced by small openings crown the wall in unison with the topmost row of windows. The difference in height between the roofs in the altar tower area and in the areas of the transept towers is balanced in a discreet way by the rising row of crenellations (p. 197 > 1).

It was intended to clad the masonry of the towers completely. Here again the ornamentation follows a diagonal line grid which resembles the leaves or 'scales' of a pine cone.

In the small side tower of original overpainting 3 (> p. 198) a different transformation of the line grid into a wall decoration may be suspected. The three-dimensional network of rhombi formed by straight diagonal lines probably was supposed to be filled with hyperbolic-paraboloid masonry surfaces (104).

The second overpainting OÜ 4 (> p. 122) which shows the west side of the church, shows a more luscious and free ornamentation. The structuring of the wall created by the protruding bands of bricks again follows the grid described above.

The design of the outer walls has not only decorative and symbolic functions. The walls are divided into uniform sections which in turn are structured by the brickwork. It is this very structuring which would have made it possible to the observer to recognise the extremely complex shapes of the building as a three-dimensional structure and to let the eye follow the curved wall surfaces (105).

original (> p. 198). Sobre tales impresiones, las paredes exteriores están divididas en campos regulares por líneas auxiliares. Esta red forma la base para el diseño. Como fue mencionado anteriormente, las líneas verticales de la red de líneas, reproducen los hilos del modelo. Las líneas horizontales, por decir líneas de nivel, dividen a la pared en segmentos de cerca 15 capas de ladrillo. Sobre tal red de líneas se ha tendido una segunda red con líneas diagonales. Esta red de líneas diagonales determina la trama decorativa de la pared exterior.

En la figura adjunta (p. 197 > 2) está representada en un sector de pared como podría haberse visto la superficie de mampostería de acuerdo con OÜ 3 (> p. 198). Las diagonales de la red de líneas son reconocibles en las bandas de ladrillo en forma de S que se destacan de la superficie del muro. Las superficies intermedias debían ser revestidas al parecer con cerámica de color. En medio de ellas fueron colocadas pequeñas ventanas. Almenas, interrumpidas por pequeñas aberturas, coronan la pared siguiendo el ritmo de la fila superior de ventanas. La diferencia de altura entre los techos en la zona de la torre del altar y en la zonas de las torres de la nave transversal, es discretamente equilibrada por la serie ascendente de almenas (p. 197 >1).

La mampostería de las torres debía ser completamente revestida. Aquí, la decoración también sigue una red de líneas diagonales que se asemeja a las escamas de una pina de un pino.

En la pequeña torre lateral en OÜ 3 (> p. 198) se presume otra utilización de la red de líneas en la decoración de la pared. La red romboidal espacial de diagonales rectas debía ser rellenada con superficies paraboloide-hiperbólicas de mampostería (104).

La segunda foto repintada OÜ 4 (> p. 122) que reproduce la parte occidental de la iglesia, muestra una decoración más exuberante y libre. La estructuración de las paredes con bandas de ladrillo resaltando del muro, sigue empero la red descrita.

El diseño de las paredes exteriores no sólo cumple funciones decorativas y simbólicas. Las paredes están estructuradas en campos regulares, los que están a su vez estructurados por la mampostería de ladrillo. Recién tal estructuración hubiese posibilitado al observador el comprender las complejas formas del edificio como formación espacial y seguir con el ojo el recorrido de las superficies curvadas de las paredes (105).

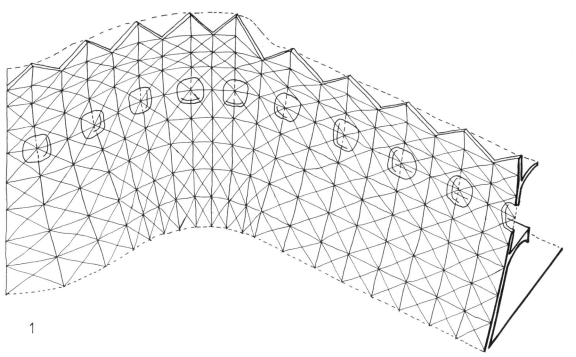

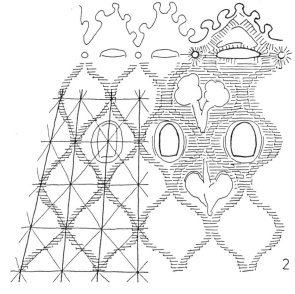

> 1 Linienraster auf der Außenwand
> 2 Gestaltung der Außenwand nach Originalüber-
>   malung OÜ 3 (Rekonstruktion)

> 1 Line grid on the outer wall
> 2 Design of the outer wall in accordance with
>   original overpainting OÜ 3 (reconstruction)

> 1 Enrejado de lineas sobre la pared exterior
> 2 Configuración de la pared exterior de acuer-
>   do a la foto del original repintada OÜ 3
>   (reconstrucción)

> S. 198 Außenansicht von Nordosten, Original-
>   übermalung (ursprünglicher Zustand,
>   Ausschnitt aus OÜ 3)

> S. 199 Originalübermalung (heutiger Zustand,
>   Ausschnitt aus OÜ 3a)

> p. 198 View from north-east, original over-
>   painting (original sate, section from
>   OÜ 3)

> p. 199 Original overpainting (today's state,
>   section of OÜ 3a)

> p. 198 Vista del exterior noreste, foto del
>   original repintada (estado original,
>   fragmento de OÜ 3)

> p. 199 Foto del original repintada (estado
>   actual, fragmento de OÜ 3a)

II.2.5 Darstellung des Kirchenentwurfs

Der Beschreibung des Kirchengebäudes in diesem Abschnitt müssen einige Erklärungen vorangehen.

Die allgemeine Beschreibung versucht, die Architektur, wie sie der Besucher erlebt hätte, zu vermitteln. Dabei nehmen konstruktive und statische Fragen eine untergeordnete Stellung ein. Für diese Aspekte sei auf andere Abschnitte dieser Arbeit verwiesen.

Der Entwurf wird in der Entwicklungsphase beschrieben, über die die meisten Informationen vorliegen und in der, vor Baubeginn, die Übermalungen der Modellfotos entstanden. Auf spätere Änderungen im Entwurf wurde schon verwiesen.

"Das Gebäude sollte eine Verbindung von gebrannten Ziegeln, Schlackenstein und Bruchstein sein, die den unteren Teilen die genaue Farbe des Bodens geben. Weiter oben wird die graue Farbe eher silbrig und der der Pinienstämme ähnlich, die das Gebäude umstehen. Noch weiter oben würden die Grün-, Purpur- und Blautöne der Glasmaterialien mit den Baumwipfeln, welche den Horizont verdecken, und mit dem blauen Himmel harmonisiert haben." (106)

An der Grenze zur offenen Landschaft wurde die Kirche, von der Arbeitersiedlung und der Güell-Textilfabrik betont abgerückt, an den oberen Rand eines Hügels in einen Pinienwald gebaut. Die Gebäudefront ist nach Süden gewandt. Links daneben befindet sich eine Wohnung für den Geistlichen. Die Einbindung in die Landschaft zeigt sich unter anderem dadurch, daß Pinienbäume bis unmittelbar neben dem Gebäude erhalten wurden.

Das Gebäudeäußere läßt nichts von der basilikalen Anordnung des Innenraums erkennen. Mit den asymmetrisch angeordneten, zinnenbekrönten Terrassen und einem großzügigen Treppenaufgang erinnert die der Siedlung zugewandte Kirchenfront an einen märchenhaften Burgbau der deutschen Spätromantik.

Backsteinmauerwerk mit vielen Fensteröffnungen bestimmt, abgesehen vom expressiv gestalteten Eingangsportal, den Charakter. Eine Uhr im großen Turm verrät die öffentliche Funktion des Gebäudes.

II.2.5 Description of the Church Design

Some explanations are necessary before we proceed to a description of the church building.

The general description attempts to convey the architecture such as the visitor would have experienced it. Thus constructional and structural questions assume a subordinate role. These aspects are dealt with in detail in other sections of this treatise.

The design is described in the development phase, on which the majority of data exist and in which the overpainting of the model photographs took place before construction started. Later modifications of the design have already been referred to.

"The building was intended to be a compound of brick, breeze block and stone fragments which give the lower sections the grey colour of the floor. Further up the grey colour becomes silvery and similar to that of the pine tree trunks which surround the building. Even further up the green, purple and blue tones of the glass materials would have harmonised with the blue sky and the tree tops which obscure the horizon." (106)

At the edge of the open country the church was built at the upper border of a hill in a pine wood, intentionally separated from the workers' housing estate and the Güell textile factory. The front of the building points south. On the left there is the vicar's house. The integration into the landscape is emphasised by the fact that pine trees growing immediately beside the building have been preserved.

The outside of the building reveals nothing of the basilica-like design of the interior. With its asymmetrical crenellated terraces and its large stairway the church front facing the housing estate reminds the observer of a fairy-tale castle of German late Romanticism.

Apart from the expressive entrance portal it is the brick masonry with its multitude of window openings which characterises the building. A clock in the large tower shows that the building keeps a public function.

II.2.5 Representación del proyecto de la iglesia

Algunas declaraciones deben preceder a la descripción del edificio de la iglesia en este capítulo.
La descripción general intenta transmitir la arquitectura tal como la hubiera experimentado un observador. Con ello, las interrogantes sobre la estática y sobre los aspectos constructivos ocupan un lugar secundario. Para tales aspectos, remítase a otras secciones de este trabajo.
El proyecto es descrito en las fases de desarrollo de las que se cuenta con la mayor información y en las que se originaron los repintados de las fotos del modelo, antes del comienzo de la construcción. Sobre posteriores modificaciones en el proyecto se ha remitido.

"Una combinación de ladrillos recochos y de hormigón de escorias y de piritas da a las partes bajas el tono exacto del terreno arenisco; hacia arriba el gris es más plateado y más similar al color del tronco de los pinos que circundan el edificio; más arriba hubieran venido los verdes, morados y azules, hechos con materiales vidriados, entonando con las copas de los árboles, con las cumbres que cierran el horizonte y hasta con el cielo" (106)

En la frontera con el paisaje abierto, la iglesia fue acentuadamente retirada del sector fabril y de la colonia de trabajadores, construyéndola en un bosque de pinos en lo alto de la ladera de un cerro. El frente del edificio está dirigido hacia el sur. Junto al costado izquierdo se encuentra una vivienda para los sacerdotes. La inserción en el paisaje se muestra entre otras cosas, por medio del hecho que los pinos fueron conservados hasta lugares directamente contiguos al edificio.

El exterior del edificio no deja reconocer la disposición en basílica del espacio interior. Con sus terrazas asimétricamente dispuestas, coronadas por almenas, y con una generosa escalera de acceso, el frente de la iglesia dirigido a la Colonia, recuerda más bien a un encantado castillo del romanticismo tardío alemán.

Exceptuando al expresivo portal de acceso, el carácter está determinado por la mampostería de ladrillo con sus numerosos vanos. Un reloj en la torre mayor, revela la función pública del edificio.

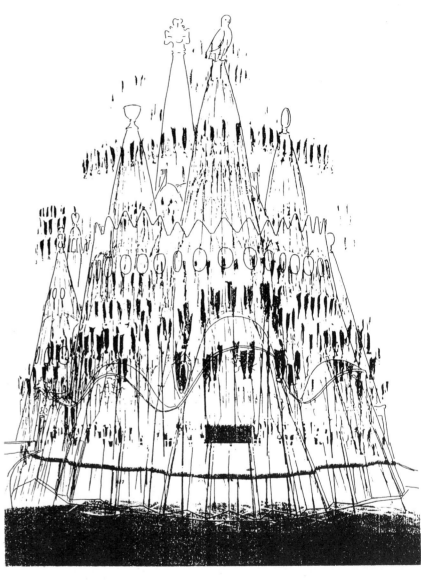

Die hintere, der offenen Landschaft zugewandte Seite der Kirche ist geschlossener. Dominiert wird diese Seite von den Türmen. An der schräg abfallenden Außenwand erleichtern dekorative Muster in einem gleichmäßigen Raster dem Betrachter, die komplizierte Form des sanft geschwungenen Baukörpers zu erfassen. Die Türme sind von christlichen Symbolen - Kreuz, Kelch und Taube - bekrönt.

Das Untergeschoß der Kirche folgt dem nach hinten ansteigenden Hügel. Nur für die Krypta und den seitlichen Lichtgraben ist ein Teil des Hügels abgetragen worden.

Hinter der ungewöhnlich geräumigen Krypta, die eigentlich eine eigenständige Kirche darstellt, befinden sich Diensträume. Eine Wendeltreppe verbindet die Krypta mit der Kirche. Zwei weitere Treppen führen von der Krypta zu Seiteneingängen und eine davon noch zur Kirche. Vor dem Eingang der Krypta befindet sich ein schattiger Bereich unter dem Treppenaufgang zum Kircheneingang.

Man nähert sich über die Treppe, deren beide Zugänge mit Gittern abschließbar sind, dem Kircheneingang von der Seite. Das große Eingangsportal ist schräggestellt und so der Richtung zugewandt, aus der der Besucher kommt. Die eigentliche Eingangstür liegt dahinter auf der Achse des Kirchenraumes. Ein kleineres Portal daneben führt zum Eingang der Taufkapelle. Vor den Eingängen, abseits des Treppenlaufs, schafft eine Terrasse einen Platz für die üblichen Begrüßungen der Bekannten nach dem Gottesdienst.

Hinter der Eingangstür erwartet den Besucher vorerst ein niedriger Raum unter der Eingangsempore, dann erst öffnet sich der Kirchenraum. Noch bevor der Besucher die große Helligkeit des Raums wahrnimmt, wird das Auge auf das Glasgemälde einer Fenstergruppe hoch in der Vierung gelenkt. Das Kirchenschiff erweitert sich zum Altar hin bis zu einer Art von Querschiff. Es ist begrenzt von senkrechten Stützen. Unten bestehen die Stützen aus dünnen Basaltsäulen, die ihnen eine erstaunliche Schlankheit geben.

Eine üppige Dekoration ist auf die verputzten Flächen der Wände über dem Altar gemalt. Die vielen kleinen Fenster hier spenden indirektes Licht, das den Altarbereich mäßig beleuchtet. Aus wenigen großen Fenstern fällt gezielt Licht auf den Altar.

The rear side of the church which faces the open countryside is more closed. This side is dominated by the towers. On the inclined outer wall decorative patterns arranged in a uniform grid make it easier for the observer to take in the complicated shape of the gently curving building. The towers are crowned by Christian symbols: cross, chalice and dove.

The basement of the church follows the hill which rises towards the rear. Part of the hill has been excavated only for the crypt and the light ditch running along the side.

Behind the unusually roomy crypt, which is really a separate church, are the offices. A spiral staircase connects the crypt with the church. Two further staircases lead from the crypt to the side entrances and one of these staircases leads further to the church. In front of the entrance to the crypt there is a shaded area below the stairway to the church entrance.

The visitor approaches the church entrance from the side via a stairway whose two accesses can be closed by gates. The large entrance portal is set at an angle and thus faces the visitor. The actual entrance door behind is on the axias of the church. A smaller doorway next to it leads to the entrance to the baptistry. In front of the entrances and on the side of the stairway a terrace provides space for the usual meeting of friends after the holy service.

Behind the entrance door the visitor first enters a low room below the entrance gallery before the church interior opens up in front of him. Before the visitor notices the brightness of the church his eye is directed to the painted glass of a group of windows high up at the intersection between nave and transepts. Towards the altar the nave widens into a sort of transept. It is flanked by vertical columns. The lower sections of these columns are thin basalt columns which make the columns astoundingly slender.

The rendered surfaces of the walls above the altar are painted with exuberant decoration. The many small windows in this area provide indirect light which lights the altar area only moderately. The light for the altar comes from the few large windows.

La parte posterior de la iglesia dirigida al paisaje abierto, es más cerrada. Las torres dominan ésta parte. En la oblicua pared exterior, los modelos decorativos con una red uniforme, le facilitan al observador la comprensión de la complicada forma del suavemente oscilante cuerpo construído. Las torres están coronadas por los símbolos cristianos de la cruz, el cáliz y la paloma.

Al piso bajo de la iglesia le sigue la colina, que va elevándose hacia atrás. Sólo para la cripta y los espacios laterales para la iluminación, fue desmontada una parte del cerro.

Detrás de la cripta singularmente espaciosa, la que en realidad representa una iglesia independiente, se encuentran los espacios de servicio. Una escalera de caracol une la iglesia con la cripta. Otras dos escaleras conducen a entradas laterales y una de ellas también a la iglesia. Delante de la entrada a la cripta se encuentra un sector sombreado, debajo del ascenso de la escalera que conduce al acceso de la iglesia.

Uno se aproxima por la escalera, pudiendo sus dos accesos ser cerrados con rejas, a la entrada de la iglesia por el costado. El gran portal de acceso está colocado oblicuamente y de esta forma, dirigido en la dirección con la cual llega el visitante. La verdadera puerta de acceso se encuentra detrás, en el eje del espacio de la iglesia. Un pequeño portal al costado conduce a la entrada de la capilla baptisterial. Delante de las entradas, separada de la escalera, una terraza crea un sitio para los usuales saludos entre conocidos luego del servicio religioso.

Detrás de la puerta de acceso, al visitante lo espera primeramente un espacio de baja altura que se encuentra debajo del coro del acceso, abriéndose luego el espacio de la iglesia. Aún antes de que el espectador perciba la gran luminosidad del espacio de la iglesia, la mirada es desviada hacia el vitreaux de un grupo de ventanas en lo alto del crucero. La nave principal se extiende hacia el altar hasta una especie de nave transversal. Esta está limitada por columnas verticales. En la parte inferior, éstos apoyos están constituídos por delgadas columnas de basalto, lo que les otorga una asombrosa esbeltez.

Una decoración exuberante está pintada sobre las superficies enlucidas de la pared sobre el altar. Aquí, las numerosas ventanas pequeñas

Dann wird der Blick des Besuchers zu den Seitenschiffen gelenkt, deren Gewölbe bis unter den niedrigen Lichtgaden reichen. Die zwei hinteren Stützen des Kirchenschiffes verzweigen sich mehrmals; einmal um mit zwei Stützenarmen eine flache Empore zu tragen, dann um sowohl die Lichtgadenwand als auch die nach innen verlegten Bögen der Überwölbung zu stützen. Kleine Gewölbe schließen den Raum zwischen den Lichtgadenwänden und den Kuppeln, mit denen sie die ungewöhnliche Überwölbung des Kirchenschiffes bilden.

Grandioser noch verzweigen sich die Stützen, die die Vierung umstellen. Die Querschiffkuppeln, über denen sich Türme erheben, ruhen auf stark geneigten Stützenverzweigungen - ein subtiles räumliches Zusammenwirken von Konstruktionen.

Es gelang dem Architekten, mit der fast symmetrischen Grundrißanordnung, den senkrechten Stützen und den sich aneinanderreihenden Bögen, trotz der räumlichen Komplexität Rhythmus und Kontinuität in den Raum zu bringen. Durch Wiederaufnahme und Variation der traditionellen Bauformen (Kuppel, Stütze, Bogen) wird der Betrachter mit der neuen Formenwelt, die sich in diesem Entwurf entfaltet, vertraut gemacht.

Auf insgesamt fünf Höhen führen Fenster dem Kirchenraum im mittleren Bereich Licht zu, das die freie Plastik der sich verzweigenden Stützen betont. Die äußeren Seitenschiffe sind niedrig, enthalten aber dennoch eine Empore. Vor den Querschiffen setzen sich die Seitenschiffe als Kapellräume unter kleinen seitlichen Türmen fort. Um den Altar ist Platz für einige unterschiedlich überwölbte Kapellnischen.

Der vordere Teil der Kirche, seitlich des Eingangs, enthält zwei Stockwerke mit Räumen für eine Bibliothek und für kleinere Gruppentreffen. Sie sind über zwei Wendeltreppen erreichbar. Anders als diese seitlichen Räume ist die Eingangsempore unmittelbar unter dem großen Turm räumlich dem Kirchenraum zuzuordnen, da sie in fast gleicher Höhe wie das Kirchenschiff überwölbt ist. Hier hätte eine Orgel einen guten Platz gefunden. Das obere Stockwerk der Kirche, ein über eine Wendeltreppe erreichbarer, schmaler Trakt, umläuft das Schiff und Querschiff ganz und ist im mittleren Bereich der Kirche als offene Empore für einen Chor ausgebildet.

The visitor's view now wanders to the aisles whose vaults reach up to the lower edge of the low clerestory. The two rearmost columns of the nave branch several times: firstly to support a low gallery with two branches and secondly to support the clerestory wall as well as the vault arches which have been moved inward. Small vaults close the space between the clerestory walls and the domes with which they form the unusual vault of the church nave.

The columns surrounding the intersection area between nave and transepts branch out in an even more exuberant manner. The transept domes crowned by towers rest on strongly inclined column branches - a subtle tri-dimensional interplay of structures.

Using the nearly symmetrical plan, vertical columns and rows of arches, the architect has succeeded in introducing rhythm and continuity into the space in spite of the complexity of the building. A re-adoption and variation of traditional forms of building (domes, columns, arches) causes the observer to familiarise himself with the new world of forms which blossoms forth in this design.

At five levels windows provide the central area of the church with light which emphasises the free sculpture of the branching columns. The outer aisles are low but despite this they have a gallery. In front of the transepts the aisles continue in the form of chapels below small lateral towers. Around the altar there is space for some chapels with various domes.

The front part of the church on the side of the entrance comprises two levels with rooms for a library and small group meetings. These can be reached by two spiral staircases. In contrast to these lateral rooms the entrance gallery immediately below the large tower clearly belongs to the church space since its vault is nearly at the same height as that of the nave. It could have served as an organ loft. The upper storey of the church, a narrow gallery which can be reached via a spiral staircase, runs around the entire nave and transept and widens in the central area of the church into an organ gallery for a choir.

entregan luz indirecta, la que ilumina sobriamente la zona del altar. De algunas ventanas grandes, cae luz directamente sobre el altar.

La mirada del visitante es luego desviada a las naves laterales, cuyas bóvedas se extienden hasta debajo de los lucernarios de poca altura. Los dos apoyos posteriores de la nave principal se ramifican varias veces; una vez para soportar con dos brazos de apoyo un coro alto plano y luego para soportar tanto la pared para iluminación cenital como también a los arcos de bóvedas transferidos hacia el interior. Pequeñas bóvedas cierran el espacio entre las paredes con iluminación cenital y las cúpulas, con las que forman un inusitado abovedamiento de la nave principal.
Más grandiosamente se ramifican los apoyos que rodean a la intersección de las naves. Las cúpulas de la nave transversal, sobre las que se elevan torres, descansan sobre ramificaciones fuertemente inclinadas de apoyos - una sutil cooperación de las construcciones.

El arquitecto logró con la disposición casi simétrica de la planta, los apoyos verticales y los arcos en fila, traer ritmo y continuidad en el espacio, a pesar de la complejidad espacial. A través de la reposición y variación de formas constructivos tradicionales (cúpula, columna, arco), el observador adquiere confianza con el nuevo mundo de formas que se despliega en este proyecto.
En un total de cinco alturas, las ventanas conducen luz a la zona central del espacio de la iglesia, la que acentúa la libre plástica de los apoyos que se ramifican. Las naves laterales exteriores son bajas, sin embargo incluyen un coro. Delante de la nave transversal, las naves laterales continúan en forma de espacios para capillas bajo pequeñas torres laterales. Alrededor del altar hay lugar para algunos nichos para capillas diversamente abovedados.

La parte de la iglesia, a un lado de la entrada, contiene dos pisos con espacios para una biblioteca y para pequeños encuentros de grupos. Ellos son accesibles por medio de dos escaleras de caracol. De manera diferente a estos espacios laterales debe ordenarse el coro de la entrada que se encuentra directamente bajo la gran torre, respecto al espacio de la iglesia, pues él está abovedado casi con la misma altura que la nave mayor. Un órgano hubiera encontrado aquí un buen lugar. El piso superior de la iglesia de estrecha sección y accesible por medio de un escalera de caracol, rodea totalmente a

Das Dach ist über die rechte Wendeltreppe erreichbar. Der Dachrand ist umlaufend mit Zinnen bekrönt. Die Türme, insgesamt sechs, eignen sich mit ihren schlecht erreichbaren, durchwegs geschlossenen Turmhelmen nicht als Glockentürme oder für andere praktische Funktionen.

Sie dienen dazu, das Gebäude in der Landschaft zu akzentuieren. Konstruktiv fördern sie durch ihr Gewicht im Außenbereich des Gebäudes die Bildung eines geräumigen Kirchenraumes. Dieses und auch viele andere Geheimnisse, die in diesem Entwurf verschlüsselt sind, sind für Architekten ein schwieriger Lehrstoff.

Aber auch ohne dieses Wissen teilt sich das Gebäude dem Besucher in seinem Zauber mit.

The roof can be reached via the right-hand spiral staircase. The entire length of the roof edge is crowned by castellations. Because of the bad access to the closed spires the six towers are not suitable for use as belltowers or any other practical function.

They merely accentuate the building in the landscape. Constructionally their bulk in the outer area of the building promotes the formation of a roomy church interior. This and many other secrets coded in this design are difficult study material for architects.

But even though the visitor may not have this knowledge the building succeeds in conveying its magic.

la nave mayor y a la transversal y en la zona media de la iglesia está conformado como balcón abierto para dar lugar a un coro.

El techo es accesible a través de la escalera de caracol derecha. El borde del techo está coronado por almenas en todo su derredor. Las torres, seis en total, al ser sus cúspides difícilmente accesibles y por lo general cerradas, no son adecuadas como campanario o para otros fines prácticos. Ellas sirven para acentuar al edificio dentro del paisaje. Constructivamente, favorecen la formación de un amplio espacio en la iglesia, a través de su peso en la zona exterior del edificio. Este y también muchos otros secretos que están cifrados en este proyecto, son una difícil materia de enseñanza para los arquitectos.

Pero aún sin ese conocimiento, el edificio comunica su encanto al visitante.

Die Zeichnungen auf S. 201-207 wurden über Fotos des Rekonstruktionsmodells auf Transparentpapier ausgeführt. Auf S. 202 sind Foto und Zeichnung zusammen abgebildet. Ungenauigkeiten der Rekonstruktion sind nur teilweise korrigiert. Die Zeichnungen geben vorrangig die Bauformen wieder. Zum Dekor (Ausmalung, Metallgitter der Emporenbrüstung, Fensterformen) werden keine genaueren Aussagen versucht.

The drawings on pp. 201 - 207 were made using photographs of the reconstruction model. Inaccuracies in the reconstruction have been corrected only partially. The drawings mainly illustrate the main structure. The illustration of details with regard to decoration and embellishment (murals, metal grilles of the galleries, window shapes) has not been attempted.

Los dibujos de la págs. 201 - 207 fueron ejecutados sobre fotos del modelo de reconstrucción. Inexactitudes de la reconstrucción fueron corregidas sólo en parte. Los dibujos reproducen preferentemente la construcción principal. Respecto a la decoración (pintura interior, enrejado metálico de las barandas en los coros altos, formas de las ventanas) no se intentará referencia exacta alguna.

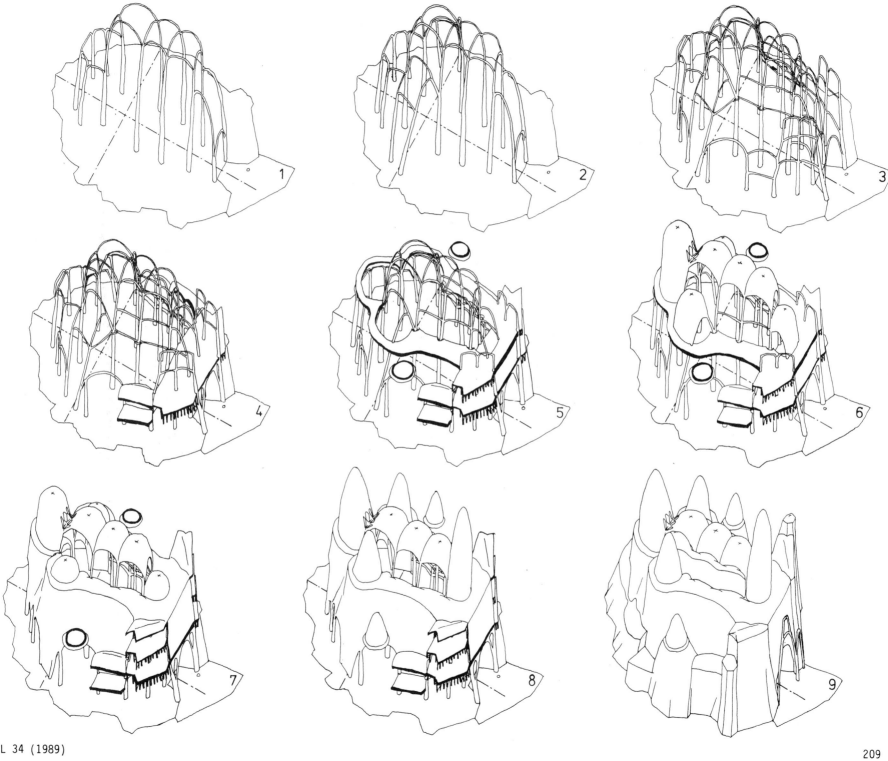

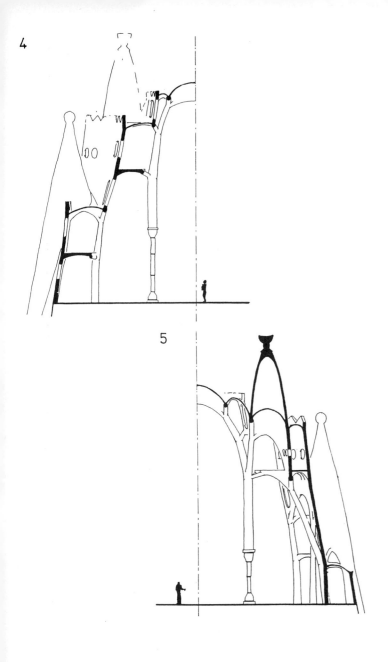

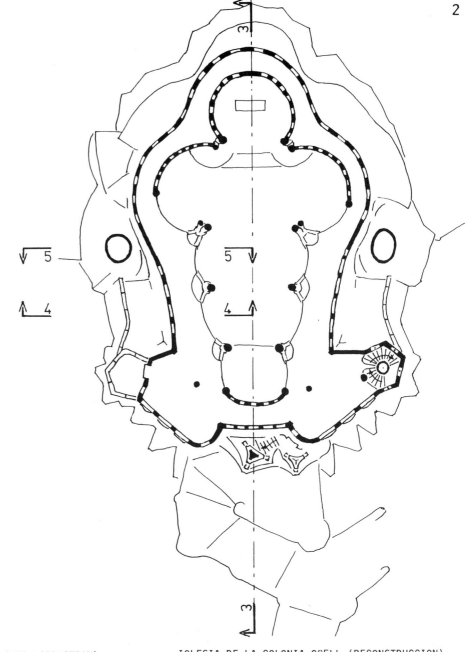

COLONIA GÜELL KIRCHE (REKONSTRUKTION)
> 1 Grundriß auf Eingangsebene
> 2 Grundriß auf Emporenebene
> 3 Längsschnitt (ohne Untergeschoß)
> 4, 5 Querschnitt (ohne Untergeschoß)

COLONIA GÜELL CHURCH (RECONSTRUCTION)
> 1 Ground plan at entrance level
> 2 Ground plan at gallery level
> 3 Longitudinal section (without basement)
> 4, 5 Cross sections (without basement)

IGLESIA DE LA COLONIA GÜELL (RECONSTRUCCION)
> 1 Planta del plano de acceso
> 2 Planta del plano de coros altos
> 3 Corte longitudinal (sin piso bajo)
> 4, 5 Corte transversal (sin piso bajo)

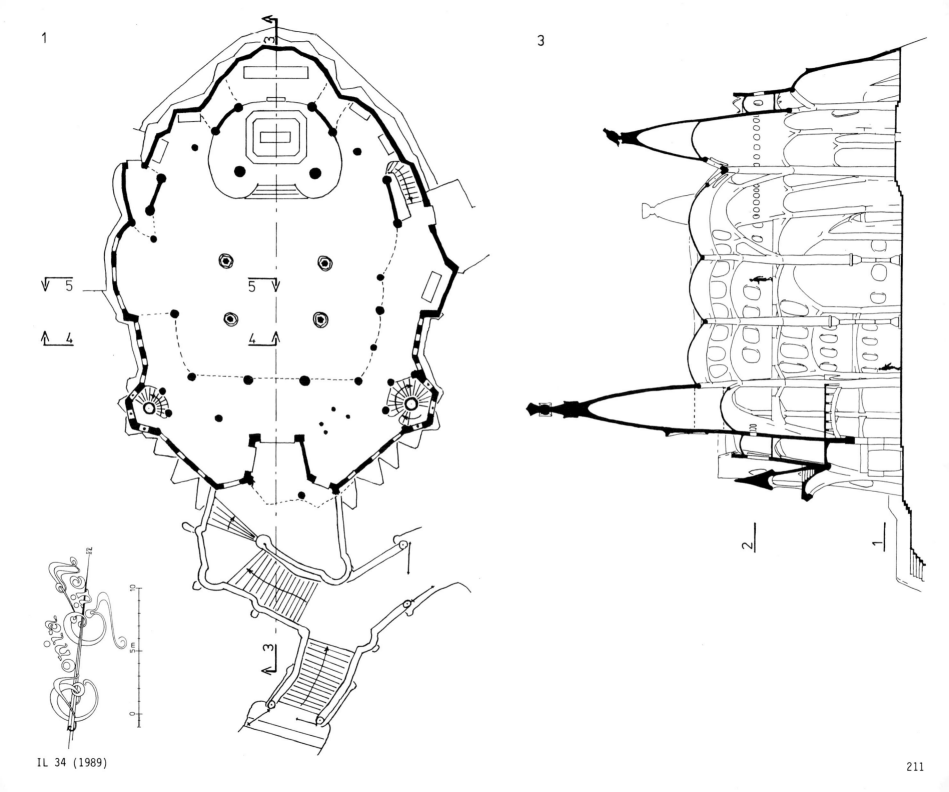

1

3

5 · 5

4 · 4

IL 34 (1989)

211

1

2

3

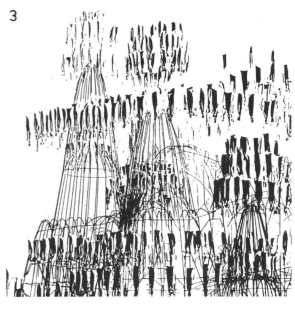

Beeinflussung der Turmformen durch Auflasten an den Spitzen

> 1 Ausschnitt aus Originalübermalung OÜ 3
> 2 Ausschnitt aus OÜ 3a; deutlich erkennbar die Außenform des Modells bzw. die Größe der Auflast
> 3 Türme des Rekonstruktionsmodells um 180° gedreht (Schwarzweiß-Umkehrung)

Influence of top loads acting on the spires on the tower shapes

> 1 Section from original painting-over OÜ 3
> 2 Section from OÜ 3a; both the external shape of the model and the size of the top load can be clearly recognised
> 3 Towers of the reconstruction model rotated through 180° (black-white reversal)

Influencia en la forma de la torre por la carga extra en el extremo

> 1 Foto del original repintada OÜ 3; fragmento
> 2 Fragmento de OÜ 3a; la forma exterior del modelo o bien la magnitud de la carga son reconocibles
> 3 Torres del modelo reconstruido (giradas 180°, inversión blanco y negro)

> S. 213 Längsschnitt durch die Kirche Studie zur Belichtung des Innenraums. Das teils direkt, teils indirekt einfallende Tageslicht schafft eine nuancierte Vielfalt von Raumzonen unterschiedlicher Helligkeit.

> p.213 Longitudinal section through the church Study on the illumination of the interior. The partly direct and partly indirect daylight creates a subtly distinct diversity of room zones of different brightness.

> P. 213 Sección longitudinal de la iglesia Estudio de la iluminción interior. La luz del día, parte directa, parte indirecta, consigue una multiplicidad de matices con zonas de diferentes niveles de iluminación.

S.218 und 219 Darstellungen des Kirchenraums
mit Blick nach Nordwesten

Über das Foto von S.131 wurden auf Transparentpapier die wichtigsten architektonischen Formen
gezeichnet (S.218 > links). Die Überzeichnung
war Grundlage für die Ausarbeitung (S.218 >
rechts).

Die Zeichnung auf S. 219 reicht über den Aus-
schnitt des Fotos hinaus. Zwei Stützen im Vordergrund wurden weggelassen, um einen besseren
Eindruck von der komplexen räumlichen Gliederung des Innenraums geben zu können. Kleinere
Unterschiede zwischen diesen Zeichnungen und
den früheren Versionen auf S. 207 und 211 mögen
den Spielraum möglicher Interpretationen verdeutlichen.

P.218 and 219 Presentations of the church
interior, with a view to the north-west

The major architectural forms were drawn over
the photo of p.131 on transparent paper (p.218
> left). This drawing formed the basis for the
development (p.218 > right).

The drawing on p.219 projects beyond the
section of the photo. Two columns in the
foreground were deleted in order to get a
better impression of the complex spatial
division of the interior. Minor differences
between these drawings and the earlier
versions shown on p.207 and 211 may illustrate
the scope of possible interpretations.

P.218 y 219 Representación del interior de la
iglesia con vista al Noroeste.

Sobre la foto de la p.131 fueron dibujadas,
sobre papel transparante las formas arquitecto-
nicas más importantes (p.218 > izq.).
Este dibujo fue básico para la elaboración
(p.218 > der.).

El dibujo de la p.219 sobrepasa la sección de
la foto. Dos columnas en primer plano fueron
eliminadas, para poder dar una mejor impresión
de la compleja disposición espacial del
interior.

Las pequeñas diferencias entre estos dibujos y
las versiones anteriores de las p.207 y 211 dan
margen a posibles interpretaciones.

> S. 220 links: Foto des Rekonstruktionsmodells
>   rechts: Zeichnung des gleichen Raumaus-
>   schnitts (östliches Seitenschiff)
> S. 221 Ausschnitt der Zeichnung auf S. 220

> p.220 left: Photo of the reconstruction model
>   right: Drawing of the same room section
>   (Eastern side aisle)
> p.221 Section of the drawing on p.220

> p.220 izg.: Foto del modelo reconstruido
>   der.: dibujo de la misma sección
>   interior (nave lateral Este)
> p.221 Fragmento del dibujo de la p.220

II.3 UNTERSUCHUNGEN EINES FRÜHEREN HÄNGE-MODELLS VON GAUDI UND SEINE INTERPRETATION ALS VORENTWURF

Dem Hängemodell für den Ausführungsentwurf ging ein kleineres, sehr viel einfacheres Hängemodell voraus (> S. 223) (107).

Trotz seiner Einfachheit verbirgt sich in diesem Hängemodell ein ausgereifter Entwurf. Die Modellbautechnik ist bemerkenswert entwickelt. Von diesem Vormodell, das in der Sagrada Familia aufbewahrt wurde, ist nur noch eine Fotografie erhalten. Im folgenden wird vom Verfasser der Versuch unternommen, anhand dieses Fotos das Vormodell und den in ihm dargestellten Kirchenentwurf in den Grundzügen zu rekonstruieren.

Die auf dem Foto sichtbare Menschensilhouette (rechts unten auf dem Foto), ermöglicht eine Abschätzung der Dimensionen des geplanten Baus. Ein Maßstab 1 : 100 könnte für das Vormodell zutreffen. Die Modellbaudetails sind denkbar einfach. Textile Fäden sind mit dünnem Garn verknotet. Wie sie an der Fundamentplatte befestigt sind, ist auf dem Foto nicht zu erkennen. Die Gewichte, die das Eigengewicht der einzelnen Bauteile simulieren, und die den Fäden ihre polygonale Form geben, sind freihängende Kettchen, die mit Garn an die Fäden geknotet wurden (S. 225 > 2). An ihren Längen lassen sich die Gewichtsverhältnisse ablesen. Die Längen der Fäden sind nicht verstellbar. Die Form des Vormodells muß also mit Versuchen und Gewichtsberechnungen zuvor schon ermittelt worden sein. Diese Vorarbeit mag viel Mühe und Zeit in Anspruch genommen haben. Das Modell selbst ist sauber verarbeitet. Das läßt meines Erachtens auf eine kurze Entstehungszeit, vielleicht von maximal einigen Monaten, schließen.

Der geplante Entwurf ist in der Längsachse vollständig symmetrisch und in der Querachse annähernd symmetrisch. Wegen der Symmetrie in der Längsachse mußte nur eine Hälte im Vormodell ausgeführt werden.

Wo durch diese Halbierung die Bögen angeschnitten sind, sind die freien Enden der Fäden an senkrechten, straff gespannten Fäden fixiert.

> S. 223 Frühes Hängemodell Gaudîs für eine Kirche (historisches Foto)

II.3 INVESTIGATION OF AN EARLIER HANGING MODEL BY GAUDI AND ITS INTERPRETATION AS A PRELIMINARY DESIGN

The hanging model for the design was preceded by a smaller and much simpler hanging model (> p. 223) (107).

In spite of its simplicity this hanging model contains a mature design. The modelling technique is remarkably developed. Of this preliminary model which was kept in the Sagrada Familia, only a photograph is extant. In the following the author will attempt to reconstruct the principles of the preliminary model and the church design represented by it using this photograph.

The silhouette of a man which can be seen on the photograph (bottom right hand corner) allows the dimensions of the planned building to be estimated. The preliminary model might have been scaled 1 : 100. The modelling details are quite simple. Textile threads are tied with thin yarn. The photo does not reveal how the threads are fixed to the foundation plate. Freely suspended chains which are tied to the threads with yarn and impart to the threads their polygonal shape, act as weights and simulate the deadweight of the individual building components (p. 225 > 2). Their lengths indicate the loading conditions. The length of the threads is not adjustable. It is evident that the form of the preliminary model must have been determined in advance by experiments and weight calculations. This preliminary work may have required a lot of effort and time. The model itself is well made. In my opinion this points to a short period of construction of perhaps only a few months.

The planned design is completely symmetrical along its longitudinal axis and almost symmetrical along its transversal axis. Thanks to the longitudinal symmetry only one half of the preliminary model had to be built.

In those places where the halving of the models cuts through arches the free ends of the threads are fixed to tightly stretched vertical threads.

> p. 223 Early hanging model by Gaudî for a church (historic photograph)

II.3 INVESTIGACIONES DE UN ANTIGUO MODELO COLGANTE DE GAUDI Y SU INTERPRETACION COMO ANTEPROYECTO

Al modelo colgante para el proyecto a ejecutar le precedió uno más pequeno y simple (> p. 223) (107).
Pese a su simplicidad, en ese modelo colgante se oculta un proyecto maduro. La técnica de construcción de modelos está notablemente desarrollada. De este modelo previo, el que fuera conservado en la Sagrada Familia, sólo se conserva una fotografía. En lo que sigue y basándose en tal foto, el autor emprendera el intento de reconstruir en sus rasgos esenciales tal modelo previo y el proyecto de la iglesia que representa.
La silueta humana visible en la foto (lado inferior derecho de la foto), posibilita estimar las dimensiones de la construcción planificada. Una escala de 1 : 100 podría ser la correspondiente a este modelo previo. Los detalles constructivos del modelo son sumamente sencillos. Los hilos de fibras textiles están amarrados con otros más delgados. En la foto no es reconocible como fueron fijados a la placa de fundamento. Los pesos que simulan el peso propio de cada elemento constructivo y que dan a los hilos su forma poligonal, son cadenitas que cuelgan libremente, anudadas a los hilos con hilos más delgados (p. 225 > 2). Las proporciones de los pesos se dejan deducir de sus longitudes. Las longitudes de los hilos no son ajustables. La forma del modelo anterior debió entonces haber sido determinada previamente, por medio de ensayos y cálculos de los pesos. Este trabajo previo debe haber requerido de mucho tiempo y esfuerzo. El modelo mismo está confeccionado en forma limpia. De ello se puede inferir en mi opinión, un corto tiempo de ejecución quizás de algunos meses como máximo.
El diseño planificado es totalmente simétrico en su eje longitudinal y parcialmente en el transversal. Debido a la simetría en el eje longitudinal, debió ser realizada sólo la mitad de tal modelo previo.
Donde los arcos se encuentran interrumpidos debido a tal división en dos partes, los extremos libres de los hilos están fijados a hilos atirantados verticales. Estos hilos verticales de sujeción, están estirados en una superficie a lo largo del eje longitudinal. Las mitades

> p. 223 Modelo colgante anterior de Gaudî para una iglesia (foto histórica)

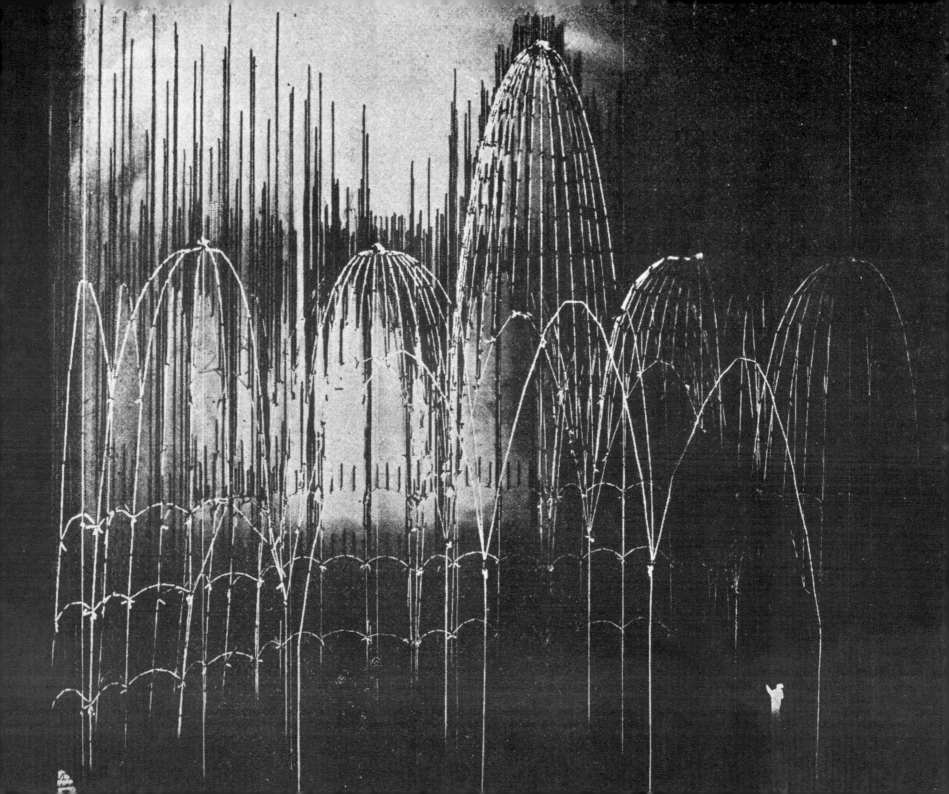

Diese senkrechten Haltefäden sind in einer Fläche auf der Längsachse gespannt. Die halbierten Fadenbögen treffen in einem rechten Winkel auf die Haltefäden, wo man sich die Scheitelpunkte von den entsprechenden Bögen, Rippen und Kuppeln vorzustellen hat.

Damit stellt sich die Hälfte der Gebäudeform im Modell ein, gemäß der Statik des ganzen Entwurfs. Die Horizontalkräfte, die an den Befestigungspunkten angreifen, werden durch die Spannung in den senkrechten Haltefäden neutralisiert (108).

In der nicht ausgeführten Modellhälfte deuten lediglich einige Fäden die wichtigsten Stützen und Bögen an und erleichtern so ein Erfassen des Gesamtraumes. Offenbar ist dieses anschauliche und sehr sauber verarbeitete Modell auch als Demonstrationsmodell konzipiert.

Das Foto des Vormodells liefert viele Informationen. Es ist von der offenen Modellseite aufgenommen, so daß nur wenige Fäden von Gewichtskettchen und Modellfäden verdeckt sind. Bei einer gründlichen Untersuchung gelang es, den Verlauf der meisten Fäden sicher festzustellen.

Die modellbautechnische Perfektion dieses Modells ist angesichts der Tatsache, daß es sich um eine vollständige Neuentwicklung handelt, erstaunlich. Daß als Gewichte Kettchen verwendet wurden, an deren Längenunterschieden sich die Gewichtsrelationen ablesen lassen (109), daß die Symmetrie des Entwurfs dazu genutzt wurde, auf die Ausführung einer Modellhälfte zu verzichten, und daß die Fotografie bereits als wichtiges Hilfsmittel dient - all das sind Beispiele einer souveränen Handhabung der Modelltechnik, wie sie selbst heute noch keineswegs selbstverständlich ist.

Die Kirche (> S. 227) läßt sich als ein von neun Kuppeln überdeckter, quadratischer Zentralraum beschreiben, der allerdings an zwei gegenüberliegenden Seiten durch je eine Kuppel erweitert ist. Durch Überwölbungen der Zwickel neben diesen Kuppeln erhält der Bau eine ovaläre Grundrißform mit einer in sanften Knicken verlaufenden Außenkontur. Die Zentralkuppel überragt die übrigen, gleich hohen Kuppeln.

Der Außenwandbereich ist rundum gleich ausgebildet. Er besteht aus einer doppelten Hülle, die aus der Außenwand und einer ihr innen vorgelagerten Emporenkonstruktion besteht: in drei Ebenen verlaufen schmale, von Stützen getragene

These vertical retaining threads are tensioned in a plane along the longitudinal axis. The halved thread arches meet the retaining threads at a right angle. This meeting point represents the crown of the corresponding arches, vault ribs and domes.

In this way the model shows half of the shape of the building in accordance with the structural conditions of the whole design. The horizontal forces acting on the fixing points are neutralised by the tension of the vertical retaining threads (108).

In the missing half of the model only a few threads indicate the principal columns and arches making it easier for the viewer to imagine the complete building. This very clear and well-made model was obviously also intended as a demonstration model.

The photograph of the preliminary model contains a lot of information. It is taken from the open side of the model so that only a few threads are obscured by weight chains and threads. A thorough study enabled us to determine the course of most of the threads.

The modelling perfection of this model is astounding in view of the fact that it represented a completely new development. The fact that the weights were simulated by chains whose various lengths indicate the weight relationships (109), that the symmetry of the design was used to save the effort of constructing the other half of the model, and that photography was used at such an early stage as an important aid goes to show that the modelling technique was handled masterly, which is by no means always the case even today.

The church (> p. 227) may be described as a square central space covered by nine domes which on two opposite sides is extended by a dome each side. The vaulting of the intersection lines adjacent to the domes gives the building an ovoid ground plan with a gently kinked outline contour. The central dome is higher than the remaining domes, which are of equal height.

The outer wall has the same section throughout the building. It consists of a double envelope comprising the outer wall and an inner galleried structure. On three levels there are narrow galleries carried by columns. The top gallery is at a level of approximately half the

de los arcos de hilos, se encuentran en ángulo recto con los hilos de sujeción, donde pueden representarse las claves de los correspondientes arcos, nervios y cúpulas.

De ese modo se regula la mitad de la forma del edificio, de acuerdo con la estática de todo el diseño. Las fuerzas horizontales, que actúan sobre los puntos de fijación, son neutralizadas a través de la tensión en los hilos verticales de sujeción (108).

En la mitad no ejecutada del modelo, unos pocos hilos indican simplemente los arcos y columnas más importantes y facilitan así la comprensión del espacio total. Evidentemente, este expresivo modelo, confeccionado con gran claridad, ha sido concebido también como modelo demostrativo.

La foto del modelo previo suministra muchas informaciones. Ha sido tomada desde la parte abierta del modelo, de modo que sólo unos pocos hilos se ven ocultos por los demás y por las cadenitas de los pesos. Con una cuidadosa investigación se logró determinar el recorrido de la mayoría de los hilos.

La perfección de la técnica de construcción de modelos utilizada para éste modelo, es asombrosa, teniendo en cuenta el hecho de que se trata de un desarrollo completamente nuevo. El que fueran utilizadas cadenitas como pesos, en cuyas diferencias de longuitudes se pueden leer las proporciones de los mismos (109), el que la simetría del diseño fuera utilizada para así poder desistir de la ejecución de la mitad del modelo y el que la fotografía sirva como importante medio auxiliar - todos ellos son ejemplos de un manejo soberano de la técnica de modelos, de una manera tal que aún hoy no puede darse por sobreentendida.

La iglesia (> p. 227) puede describirse como un espacio central cuadrado cubierto por nueve cúpulas, en todo caso, ampliado en dos de sus lados, opuestos entre sí, a través de una cúpula en cada uno. A través del abovedamiento del sector ubicado entre dos espacios abovedados que se encuentran en ángulo agudo (esquina interior), junto a las cúpulas mencionadas, la construcción recibe una planta ovalada, con un contorno exterior que transcurre en suaves dobladuras. La cúpula central sobrepasa a las demás, que poseen la misma altura entre sí.

La zona de las paredes exteriores está formada de igual modo en todos sus lados. Esta se compone de una doble envoltura, integrada por la pared exterior en sí y en el interior, por una construcción de coros colocada delante de ella - en tres planos, corren las angostas galerías de los coros altos soportadas por columnas, de las que la más alta se encuentra aproximada-

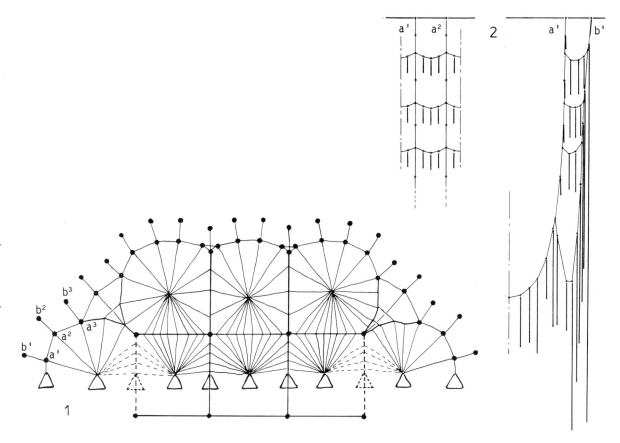

Emporenumgänge, von denen der oberste sich in
etwa halber Höhe des Innenraums befindet. Er
erweitert sich in den vier Eckzwickeln zu kleinen Balkons. Diese doppelte Ausbildung im
Außenbereich, mit einer Vielzahl von relativ
kurzen und leichten Bauteilen, bewirkt die Aus-
steifung des ganzen Kirchenraums.

Das System der doppelten Ausbildung im Außenbereich werte ich als eine wesentliche konstruktive Erneuerung, die allerdings bei verschiedenen historischen Bautypen im Ansatz vorhanden
ist. Die nach oben zunehmenden Neigungen der
Emporenstützen reduzieren das Gewicht des
Außenbereiches, das den Schub der Kuppeln auszugleichen hat.

Von außen hätte die Kirche als geschlossene
Masse gewirkt, die nur von der zentralen Turmkuppel überragt wurde. Diese Wirkung wäre durch
die Höhe der Außenwand erreicht worden, die

internal height of the building. At the four
corner points the gallery widens into small
balconies. This double outer wall with its
large number of relatively short and light
building components provides the rigidity for
the whole church.

I regard this system of double-skinned wall
construction as an important constructional
innovation of which rudiments can, however, be
found in various historic types of buildings.
The inclination of the gallery columns which
increases towards the top reduces the weight of
the outer wall which has to balance the thrust
exerted by the domes.

Viewed from outside the church would have been
seen as a compact mass towered over only by the
central tower dome. This effect would have been
achieved by the height of the outer wall which
on the inside, above the top galleries, ends in

mente a media altura del espacio interior. Esta
última se extiende en pequeños balcones en las
cuatro esquinas interiores donde se encuentran
los espacios abovedados. Esta doble estructuración de la zona perimetral, con una cantidad de
elementos constructivos relativamente cortos y
livianos, provoca la rigidización estructural
de todo el espacio de la iglesia.
Al sistema de la doble estructuración, lo valo-
ro como una importante renovación constructiva,
la que en todo caso está presente en diferentes
tipos de construcciones históricas. Los apoyos
de los coros cuya inclinación va aumentando con
la altura, reducen el peso del sector perimetral, que debe equilibrar el empuje de las
cúpulas.
Exteriormente, la iglesia habría producido el
efecto de una masa cerrada, que sólo habría
sido sobrepasada por la cúpula central en torre.
Este efecto habría sido logrado a través de la
altura de la pared exterior, que en el inte-

innen, über den oberen Emporen, in einer rund-
umlaufenden Tonne endet. Die Oberseite dieser
Tonne wäre möglicherweise als gewellte oder ge-
zahnte Attikamauer ausgebildet gewesen. Die
große Höhe der Außenwand hatte also den Zweck,
die niedrigeren Kuppeln dem Blick zu entziehen
und hatte offensichtlich (110) keine statische
Begründung.

An der Spitze der zentralen Turmkuppel sind im
Modell eine große Anzahl zusätzlicher Gewichtskettchen erkennbar. Dieses zusätzliche Gewicht
deutet auf eine Turmbekrönung hin. Es ist gut
möglich, daß hier bereits, wie beim endgültigen
Entwurf (Altarturm), die Figur einer Taube
(111) den Turm bekrönen sollte.

Nach der Bauweise des Modells wären Eingänge in
allen Bereichen der Außenwand möglich (überall
gleiche Abstände der Emporenstützen). Architek-
tonisch am naheliegendsten erscheinen Eingänge
auf den Achsen. Der Altar dürfte an einem Ende
der Längsachse vorgesehen gewesen sein. Die Emporen und Balkone dürften für den Kirchenchor
und für eine Orgel bestimmt gewesen sein. Ihre
Erschließung hätte mit einer Treppe oder mit
mehreren Treppen an den im rekonstruierten
Grundriß bezeichneten Stellen erfolgen können.

Neben den Fenstern der Außenwand, über deren
Position und Größe das Modell nichts aussagt,
dürften Lichtöffnungen in der zentralen Turmkuppel für die Ausleuchtung des Innenraums vorgesehen gewesen sein. Die Bedeutung des Raum-
zentrums wird außerdem durch die zur Mitte hin
anwachsende Bogenhöhe betont. Die unterschiedlichen Höhen der Bögen stehen allerdings auch
in Zusammenhang mit der Abführung des Regen-
wassers von den Kuppeldach. Dadurch hätten die
Tiefpunkte oberhalb der Stützen nur geringfügig
aufgefüllt zu werden brauchen, um ein problem-
loses Abfließen des Wassers zu gewährleisten.

Das Vormodell zeigt, daß Gaudî beim komplizierten System des Hängemodells auf einer einfachen
Form aufbaute, bei der gleiche Elemente wiederholt werden und bei der vieles symmetrisch ist.

Auch die Tatsache, daß die Hauptstützen senkrecht stehen, gehört zu dieser Tendenz zum Einfachen (die allerdings im Hängemodell eine Er-
schwerung ist). Daß Gaudî bei seinem endgültigen Entwurf für die Kirche der Colonia Güell
die einfache Form teilweise aufgibt, zeigt
auch, wie sicher er sich inzwischen in der
Modellbaustatik fühlte.

a barrel vault running along the entire circum-
ference of the building. The upper side of this
barrel vault could possibly have been shaped as
an undulating or serrated wall extending above
eave level. The purpose of the large height of
the outer wall was therefore to hide the lower
domes from view and there was obviously no
structural justification for it (110).

At the crown of the central dome a large number
of additional weight chains can be seen. This
additional weight indicates a superstructure
for the tower. It is quite possible that the
architect intended a dove (111) to crown the
tower just like in the final design (altar
tower).

The construction of the model would allow entrances or doorways in all parts of the outer
wall (the gallery columns being equally spaced).
The architecturally most obvious option is to
place the doorways on the axes. The altar would
have been at one end of the longitudinal axis.
The galleries and balconies would have been
intended to accomodate the church choir and an
organ. The galleries could have been reached by
one staircase or several staircases at the
points indicated in the reconstructed ground
plan.

Apart from the windows in the outer wall whose
position and size the model does not indicate,
light apertures in the central tower dome would
have been provided to illuminate the interior.
The importance of the centre of the interior is
further emphasised by the height of the arches
which increases towards the centre. The different arch heights are also linked to the drain-
ing problem of the rainwater from the domed
roof. This would have allowed the low points
above the columns to be filled in with little
material to ensure proper drainage of the water.

The preliminary model shows that Gaudî based
the complicated system of the hanging model on
a simple shape in which similar elements are
repeated and many components are symmetrical.

The fact that the main columns are vertical
also is part of this tendency to keep everything simple (This tendency, however, creating
problems in the hanging model). The fact that
Gaudî in his final design for the church of the
Colonia Güell partially abandons the simple
form also shows how confident he had become
with regard to the structural aspects of
modelling.

rior, sobre los coros más altos, finaliza en
una bóveda de canon que recorre el perímetro.
La parte superior de dicha bóveda de canon
habría estado conformada probablemente como un
muro de cornisa ondulado o dentado. La gran altura de la pared exterior tenía entonces la
finalidad de evitar la vista de las cúpulas
bajas y evidentemente no tenía (110) justificación estática alguna.
En la punta de la cúpula central en torre son
reconocibles en el modelo una gran cantidad de
cadenitas extras de lastre. Este peso adicional
indica una coronación en la torre. Es muy probable que aquí, como en el proyecto definitivo
(torre del altar), la figura de una paloma
(111) debía coronar la torre.
De acuerdo con el tipo de construcción del modelo, serían posibles entradas en todas las
zonas de la pared exterior (en todos lados hay
la misma distancia entre los apoyos de los
coros). Desde el punto de vista arquitectónico,
aparecen los accesos en los ejes como los más
adecuados. El altar habría estado previsto en
un extremo del eje longitudinal. Los coros y
balcones habrían estado previstos para el coro
de la iglesia y para un órgano. Su accesibili-
dad podría haberse logrado a través de una o
varias escaleras en los lugares indicados en
la planta reconstruida.
Junto a las ventanas de la pared exterior,
sobre cuya posición y tamano el modelo nada refiere, habrían estado previstos lucernarios en
la cúpula central en torre, para la iluminación
del espacio interior. La importancia del centro
del espacio está además recalcada por la altura
creciente de los arcos que van a su encuentro.
Las diferentes alturas de los arcos están en
todo caso relacionadas también con el desagüe
de las aguas de lluvia del techo cupuliforme. A
través de ello, los puntos más bajos por encima
de los apoyos, no habrían necesitado ser rellenados más que mínimamente para garantizar un
escurrimiento sin problemas del agua.
Este modelo previo muestra que Gaudî se basaba
en una forma simple para el complicado sistema
del modelo colgante, en la cual son repetidos
los mismos elementos y en la cual mucho es simétrico. También el hecho que los apoyos principales sean verticales, corresponde a esa tendencia a lo simple (la que en todo caso en el
modelo colgante es una complicación). El que
Gaudî abandone parcialmente la forma simple en
su proyecto definitivo para la iglesia de la
Colonia Güell, muestra también lo seguro que él
por aquel entonces se sentía respecto a la
estática de la construcción con modelos.

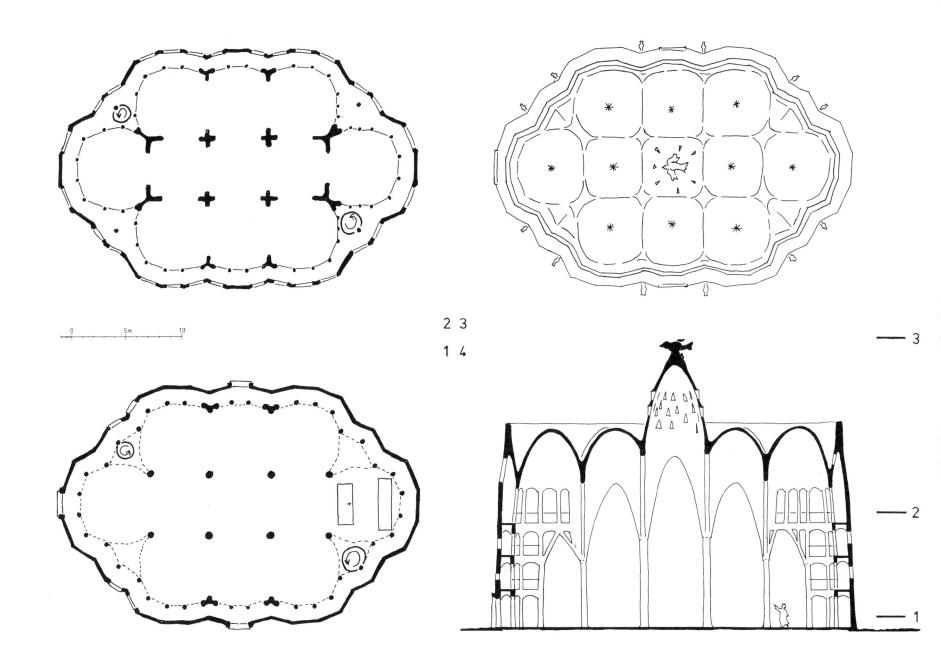

2 3

1 4

> Der Kirchenentwurf des frühen Hängemodells (Rekonstruktion) Grundrisse (1, 2), Längsschnitt (4) und Dachaufsicht (3)

> The church design of the early hanging model (reconstruction) ground plans (1, 2), longitudinal section (4) and top view (3)

> El diseno de la iglesia del modelo colgante anterior (reconstrucción) plantas (1, 2), corte longitudinal (4) y vista del techo (3)

II.4 DER ENTWURF DER COLONIA GÜELL KIRCHE IN BEZIEHUNG ZU GAUDIS FRÜHEREN ARBEITEN UND ZU DEN ENTWÜRFEN FÜR DIE SAGRADA FAMILIA NACH 1915

Es würde den Rahmen dieser Arbeit sprengen, die Beziehungen zwischen der Colonia Güell Kirche und den anderen Bauten Gaudîs einzeln kritisch offenzulegen. Auf einige Anregungen zu weiteren Studien möchte ich jedoch nicht verzichten.

Zunächst möchte ich noch darauf hinweisen, daß die langwierige Bearbeitung des Hängemodells und der Bau des Untergeschosses der Kirche (1898 - 1914) in die wohl wichtigste Entwicklungsphase des Architekten fallen und daß Gaudî nach 1914 bis zu seinem Tod 1926 sich nur noch dem Entwurf und Weiterbau der Sagrada Familia widmete.

a) Die statische Optimierung

Wenig Konkretes ist darüber bekannt, woher Gaudî die Anregung zum Bau von Hängemodellen bekam. In der internationalen statischen und baukonstruktiven Literatur war zuvor mehrfach über diese Formfindungsmethode berichtet worden. Wesentlich erscheint mir, daß Gaudî seit Beginn seiner Architektenlaufbahn ständig bestrebt war, statisch optimierte Baukonstruktionen zu entwickeln. Als Absolvent der Universität von Barcelona war Gaudî natürlich über den internationalen Kenntnisstand im Bereich der Statik informiert. Schon in seinen ersten Arbeiten verwandte er aus statischen Gründen die Parabelform für Fenster- und Türöffnungen.

Viollet-le-Ducs Theorie, daß in der Gotik die Wandpfeiler überdimensioniert waren (112), mag ihn bei der Gestaltung der Wandpfeiler an der Apsis der Sagrada Familia beeinflußt haben, die Gaudî unten an der Innenseite schlanker ausbildete als in ihrem oberen Bereich. Die schon von Viollet-le-Duc vorgeschlagene schräggestellte Stütze (113), ein wichtiger Schritt hin zur statischen Optimierung, wurde im Hängemodell von Gaudî für die Colonia Güell Kirche erstmals unter komplizierteren Gleichgewichtsbedingungen entworfen und im Untergeschoß ausgeführt. Etwa Zeitgleich - vor 1903 -wurden mit Hilfe der grafischen Statik die schräggestellten Stützen der Viadukte im Park Güell entwickelt.

> S. 229 Erzählende Fenster

II.4 THE DESIGN OF THE COLONIA GÜELL CHURCH SEEN IN THE CONTEXT OF GAUDI'S EARLIER WORK AND THE DESIGNS FOR THE SAGRADA FAMILIA AFTER 1915

It would go beyond the scope of this work to deal critically with the many relationships between the Colonia Güell church and other buildings by Gaudî. I would, however, like to offer some ideas for further study.

Firstly I would like to point out that the long drawn-out work on the hanging model and the building of the basement of the church (1898 - 1914) fall into the architect's probably most important development phase and that Gaudî after 1914 up to his death in 1926 exclusively concentrated on the design and continued construction of the Sagrada Familia.

a) Structural optimisation

We know little about how Gaudî came to build hanging models. Previously in the international literature concerned with building construction and structural aspects had been reported several times on this method of form finding. To me it seems important that Gaudî since the beginning of his architectural career continually strove to develop structurally optimised buildings. As a graduate of the university of Barcelona Gaudî was naturally familiar with the international state-of-the-art as far as the structural aspects of building were concerned. Already in his first works he used the parabolical form for window and door openings for structural reasons.

Viollet-le-Duc's theory that in Gothic architecture the piers were overdimensioned (112) may have influenced him when designing the piers of the apsis of the Sagrada Familia, which Gaudî made more slender at the bottom of the inside than at the top. The inclined column already proposed by Viollet-le-Duc (113), which represented an important step towards structural optimisation, was for the first time designed by Gaudî in the hanging model for the church of Colonia Güell by solving complicated equilibrium problems, and put into practice in the basement. About the same time - before 1903 - the inclined supports of the viaducts in the

> p. 229 Talking windows

II.4 EL PROYECTO DE LA IGLESIA DE LA COLONIA GÜELL EN RELACION CON TRABAJOS ANTERIORES DE GAUDI Y CON LOS PROYECTOS PARA LA SAGRADA FAMILIA DESPUES DE 1915

Escaparîa al marco de este trabajo el exponer una crîtica particularizada de las muchas relaciones entre la iglesia de la Colonia Güell y las demás construcciones de Gaudî. Sin embargo, no desearîa renunciar a algunas sugerencias para estudios posteriores.
Ante todo quisiera señalar que la laboriosa elaboración del modelo colgante y la construcción del piso bajo de la iglesia (1898 - 1914) caen en la fase más importante de desarrollo del arquitecto y que Gaudî, después de 1914 y hasta su deceso en 1926, se consagró sólo al proyecto y continuación de la construcción de la Sagrada Familia.

a) La optimización estática

Poco concreto es lo que se sabe acerca de donde pudo haber obtenido Gaudî la motivación para construîr modelos colgantes. En la bibliografîa internacional sobre estática y construcciones, se habîa informado varias veces sobre tal método de encuentro de la forma. Me parece esencia el hecho que Gaudî, desde los inicios de sucarrera como arquitecto, se afanaba constantemente por desarrollar construcciones estáticamente optimizadas. Como absolvente de la Universidad de Barcelona, Gaudî estaba naturalmente informado sobre el estado de los conocimientos en el campo de la estática. En sus primeros trabajos, por razones estáticas, habîa ya aplicado la forma de la parábola en vanos de ventanas y puertas.
La teorîa de Viollet-le-Duc, que decîa que en el gótico los pilares de paredes estaban sobredimensionados (112), parece haberlo influenciado en la configuración de los pilares de pared en el ábside de la Sagrada Familia, los que en su lado interior fueron realizados más delgados abajo que en su zona superior. Los apoyos inclinados ya propuestos por Viollet-le-Duc (113), un paso importante hacia la optimización estática, fueron proyectados en el modelo colgante de Gaudî para la iglesia de la Colonia Güell por primera vez bajo complicadas condiciones de equilibrio y construîdos en el piso bajo. Casi al mismo tiempo - antes de 1903 -

> p. 229 Ventanas que hablan

Nach dem Colonia Güell Projekt wurden die Bauformen der Sagrada Familia grafisch-statisch ermittelt. Daß das Hängemodellverfahren nicht auch bei der Sagrada Familia angewandt wurde, ist auf die komplexe Entstehungsgeschichte der Sagrada Familia zurückzuführen. Bei Fertigstellung des Hängemodells für die Colonia Güell Kirche waren Chor und Querschifftürme der Sagrada Familia schon im Bau.

Die ständige Überarbeitung und Änderung des Entwurfs durch den 'Gesamtkünstler' Gaudî und die unsichere Dauer der Bauarbeiten, die durch Geldmangel immer wieder verzögert, noch heute fortgesetzt werden, waren Bedingungen, zu denen der Umgang mit einem sensiblen Hängemodell nicht gepaßt hätte. Schon die Konservierung eines Hängemodells über längere Zeit ist problematisch.

Park Güell were developed using graphic methods of structural engineering.

Following the Colonia Güell project the forms employed in the Sagrada Familia were determined using graphic/structural methods. The fact that the hanging model method was not used in the Sagrada Familia project may be explained by the complex history of the Sagrada Familia. When the hanging model for the Colonia Güell church was completed the choir and transept towers of the Sagrada Familia were already under construction.

The constant revision and modification of the design by the "polymath artist" Gaudî and the unpredictable period of construction which has been delayed again and again by lack of money and is still continuing today, were conditions unsuitable for the use of a fragile hanging model. Even the conservation of a hanging model over an extended period is problematical.

fueron desarrollados, con ayuda de la estática gráfica, los apoyos inclinados del viaducto en el parque Güell.

Luego del proyecto de la Colonia Güell, las formas constructivas de la Sagrada Familia fueron determinadas con métodos grafostáticos. Que el método con un modelo colgante no fuera utilizado también en la Sagrada Familia, es atribuible a la compleja historia del origen de la Sagrada Familia. A la finalización del modelo colgante para la iglesia de la Colonia Güell, el coro y las torres de la nave transversal de la Sagrada Familia se encontraban ya en construcción. La contínua reelaboración y modificación del diseño por el 'artista total' Gaudî y la insegura duración de los trabajos de construcción, que por falta de recursos se atrasaban repetidamente y que aún hoy continúan, eran condiciones en las que no hubiera encajado el trato con un sensible modelo colgante. La conservación de tal modelo sobre un largo tiempo es ya problemática.

b) Die Mauertechnik

Bei der Verwendung des Ziegels konnte Gaudî auf die Tradition der katalanischen Mauertechnik zurückgreifen. Die besondere Leistungsfähigkeit der katalanischen Mauertechnik hatte sich sowohl bei gotischen Konstruktionen, wie bei den bemerkenswerten Kathedralen von Palma de Mallorca und von Gerona, als auch in der einfachen volkstümlichen Architektur gezeigt. Verblüffende Konstruktionen, wie extrem dünne Kuppeln aus Flachziegeln oder frei aufgemauerte Treppen waren aus dieser Tradition hervorgegangen.

Gaudîs Werk zeigt eine ständige Perfektionierung derartiger Backsteinkonstruktionen. Beispiele dafür sind seine dünnen, scheibenförmigen Bögen, die leichte Gewölbe oder gemauerte Flächen tragen. Handelte es sich am Anfang noch um einfache Bögen gleicher Größe in paralleler Anordnung, so wurden allmählich die Höhen und Spannweiten der Bögen variiert und ihre Reihen meanderförmig gewunden, wodurch geschwungene Volumina entstanden. Deckenkonstruktionen des Landhauses Bellesguard und die Dachmansarde der Casa Milá sind wichtige Beispiele.

Diese hohe Qualität der Mauertechnik, sowohl im Entwurf als auch in der Ausführung, war eine wichtige Voraussetzung für eine konkrete Umsetzung des Hängemodells in ein Gebäude.

b) Bricklaying techniques

By using bricks Gaudî was able to avail himself of the tradition of Catalonian bricklaying. The special quality of the Catalonian bricklaying technique had already been proven in Gothic buildings such as the remarkable cathedrals of Palma de Mallorca and Gerona as well as in simple domestic architecture. This tradition had produced astounding structures such as extremely thin domes made from flat bricks or bricked stairways without support.

Gaudî's work shows a continual perfection of such brick structures such as his thin, disc-like arches which support lightweight vaults or brick ceiling plates. Whilst initially the arches were simple, of equal size and parallel, the height and span of the arches were gradually varied and the arches arranged in a meandering row creating wavy interiors. Important examples of this are the ceilings of the country house Bellesguard and the loft of the Casa Milá.

The high quality of the brickwork in terms of design and execution was an important condition for transforming the hanging model into a building.

b) La técnica de mampostería

En el uso del ladrillo, Gaudî pudo recurrir a la tradicional técnica catalana de construccion de de mamposterîas. La especial eficiencia de tal técnica se habîa ya evidenciado, tanto en las construcciones góticas como en las notables catedrales de Palma de Mallorca y de Gerona, como asî también en la simple arquitectura popular. Construcciones asombrosas, como cúpulas extremadamente delgadas hechas en rasilla o las escaleras levantadas libremente, eran productos de tal tradición. La obra de Gaudî muestra un permanente perfeccionamiento de tales construcciones en mamposterîa. Ejemplo de ello son sus delgados arcos en forma de disco, que soportan bóvedas livianas o superficies de mamposterîa. En un principio tratábase de simples arcos con igual altura y en disposición paralela, pero gradualmente fueron variadas las alturas y las luces de los arcos y sus hileras torcidas en forma de meandro, con lo cual se originaban volúmenes curvos. Las construcciones de cubierta de la casa de campo Bellesguard y la mansarda de la casa Milá son importantes ejemplos al respecto.

Esta elevada calidad de la técnica de la construcción de muros, tanto respecto al diseño como a la ejecución, era una premisa importante en la transformación concreta del modelo colgante en un edificio.

c) Die Form der Türme

Die statisch bedingte, schlanke Kegelform der Türme der Kirche der Colonia Güell stellt eine Weiterentwicklung früherer Turmprojekte dar und bereitet offensichtlich die Turmentwürfe der Sagrada Familia vor.

Handelte es sich beim Güell-Palast noch um eine reine Kegelform, so hatte Gaudî für die Eingangstürme der Missionspost in Tanger (ein nicht ausgeführtes Projekt) eine, den Türmen der Colonia Güell Kirche ähnliche Form entwickelt (114).

Bei den ausgeführten Türmen der Sagrada Familia, die Höhen von über 100 m bei einem Durchmesser an der Basis von nur 8 m erreichen, zeigen sich die Vorteile dieser von Gaudî entwickelten Turmform. Die Türme mit doppelten, von Öffnungen durchbrochenen Wänden sind extrem leichte und schlanke Steinkonstruktionen. Anders als bei der Colonia Güell Kirche ist ihre Form paraboloid, ergänzt mit der verhältnismäßig großen und schweren Turmspitze. Ein Vorteil der Auflast der Turmspitzen ist eine Stabilisierung dieser hohen Türme gegen hohe Windlasten.

d) Die Symbolgestalt der Burg

Nicht zu übersehen ist, daß das Äußere der Kirche der Colonia Güell mit ihrer ringsum geschlossenen, von Zinnen bekrönten Außenwand und den Türmen, besonders an der Südseite, an eine Burg erinnert. Eine genaue Begründung dieser sicherlich nicht zufälligen Ähnlichkeit ist meines Wissens noch nicht gefunden worden. Möglich, daß sie auf Psalm 46 "Eine feste Burg ist unser Gott" anspielt (115).

Gaudî hat allerdings Zinnen als Mauerbekrönung auch da empfohlen, wo der Eindruck der Wehrhaftigkeit keinerlei Rolle spielte: "Eine Mauer, die oben horizontal abschließt, ist nicht fertig, sie braucht Zinnen. Zinnen sind Verkleidungen, was aber nicht heißen muß, daß diese militärischen Charakter haben" (116).

Burgen-Zitate finden sich ja auch zahlreich in der Villenarchitektur und den öffentlichen Bauten derselben Zeit. Bei Gaudî taucht das Motiv, meist leichter erklärbar, auch bei anderen Bauten auf. Verwiesen sei auf die Entwürfe des

c) The shape of the towers

The slender conical form of the towers of the Colonia Güell church, which is a result of structural considerations, represents a further development of earlier tower projects and obviously prepares the way for the tower design of the Sagrada Familia.

Whilst in the Güell city palace Gaudî still employed a pure conical shape, he had already developed a similar tower form for the entrance towers of the mission post in Tangiers (114) - a project which was not built.

The towers of the Sagrada Familia which reach a height of more than 100 metres and whose base diameter is only 8 metres, show the advantages of this tower form developed by Gaudî. The towers with their double walls which are pierced by openings are extremely lightweight and slender stone structures. In contrast to the Colonia Güell church their shape is paraboloid and complemented by the relatively large and heavy crown. One advantage of the weight of these crowns is the stabilisation of these high towers against wind loads.

d) The symbolism of the castle

It cannot be denied that the exterior of the Colonia Güell church with its closed and crenellated outer wall and its towers - especially on the south side - reminds one of a castle. To my knowledge nobody has so far explained this similarity which is certainly not accidental. It is possible that it alludes to psalm 46 "God is our refuge and strength" (115).

It is true that Gaudî has recommended castellations for walls even for buildings where the impression of military strength is of no importance: "A wall with a straight top is not finished; it needs castellations. Castellations are a type of cladding. This does, however, not mean that they have a military character." (116)

In high-class domestic architecture and public buildings of the period one finds indeed a large number of buildings alluding to castles. Gaudî uses the motif also in other buildings where in most cases it can be more easily explained. The reader is referred to the designs

c) La forma de las torres

La esbelta conicidad, condicionada estáticamente, de las torres de la iglesia de la Colonia Güell, representa un perfeccionamiento de antigüos disenos de torres y evidentemente anticipan los disenos de las torres de la Sagrada Familia.

Si bien en el Palacio Güell se trata aún de una conicidad pura, Gaudî había ya desarrollado en el proyecto para la sede misionera en Tanger (114) una forma de torre similar para aquella de las torres de la entrada de dicho proyecto que no se ejecutó.

En las torres realizadas de la Sagrada Familia, que alcanzan una altura de más de 100 m, con un diámetro en la base de sólo 8 m, se muestran las ventajas de dicha forma de torre desarrollado por Gaudî. Las torres, con paredes dobles interrumpidas por orificios, son construcciones pétreas extremadamente livianas y esbeltas. De distinta manera a la iglesia de la Colonia Güell, su forma es parabolóidica, complementada con las agujas de las torres, relativamente grandes y pesadas. Una ventaja de la sobrecarga provocada por las agujas, es una estabilización de éstas altas torres contra elevadas presiones de viento.

d) El castillo como forma simbólica

No se puede pasar por alto que el exterior de la iglesia de la Colonia Güell, con su pared exterior de contorno cerrado, coronada por almenas y con sus torres, especialmente del lado sur, recuerdan a un castillo. Una justificación exacta de ésta semejanza seguramente no casual, por lo que a mis conocimientos respecta, no ha sido aún encontrada. Es posible que ella aluda al Salmo 46 que dice, 'Una fortaleza sólida es nuestro Dios'. (115)

Gaudî en todo caso, ha recomendado almenas como coronación de muros aún donde la impresión de una función de defensa no jugaba rol alguno: "Un muro que en su parte superior finaliza horizontalmente, no está terminado, éste necesita almenas. Estas son ornamentos, lo que no debe significar que ellas tengan un carácter militar" (116)

Referencias a castillos se encuentran también en gran número en la arquitectura de villas y edificios públicos de la época. En Gaudî, por

Jagdpavillons für Güell in Garraf, des Landhauses Bellesguard und die der beiden Pavillons am Haupteingang des Park Güell (Polizeiwache).

Beim Landhaus Bellesguard gibt es eine eindeutige Erklärung für die Symbolik: am Entstehungsort stand lange Zeit eine Burg. Bei den Pavillons im Park Güell - um 1904 entworfen - lohnt sich besonders ein kritischer Vergleich mit dem in der gleichen Zeit entstehenden Colonia Güell Kirchenentwurf. Jedenfalls sollte diesem Motiv, auf das mich Rainer Graefe aufmerksam machte, einmal genauer nachgegangen werden.

e) Raumkonzeption

Die Raumkonzeption der Colonia Güell Kirche ist im Grunde einfach. Von alters her bekannte Elemente (Stütze, Kuppel usw.) bilden Kirchenschiff, Querschiff und Vierung. Diese Raumkonzeption, welche Basilik- und Zentralraum in sich kombinierte, hatte Gaudî schon bald nach 1884 für den Entwurf der Sagrada Familia gefunden, lange bevor er sie für die Colonia Güell Kirche anwandte. Beziehungen zur spanischen Gotik, die sich durch gedrungene Raumproportionen, hohe Seitenschiffe und niedrige Lichtgaden auszeichnet, sind offenkundig. An die katalanische Gotik erinnert das Bestreben, den Raum mit Hilfe möglichst weniger und schlanker Stützen zu überwölben.

Im Unterschied zu diesen historischen Bauformen sehen beide Kirchenentwürfe Gaudîs durch eine raffinierte Führung des Tageslichts relativ helle Innenräume vor. Weitere übereinstimmende Aspekte beider Entwürfe sind für den eintretenden Kirchenbesucher enthalten in einem visuellen Fokus (in einer religiösen Abbildung hoch über dem Altar, mit dem Eingang die Raumdiagonale bildend) und in der Position der Balkone für die Chöre, die vom Kirchenbesucher gehört aber kaum gesehen werden können, als käme der Gesang von einem himmlischen Chor auf einer Wolke.

Gab es beim Entwurf der Sagrada Familia große Probleme, die schräg gestellten Stützen in den Raum zu integrieren, so war bei der Colonia Güell Kirche wegen der weit durchgeführten Optimierung aller Bauteile dieses Problem noch gesteigert. Senkrechte und waagerechte Linien und Flächen sind offenbar deshalb in den senkrechten Stützen und flachen Emporen des Kir-

for the hunting pavilion for Güell in Garraf, for the country house Bellesguard and for the two pavilions at the main entrance to the Güell Park (police station).

The country house of Bellesguard offers an unequivocal explanation for the symbolism used: the site had for a long time been occupied by a castle. With respect to the pavilions in the Güell Park which were designed around 1904, a critical comparison with the Colonia Güell church design of the same period is especially revealing. This motif, which was pointed out to me by Rainer Graefe, should be investigated further.

e) Interior design

The interior design of the Colonia Güell church is basically simple. Traditional elements such as columns, domes etc. form the nave, transepts and the intersection area between nave and transepts. This interior concept which combined the hall interior with the basilica interior had been developed by Gaudî soon after 1884 for the design of the Sagrada Familia, long before he used it for the Colonia Güell church. References to Spanish Gothic, which is characterised by compact interior proportions, high aisles and low clerestorys, are obvious. The attempt to vault the interior using as few and slender columns as possible, is reminiscent of Catalonian Gothic.

In contrast to these historic forms of construction both church designs by Gaudî propose relatively bright interiors achieved by clever guiding of daylight. Further aspects shared by both designs are a visual focus for the church visitor as he enters the building (in the form of a religious image high above the altar which together with the entrance forms the diagonal of the interior) and the position of the balconies for the choirs which can be heard by the churchgoer but hardly seen, as though the singing came from a celestial choir on a floating cloud.

If in the design for the Sagrada Familia great problems arose in integrating the inclined columns into the interior, the same problem was even greater in the Colonia Güell church because of the advanced optimisation of all components. To help the visitor orientating himself in an interior of such unusual shape, vertical and horizontal lines and surfaces have

lo general más fácilmente explicable, surge el motivo también en otras construcciones. Remítase a los diseños del pabellón de caza para Güell en Garraf, de la casa Bellesguard y de los dos pabellones de la entrada al parque Güell (guardia policial). En la casa Bellesguard hay una clara explicación para el simbolismo: el lugar donde fue construída estuvo ocupado durante mucho tiempo por un castillo. Para con los pabellones en el parque Güell - diseñados alrededor de 1904 - es especialmente provechosa la comparación crítica con el diseño de la iglesia para la Colonia Güell, creada en la misma época. En todo caso, tal motivo, del que me advirtió Rainer Graefe, debería tratarse alguna vez más precisamente.

e) La concepción espacial

La concepción espacial de la iglesia de la Colonia Güell es simple en principio. Elementos conocidos en cuanto a su antigüedad (columnas, cúpulas, etc.), conforman la nave principal, la transversal y la intersección de ellas. Esta concepción espacial, que combina el espacio de basílica y el central, Gaudî ya la había encontrado poco después de 1884 para el proyecto de la Sagrada Familia, mucho antes de haberla usado para la iglesia de la Colonia Güell. Son evidentes las relaciones con el gótico hispano, que se caracteriza a través de proporciones espaciales compactas, elevadas naves laterales y bajos muros de iluminación sobre las columnas de la nave principal. Al gótico catalán recuerda el anhelo de abovedar el espacio con la menor cantidad y mayor esbeltez posibles de los apoyos. A diferencia de éstas históricas formas constructivas, los proyectos de ambas iglesias preveen espacios interiores relativamente claros, iluminados a través de una refinada conducción de la luz natural. Otros aspectos coincidentes de ambos proyectos están comprendidos en un foco visual para el visitante que ingresa (en una figura religiosa en lo alto sobre el altar, que forma una diagonal espacial con la entrada) y en la posición de los balcones para los coros, los que son escuchados pero no pueden ser vistos por el visitante, como si el cántico proviniese de un coro celestial sobre una nube.

Si en el proyecto de la Sagrada Familia había grandes problemas para integrar al espacio los apoyos inclinados, así era este problema aún mayor en la iglesia de la Colonia Güell debido a la extensa puesta en práctica de la optimización de todos los elementos constructivos.

chenentwurfs so betont verwendet, um dem Besucher die Orientierung im ansonsten ungewöhnlich ausgebildeten Raum zu erleichtern. In der gebauten Krypta bilden die sichtbare flache Deckenplatte über der Rippenkonstruktion und die innenliegenden senkrechten Teile des Faltwerks der Außenwand zusammen mit dem Boden einen beruhigenden Rahmen für die sonst schiefwinkligen Formen.

been used in the form of vertical columns and plane galleries. In the crypt which was actually built the visible flat ceiling plate above the rib structure and the internal vertical components of the folded outer wall form together with the floor a moderating framework for the generally skewed forms.

Por ésta razón, se utilizan líneas y planos verticales y horizontales, manifiestamente acentuados en las columnas verticales y en los coros planos del proyecto de la iglesia, de manera de facilitarle al visitante la orientación en este espacio, conformado de modo tan poco convencional. En la cripta construída, las visibles losas planas del techo sobre la construcción nervada y las partes verticales interiores de la obra plegada de la pared exterior crean, conjuntamente con el piso, un marco tranquilizador para las formas restantes, dispuestas oblicuamente.

f) Das System der verzweigten Stütze

Im Colonia Güell Kirchenentwurf wurden die in Kraftrichtung schräggestellten bzw. verzweigten Stützen als die statisch optimierte Lösung angewandt.

Ganz offensichtlich beeinflußt von der Colonia Güell Kirche führte Gaudî 1915, auch bei einer Entwurfsvariante der Sagrada Familia, die schiefgestellte und verzweigte Stütze ein, ohne dabei die vorherigen Raumproportionen zu ändern. Mit dem statischen System der verzweigten Stütze des endgültigen Entwurfs der Sagrada Familia, einem Bauwerk von der dreifachen Größe der Colonia Güell Kirche, machte Gaudî weitere konstruktive Erfindungen. Die kleinen Abstände zwischen den Stützenzweigen ergaben kleine Gewölbeabschnitte. Grundsätzlich neu bei den verzweigten Stützen der Sagrada Familia ist, daß sie als Baumstütze aufgefaßt werden, das heißt, jede Stütze kann selbständig einen Deckenabschnitt tragen und braucht die Abschnitte nebenan nur zur Stabilisierung bei Auftreten von Horizontalkräften (117). Dabei sind kleine Zugkräfte in den Gewölben zugelassen, die von Zugelementen aufgenommen werden. Ein Vorteil der Baumstütze ist, daß während der Bauausführung an den einzelnen Abschnitten gesondert gearbeitet werden kann.

f) The system of branching columns

In the design for the Colonia Güell church columns which are inclined or branched in the direction of loading have been used as a structurally optimised solution.

Obviously influenced by the Colonia Güell church Gaudî introduced in 1915 the inclined and branched column in a design variant for the Sagrada Familia without altering the previous proportions of the interior. With the structural system of branched columns for the final design of the Sagrada Familia, a building three times the size of the Colonia Güell church, Gaudî created further structural innovations. The short spacing between the column branches resulted in small vault sections. A fundamentally new aspect of the branched columns of the Sagrada Familia is that they are understood as 'tree-like' columns, i.e. each column can support a ceiling section and needs the adjacent sections only to stabilise it against horizontal forces (117). Small tensile stresses in the vaults are permissible which are dealt with by ties. The tree-like column has the advantage that the various ceiling sections can be constructed separately.

f) El sistema de apoyos ramificados

En el proyecto de la iglesia de la Colonia Güell, los apoyos oblicuos o bien ramificados en la dirección de las fuerzas, fueron empleados como la solución estáticamente óptima.

Evidentemente influenciado por la iglesia de la Colonia Güell, Gaudî también introdujo en 1915, en una variante del proyecto de la Sagrada Familia, los apoyos inclinados y los ramificados, sin modificar con ello las proporciones espaciales existentes. Con el sistema estructural de los apoyos ramificados del proyecto definitivo de la Sagrada Familia, una construcción tres veces mayor que la iglesia de la Colonia Güell, Gaudî logró nuevas invenciones constructivas. Las pequeñas distancias entre las ramas de tales apoyos, producía pequeñas secciones de bóveda. Fundamentalmente nuevo en los apoyos ramificados de la Sagrada Familia es que ellos están concebidos como apoyos arbóreos, es decir, cada apoyo puede soportar por sí solo un sector de techo y necesita de los apoyos contiguos sólo para la estabilización en caso de actuar fuerzas horizontales (117). Con ello son permitidas pequeñas fuerzas de tracción en las bóvedas, las que son recogidas por elementos a tracción. Una ventaja de los apoyos arbóreos es que durante la ejecución de la construcción puede trabajarse por separado en los sectores individuales.

g) Die Regel- und Rotationsflächen

Konsequent hat Gaudî die hyperbolisch paraboloide Form erstmals bei der Güell Kirche angewendet. Wie er selbst betont hat, gehört das hyperbolische Paraboloid zur geometrischen Gruppe der Regel- und Rotationsflächen. Den

g) Ruled and rotational surfaces

Gaudî employed the hyperbolic paraboloid form on a large and uniform scale for the first time in the design for the Colonia Güell church. He himself has emphasised that the hyperbolic paraboloid belongs to the geometrical group of

g) Las superficies regladas y de revolución

Gaudî empleó por primera vez de manera consecuente la forma paraboloide-hiperbólica en la iglesia de la Colonia Güell. Como él mismo ha resaltado, el paraboloide hiperbólico pertenece al grupo geométrico de las superficies regladas

Regel- und Rotationsflächen ist gemeinsam, daß die Schnitte dieser Flächen zu Kegelschnitten führen (Gerade, Hyperbel, Parabel, Ellipse, Kreis). Regelflächen werden mit Geraden erzeugt. Außer dem hyperbolischen Paraboloid (der windschiefen Fläche), sind auch das Helikoid (die Wendeltreppenform) und das Hyperboloid (die Kühlturmform) Regelflächen. Rotationsflächen werden von einer Linie erzeugt, die eine Achse umkreist. Rotationsflächen sind u.a. das Paraboloid und das Hyperboloid.

In den Entwurfsvarianten der Sagrada Familia seit 1915 gewinnen die Regel-und Rotationsflächen zunehmend an Bedeutung (118). Die abstrakte Geometrie wurde von Gaudî umgesetzt in architektonische Formen, wobei vielfältige Beziehungen zwischen diesen neuen Formen und ihrer Bedeutung für den Gesamtentwurf festzustellen sind. So wurden die Gewölbe der Sagrada Familia nicht nur wegen der Steifigkeit dieser Formen als Hyperboloiden und als HP-Flächen geplant, sondern auch wegen der guten akustischen Eigenschaften gegensinnig gekrümmter Flächen. Übrigens erwog Gaudî, die Steifigkeit dieser Konstruktionen mit Hilfe von Eiseneinlagen, die in Richtung der Erzeugenden verlegt wurden, noch zu steigern.

Für Fensteröffnungen wurde, nach vielen Vorstudien, Hyperboloide als Basisform gewählt, welche eine gleichmäßige Lichtverteilung gewährleisteten. Im Gipsmodell und bei der Bauausführung können Regelflächen mit geraden Elementen einfach hergestellt werden. Die paraboloide Turmform der Sagrada Familia stellt, wie bereits erwähnt, gegenüber den Türmen der Colonia Güell Kirche eine nur näherungsweise optimierte Konstruktionsform dar.

Diese wenigen Beispiele können nur andeuten, in wie vielfältiger Weise Gaudî im Bemühen um eine neue Formensprache die Sagrada Familia mit Regel- und Rotationsflächen ausstattete. Wie Gaudî sich visionär eine wahre und einheitliche Architektur aus diesen Formen vorstellte, können wir dem folgenden Zitat entnehmen, das ebenfalls zeigt, wie Gaudî in diesen Formen seinen Gottglauben symbolisiert sah.

"Um die Wahrheit zu erfahren, sind gründliche Studien notwendig. Zu diesem Zweck muß man auf

ruled and rotational surfaces. All ruled and certain rotational surfaces share the common characteristic that the sections through these surfaces result in conic sections (straight line, hyperbola, parabola, ellipse, circle). Ruled surfaces are generated with a straight line. Apart from the hyperbolic paraboloid (i.e. a twisted surface) the helicoid (spiral staircase) and the hyperboloid (cooling tower) are ruled surfaces. Rotational surfaces are generated by a line rotating around an axis. Rotational surfaces are among others the paraboloid and the hyperboloid.

In the design versions for the Sagrada Familia from 1915 onward the ruled and rotational surfaces assume increasing importance (118). The abstract geometry has been transformed by Gaudî into architectural forms which reveal various relationships between these new forms and their importance for the overall design. Thus the vaults of the Sagrada Familia were planned as hyperboloids and as HP surfaces not only because of the inherent rigidity of these forms but also because of the good acoustic properties of surfaces having an anticlastic curvature. Gaudî was also toying with the idea of increasing the rigidity of these structures by using iron reinforcing members placed in the direction of the generating line.
Following a large number of preliminary studies Gaudî chose the hyperboloid as a base form for window openings which ensure uniform light distribution. Regular surfaces with straight elements can be easily produced either during the actual construction work or when using a plaster model. The paraboloid shape of the towers of the Sagrada Familia represents, as has already been mentioned, merely an approximately optimised form of construction when compared with the towers of the Colonia Güell church.

These few examples can merely indicate the various ways in which Gaudî equipped the Sagrada Famila with ruled and rotational surfaces in his efforts to establish a new idiom of forms. The following quotation may serve to illustrate Gaudî's vision of a 'true' and consistent architecture and also show how Gaudî saw his Christian belief symbolised in these forms:

"To know the Truth, profound study is necessary. For this purpose one must have recourse

y de revolución. Las superficies regladas y las de revolución tienen en común que las secciones de dichas superficies conducen a secciones de conos (recta, hipérbola, parábola, elipse, cîrculo). Las superficies regladas son generadas con rectas. Además del paraboloide hiperbólico (la superficie alabeada), son también superficies regladas el helicoide (la forma de las escaleras de caracol) y el hiperboloide (la forma de las torres de enfrîamiento). Las superficies de revolución son generadas por una lînea que gira en torno a un eje. Superficies de revolución son, entre otras, el paraboloide y el hiperboloide.

En las variantes del proyecto de la Sagrada Familia desde 1915, las superficies regladas y de revolución ganaron una creciente importancia (118). La geometrîa abstracta fue transformada por Gaudî en formas arquitectónicas, con lo cual son comprobables variadas relaciones entre éstas nuevas formas y su importancia para el diseno total. Así fueron planificadas las bóvedas de la Sagrada Familia como hiperboloides y como superficies paraboloide-hiperbólicas, no sólo debido a la rigidez de tales formas, sino también debido a las buenas características acústicas de las superficies de curvatura contraria en un sentido respecto del otro. Por otra parte, Gaudî consideró elevar aún más la rigidez de tales construcciones con la ayuda de refuerzos de hierro, los que serían colocados en la dirección de las generatrices. Para vanos de ventanas fue elegido, luego de muchos estudios preliminares, el hiperboloide como forma básica, la cual permitía una distribución uniforme de la luz. En el modelo en yeso y en la ejecución de la construcción, las superficies regladas pueden ser realizadas de manera sencilla con rectas. La forma parabolôidica de las torres de la Sagrada Familia representa, como ya se indicó, una forma constructiva sólo aproximadamente optimizada si se la compara con las torres de la iglesia de la Colonia Güell.

Estos ejemplos pueden sólo insinuar en que variadas maneras dotó Gaudî a la Sagrada Familia con superficies regladas y de revolución, en su esfuerzo por alcanzar un nuevo lenguaje de formas. El como Gaudî se imaginaba visionariamente una arquitectura auténtica y armónica a partir de tales formas, lo podemos extraer de la cita siguiente, la que también muestra como vió simbolizada en tales formas su creencia en Dios.

"Para conocer la Verdad es preciso estudiar a fondo las cosas. Para ello hay que recurrir al

beides, Analyse und Synthese, zurückgreifen. Anaylse ist notwendig, aber unvollständig; sie ist notwendig für das Teilverständnis jedes einzelnen Elements, aber sie versäumt den Blick auf das Ganze und ist deshalb der Synthese unterlegen, die diese Elemente vereinigt und die Einheit erzeugt" ...

"Wenn wir sie uns in unbegrenzter Ausdehnung vorstellen, bilden die Erzeugenden von regelmäßig gekrümmten Flächen einen endlosen Raum. Solche Flächen sind der hyperbolische Paraboloid, der Hyperboloid und der Helicoid. Alle drei haben die gleiche Elementarstruktur, die vom Tetraeder dargestellt wird. Ein Tetraeder mit unbegrenzten Flächen ist die Synthese oder der endlose Raum."

"Die erste dieser Flächen könnte die Trinität symbolisieren, während die zweite das Licht und die dritte die Bewegung darstellen. Der hyperbolische Paraboloid wird durch eine gerade Linie erzeugt, die an zwei anderen Linien entlanggleitet. Wenn wir uns die drei geraden Linien endlos vorstellen, kann die erste den Heiligen Geist symbolisieren, welcher die Einheit von Vater und Sohn ist, die durch die beiden anderen geraden Linien dargestellt werden. Die endlosen drei Linien formen eine Trinität, die eins ist, unteilbar und unbegrenzt - Eigenschaften, die mit dem Wesen der Heiligen Trinität zusammenfallen."

"Der Hyperboloid stellt wegen seiner regelmäßigen und abgestuften Form mit den Erzeugenden, die von seiner Kehle ausstrahlen, die Strahlung des Lichts dar. Der Helicoid verkörpert, wegen seiner Ähnlichkeit mit dem Wachstum und der Entwicklung der Pflanzen, die Bewegung. (Mechanisch verwendet als Propeller; diese Form verbindet die Bewegung von Booten und Flugzeugen.)"

"Synthese muß zur Einheit führen - das ist eine Bedingung aller Werke der Architektur und ganz allgemein jeder künstlerischen Komposition. Komponieren heißt vereinigen, Beziehungen zwischen Teilen herstellen, und nicht unterteilen. Das Ziel ist die Bildung eines harmonischen Ganzen auf der Basis verschiedener Elemente und mit dem Kriterium einer umfassenden Einheit." (119)

to both analysis and synthesis. Analysis is necessary but incomplete; it is necessary for the partial appreciation of each element, but it loses sight of the whole and is therefore inferior to synthesis which coordinates these elements and produces unity"...

"If we imagine them to be infinite in extension the generatrices of ruled warped surfaces constitute infinite space. Such surfaces are the paraboloid, the hyperboloid, and the helicoid. All three have the same elementary structure which is represented by the tetrahedron. A tetrahedron, with unlimited faces, is the synthesis of infinite space."

"The first of these surfaces could symbolize the Trinity while the second represents light and the third, movement. The paraboloid is generated by a straight line that slides along two others. If we imagine the three straight lines to be infinite, the first can symbolize the Holy Ghost which is the union between the Father and the Son represented by the other two straight lines. The infinite three form a totality which is one, indivisible and infinite - qualities which coincide with the essence of the Holy Trinity."

"The hyperboloid, because of its regular and gradual form with the generatrices spreading out from the throat, represents the radiation of light. The helicoid, due to its resemblance to the growth and development of certain plants, is movement incarnate. (Mechanically employed as a propeller, this form communicates movement to boats and airplanes)."

"Synthesis must lead to unity - a condition of all works of architecture and of artistic composition in general. To compose means to unite, to relate parts, not to subdivide. The goal is the formation of a harmonic whole based on diverse elements with an overall criterion of unity." (119)

análisis y a la síntesis. El análisis es necesario pero incompleto; se necesita para apreciar parcialmente cada elemento, pero pierde la visión del conjunto, por lo cual es inferior a la síntesis, que coordina dichos elementos y conduce a la unidad." ...

"En las superficies alabeadas regladas, si imaginamos infinitas sus generatrices, éstas comprenden el espacio infinito. Tales superficies son: el paraboloide, el hyperboloide y el helicoide. Las tres tienen la misma estructura elemental representada por el tetraedro. El tetraedro, considerado de caras ilimitadas, es la síntesis del espacio infinito."

"La primera de dichas superficies puede ser símbolo de la Trinidad, la segunda representa la luz y la tercera, el movimiento. El paraboloide está engendrado por una recta que se desliza sobre otras dos. Si suponemos las tres rectas infinitas, la primera puede simbolizar el Espíritu Santo, unión entre el Padre y el Hijo representados por los otras dos rectas. Las tres, infinitas, forman un todo único, indivisible e infinito, cualidades que coinciden con la esencia de la Santísima Trinidad."

"El hiperboloide, por la forma regular y gradual con que las generatrices parten de la garganta, representan la irradiación de la luz. El helicoide por su parecido con el crecimiento y desarollo de algunos vegetales encarna el movimiento. (Con su forma, empleada mecánicamente, comunica el movimiento a naves de mar y aire.)"

"La síntesis debe conducir a la unidad, que es condición de toda obra de arquitectura y de composición artística en general. Componer quiere decir unir; relación de partes: no subdividir. Formación de un conjunto armónico a base de diversos elementos con un criterio de unidad." (119)

NACHWORT

Wie revolutionär ist Gaudîs Entwurf?

Inwieweit ist Gaudîs Entwurf für die Kirche der Colonia Güell revolutionär, stellt er eine wesentliche Erneuerung in der Architektur dar? Auf vier Ebenen möchte ich versuchen, diese Frage zu beantworten.

a) Die Statik

Das Hängemodell von Gaudî ist ein wesentlicher, weiterführender Schritt gegenüber Modellversuchen seiner Vorgänger. Gaudî baute nach derzeitigem Kenntnisstand zum ersten Mal ein dreidimensionales Hängemodell für einen Gebäudeentwurf.

Die Statik war zu Gaudîs Zeit eine ausgereifte Wissenschaft. Die grafische Statik wurde von Ingenieuren routinemäßig benutzt. Auch Gaudî gewann mit dieser Methode die statischen Daten seiner späteren Entwürfe, mit Ausnahme lediglich des Entwurfs für die Kirche der Colonia Güell.

In der Fläche ergeben Hängemodell und grafische Statik das gleiche Resultat. Die grafische Statik hat dabei gegenüber Hängemodellen einen weiteren Anwendungsbereich, weil außer druckbeanspruchten Konstruktionen auch zug-und biegebeanspruchte Konstruktionen erfaßt werden können. (Im Prinzip wären allerdings auch im Hängemodell die Zugkräfte in einer Konstruktion mit druckbeanspruchten Elementen darstellbar.) Für die schwierige Aufgabe, die Statik eines komplexen Gebäudes zu ermitteln und seine Form zu optimieren, für eine Aufgabe in drei Dimensionen also, war Gaudîs Hängemodell jedoch den Möglichkeiten der damaligen Statik überlegen.

Es gelang Gaudî nicht, sein Modellverfahren soweit zu entwickeln, daß das Tragverhalten von Flächen über eine Vereinfachung hinaus darstellbar wurde. In seinen Modellen sind Wände und Wölbflächen als eine Addition von Geraden und Bögen wiedergegeben. Damit ließ sich beispielsweise bei Kuppeln nur die radiale Lastabtragung, nicht aber auch Druckringkräfte darstellen. An der Lösung dieses Problems wird auch

> S. 237 Schauende Fenster

EPILOGUE

How revolutionary is Gaudî's design?

To what extent is Gaudî's design for the Colonia Güell church revolutionary or does it represent an important innovation in architecture? I will try to answer this question at four levels.

a) Structural aspects

The hanging model by Gaudî is an important step forward compared with the model experiments of his predecessors. As far as we now know Gaudî built for the first time a three-dimensional hanging model for building design.

In Gaudî's time structural engineering was a mature science. Graphic structural design was used by the engineers as part of their working routine. With this method Gaudî also acquired the structural data for his later designs with the exception only of the design for the Colonia Güell church.

In a two-dimensional context a hanging model and graphic structural planning yield the same result. Compared with hanging models graphic structural planning offers a further range of applications because apart from structures under compressive load it can also take into account structures under tensile and bending stress. (In principle it would also be possible in the hanging model to simulate tensile forces in a structure comprising elements under compressive stress.) With regard to the difficult task of calculating the structural aspects for a complex building and optimising its form, i.e. for a three-dimensional taks, Gaudî's hanging model was, however, superior to the capabilities of structural engineering at that time.

Gaudî did not succeed in developing his modelling method to such a degree as to enable him to simulate the load-bearing characteristics of surfaces beyond the stage of simplification. In his models walls and vaults are represented as an addition of straight lines and arches. In domes, for example, this method allows only the radial load transfer to be shown but not

> p. 237 Looking windows

EPILOGO

¿Cuán revolucionario es el proyecto de Gaudî?

¿En que medida es revolucionario el proyecto de Gaudî para la iglesia de la Colonia Güell, representa él una renovación esencial en la arquitectura? Quisiera responder tales preguntas en cuatro niveles.

a) La estática

El modelo colgante de Gaudî es un paso esencial que vá más allá de lo logrado por sus antecesores respecto de los experimentos con modelos. De acuerdo con los conocimientos de aquel tiempo, Gaudî construyó por primera vez un modelo colgante tridimensional para el diseño de un edificio.
La estática era una ciencia madura en tiempo de Gaudî. La estática gráfica era rutinariamente utilizada por los ingenieros. Gaudî también alcanzó con tal método los datos de la estática de sus proyectos posteriores, con la única excepción del proyecto para la iglesia de la Colonia Güell.

En el plano, la estática gráfica y el modelo colgante entregan el mismo resultado. Con éllo la estática gráfica tiene, respectos a los modelos colgantes, un campo de aplicación más extenso, porque además de construcciones solicitadas a compresión, pueden ser también comprendidas las solicitadas a tracción y a flexión. (En principio, en un modelo colgante serían representables por cierto también las fuerzas a tracción en una construcción con elementos sujetos a compresión).
Para el complicado problema de determinar la estática de un edificio complejo y de optimizar su forma, es decir para un problema de caracter tridimensional, el modelo colgante de Gaudî estaba por encima de las capacidades de la estática de aquel tiempo.
Gaudî no logró desarrollar su técnica de modelos hasta el punto en que el comportamiento estructural en superficies fuera representable más allá de una simplificación. En sus modelos, las paredes y las superficies de bóvedas son reproducidas como una adición de rectas y arcos. Con ello se puede representar, por ejemplo en cúpulas, sólo la transmisión radial de las

> p. 237 Ventanas que miran

heute noch gearbeitet. Frei Otto entwickelte dazu Hängemodelle aus Netzen (120) und Heinz Isler Modelle mit Gummihäuten (121). Mit dem zusätzlichen (von Ballastsäckchen unbelasteten) horizontalen Faden, der mit den vertikalen Wandfäden verknüpft war, machte Gaudî aber einen ersten wichtigen Schritt, um nicht nur Kräfte in der Vertikalen abzuleiten, sondern auch horizontale Druckabtragungen zu berücksichtigen.

Die umfangreiche Beschäftigung Gaudîs mit Regel- und Rotationsflächen sowie von ihm durchgeführte Belastungsproben von Gestein und Eisen zeigen, daß seine wissenschaftliche Neugierde für die Statik wichtige Randbereiche einschloß.

b) Die Modellbautechnik

Besonders eindrucksvoll an Gaudîs Hängemodell ist die von Grund auf (122) neu entwickelte und ausgereifte Modellbautechnik. Das wird gerade aus heutiger Sicht, beim ausgereiften Stand der entsprechenden Modellbautechnik, deutlich. Der lange Zeitraum, der für den Entwurf dieser Kirche benötigt wurde, läßt sich mit dem verwendeten Modell, so kompliziert und arbeitsaufwendig es auch war, übrigens nicht begründen.

Ein derartiges Hängemodell läßt sich nicht beliebig manipulieren. Jede Formung muß im Einklang mit den Bildungsgesetzen der Hängeform erfolgen. Im Endergebnis weist der Entwurf eine beeindruckende Harmonie in den Maß- und Gewichtsproportionen auf. Diese Harmonie macht sicherlich auch die Schönheit des Hängemodells aus und hebt das Modell über ein bloßes technisches Objekt, ein empirisches 'Try-and-Error'-Verfahren, hinaus.

Wegen der überaus komplizierten Form verzichtete Gaudî auf das Anfertigen der üblichen Entwurfszeichnungen. Der Entwurf wurde mit Fotos vom Modell veranschaulicht. Ebenso wie die Modellbaumethode beeindruckt diese neuartige Anwendung der Fotografie, welche der Dokumentation der einzelnen Entwurfsstadien, der Darstellung des architektonischen Entwurfs, auch durch Übermalen von Modellfotos, und schließlich der Überwachung des Bauvorgangs am Untergeschoß der Kirche diente.

the thrust ring forces. Researchers are still today working on a solution of this problem. Frei Otto developed hanging models made of nets (120) and Heinz Isler built models from rubber membranes (121). With the additional horizontal thread (not loaded with weight sachets) which was tied to the vertical wall threads, Gaudî took a first essential step towards taking into account not only the vertical transfer of loads but also the transfer of horizontal thrust forces.

Gaudî's comprehensive study of ruled and rotational surfaces as well as the loading tests carried out by him on stone and iron show that his scientific curiosity encompassed marginal areas which are important for structural engineering.

b) Modelling technique

Gaudî's hanging model is especially impressive because of its mature modelling technique which he developed from scratch (122). This becomes evident especially from our modern standpoint and on the basis of the mature state-of-the-art of modern modelling techniques. The long period required for the design of this church cannot be explained by the model used, however complicated and labour-intensive it may have been.

Such a hanging model cannot be manipulated ad lib. Every shape has to be in accordance with the formation laws of the hanging form. The design in its final state shows an impressive harmony in respect of the proportions of dimensions and weights. It is surely this harmony which represents the beauty of the hanging model and elevates the model above the level of merely technical objects and empirical trial-and-error methods.

Because of the extremely complicated form Gaudî did not draw the normal design drawings. The design was illustrated by taking photographs of the model. The modelling method is as impressive as this new application of photography which was used to document the individual design stages, to illustrate the architectural design (also by overpainting the model photographs) and finally to monitor building progress on the basement of the church.

cargas pero no las fuerzas de compresión anulares. En la solución de tal problema se trabaja aún hoy. Para ello desarolló Frei Otto modelos de redes colgantes (120) y Heinz Isler modelos con membranas de goma (121). Pero con los hilos horizontales (no cargados con saquitos de lastre) adicionales, que estaban atados a los hilos verticales de las paredes, Gaudî realizó un importante primer paso en el descargar no sólo fuerzas en la vertical, sino también contemplar la transmisión horizontal de compresión.

La extensa ocupación de Gaudî con superficies regladas y de revolución, así como los ensayos de cargas realizados por él con rocas y hierro, muestran que su curiosidad científica respecto a la estática comprendía importantes campos secundarios.

b) La técnica constructiva de modelos

Especialmente impresionante en el modelo colgante de Gaudî es la madura técnica constructiva del mismo desarrollada de nuevo desde sus bases (122). Justamente desde el actual punto de vista se muestra ésto como evidente, cuando la respectiva técnica de construcción de modelos se encuentra en un estado maduro. El largo espacio de tiempo que se necesitó para el proyecto de esta iglesia es por lo demás injustificable con el modelo utilizado, por muy complicado y laborioso que él haya sido.

Un modelo colgante de este tipo no es arbitrariamente manipulable. Cada modelado debe ser compatible con las leyes de creación de la forma colgante. En su resultado final, el diseño ofrece una impresionante armonía en las proporciones de sus dimensiones y pesos. Esta armonía es seguramente la que también distingue la belleza del modelo colgante y eleva al mismo por encima de la categoría de un simple objeto técnico, de un método empírico de 'Try-and-Error'.

Debido a la forma extremadamente complicada, Gaudî renunció al confeccionado de los usuales planos del proyecto. El proyecto fue ilustrado con fotos del modelo. Así como el método de construcción del modelo, también impresiona este nuevo uso de la fotografía, el que servía a la documentación de las fases individuales del diseño, a la representación del proyecto arquitectónico, también a través de los repintados de las fotos del modelo y finalmente, a la inspección del procedimento de la construcción del piso bajo de la iglesia.

c) Die Konstruktion

Gaudî setzte sich zum Ziel, die Gotik fortzu-
führen und konstruktiv zu vollenden. Bei seinen
steinernen Wölbkonstruktionen sollten Strebe-
werke, die er als "Krücken" abqualifizierte,
überflüssig sein. Der Schub der Gewölbe wurde
direkt in verzweigte Stützen und in entsprechend in Druckrichtung schräg gestellte Stützen
und Wände geführt (123). Eine prinzipiell gleiche Kritik an den gotischen Konstruktionsformen
hatten übrigens zuvor bereits andere wie Wilhelm Tappe, Julien Guadet und Eugène-Emmanuel
Viollet-le-Duc geäußert (124).

Die Konsequenz aus diesen Überlegungen zog
Gaudî erstmals mit der Verwendung von Hängemo-
dellen beim Entwurf. Gaudîs Festhalten an tra-
ditionellen Mauertechniken einerseits und seine
Verwendung neuartiger Formfindungsmethoden an-
dererseits sind vielfältig kritisiert worden.
Ob man ihn in dieser Hinsicht als partiellen
Reaktionär oder als späten Vollender sehen
will, mag jedem einzelnen überlassen bleiben.
Unbestreitbar ist jedenfalls die Konsequenz,
mit der er sein Ziel einer "neuen mediterranen
Gotik" verfolgte.

Was die Anwendung von Hängemodellen angeht, so
sind sie zunächst zur Optimierung von Steinkonstruktionen, die kaum Zugkräfte aufnehmen können, geeignet. Aber auch bei Konstruktionen aus
Holz, Stahl oder Spannbeton, also biegebean-
spruchbaren Materialien, kann eine Formfindung
mit Hilfe von Hängemodellen sinnvoll sein
(125).

Erst mit der Umsetzung der abstrakten Vorgaben
des Hängemodells in eine baubare Konstruktion,
konnte der Entwurfsprozeß überzeugend abgeschlossen werden. Die erhaltenen Übermalungen
der Modellfotos lassen erkennen, daß Gaudî diese Ausführungsproblematik anfänglich unter-
schätzte. In beharrlichen praktischen Versuchen
an der Baustelle, die in engster Zusammenarbeit
mit den katalanischen Maurern stattfanden, wurden diese Probleme schließlich - abweichend von
den gemalten Entwürfen - gemeistert. Die span-
nungsreiche Ausführung ist an jeder Stelle für
den Besucher nachspürbar, was dem Bau eine besondere Intensität verleiht: ein Mauerwerk, das
mit seinen vielfältigen Variationen nicht nur

c) Construction

It was Gaudî's aim to continue and constructionally perfect the Gothic style. His stone
vaulting structures did not need buttresses
which he disdainfully called 'crutches'. The
thrust of he vaults was directly transferred
into branched columns and into columns and
walls inclined towards the direction of the
thrust (123). It should be mentioned here that
in principle a similar criticism of Gothic
forms of construction had been raised before
Gaudî by others such as Wilhelm Tappe, Julien
Guadet and Eugène-Emmanuel Viollet-le-Duc
(124).

Gaudî drew the consequences from these considerations for the first time when he used hanging models for his design. Gaudî's adherence
to traditional brickwork techniques on the one
hand and his use of novel form-finding methods
on the other, have been criticissed on many
occasions. It may be left to the reader's
judgement to decide whether Gaudî should be
seen either as a partial reactionary or as a
late perfector. Indisputable, however, is the
consistency with which he pursued his aim to
establish a 'new Mediterranean Gothic'.

With regard to the application of hanging models, these are in the first place suitable for
optimising stone structures which can support
only minimal tensile stresses. A form-finding
process using hanging models can, however, also
be meaningful for structures made from wood,
steel or prestressed concrete, i.e. materials
which can support bending stresses (125).

It was not until the abstract specifications of
the hanging model were transformed into a structure which could be built, that the designing
process could be completed in a convincing way.
The extant overpaintings of the model photographs show that initially Gaudî underestimated
the problems connected with putting the model
into practice. In impatient and tenacious practical experiments on the building site carried
out in close cooperation with the Catalonian
bricklayers, these problems were eventually
mastered in ways which are different from those
shown on the painted designs. The tension of
the execution of the design can be felt by the
visitor in every point, which imparts to the

c) La construcción

Gaudî se impuso como meta la continuación y perfeccionamiento del gótico. En sus pétreas construcciones abovedadas, contrafuertes y arbotantes que él descalificaba tildándolos de
'muletas', debían ser innecesarios. El empuje
de las bóvedas fue directamente transmitido a
los apoyos ramificados y a los respectivos
apoyos y paredes colocados inclinadamente, siguiendo la dirección de la compresión (123).
Por lo demás, una crítica en principio igual
respecto a las formas de las construcciones
góticas la habían expresado otros con anterioridad, como Wilhelm Tappe, Julien Guadet y
Eugène-Emmanuel Viollet-le-Duc (124).

La consecuencia de tales reflexiones fue extraída por primera vez por Gaudî mediante la
utilización de modelos colgantes en el diseño.
La adhesión de Gaudî a las tradicionales técnicas de construcción de muros por un lado y
su uso de nuevos métodos en el encuentro de la
forma por otro, han sido diversamente critica-
das. Si en tal sentido se lo quiere ver como
parcialmente reaccionario o como perfeccionador
tardío, ello debería quedar librado al juicio
individual. En todo caso, es indiscutible la
consecuencia con la que él persiguió su meta
de 'un nuevo gótico mediterráneo'.

En lo que respecta a la aplicación de los modelos colgantes, ellos son ante todo adecuados
para la optimización de construcciones pétreas,
las que apenas pueden absorber fuerzas de tracción. Pero también en construcciones de madera,
acero u hormigón pretensado, es decir, materiales solicitados a flexión, puede ser razonable
un encuentro de la forma con la ayuda de modelos colgantes (125).

Recién con la transformación en una substancia
construible de los datos abstractos resultantes
del modelo colgante, el proceso de diseño pudo
ser terminado en forma convincente. Las fotos
repintadas del modelo original que aún se conservan, dejan reconocer que Gaudî subestimó en
un principio dicha problemática de la ejecución
de la obra. En tenaces ensayos prácticos en
obra, los que se realizaron en estrecha colaboración con los albañiles catalanes, tales problemas fueron finalmente superados - apartán-
dose de los diseños dibujados. La ejecución
llena de tensiones es rastreable en cada lugar
para el visitante, lo que otorga al edificio
una especial intensidad: una mampostería que

das große Können der Maurerzunft belegt, sondern das zugleich seinen komplizierten Entstehungsprozeß nacherzählt.

Grundlage war die katalanische Mauertechnik, die Gaudî für die Verwirklichung seiner Architektur ergänzte. Das schiefwinklige Aufeinandertreffen von Konstruktionsteilen ergab völlig neuartige gemauerte Detailausbildungen, die nur in einer sehr komplexen geometrischen Anordnung und unter Ausnützung des Spielraums in den Fugen möglich waren.

d) Die Architektur

Das Ziel, für den Bau eine konstruktiv optimierte Form zu entwickeln, war die eine Basis des architektonischen Konzepts. Ein zweiter wichtiger Aspekt war der Ausdruck dieser Form. Der Kirchenentwurf enthält, neben dieser abstrakten Formensprache, im Großen und Kleinen aber auch Symbolformen (Burg, die heilige Taube, Kreuz).

Trotz der präzisen Entwurfsvorgabe war noch Raum für Improvisation, was zu skurrilen Details in der Dekoration führte, die jedoch immer gekonnt in der Ausführung und oft merkwürdig eigensinnig in ihrem Ausdruck sind. Einige Elemente wurden der Natur entnommen und in ihrer Eigenwertigkeit einbezogen (Weihwasserbecken aus großen Muscheln, Basaltsäulen).

In der Portikus wurden von Gaudî Stützen an Stellen, wo HP-Flächen ihren tiefsten Punkt erreichen und man eine Stütze erwarten könnte, weggelassen. Nur ihr Oberteil hängt an der Wölbfläche. Gaudî begründete dies so: "Wo andere Architekten eine Stütze stellen würden, brauche ich keine." (126). Auch die Stütze B im Hängemodell, deren Verzweigung und Umleitung konstruktiv eigentlich überflüssig war, hätte im Gebäude den Betrachter verwirrt.

Spontanität und Irrationalität des Unterbewußten finden bei diesem Entwurf, trotz aller Rationalität, ebenso ihren Ausdruck. Es ist wohl diese Seite von Gaudîs Architektur, die den modernen Menschen am meisten befremdet, die ihn gleichzeitig irritiert und fasziniert. Über Gaudîs Psyche sagen diese und viele andere mög-

building a special intensity: masonry which in its numerous variations not only bears testimony to the bricklayers's craft but at the same time tells the story of its complicated process of creation.

The basis was the Catalonian bricklaying craft to which Gaudî added inventions to make his architecture a reality. The oblique meeting of structural components led to novel bricklaying details which were only possible in a very complex geometrical arrangement and by using the clearance provided by the joints.

d) Architecture

The objective of developing a constructionally optimised form for building was one basis of the architectural concept. A further important aspect was the expression of this form. Apart from this abstract idiom of forms the church design contains symbolic forms (castle, dove, cross) in its overall concept as well as in detail.

In spite of the precise design specification there still remained room for improvisation which led to bizarre details in the ornamentation. These details are, however, always carried out in a masterly fashion and are often strangely unique in their expression. Some elements have been taken from nature and incorporated in their natural form (large clamshells to keep the holy water, basalt columns etc.).

In the portico Gaudî omitted columns precisely at those points where HP surfaces reach their lowest point and where a column could be expected. Only the top section of the column is suspended from the vault. Gaudî gives the following reason: "I do not need supports where other architects would place a column." (126). Column B in the hanging model whose branching and diversion was really superfluous from a structural point of view, would also have confused the observer.

In spite of all the rationality, spontaneity and irrationality of the subconscious also find their expression. It is probably this aspect of Gaudî's architecture which alienates modern people most and at the same time irritates and fascinates them. In my opinion these and many

con sus múltiples variaciones no sólo demuestra el profundo conocimiento del gremio de los albañiles sino que al mismo tiempo, relata su complicado proceso de creación.

El fundamento que perfeccionó Gaudî para la realización de su arquitectura fue la técnica catalana de construcciones de mampostería. El encuentro oblicuo uno sobre otro de los elementos constructivos, da por resultado formaciones de detalles de mampostería totalmente nuevos, los que solamente fueron posible en una muy compleja disposición geométrica y con el aprovechamiento del espacio libre en las juntas.

d) La arquitectura

Una de las bases del concepto arquitectónico era el objetivo de desarrollar para el edificio una forma constructivamente optimizada. Un importante segundo aspecto era la expresión de tal forma. Pero el proyecto de la iglesia contiene también, además de dicho lenguaje abstracto de formas, otras de tipo simbólico, a gran y pequeña escala (fortaleza, la paloma sagrada, la cruz).

Pese a los precisos datos del diseño, todavía existía espacio para la improvisación, lo que condujo a detalles extravagantes en la decoración, los que sin embargo siempre demuestran pericia en la ejecución y son a menudo curiosamente caprichosos en su expresión. Algunos elementos fueron tomados de la naturaleza e incorporados en su estado natural (la pila de agua bendita hecha de una gran concha marina, columnas de basalto).

En el pórtico, en los lugares donde las superficies paraboloide-hiperbólicas alcanzan su punto más bajo y donde se puede esperar una columna, ésta no fue colocada. Sólo su parte superior cuelga de la superficie abovedada. Gaudî lo justificaba así: "Donde otros arquitectos colocarían una columna, yo no necesito ninguna" (126). También el apoyo B en el modelo colgante, cuya ramificación y desvío era en realidad constructivamente innecesario, hubiera desconcertado al observador en el edificio.

En este proyecto, pese a toda su racionalidad, la espontaneidad y la irracionalidad del subconsciente encuentran del mismo modo su expre-

liche Beispiele meiner Meinung nach aus, daß der Architekt nicht aus einem einzigen Denksystem entwarf, sondern befähigt war (oder muß man hier sagen, von seiner Psyche gezwungen wurde?), ganzheitliche Probleme auf verschiedenen Denkebenen zu lösen, wobei Brüche in der Logik wohl unvermeidlich waren. Diese irrationalen Umwege erschweren möglicherweise einen klaren Begriff dieses Entwurfs. Sie stehen aber nie in Widerspruch zum Hängemodellverfahren, und sind eher als Kommentar dazu zu verstehen.

Die besondere Qualität dieser Architektur wurde in der Synthese erreicht, die Gaudî zwischen Konstruktion und Ausdruck der gebauten Form fand. Die Architektur spricht auf mehreren Ebenen eine ausdrucksvolle Sprache. Das gelungene Gleichgewicht hebt diese Architektur über einen bloßen Technizismus (Konstruktion als technischer Gewaltakt) und Historizismus (das historische Zitat ohne angemessenen neuen Zweck) weit hinaus.

Gaudî mußte, wie so oft bei anderen Projekten, erleben, daß das Kirchengebäude letztendlich nicht verwirklicht werden konnte und daß sein wohl kühnster Entwurf ein Torso blieb. Geldmangel infolge des Weltkriegs und dann der Tod des Auftraggebers Güell führten zur Unterbrechung der Bauarbeiten.

Gerade gegen diesen Entwurf sind viele Einwände vorgebracht worden, die auch in neuesten Veröffentlichungen noch wiederholt werden. Die Backstein-Bauweise sei archaisch, das Projekt insgesamt zu teuer und zu umständlich im Entwurfsprozeß, die Krypta erinnere an eine Grotte und dergleichen mehr. Manche dieser Argumente sind immerhin verständlich; alle verfehlen aber das Wesentliche dieses Entwurfs: daß es dem Architekten gelang, völlig neue Wege für die Architektur offenzulegen.

Ich hoffe, daß wir aus Gaudîs revolutionärer Haltung für die Architektur unserer Tage Mut schöpfen.

other examples reveal with respect to Gaudî's psychological makeup that the architect did not design from a single system of thinking but was capable (or should one say, forced by his psychological makeup?) of solving all-embracing problems on various levels of thinking which probably made illogisms inevitable. These irrational deviations possibly make a clear understanding of this design more difficult. On the other hand they never contradict the hanging model method and should therefore be rather understood as a commentary on this method.

The special quality of this architecture was achieved in the synthesis which Gaudî found between the construction and expression of the built shape. The architecture speaks an expressive language on several levels. The successful balance elevates this architecture far above mere technicism (building as a technical tour de force) and historicism (a historical statement without a corresponding new purpose).

Like with so many of his projects Gaudî had to come to terms with the fact that it was impossible to build the church and that his probably most daring design remained a torso. Building work was interrupted because of lack of money caused by the Great War and then by the death of his sponsor Güell.

Especially this design has raised many objections which continue to be repeated even in the latest publications, such as the brick construction being archaic, the project as a whole too expensive and too complicated in its design, the crypt reminiscent of a grotto etc. etc. Some of these arguments may be understandable; all of them, however, miss the essential aspect of this design, in equal that the architect succeeded in opening up completely new directions for architecture.

I hope that Gaudî's revolutionary attitude will give us new courage and stimuli for the architecture of our time.

sión. Este aspecto de la arquitectura de Gaudî es probablemente el que más sorprende al hombre moderno, que al mismo tiempo lo irrita y fascina. Sobre la psiquis de Gaudî expresan estos y muchos otros posibles ejemplos en mi opinión, que el arquitecto no disañaba utilizando un único sistema de pensamiento sino que estaba capacitado (o debe uno aquí decir, fue obligado por su psiquis?), para resolver problemas globales en diferentes niveles de pensamiento, con lo que tal vez se presentaban inevitables rupturas en la lógica. Estos irracionales rodeos dificultan posiblemente una clara idea de este proyecto. Pero ellos no están nunca en desacuerdo con el método de modelos colgantes y son más bien entendibles como comentarios al mismo.

La especial calidad de dicha arquitectura fue lograda a través de la síntesis que Gaudî encontró entre construcción y expresión de la forma construída. La arquitectura habla en varios niveles un expresivo lenguaje. El equilibrio logrado eleva a esta arquitectura por encima de un simple tecnicismo (la construcción como acto de poderîo técnico) u historicismo (la cita histórica sin la adecuada nueva finalidad).

Gaudî debió experimentar, como tantas otras veces con otros proyectos, que el edificio de la iglesia no haya podido ser realizado y que su proyecto probablemente más osado quedaba reducido sólo a un torso. La falta de dinero como consecuencia de la primera guerra mundial y luego la muerte del comitente Güell, condujeron a la interrupción de la obra.

Justamente contra este proyecto han sido formuladas muchas objeciones, las que son repetidas todavía en nuevas publicaciones. Se dice que la técnica constructiva con ladrillos es arcaica, que el proyecto en su totalidad es muy caro y el proceso de diseño muy complicado, que la cripta recuerda a una gruta y otras cosas por el estilo. Algunos de dichos argumentos son en todo caso comprendibles; pero ninguno de ellos encuentra en sus críticas lo que es esencial en tal proyecto: que el arquitecto logró con el abrir caminos totalmente nuevos para la arquitectura.

Espero que nosotros cobremos ánimo de la postura revolucionaria de Gaudî para la arquitectura de nuestro tiempo.

ANMERKUNGEN

1) Antoni Gaudî Cornet, geboren am 25. Juni 1852 in Reus (oder Riudoms), gestorben am 10. Juni 1926 in Barcelona)

2) Der Bau der Arbeitersiedlung Güell wurde 1890 begonnen. Die Initiative des aufgeklärten Liberalen Güell war ein Versuch, auf blutige Arbeiterproteste gegen die Verhältnisse in den Fabriken der Güellfamilie zu reagieren, und orientierte sich an englischen Beispielen. Die Hälfte der etwa 1.000 Arbeiter der Fabrik wohnte in der reizvollen Siedlung, deren Wohnungen von den Gaudîmitarbeitern Berenguer und Rubió entworfen sind. Die katholische Kirche hatte großes Interesse an diesem Projekt und hob in Festschriften, zum Teil selbstherrlich, das harmonische Leben in der Siedlung unter ihrer Obhut hervor.

3) Das Entwurfsteam: Antoni Gaudî, sein langjähriger Mitarbeiter Francisco Berenguer Mestres, der Architekt José Canaleta Cuadras und der Maschinenbauingenieur Eduardo Goetz. Laut neuerer Literatur hat der Architekt Joan Rubió Bellver Einfluß auf die Entwicklung des Modellbauverfahrens gehabt. Das Hängemodell wurde vom Bildhauer Vicens Villarrubias in seinem Entstehungsprozeß fotografisch dokumentiert.

4) Die Ausführung des Untergeschosses fand vom 03.10.1908 bis zum 04.10.1914 statt, unter der Leitung des Maurermeisters Agustîn Massip. Der Bildhauer J. Bertran und der Architekt Joseph Jujol Gibert führten Dekorationen am Bau aus. Die Zahl der Handwerker war gering; selten mehr als 10 Arbeiter und 2 bis 5 Maurer. Wegen einer Erkrankung Gaudîs wurde der Bau 1911 einige Monate stillgelegt. Die provisorische Fertigstellung des Untergeschosses zwischen dem 24.10.1914 und dem 08.03.1916 wurde von Maurermeister Joaquîn Tres geleitet. Quelle: E. Casanelles: La Nueva Visión de Gaudî, S. 107f.

5) Angeblich zerfiel es allmählich, weil ein Modellbauer nach dem Essen von Wurst die Fäden berührte, was Mäuse zum Konsum der Fäden verführte.

6) Die bescheidene Stelle, die die Anwendung des Prinzips der Umkehrung der Kettenlinie in heutigen Konstruktionen hat, steht im Widerspruch zu der Stelle, welche in der Geschichte

NOTES

1) Antoni Gaudî Cornet was born on 25th June 1852 in Reus (or Riudoms) and died 10th June 1926 in Barcelona.

2) The construction of the Güell workers' colony was begun in 1890. The initiative of Güell, who was an enlightened liberal, was an attempt to react to the bloody protests of the workers against conditions in the Güell family's factories and was influenced by English examples. Half of the thousand or so factory workers lived in the delightful compound in dwellings designed by Gaudî's collaborators Berenguer and Rubió. The Catholic church showed great interest in this project and made known in its own and other publications the harmonious life in the compound under its auspices.

3) The design team consisted of Antoni Gaudî, his longstanding collaborator Francisco Berenguer Mestres, the architect José Canaleta Cuadras and the mechanical engineer Eduardo Goetz. According to new documentation, the architect Joan Rubió Bellver had some influence on the development of the model-making procedure. The hanging model was photographically documented by the sculptor Vicens Villarrubias.

4) The lower storey was executed between 3.10.1908 and 4.10.1914 under the direction of the master mason Agustîn Massip. The sculptor J. Bertran and the architect Joseph Jujol Gibert carried out the decoration of the building. The number of craftsmen was small - rarely more than 10 labourers and 2 to 5 masons. Due to Gaudî falling ill, the work was brought to a halt for a few months in 1911. The provisional finishing of the lower storey was directed by the master mason Joaquîn Tres between 24.10.1914 and 8.3.1916 (see: E. Casanelles: La Nueva Visión de Gaudî, p. 107 f.)

5) It is said that it gradually disintegrated because a modelmaker after eating sausage touched threads which mice then began to eat into.

6) The modest place that the principle of the inverted catenary holds in present-day construction stands in strong contrast to the place it held in the history of structural science.

OBSERVACIONES

1) Antoni Gaudî Cornet, nacido el 25 de julio de 1852 en Reus (o Riudoms), muerto el 10 de junio de 1926 en Barcelona.

2) La construcción de la Colonia para trabajadores Güell fue iniciada en 1890. La iniciativa del esclarecido liberal Güell, fue un intento de reaccionar frente a las sangrientas protestas de los trabajadores en contra de las condiciones laborales en las fábricas de la familia Güell y se orientaba en ejemplos ingleses. La mitad de los cerca de 1.000 trabajadores de la fábrica vivîa en la Colonia, cuyas viviendas fueron proyectadas por los colaboradores de Gaudî, Berenguer y Rubió. La iglesia católica tenîa gran interés en este proyecto y puso de relieve en opúsculos commemorativos, en parte autocráticos, la armónica vida en la Colonia bajo su tutela.

3) El equipo del proyecto: Antoni Gaudî, su colaborador de muchos anos Francisco Berenguer Mestres, el arquitecto José Canaletas Cuadras y el ingeniero mecánico Eduardo Goetz. De acuerdo con la bibliografia reciente, el arquitecto Joan Rubió Bellver tuvo influencia sobre el desarrollo de la técnica de construcción del modelo. El modelo colgante fue documentado fotográficamente en su proceso de creación por el escultor Vicens Villarrubias.

4) La construcción del piso bajo tuvo lugar del 3.10.1908 al 4.10.1914, bajo la dirección del maestro albañil Agustin Massip. El escultor J. Bertran y el arquitecto Joseph Jujol Gibert ejecutaron las decoraciones en la construcción. El número de trabajadores era pequeño; raramente más de 10 obreros y de 2 a 4 albaniles. Debido a problemas de salud de Gaudî, la construcción fue paralizada en algunos meses en 1911. La finalización provisoria del piso bajo, entre el 24.10.1914 y el 8.03.1916 fue dirijida por el maestro albanil Joaquîn Tres. Fuente: E. Casanelles: La Nueva Visión de Gaudî, p. 107 y sgts.

5) Al parecer se deterioró gradualmente, porque uno de los ejecutores del modelo, luego de comer embutidos tocaba los hilos, lo que indujo a los ratones al consumo de los mismos.

6) La modesta posición que ocupa el uso del principio de la inversión de la catenaria en las construcciones actuales, está en contradicción con la que a dicho principio le fue conce-

der Statikwissenschaft dem Prinzip eingeräumt wurde. Wie aus den systematischen Nachforschungen Rainer Graefes über die Geschichte des Hängemodells hervorgeht, haben Statikwissenschaftler seit etwa 1700 öfters neben grafischen Methoden zur Erfassung des Kräfteverlaufs das Prinzip der Umkehrung der Kettenlinie erwähnt und zum Teil Hängemodelle entwickelt. Siehe hierzu: Rainer Graefe: Zur Formgebung von Bögen und Gewölben, und Juan Bassegoda Nonell: El Arco de Festón.

As demonstrated in Rainer Graefe's research on the history of the hanging model, since about 1700 structural scientists wanting to determine the path of forces have often mentioned the principle of the inversion of the catenary and have sometimes developed hanging models, besides using graphic methods (see: Rainer Graefe: Zur Formgebung von Bögen und Gewölben; and Juan Bassegoda Nonell: El Arco de Festón).

dida en la historia de la ciencia de la estática. Como resulta de las sistemáticas investigaciones de Rainer Graefe sobre la historia de los modelos colgantes, los científicos que se ocuparon de la estática han mencionado con frecuencia, desde cerca de 1700, junto a los métodos gráficos de registro del recorrido de las fuerzas, también el principio de inversión de la catenaria y en parte han desarrollados modelos colgantes. Ver al respecto: Rainer Graefe: Zur Formgebung von Bögen und Gewölben, y Juan Bassegoda Nonell: El arco de festón.

7) J.Bassegoda Nonell: Otros aspectos constructivos de la obra de Gaudí, in: CAU Marzo 1981, S. 63. Als Vertreter der zweiten Kategorie nennt Bassegoda Bergós und Martinell und verweist auf Ausstellung und Buch der Gaudí-Gruppe der TH-Delft. Zur ersten Kategorie der Skeptiker können aufgeführt werden: R. Bellmunt Ribas und F. Maná Reixach, I. Solà-Morales und C. van de Ven; siehe die Literaturliste für die Arbeiten der genannten Verfasser.

7) J.Bassegoda Nonell: 'Otros aspectos constructivos de la obra de Gaudí' in CAU March 1981, Page 63. Bassegoda names Bergós and Martinell as examples of the second category, and refers to the exhibition and book of the Gaudí Group of the TH in Delft. R. Bellmunt Ribas, F. Maná Reixach, I. Solà-Morales and C. Van de Ven can be mentioned as belonging to the first category of skeptics. See the Bibliography for details of works by the above authors.

7) J.Bassegoda Nonell: Otros aspectos constructivos de la obra de Gaudí, en CAU Marzo 1981, p. 63. Como representante de la segunda categoría Bassegoda nombra a Bergós y a Martinell y remite a la exposición y libro del grupo Gaudí de la Escuela Superior Técnica de Delft. En la primera categoría de los escépticos, pueden ser mencionados: R. Bellmunt Ribas y F. Maná Reixach, I. Solà-Morales y C. van de Ven; véase en la bibliografía los trabajos del autor nombrado.

8) Das Ergebnis der Genauigkeitsprüfung in II.1 läßt erkennen, daß ohne die knapp bemessene Zeit die Rekonstruktion exakter dem Originalmodell hätte angeglichen werden können.

8) The result of the accuracy checking in II.1 shows that the reconstruction could have been approximated more accurately to the original model if time had not been at a premium.

8) El resultado de la prueba en la exactitud en II.1 deja reconocer que de haber tenido más tiempo disponible, la reconstrucción podría haberse asimilado más exactamente al modelo original.

9) Es gibt amüsante Querverbindungen zwischen den Forschern. Puigs gezeichnete Rekonstruktion von Gaudís Hängemodell wurde von der Gaudí-Gruppe erst als Kettenmodell ausgeführt, nachdem sie 1978 Fotos von Matsukuras Kettenmodellen an der Cátedra Gaudí gesehen hatte. Ebenso wie das Kettenmodell der Gaudí-Gruppe beim IL noch in Erinnerung war, weil die Ausstellung der Gaudí-Gruppe 1979 in Stuttgart zu sehen gewesen war, kannte Matsukura die IL-Veröffentlichung 'Gitterschalen', die er in einem Artikel von 1980 zitierte. Die aus Modellversuchen gewonnenen Erkenntnisse Frei Ottos über die 'Baumstütze' verhalf der Gaudí-Gruppe zu einem genaueren Verständnis der Statik der verzweigten Stütze bei der Vertiefungsarbeit über die Sagrada Familia.

9) There are amusing cross-references between the researchers. Puig's drawn reconstruction of Gaudí's hanging model was not built by the Gaudí Group as a chain model until the group had seen photographs of Matsukura's chain models in 1978 at the Cátedra Gaudí. In the same way as the chain model of the Gaudí Group was remembered by the IL - because of the Gaudí Group's exhibition in Stuttgart in 1979, Matsukura knew the IL publication 'Grid Shells' which he quoted in an article of 1980. The findings of Frei Otto with respect to the 'tree-type column' gained from model experiments, helped the Gaudí Group to understand more accurately the structural aspects of the branched column when it studied on the Sagrada Familia.

9) Existen graciosas comunicaciones transversales entre los investigadores. La reconstrucción del modelo colgante de Gaudí dibujada por Puig, fue efectuada en primer lugar como modelo con cadenas por el Grupo-Gaudí, luego de que éste viese en 1978 en la Cátedra Gaudí, las fotos de los modelos con cadenas de Matsukura. Así como el modelo de cadenas del Grupo-Gaudí estaba aún en el recuerdo del IL, puesto que la exposición del Grupo-Gaudí pudo ser vista en 1979 en Stuttgart, Matsukura conocía la publicación del IL 'Gitterschalen', la que él citó en un artículo del 1980. Los conocimientos sobre 'apoyos arbóreos' logrados por Frei Otto a través de ensayos con modelos, ayudaron al Grupo-Gaudí a una comprensión más precisa de la estática de los apoyos ramificados durante los trabajos de profundización sobre la Sagrada Familia.

10) Das ganze lange Arbeitsleben von Puig ist geprägt vom Kontakt mit Gaudí. Als Architekt konnte er einige elegante Kirchenbauten errichten, die sich auf Gaudís Theorien stützen. Sonst widmete sich Puig, zusammen mit einem anderen Gaudí-Schüler, dem Architekten Lluís Bonet Garí, der Fortführung von Gaudís

10) The contact with Gaudí left its stamp on Puig's long active working life. As an architect he had the opportunity of building some elegant churches which are based on Gaudí's theories. Apart from that Puig together with another Gaudí pupil, the architect Lluís Bonet Garí, devoted himself to continuing Gaudí's un-

10) Toda la larga vida laboral de Puig está impregnada del contacto con Gaudí. Como arquitecto pudo construir algunas elegantes iglesias, las que se apoyaron en las teorías de Gaudí. Además, Puig se dedicó, conjuntamente con otro discípulo de Gaudí, el arquitecto Lluís Bonet Garí, a la continuación de la inconclusa

unvollendeter Sagrada Familia - worüber Puig schon 1929 sein Buch 'El Temple de la Sagrada Família' verfaßte - und der Gaudî-Forschung im allgemeinen. Die Gaudî-Forschung traf 1936 ein schwerer Schlag, als im Bürgerkrieg viel Material des verstorbenen Architekten - Zeichnungen, Modelle, Skizzen u.a. - vernichtet wurde. Unter einigen anderen, wie Joan Bergós und Cesár Martinell, machten Puig und Bonet sich später auf, das übrig gebliebene Material durch Bauaufnahmen zu ergänzen, wohl wissend, daß ohne exakte Unterlagen eine umfassende architektonische Beschreibung des komplexen Werkes Gaudîs unmöglich ist. Ein großer Erfolg dieser Bemühungen war die Rekonstruktion der zerstörten Gipsmodelle der Sagrada Familia nach zehnjähriger Arbeit, was in den fünfziger Jahren zum Weiterbau der Sagrada Familia führte.

11) In der ersten Fassung des Bonet-Grundrisses fehlt kurioserweise die Wiedergabe der vier Basaltstützen in der Krypta. Leider wird dieser fehlerhafte Grundriß noch immer in neuerer Literatur verwendet.

12) Die Studien des 1983 emeritierten Matsukura werden fortgesetzt von Masamichi Okubo, Professor der konstruktiven Analyse am gleichen Institut. In dem Buch 'Gaudî, Camino de un Diseno' sind, außer den für uns relevanten Teilen über die Rekonstruktion von Gaudîs Hängemodell, Abschnitte über die grafisch-statischen Berechnungen der Park Güell Viadukte von Gaudî, Hängeversuche für Bögen unterschiedlicher Belastung, der Einfluß Gaudîs auf die Maler Miró und Picasso und eine allgemeine Einführung in Gaudîs Architektur und Theorien enthalten. Matsukuras Buch 'Gaudinismo' aus 1984 enthält u.a. eine kommentierte Übersetzung ins Japanische von Gaudîs Gesprächen mit Juan Bergós.

13) Das Modellfoto wird soweit vergrößert, daß bei der Durchschneidung des Fotos mit dem Grundriß beide im gleichen Maßstab sind. In der Fotoperspektiv-Aufstellung (S. 39 > 2) verwendete Matsukura gespannte Fäden zwischen Kamerablickpunkt R und dem Foto zur Darstellung der Perspektivlinien RA', RB' usw.

14) Weil alle Originalmodellfotos mit horizontaler Achse des Kameraobjektivs aufgenommen wurden, sollte im Schema der Fotoperspektiv-

finished Sagrada Familia about which Puig wrote his book 'El Temple de la Sagrada Família' as early as 1929, and to Gaudî-related research in general. Gaudî research had to take a heavy blow in 1936 when as a result of the civil war a lot of the design material left by the deceased architect was destroyed (drawings, models, sketches etc.). Apart from some other architects such as Joan Bergós and Cesár Martinell, Puig and Bonet started later on to add to the extant material by taking measured drawings of the buildings in the knowledge that without accurate documentation a comprehensive architectural description of Gaudî's complex oeuvre is impossible. A great success of these efforts was the reconstruction of the destroyed plaster models of the Sagrada Familia after ten years of work, which in the Fifties led to the continuation of the building of the Sagrada Familia.

11) The first version of the Bonet ground plan curiously lacked the four basalt columns in the crypt. Unfortunately this defective ground plan continues to be used in modern architectural literature.

12) The studies of Matsukura who retired in 1983, are being continued by Masamichi Okubo, professor of constructional analysis at the same institute. The book 'Gaudî, Camino de un Diseno' contains apart from the sections on the reconstruction of Gaudî's hanging model, which are relevant to us, calculations of the viaducts in the Güell Park, suspension experiments for arches carrying varying load, a description of Gaudî's influence on the painters Miró and Picasso as well as a general introduction to Gaudî's architecture and theories. Matsukura's book 'Gaudinismo' of 1984 contains a commented translation into Japanese of Gaudî's conversations with Joan Bergós.

13) The photograph of the model is enlarged until the photo and the ground plan are of the same scale when intersecting the photograph with the ground plan. In the listing for the evaluation of the photographic perspectives (p. 39 > 2) Matsukura used threads tensioned between the camera standpoint R and the photograph to illustrate the perspective lines RA', RB' etc.

14) Because all original photos were taken with the axis of the camera lens horizontal, the dotted line and the ground plan should really

Sagrada Família - sobre la cual Puig escribió ya en 1929 su libro 'El Temple de la Sagrada Família' - y a la investigación de Gaudí en general. La investigación sobre Gaudí sufrió un duro revés en 1936, cuando mucho del material del fallecido arquitecto - dibujos, modelos, bocetos, entre otros - fue destruido durante la guerra civil. Junto a algunos otros, como Joan Bergós y Cesár Martinell, se abocaron Puig y Bonet posteriormente a complementar con relevamientos el material que no había sido destruido, sin duda sabiendo que sin antecedentes exactos es imposible una completa descripción arquitectónica de la compleja obra de Gaudí. Un gran éxito de tales esfuerzos, fue la reconstrucción del destruido modelo en yeso de la Sagrada Familia luego de un trabajo de diez anos, que condujo en los anos cincuenta a la continuación de la construcción de la Sagrada Familia.

11) En la primera versión de la planta de Bonet falta curiosamente la reproducción de las cuatro columnas de basalto en la cripta. Lamentablemente, esta errónea planta es todavía usada en nuevas publicaciones.

12) Los estudios de Matsukura, desde 1983 emérito, son continuados por Masamichi Okubo, Profesor de análisis constructivo en el mismo instituto. En el libro 'Gaudí, Camino de un Diseno', además de las partes relevantes para nosotros sobre la reconstrucción del modelo colgante de Gaudí, se encuentran capítulos sobre los cálculos grafostáticos del viaducto del Parque Güell de Gaudí, experimientos funiculares para arcos con diferentes cargas, la influencia de Gaudí sobre los pintores Miró y Picasso y una introducción general en la arquitectura de Gaudí. El libro de Matsukura 'Gaudinismo' de 1984, contiene entre otros aspectos, una traducción comentada al japonés de las conversaciones de Gaudí con Juan Bergós.

13) La foto del modelo es aumentada hasta el punto en que el corte de las fotos con la planta están a la misma escala. En la exposición de la perspectiva fotográfica (p. 39 > 2), Matsukura utilizó hilos atirantados entre el foco de la cámara y la foto, para la representación de las líneas de perspectiva RA', RB', etc.

14) Como todas las fotos del modelo original fueron tomadas con el eje horizontal del objetivo de la cámara, en el esquema de la exposi-

Aufstellung eigentlich die gestrichelte Linie und der Grundriß senkrecht auf das Foto treffen. Eine solche Aufstellung wäre einfacher als diejenige, die Matsukura in seinem Schema zeigt.

15) Die Arbeit der Gaudî-Gruppe fügt sich, mit einer Reihe von Projekten, wie über Berlage, Melnikov, Duiker und Wiebenga, in Jan Molemas 1971 angefangene Forschungstätigkeit ein. Das Ergebnis dieser Forschung ist die Beschreibung der Konstruktion spezifischer Bauten und eine Analyse des Prozesses, der zur Konstruktion führte. Die Ergebnisse wurden in Publikationen und Ausstellungen dargestellt. Das didaktische Ziel dieser Forschung ist, den Studierenden den Stellenwert zu verdeutlichen, den in den Entwürfen bedeutender Architekten Konstruktion und Material einnehmen.

16) Siehe dazu Jan Molema: Antoni Gaudî, een weg tot oorspronkelijkheid, Jan Molema: Einfluß der Maya-Architektur auf Antoni Gaudî, in: Geschichte des Konstruierens I, S. 125 - 141.

17) Für eine Beschreibung der überaus komplexen Zusammenhänge von Frei Ottos wegweisender Architektur mit der Modellbautechnik möchte ich an dieser Stelle auf Veröffentlichungen von Frei Otto und seinem Team und auf andere Literatur zu diesem Thema verweisen.

18) Der Maßstab und der Gewichtsmaßstab eines Hängemodells können in einer beliebigen Proportion zueinander stehen. Bei statischen Modellen, wo die Formveränderung der Konstruktion unter Belastung studiert wird, sollte der Gewichtsmaßstab gleich dem Maßstab der Längen hoch 3 gewählt werden.

19) Die Abbildung des Grundrisses von Bonet Garî ist eine überzeichnete Fassung, übernommen aus: C. Flores, Gaudî, Jujol y el modernismo catalán, Madrid 1982, S. 230. Einige Grundrisse wurden abgelehnt, weil sie nachweisbar ungenau oder unvollständig waren. Einfache Kontrollmessungen am Gebäude ergaben, daß das Untergeschoß eine Symmetrie aufweist, wie auf dem Bonet-Grundriß wiedergegeben. Der Grundriß von Puig (> S. 49) wurde verworfen, weil dieser von der erwähnten Symmetrie abweicht. Der Grundriß der Puig-Kirchenrekonstruktion (S. 36 > 1) wurde abgelehnt, weil in erster Linie nur das Untergeschoß für den Modellgrundriß relevant ist. Der Grundriß der Puig-Rekonstruktion des Originalmodells (S. 36 > 3) zeigt nur die Hälfte des Modells.

be perpendicular to the photo in the listing for the evaluation of the photographic perspectives. Such a listing would be simpler than the one shown by Matsukura in his plan.

15) Together with a number of projects such as those carried out on Berlage, Melnikov, Duiker and Wiebenga, the work of the Gaudî Group fits into Jan Molema's research which was started in 1971. The result of this research is a description of the design of specific buildings and an analysis of the process leading to the design. The results have been demonstrated in publications and exhibitions. The didactic aim of this research is to make clear to the student the importance which design and materials assume in the designs of important architects.

16) cf. Jan Molema: Antoni Gaudî, een weg tot oorspronkelijkheid; Jan Molema: Einfluß der Maya-Architektur auf Antoni Gaudî, in: Geschichte des Konstruierens I, pp. 125 -141.

17) For a description of the extremely complex relationships between Frei Otto's pioneering architecture and modelling I would like to refer the reader to publications by Frei Otto and his team and to other literature on this topic.

18) The dimensional and weight scales of a hanging model can assume any proportion. In static models where the change of shape of the structure under load is studied, the weight scale should be equal to the third power of the dimensional scale.

19) The illustration of the ground plan by Bonet Garî is an amended version taken from: C. Flores, Gaudî, Jujol y el modernismo catalan, Madrid 1982, p. 230. Some ground plans were rejected because they proved to be inaccurate or incomplete. Simple measurement checks on the building showed that the basement has the symmetry shown on the ground plan by Bonet. The ground plan by Puig (> p. 49) was rejected because this plan deviates from the above-mentioned symmetry. The ground plan of the reconstruction of the church design by Puig (p. 36 > 1) was rejected because it is primarily only the basement which is relevant to the ground plan of the model. The ground plan of the reconstruction of the original model carried out by Puig (p. 36 > 3) shows only half of the model.

ción de la perspectiva fotográfica, la línea a rayas y la planta deberían encontrar perpendicularmente a la foto. Tal exposición sería más simple que la mostrada por Matsukura en su esquema.

15) El trabajo del Grupo Gaudî se incorpora con una serie de proyectos, como los relativos a Berlage, Melnikov, Duiker y Wiebenga, a la labor científica de Jan Molema, iniciada en 1971. El resultado de tal investigación es la descripción de la construcción de obras específicas y un análisis del proceso que condujo a tal construcción. Los resultados fueron presentados en publicaciones y exposiciones. La finalidad didáctica de tal investigación es poner en claro al estudiante el lugar significativo que ocupa la construcción y el material, en los proyectos de importantes arquitectos.

16) Véase al respecto, Jan Molema: Antoni Gaudî een weg tot oorspronkelijkheid; Jan Molema: Einfluß der Maya-Architektur auf Antoni Gaudî, en: Geschichte des Konstruierens I, p. 125-141.

17) Para una descripción de las extremadamente complejas relaciones de la orientadora arquitectura de Frei Otto con la técnica de construcción de modelos, quisiera aquí remitir a las publicaciones de él mismo y su equipo y a la restante literatura sobre dicho tema.

18) La escala de dimensiones y la de pesos de un modelo colgante pueden estar en cualquier proporción entre sí. En modelos con fines estáticos, donde son estudiadas las deformaciones de la construcción bajo carga, la escala de pesos debería ser elegida igual a la escala de longitudes al cubo.

19) La ilustración de la planta de Bonet Garî es una versión redibujada, tomada de: C. Flores, Gaudî, Jujol y el modernismo catalán, Madrid 1982, p. 230. Algunas plantas fueron rechazadas, pues su inexactitud o lo incompleto de su manufactura eran demostrables. Simples mediciones de control en el edificio dieron por resultado que el piso bajo presenta una simetría, tal como lo reproduce la planta de Bonet. La planta de Puig (> p. 49) fue desechada, pues ella se desvía de la mencionada simetría. La planta de la reconstrucción de la iglesia de Puig (p. 36 > 1), fue también rechazada, pues en primera línea sólo el piso bajo es relevante para la planta del modelo. La planta de la reconstrucción de Puig del modelo original (p. 36 > 3) muestra sólo la mitad del modelo.

20) Der Original-Koordinatenplan (S. 139 > 3) wurde mit den Koordinaten aus dem Bonet-Grundriß verglichen. Unterschiede in wenigen Fällen bis zu 1,20 m im Maßstab des Gebäudes und in weiteren Fällen bis 0,50 m waren das Ergebnis. Später konnten die größeren Differenzen behoben werden, als die Aufhängungspunkte 502, 503, 511 neu bestimmt wurden (s. I.7.2).

21) Zwischen den Stützen P und M beziehungsweise p und m befinden sich im Gebäude jeweils drei statt zwei Stützen wie auf dem Bonet-Grundriß verzeichnet ist, und auch Matsukura annimmt. Die Stützen L, J, K beziehungsweise l, j, k stehen im Untergeschoß etwas schräg nach innen, was dem Bonet-Grundriß nicht zu entnehmen ist. Diese Unterschiede sind für die Anordnung der genannten Aufhängepunkte auf unserem Modellgrundriß entscheidend.

22) Gaudîs Kennzeichnung der Fäden ist vom Original-Belastungsplan (S. 139 > 2) für den Kryptabereich bekannt. Diese Kennzeichnung trägt Spuren der Änderungen während des Entwurfs des Originalmodells und war für unsere Arbeit wenig geeignet.

23) Die Vergrößerung fand in folgenden Arbeitsschritten statt: Auf einem Negativ des Bonet-Grundrisses wurden mit Hilfe eines Komparators sämtliche Aufhängepunkte festgelegt. Aufgrund der Maßstabsangabe auf dem Bonet-Grundriß wurden die x-und y-Koordinaten der Aufhängepunkte im Gebäudemaßstab (in cm) festgestellt und elektronisch gespeichert. Ein Plotter lieferte den Grundriß 1 : 15 als Zeichnung in neun Feldern und eine Zeichnung 1 : 150 (> S. 51) für Verwendung bei der Auswertung des Quellenmaterials.

24) Daß keine Kräfte aus dem Fadenmodell durch das Brett aufgenommen werden, gilt jedenfalls für das fertige Modell. Die Serie Originalfotos in Altarrichtung zeigt, daß am Anfang Fäden am Brett hingen, später aber immer mehr Fäden durch Bohrlöcher im Brett zur Fundamentplatte geführt wurden. Möglich ist, daß die Fäden I und i als einzige bis zum Schluß am Brett aufgehängt blieben, wie auf OM 6 sichtbar. Weil die Fäden I und i im Modell senkrecht auf das Brett treffen, ist sicher, daß im Gebäude von diesen Stützen kein Horizontalschub in die Konstruktion des Kirchenbodens geführt wird.

20) The original drawing showing co-ordinates (p. 139 > 3) was compared with the co-ordinates on the ground plan by Bonet. Variations in the scale of the building were found which in a few cases amounted to as much as 1.20 m and in some further cases to 0.5 m. The larger variations were removed at a later date when the suspension points 502, 503 and 511 were re-defined (cf. I.7.2).

21) Between the columns P, M and p, m there are three instead of the two columns shown on the ground plan by Bonet and which Matsukura also assumes. The columns L, J, K and l, j, k in the basement slightly lean inward, which cannot be seen on the ground plan by Bonet. These differences are of decisive importance for the arrangement of the suspension points on our model ground plan.

22) Gaudî's identification of the threads is known from the original plan showing the loading (p. 139 > 2) for the crypt area. This identification bears traces of the modifications carried out during the design of the original model and was not suitable for our work.

23) The enlargement was carried out in the following steps: using a comparator all suspension points were defined on a negative of the ground plan by Bonet. Based on the scale given on this ground plan the x and y coordinates of the suspension points were determined and stored in a computer. A plotter produced the ground plan at a scale of 1 : 15 as a drawing in nine blocks and as a drawing at a scale of 1 : 150 (> p. 51) for use in the evaluation of the source material.

24) The finished model at any rate has no thread forces supported by the plank. The series of original photographs taken in the direction of the altar shows that initially threads were attached to the plank and later more and more threads were threaded through the holes drilled in the plank and fixed to the foundation plate. It is possible that threads I and i were the only ones which remained suspended from the plank until the end as can be seen on OM 6. Because threads I and i in the model are perpendicular to the plank it is certain that in the building these columns do not transfer any horizontal thrust into the church floor.

20) El plano original de coordenadas (p. 139 > 3) fue comparado con las coordenadas de la planta de Bonet. Resultado de ello fueron diferencias de hasta 1,20 m en la escala del edificio y en otros casos, de hasta 0,50 m. Posteriormente pudieron ser eliminadas las diferencias mayores al ser nuevamente determinados los puntos de colgado 502, 503, 511 (véase 1.7.2.).

21) Entre los apoyos P y M o bien p y m, se encuentran en el edificio en cada caso tres apoyos en lugar de los dos registrados en la planta de Bonet y que también adoptó Matsakura. Los apoyos L, J, K o bien l, j, k están levemente inclinados hacia adentro en el piso bajo, lo que no se concluye de la planta de Bonet. Estas diferencias son decisivas para la disposición de los mencionados puntos de colgado en nuestra planta del modelo.

22) La caracterización de los hilos utilizada por Gaudî es conocida gracias al plano original de cargas para la zona de la cripta (p. 139 > 2). Esta caracterización acarrea huellas de las modificaciones durante el diseño del modelo original y era poco adecuada para nuestro trabajo.

23) La ampliación tuvo lugar según los siguientes pasos: Sobre un negativo de la planta de Bonet fueron determinados todos los puntos de colgado con la ayuda de un comparador. En base a la escala especificada en la planta de Bonet fueron determinadas las coordenadas x e y (en cm) y almacenadas electrónicamente. Una trazadora de gráficos suministró la planta 1 : 15 como dibujo en nueve campos y un dibujo 1 : 150 (> p. 51) para su uso en la evaluación del material documental.

24) El que ninguna fuerza del modelo de hilos sea recogida a través de la tabla, es de todas maneras válido para el modelo terminado. La serie de fotos originales en dirección al altar muestran que en un principio colgaban hilos de la tabla, pero posteriormente fueron conducidos cada vez más hilos al fundamento a través de perforaciones en la tabla. Es posible que los hilos I e i sean los únicos que quedaron hasta el final colgados de la tabla, como se puede apreciar en OM 6. Como los hilos I e i encuentran a la tabla perpendicularmente, es seguro que en el edificio no han sido conducidos empujes horizontales por estos apoyos en la construcción del piso de la iglesia.

25) Die geringe Raumhöhe ist eine Konsequenz der stufenartigen Abtragung des Hanggeländes für das Gebäude (> S. 49). Siehe dazu auch II.2.2 das Fundament.

26) Das gebaute Untergeschoß zeigt klar, daß der Unterschied in der Hierarchie zwischen Stützen und Bögen einerseits und den Rippen der Deckenkonstruktion andererseits nicht nur im Modell, sondern bis ins Detail auch in der ausgeführten Konstruktion durchgeführt wurde.

27) Daß der Faden aus Marlleinen war, geht hervor aus einem katalanischen Gedicht von Josep Carner: "Auca d'una Reposta del senyor Gaudî", wo der Faden des Hängemodells für die Kirche der Colonia Güell als "fil d'empalomar" (Marlleine) bezeichnet wird. Quelle: Santiago Rubiô Tudurí: "La teoría mecánico-constructiva de Gaudî en la Arquitectura", publiziert in Manuales de Arquitectura 7 (Jornadas internacionales de estudios gaudinistas), S. 13.

28) Das Säckchen aus dem Besitz der Câtedra Gaudî gehört zu den größeren Säckchen des Originalmodells.

29) Die untersuchten Stahlfäden, aus Litzen gedreht, wurden in verzinkter, verzinnter und niroster Qualität überprüft. Die Verbindungen der Fäden wurden mit Schlaufen erreicht. Die Fadenschlaufen wurden mit verlöteten Messingröhrchen, gepreßten Aluminiumröhrchen oder schraubbaren Röhrchen gebildet. Die Methode der Längenänderungen in den Fäden war mit diesen Anschlüssen aufwendig.

30) Es wurden gedrehte und gewebte Polyesterfäden auf Verarbeitungsmöglichkeiten erprobt, wobei sich eine zu große Dehnung herausstellte. Trevira-Hochfest dehnte sich um 15 % bei einer Belastung mit der Hälfte der Bruchlast. An sich ist es möglich, die Dehnung im Modell zu verringern durch die Verwendung von vorgedehntem Fadenmaterial. Die Vordehnung wird erreicht durch kurzzeitige Belastung mit etwa der Hälfte der Bruchlast des Fadens. Leider geht Vordehnung nach einiger Zeit durch Kriechen wieder verloren, ein Prozeß der beschleunigt wird durch die unvermeidlichen Belastungsveränderungen der Fäden während des Modellbaus.

31) Leinenfaden: 'Pagodenfaden', geflochten, matt, der Firma B. Hoogen, Viersen, in Stärke 14, 7 und 6.

25) The low ceiling height is a consequence of the stepped excavation of the hillside for the building (> p. 49). See also II.2.2 - The foundation.

26) The actually built basement shows clearly that the difference in the hierarchical order between columns and arches on the one hand and the ribs of the vault structure on the other, was maintained not only in the model but also in detailed manner in the built structure.

27) The fact that the thread was made from marline is made clear by a Catalonian poem by Josep Carner: "Auca d'una Reposta del senyor Gaudî" where the thread of the suspended model for the Colonia Güell church is called "fil d'empalomar" (marline). Source: Santiago Rubiô Tudurí: 'La teoría mecánico-constructiva de Gaudî en la Arquitectura' published in Manuales de Arquitectura 7 (Jornadas internacionales de estudios gaudinistas) p. 13.

28) The sachet in possession of the Câtedra Gaudî is one of the larger sachets used in the original model.

29) The steel wires investigated, which were twisted from individual strands, consisted of galvanised, tinned and stainless steel. The wires were joined using loops. The wire loops were formed using soldered brass tubes, pressed aluminium tubes or threaded tubes. The method of changing the length of the threads was rather complicated with this jointing technique.

30) Twisted and woven polyester threads were investigated and these exhibited an excessive elongation. Trevira-Hochfest had an elongation of 15 % at half the rupture load. It is possible to reduce the elongation in the model by using prestressed thread material. Prestressing is achieved by loading the thread or wire with half of the rupture load for a short time. Unfortunately the prestressing effect is lost after a certain time by creep which is accelerated by the unavoidable changes in the loading of the threads during model construction.

31) Linen string: 'Pagodenfaden', plaited, matt by Messrs. B. Hoogen, Viersen, in gauges 14, 7 and 6.

25) La escasa altura es una consecuencia del desmonte en forma escalonada de la ladera para el edificio. Véase al respecto también II.2.2 Los cimientos (> p. 49).

26) El piso bajo construido muestra claramente que la diferencia en la jerarquía entre apoyos y arcos por un lado y los nervios y construcciones de cubierta por otro, no sólo fue aplicada al modelo sino también, y hasta en los detalles, en la construcción ejecutada.

27) Que el hilo ha sido el 'de de empalomar', resulta de un poema catalán de Josep Carnar: "Auca d'una Reposta del senyor Gaudî", donde los hilos del modelo colgante para la iglesia de la colonia Güell son denominados como "fil d'empalomar". Fuente: Santiago Rubiô Tudurí: " La teoría mecánico-constructiva de Gaudî en la Arquitectura", publicado en Manuales de Arquitectura 7 (Jornadas Internacionales de estudios gaudinistas), pág. 13.

28) El saquito en posesión de la Câtedra Gaudî pertenece a uno de los más grandes del modelo original.

29) Los hilos de acero investigados, de cordones retorcidos, fueron examinados en sus calidades cincado, estañado e inoxidable. Las uniones de los hilos fueron realizadas con nudos corredizos. Los nudos de hilos fueron formados con tubitos de latón soldados, tubitos de aluminio prensado o tubitos atornillables. El método de cambio de la longitides en los hilos era trabajoso con tales uniones.

30) Fueron probados en su trabajabilidad hilos de poliéster trenzados y tejidos, con lo que se evidenciaron alargamientos muy grandes. El hilo 'Trevira-Hochfest' con una carga igual a la mitad de la carga de rotura, tuvo un alargamiento especifico del 15 %. En sí es posible disminuîr los alargamientos en el modelo a través del uso de hilos previamente alargados. El prealargamiento es logrado a través de una carga de corta duración de alrededor de la mitad de la carga de rotura. Lamentablemente el prealargado se pierde nuevamente luego de algún tiempo a través de la fluencia lenta, un proceso que es acelerado a través de los inevitables cambios en la carga de los hilos durante la construcción del modelo.

31) Hilo de lino: 'Pagodenfaden', trenzado, mate, de la firma B. Hoogen, Viersen, en espesores 14, 7 y 6.

32) Insgesamt sechs Typen von Verbindungsdetails aus Holzklötzchen wurden erprobt. Die Verbindung der Fäden wurde durch Klemmung erreicht oder mit zusätzlichen Häkchen. Ein Problem für unser Modell war, daß der Gewichtsanteil eines Holzklötzchens der Größenordnung eines Gewichtssäckchens mit niedrigstem Gewicht entsprach und also die Modellform beeinflußte. Im Originalmodell war wegen des größeren Gewichtsmaßstabs der Gewichtsanteil der Holzklötzchen im Vergleich zu den Gewichten viel niedriger.

33) Klemmhäkchen aus rostfreiem Federstahldraht (Werkstoffnummer 1.43-10), 0,4 mm Ø, maschinell hergestellt. Günstig bei dem Klemmhäkchen ist, daß der Fadenquerschnitt voll einbezogen bleibt, um die Kräfte zu halten. Bei einem normalen Haken, der in den Faden gehakt wird, werden Kräfte nur von einem Teil des Fadenquerschnitts gehalten.

34) Verzweigungsringe in vier Größen von 3 bis 5 mm aus Metalldraht, 0,8 mm Ø. Für die Herstellung des Ringes in eigener Werkstatt wurde ein spiralförmig gedrehter Draht in Ringsegmente aufgetrennt. Die Ringsegmente wurden sorgfältig zu geschlossenen Ringen gebogen.

35) Anfangs wurde überlegt, ob während des Rekonstruktionsprozesses zunächst provisorische, leichter änderbare Gewichte verwendet und erst zuletzt durch die Säckchen ersetzt werden sollten. Ein Nachteil dieser Methode wäre gewesen, daß ein zusätzlicher Arbeitsgang hätte geplant werden müssen, um die provisorischen Gewichte gegen die Gewichtssäckchen auszuwechseln. Außerdem sah unsere Planung vor, die Gewichte erst sehr spät einzuhängen.

36) Batistsäckchen: hergestellt wurden etwa 4.700 Stück mit 15 mm Ø und 90 mm Länge und etwa 1.000 Stück mit 20 mm Ø und 110 m Länge.

37) Die Abfüllung der Säckchen mit Kiessand in, mit einem Meßbecher, bestimmten Mengen wurde mit einem Trichter durchgeführt. Eine Abweichung in der Menge bis 12 % wurde bei Stichproben festgestellt. Nach Abfüllung wurden die Säckchen mit einem Zwirnfaden zugebunden.

32) A total of six types of jointing details using small blocks of wood were tested. The threads were joined either by pinching together or using traditional hooks. One problem for our model was that the weight of a block of wood was similar to the lightest weight sachet and therefore affected the shape of our model. Because of the larger weight scale the weight ratio of the wooden blocks in comparison with the weight sachets was much lower in the original model.

33) Small clamping hooks of stainless spring steel wire (steel grade 1.43-10) of 0.4 mm dia. were machined. The clamping hooks have the advantage that the thread cross-section is fully utilised to hold the forces. With a normal hook hooked into the thread the forces are held only by part of the thread cross-section.

34) Branching rings in four sizes from 3 - 5 mm made from 0.8 mm dia. metal wire. The rings were produced from a spirally wound wire by cutting the spiral into ring segments. Subsequently the cut ring segments were carefully bent to form enclosed rings.

35) Initially it was considered whether during the process of reconstruction temporary and easily alterable weights should be used which were subsequently to be replaced by sachets. This method would have had the disadvantage of requiring the planning of an additional operation i.e. replacing the temporary weights with weight sachets. Furthermore we had planned to place the weights on the model at a very late stage.

36) Sachets made from batiste: approx. 4,700 sachets of 15 mm dia. and 90 mm length and ca. 1,000 sachets of 20 mm dia. and 110 mm length were produced.

37) The sachets were filled with grit using a measuring jug and a funnel. Samples taken showed up to 12 % deviation in the quantity of grit. After filling the sachets were tied up using twine.

32) Seis tipos de detalles de unión de tarugos de madera fueron probados en total. La unión de los hilos fue lograda a través de apretados o con ganchitos adicionales. Un problema para nuestro modelo fue que el peso de cada tarugo de madera correspondía a la magnitud del peso del saquito de lastre más pequeno, y de este modo influía en la forma del modelo. En el modelo original, debido a la escala más grande de los pesos, el peso de los tarugos de madera era mucho menor en comparación con los pesos de los saquitos de lastre.

33) Ganchos de pinza hechos de alambres de acero inoxidable para resortes (número del material 1.43-10), 0,4 mm de diámetro, elaborado a máquina. Ventajoso en los ganchos de pinza es que la sección del hilo queda totalmente incluída en él para resistir la fuerza que soporta. En un gancho normal, el que es enganchado en el hilo, las fuerzas son resistidas sólo por una parte de la sección del hilo.

34) El anillo de ramificación en cuatro tamanos de 3 a 5 mm de alambre de metal, 0,8 mm de diámetro. Para la confección del anillo en el propio taller, un alambre girado en forma de espiral fue deshecho en segmentos anulares. Estos segmentos fueron doblados cuidadosamente en anillos cerrados.

35) Al principio se consideró la posibilidad de usar durante el proceso de reconstrucción en primer lugar pesos provisorios, fácilmente cambiables, los que luego debían ser remplazados por los saquitos. Una desventaja de tal método hubiera sido que habría debido ser planificado un paso de trabajo adicional, para cambiar los pasos provisorios por los saquitos de lastre. Además, nuestra planificación preveía colgar recién muy tardíamente los pesos.

36) Saquitos de batista: fueron elaborados alrededor de 4.700 piezas con 15 mm de diámetro y 90 mm de longitud y alrededor de 1.000 piezas con 20 mm de diámetro y 110 mm de longitud.

37) El rellenado de los saquitos con arena gruesa fue efectuado con un embudo, estimándose las cantidades con un recipiente de medidas. Una desviación de las cantidades, de hasta un 12 %, fue determinada en pruebas hechas al azar. Luego de rellenados, los saquitos fueron atados con un hilo.

38) Die Häkchen für die Aufhängung der Gewichte wurden maschinell angefertigt, jeweils 1.000 Stück in den Längen 20, 86, 386 und 986 mm aus rostfreiem Federstahldraht mit einem Durchmesser von 0,4 mm (Werkstoffnummer 1.43-10). Bei dünnerem Draht wird die Biegestelle zu schwach. Der Herstellungsweise zufolge durfte der Biegeradius nicht kleiner als 0,2 mm sein, und das Drahtende konnte nur gerade geschnitten werden. Nach unserer Vorstellung sollte eigentlich das Drahtende keilförmig geschliffen sein, um die Häkchen leichter in die Fäden und Säckchen zu hängen.

39) Die Einstellung der Höhenlagen erfolgte in mm mittels Maßstreifen am Modellrahmen. Es wurde von oben nach unten gemessen. Die Fundamentplatte auf Höhenlage + 0 mm, der Kirchenboden 400 mm, entsprechend 6 m im Bau. Die Meßfäden wurden in verschiedenen Farben alternierend angebracht, um leichter die unterschiedlichen Höhenlagen zu erkennen. Neben dem Modell wurden die Schnitte der Puig-Rekonstruktion aufgehängt und mit Meßfäden in gleichen Höhenlagen überspannt. Als Orientierungshilfe für die Stockwerksebenen wurde außerdem die geschätzte Position der Scheitel der Kuppeln und Türme im Modell als freies Ende einer an der Fundamentplatte befestigten Kette dargestellt. Die Kette entsprach der Achse der jeweiligen Kuppel bzw. des Turmes. Gummi-Meßfäden und Ketten wurden für das Meßverfahren gewählt, weil sie bei der Arbeit am Modell nicht stören und nach Berührungen selbst wieder ihre Ausgangsstellung einnehmen. Zur Erleichterung des Bemessens der Fadenlängen bei Änderungen wurden die wichtigsten Fäden im Modell mit kleinen Strichen in Abständen von 2 bzw. 5 cm unterteilt.

40) Zwei Spannfäden bilden die Scheitelebene der Fäden der Empore, zwei andere die der Fäden des Dachgewölbes über dem Seitenschiff. Daß die Spannfäden eine horizontale Lage haben, ist nicht direkt ersichtlich. Man muß bedenken, daß die zwei Fadenpaare nicht parallel laufen.

41) OÜ 5 wurde meines Wissens zum ersten Mal publiziert von Tokutoshi Torii: El Mundo Enigmático de Gaudí, Abb. II 1.110, Madrid 1983.

38) The hooks for suspending the weights were machined. One thousand hooks each of 20, 86, 386 and 986 mm length were made from stainless steel spring wire of 0.4 mm dia. (steel grade 1.43-10). If thinner wire were used the point of bending would be too weak. The machining required that the bending radius should not be smaller than 0.2 mm and that the wire end should be cut square. We considered that the end of the wire should have been ground to a tapered point so that the hooks could more easily be inserted into the threads and sachets.

39) The heights were set in millimetres on the model frame using dimension strips. The direction of measuring was from top to bottom. The foundation plate was allocated the level + 0 mm and the church floor the level 400 mm corresponding to 6 m in the actually constructed building. The measuring strings of various colours were arranged in an alternating pattern to highlight the various levels. Adjacent to the model sections of the Puig reconstruction were suspended and measuring strings were stretched over these sections at the same levels. As an orientation aid for the levels of the storeys the estimated position of the crowns and towers was represented in the model as the free end of a chain fixed to the foundation plate. The chain corresponded to the axis of the dome or tower. Rubber measuring strings and chains were used for the measuring procedure because they can easily be displaced when working on the model and after displacement return automatically to their original position. Too make the changing of the thread length easier the main threads in the model were marked at 2 or 5 cm intervals.

40) Two tensioning threads form the crown plane of the gallery threads and two more tensioning threads form the crown plane of the roof vault above the aisle. It is not immediately evident that the tensioning threads are horizontal, considering that the two pairs of threads are not parallel.

41) OÜ 5 was as far as I know published for the first time by Tokutoshi Torii: El Mundo-Enigmático de Gaudí, Fig. II. 1.110, Madrid 1983.

38) Los ganchos para el colgado de los pesos fueron elaborados a máquina, 1.000 piezas en cada una de las longitudes 20, 86, 386 y 986 mm, de alambre de acero inoxidable para resortes de 0,4 mm de diámetro (número del material 1.43-10). En un alambre más delgado el punto de doblado es muy débil. De acuerdo con el tipo de elaboración, el radio de doblado no debía ser menor de 0,2 mm y la punta del alambre podía ser cortada sólo en forma recta. De acuerdo con nuestra concepción, la punta del alambre debía ser en realidad pulida en forma de cuña, para así colgar los ganchitos más fácilmente en los hilos y saquitos.

39) El ajuste de las altitudes se realizaba en mm mediante acanaladuras de medida en el bastidor del modelo. Se midió de arriba hacia abajo. La placa de fundamento en la altitud + 0 mm, el piso de la iglesia 400 mm, correspondientes a 6 m en la construcción. Los hilos para la medición fueron instalados con diversos colores que se alternan, para reconocer más fácilmente las diferentes altitudes. A un costado del modelo fueron colgados los cortes de la reconstrucción de Puig y cubiertos con hilos de medición en las mismas altitudes. Como ayuda en la orientación para los planos de los pisos, fue representada además la posición estimada de la cima de las cúpulas y torres en el modelo como la punta libre de una cadena asegurada a la placa de fundamento. La cadena equivalía al eje de las respectivas columnas y torres. Fueron elegidos hilos de medición de goma y cadenas para el método de medición, porque ellos no molestan durante el trabajo en el modelo y si son rozados, por sí mismos adoptan nuevamente su posición inicial. Para facilitar las mediciones de las longitudes de los hilos durante las modificaciones, los hilos más importantes en el modelo fueron subdivididos con pequeñas marcaciones en distancias de 2 o bien de 5 cm.

40) Dos hilos extendidos forman el plano de la cima de los hilos del coro, otros dos el plano de la cima de los hilos del techo abovedado sobre la nave lateral. La posición horizontal que tienen los hilos extendidos, no es directamente visible. Se debe considerar que los dos pares de hilos no corren paralelemente.

41) OÜ 5 de acuerdo con mi información, fue publicada por primera vez por Tokutoshi Torii: El Mundo Enigmático de Gaudí, Fig. II.1.110, Madrid 1983.

42) Verwirrend für die Darstellung des Hängemodells ist, daß das Hängemodell um 180°
gegenüber dem stehenden Gebäude gedreht ist.
Über die Fotos des Originalmodells war uns
durch einfaches Umkehren des Fotos ein Mittel
gegeben, das Hängemodell in 'stehender Version'
zu sehen. Die Frage, wie wir auf den Fotos das
Originalmodell studieren sollten, in hängender
Position oder um 180° gedreht als stehendes
Gebilde, wurde diskutiert und überprüft. Es
stellte sich heraus, daß es für uns leichter
war, die Abbildung zu verstehen, wenn wir das
Foto umgekehrt lasen. Entsprechend wurde für
die Darstellung des Originalmodells in räumlichen Skizzen die stehende Version gewählt. Für
das Modellteam bedeutete diese Wahl ein Mehrauf-
wand bei der Interpretation der Skizzen für die
Arbeit am Modell, weil es die Angaben auf den
Skizzen umgekehrt lesen mußte.

42) When illustrating the hanging model it is
confusing that the hanging model is turned
through 180° as compared to the upright building. The photographs of the original model enabled us to see the hanging model in an 'upright version' by simply inverting the photographs. We discussed and investigated the
question of how we should study the original
model on the photographs, i.e. in the suspended
position or turned round through 180° as an upright image. We found that it was easier for us
to understand the photo by inverting it. Accord-
ingly the original model was illustrated upright in the three-dimensional sketches. For
the model study team this decision meant more
work in the interpretation of the sketches because the information on the sketches had to be
read upside down.

42) Es desconcertante para la representación
del modelo colgante que el mismo esté girado en 180° respecto del edificio erecto. A través de la simple inversión de las fotos del modelo original, nos estaba dado un medio para
ver al modelo colgante en su 'versión de pie'.
El interrogante de como debíamos estudiar el
modelo original sobre las fotos, si en posición
colgante o girado en 180° como configuración
erecta, fue examinada y discutida. Quedó en evidencia que era más facil para nosotros el comprender la imagen cuando dejábamos la foto en
posición invertida. De acuerdo con ello fue
elegida la posición erecta para la representación en bosquejos espaciales del modelo original. Para el equipo de construcción del modelo,
esta elección significaba un aumento del esfuerzo en el interpretar los bosquejos para el
trabajo en el modelo, pues los datos sobre los
bosquejos debían ser leídos en forma invertida.

43) Frühere Forschungen waren irregeführt durch
die Tatsache, daß auf beiden Originalübermalungen der Kirchenlängsseiten OÜ 3, 4 jeweils
nur ein Turm zwischen dem großen Turm über dem
Eingang und dem Altarturm abgebildet ist, was
zu der falschen Annahme führte, daß auf einer
der Mittelschiffskuppeln ein Turm stehen sollte. Daß auf den Originalübermalungen der zweite
Turm vom Altarturm verdeckt ist, liegt an der
Blickrichtung des von Gaudí benutzten Modellfotos.

43) Earlier researches had been misled by the
fact that on both overpainted photographs
of the long sides of the church (OÜ 3, 4) there
is only one tower between the large tower above
the entrance and the altar tower, which led to
the wrong assumption that there should be a
tower on one of the nave domes. The obscuring
of the second tower by the altar tower on the
overpainted originals is caused by the viewing
direction of the model photos used by Gaudí.

43) Investigaciones anteriores fueron inducidas
a error debido al hecho de que sobre ambos
repintados de los originales de las partes lon-
gitudinales de la iglesia, OÜ 3, 4, en cada
caso está representada sólo una torre entre la
gran torre de la entrada y la torre del altar,
lo que condujo a la falsa presunción que sobre
una de las cúpulas de la nave principal debía
encontrarse una torre. Que en éstos repintados
del original, la torre del altar esté cubierta,
se debe a la dirección visual adoptada por
Gaudí en las fotos del modelo.

44) Auf das Originalfoto wurde sowohl Horizont
als auch Fluchtpunkt (Z) der Perspektive
des Raums, in dem sich das Originalmodell befand, mit Hilfe der parallel laufenden Fugen
der Bodenbrettern und der horizontalen Fenster-
sprossen ermittelt. Als nächstes wurde die
Spitze des großen Turms (d), der Scheitel des
Gewölbes vom Dach über der Eingangsmitte (c'),
sowie die Projektion von d und c' auf dem Kirchenboden (b, b') eingetragen. Die Verbindungs-
linien von b' und c' mit Z unterteilt die Achse
des großen Turms auf solche Weise, daß das Maßverhältnis zwischen bd und b'c' meßbar ist am
Maßverhältnis zwischen bd und bc. Dabei wird
davon ausgegangen, daß die Symmetrieachse des
Originalmodells parallel mit den Bodenbrettern
verläuft. Zur Vermeidung von Mißverständnissen
sei darauf hingewiesen, daß die Achse des Kameraobjektivs die gleiche Höhe hat wie der Per-
spektivhorizont und etwa bei a' den Horizont
kreuzt.

44) On the original photo the horizon as well
as the point of origin (Z) of the perspective of the room housing the original model was
determined using the parallel floorboard joints
and the horizontal window glazing bars. Then
the point of the large tower (d), the crown of
the roof vault above the centre of the entrance
(c') as well as the projection of d and c' on
the church floor (b, b') was marked. The lines
connecting b' and c' with Z divides the axis of
the large tower in such a way that the ratio
between bd and b'c' can be measured using the
ratio between bd and bc. It is assumed that the
axis of symmetry of the original model is parallel with the floorboards. To avoid misunder-
standings we should like to point out that the
axis of the camera lens is at the same level as
the horizon of the perspective and crosses this
horizon approx. in a'.

44) Sobre la foto original fueron determinados
tanto el horizonte como también el punto de
fuga (Z) de la perspectiva del espacio en la
que se encontraba el modelo original, con ayuda
de las juntas de las tablas de madera del piso
que corren paralelas y del travesaño horizontal
de la ventana. Seguidamente fueron registradas
la cúspide de la gran torre (d), la cima de las
bóvedas del techo sobre el medio de la entrada
(c'), así como la proyección de d y c' sobre el
piso de la iglesia (b, b'). Las líneas de unión
de b' y c' con Z subdivide al eje de la torre
de tal manera que la proporción entre bd y b'c'
es medible en la proporción entre bd y bc. Para
ello se parte del supuesto de que el eje de
simetría del modelo original corre paralelamente con las maderas del piso. Para evitar
mal-interpretaciones, sea indicado que el eje del
objetivo de la cámara tiene la misma altura que
el horizonte de la perspectiva y que cruza al
horizonte alrededor de a'.

45) Dem Querschnitt der Krypta (> S. 49) ent-
    nahmen wir das Maß eines Umgangs der Wendel-
treppe (230 cm). Nach Fertigstellung der Rekonstruktion wurde dieses Maß am Bau überprüft
(Ergebnis: 245 cm).

46) Die erhaltenen Originalkalkulationsskizzen
    beschränken sich auf die Konstruktion des
Treppenaufgangs zum Kircheneingang in einer
frühen Phase des Entwurfs. Es fällt auf, daß
nur das Gewicht der Bögen und nicht das der
Wölbflächen und der von den Bögen getragenen
Treppenstufen in der Berechnung berücksichtigt
sind. Es ist anzunehmen, daß die Gewichte der
Wölbflächen und Treppen in zusätzlichen Zeichnungen berechnet und ins Modell eingetragen
wurden.

47) Weil die Spannung in solchen Fäden, die
    schräg auf die Aufhängungsebene treffen,
aus der Vertikalkomponente (das eigentliche Gewicht des Gebäudeteils, das von den Fäden getragen wird) und einer Horizontalkomponente re-
sultiert, ist die Summe der Fadenspannungen auf
dem Belastungsplan etwas höher als das Gesamtgewicht der betreffenden Gebäudehälfte.

48) Im Originalmodell ist der Unterschied in der
    Materialstärke, sprich Masse pro Flächen-
einheit, zwischen den Wänden und Dachkonstruktionen an einer Knickstelle in den Fäden erkennbar, die ausgeprägter ist als die sonstigen
Knickstellen der polygonalen Fäden.

49) Der große Unterschied zwischen den Gewich-
    ten der Gewölbe und der Außenwand ist außer
auf unterschiedliche Materialstärken beider
Konstruktionen auf die kleinteilige Wiedergabe
der Gewölbe im Modell zurückzuführen, wobei
jedes Ballastsäckchen ein Gebäudeteil geringen
Ausmaßes darstellt. Daß bei diesen Gewölben die
Ballastsäckchen in engeren Abstand gehängt wurden, hat seinen Grund im kurzen Krümmungsradius
der Gewölbe, so daß die polygonalen Fäden nur
mit mehreren von den Säckchen erzeugten Knicken
eine sauber gebogene Linie annehmen.

50) Vor allem Rainer Graefe, für die Gesamt-
    form, und Peter Bak, an der Frontseite
des Modells, widmeten sich dem Vergleich der
Originalmodellfotos mit dem Rekonstruktionsmodell.

45) The rise of one turn of the spiral stair-
    cases (230 cm) was determined on the basis
of the cross section of the crypt (> p. 49).
Following completion of the reconstruction this
dimension was checked on the actual building:
the result was 245 cm.

46) The extant original calculation sketches
    only show the design of the portico at an
early design stage. It is surprising that only
the weight of the arches has been taken into
account in the calculation and not the weight
of the vaults and of the stairway carried by
the arches. It may be assumed that the weights
of the vaults and stairs were calculated in
additional drawings and entered in the model.

47) As the tension of the threads meeting the
    suspension plane at an angle results from
the vertical component (the actual weight of
the part of the building carried by the threads)
and a horizontal component, the sum of the
thread tensions on the loading plan is somewhat
higher than the total weight of the corresponding half of the building.

48) In the original model the difference in the
    thickness of the material, i.e. the mass
per unit of area, can be seen between the walls
and the roof structures at a kinking point in
the threads which is more pronounced than the
other kinking points of the polygonal threads.

49) The large difference between the weights of
    the vaults and the outer wall is, apart
from the differing thickness of both structures,
the result of the small-section simulation of
the vaults in the model in which each weight
sachet represents a small building section or
component. The reason for the closer spacing of
the weight sachets for these vaults is the shor-
ter radius of curvature, i.e. the polygonal
threads can only be made to curve smoothly by
introducing a relatively large number of kinks
produced by the sachets.

50) The comparison between the original model
    photographs and the reconstructed model was
carried out above all by Rainer Graefe who
checked the complete shape and by Peter Bak who
checked the front side of the model.

45) Del corte de la cripta (> p. 49) tomamos la
    medida del perímetro de la escalera de cara-
col (230 cm). Luego de terminada la reconstrucción, dicha medida fue verificada en obra (resultado: 245 cm).

46) Los esquemas de cálculo originales conserva-
    dos, se limitan a la construcción del ascen-
so de la escalera a la entrada de la iglesia en
una fase temprana del proyecto. Llama la atención que sólo haya sido contemplado el peso de
los arcos y no el de las superficies de bóveda
y el de los escalones soportados por los arcos.
Es de suponer que el peso de las superficies de
bóvedas y escaleras fueron calculados en dibujos adicionales y registrados en el modelo.

47) Como la tensión en aquellos hilos que se
    encuentran oblicuamente con el plano de
colgado resulta de una componente vertical (el
peso propio del elemento constructivo) y una
horizontal, la suma de las tensiones en los hilos en el plano de cargas es ligeramente superior al peso total de la mitad del edificio en
cuestión.

48) En el modelo original, la diferencia en la
    robustez del material, digamos masa por
unidad de superficie, entre las paredes y las
estructuras de techos, es reconocible en un
punto de doblado angular en los hilos que es
más pronunciado que los habituales puntos de
doblado angular de los hilos poligonales.

49) La gran diferencia entre los pesos de las
    bóvedas y de la pared exterior es atri-
buíble, además de al diferente espesor de ambas
construcciones, también a la reproducción de
las bóvedas en el modelo en partes pequeñas,
con lo que cada saquito de lastre representa un
elemento constructivo de pequeñas dimensiones.
Que en dichas bóvedas fueran colgados los saquitos de lastre a coras distancias entre sí,
tiene su razón de ser en el pequeño radio de
curvatura de la bóveda, por lo que los hilos
poligonales tenderán a una línea curva limpia
sólo con las dobladuras angulares producidas
por muchos saquitos cercanos entre sí.

50) Sobre todo Rainer Graefe, para la forma ge-
    neral y Peter Bak, en la parte frontal del
modelo, se dedicaron a la comparación de las
fotos del modelo original con el modelo de la
reconstrucción.

51) Der Vergleich der Koordinaten des Bonet-Grundrisses und des Original-Koordinatenplans hatte schon in diesem Bereich die größten Unterschiede aufgewiesen; 120 cm im Baumaßstab.

52) Auch im übrigen Teil des Originalmodells befanden sich ovale Schilder; wegen mangelnder Angaben haben wir in unserem Modell auf diese Schilder verzichtet. Die Größen der runden Klemmscheiben an den Fäden wurden im Modell zunächst mit Hilfe von Papierscheiben bestimmt. Ihr Durchmesser wurde so lange variiert, bis sich beim Vergleich mit den Originalmodellfotos ein annähernd gleiches Bild ergab.

53) Am 14. Januar 1983 fand das 'Richtfest' (S. 97 > 1 - 3) zum Abschluß des Modellbaus statt, mit dem Namen: Gouda-Gaudi beim Gaudî-Modell. Ein 3 1/2 kg Käse wurde den Gästen mit schwäbischem Wein und Brezeln geboten. In erster Linie wollten wir uns mit dieser Veranstaltung dankend von Leitung und Personal der Versuchshalle des Otto-Graf-Instituts verabschieden, die unserem Modellbau Gastfreundschaft gewährt hatten.

54) Transportabler Modellrahmen: Höhe 2,40 m, Länge 3,80 m, Breite 2,10 m. Der Rahmen wurde mit Rädern und verschiedenen Zusatzteilen für Transport und Aufstellung versehen. In der Höhe verstellbare Füße (auf gelenkig befestigten, schüsselförmigen Füßen) ermöglichen ein Waagerechtstellen des Modells mit Hilfe von Libellen, die in Fußnähe am Rahmen befestigt sind.

55) Transportbehälter aus zusammenschraubbaren Teilen aus 8 mm starken Sperrholzplatten, verstärkt mit verleimten Leisten. Styroporgranulat: Ø 2 bis 5 mm, spezifisches Gewicht 15 kg/m³.

56) Der Entwurf des Behälters erforderte genaue Aussagen über die Negativform des Modells. Die Außenform des Modells wurde für diesen Zweck bemessen (S. 102 > 2). Am Modell wurde die einfachste Behälterform ermittelt. Dazu

51) A comparison of the co-ordinates between the Bonet ground plan and the original co-ordinate plan had shown the largest differences in this area: 120 cm at the final scale.

52) There were oval discs also in the remaining part of the original model. Because of lack of information we have not incorporated these discs into our model. The sizes of the round clamping discs on the threads were initially determined using paper discs. The diameter of these discs was varied until a size relationship was achieved similar to that seen on the original model photographs.

53) On 14th January 1983 the completion of the model was celebrated by a 'topping out' ceremony (p. 97 > 1 - 3). This ceremony was given the title 'Gouda-Gaudi around the Gaudî model'. ('Gaudi being the Bavarian dialect word for merriment). The guests were regaled by a 3.5 kg Gouda cheese, Swabian wine and fancy savoury bread. With this celebration we wanted to express our thanks to the director and staff of the experimenting hall of the Otto-Graf-Institut which had accomodated us during our model construction.

54) Transportable model frame: height 2.4 m, length 3.8 m, width 2.1 m. For transporting and mounting purposes the frame was equipped with wheels and various accessories. Height-adjustable feet (mounted on ball-jointed bowl-shaped feet) allow the levelling of the model using levels mounted on the frame near the feet.

55) Transport container made from 8 mm plywood sections which are bolted together and reinforced with glued-on battens. Styrofoam granules: 2 - 5 mm dia., specific density 15 kg per cubic metre.

56) The design of the container required accurate dimensions of the negative form of the model. The outer form of the model was dimensioned for this purpose (p. 102 > 2). The simplest shape of container was determined by runn-

51) La comparación de las coordenadas de la planta de Bonet con las del plano de coordenadas original, había ya mostrado en esta zona las diferencias más grandes; 120 cm en la escala de la construcción.

52) También en la parte restante del model original se encontraban rótulos ovalados; debido a la escasez de datos hemos desistido en nuestro modelo de tales rótulos. Los tamaños de los discos de apriete en los hilos, fueron inicialmente determinados con la ayuda de discos de papel. Su diámetro fue continuamente variado, hasta que por medio de la comparación con las fotos del modelo original, diera por resultado una figura aproximadamente igual.

53) Cuando fue finalizada la construcción del modelo, el 14 de enero de 1983, tuvo lugar una fiesta denominada 'Gouda-Gaudi beim Gaudî-Modell' (N. del T.: literalmente sería: 'Gouda-diversión en la construcción del modelo de Gaudî', haciendo uso del doble significado de Gaudî, que en alemán y derivándola de Gaudium, significa también diversión o alegría y de la pronunciación en alemán del tipo de queso Gouda, es decir 'Gauda'). Un queso de 3,5 kg fue ofrecido a los invitados acompañado de vino suabo y rosquillas. En primera línea, con este agazajo queríamos despedirnos, agradeciendo a la directiva y personal de la sala de ensayos del Instituto Otto-Graf, que había acogido amistosamente nuestra presencia en dicha sala durante la construcción del modelo.

54) Bastidor transportable para el modelo: altura 2,40 m, longitud 3,80 m, ancho 2,10 m. El bastidor fue equipado con ruedas y diversas partes suplementarias para su transporte y exposición. Apoyos ajustables en su altura (descansando sobre apoyos articulables fijos de forma cóncava), con la ayuda de niveles de aire fijos al bastidor en las proximidades de los mismos, posibilitan el posicionado horizontal del modelo.

55) Recipiente para el transporte compuesto de partes atornillables en base a tableros contrachapeados de 8 mm de espesor reforzados con listones encolados. Granulado de styropor: Ø de 2 a 5 mm y peso específico de 15 kg/m³.

56) El diseño del recipiente requería de datos exactos sobre la forma en negativo del modelo. La forma exterior del modelo fue medida con tal fin. En el modelo fue determinada la forma de recipiente más simple. Para ello, den-

wurden um das Modell innerhalb des Modellrahmens Fäden gespannt, welche mit den Kanten der Behälterform übereinstimmten. Ein erster Entwurf eines aus gestapelten Schichten aufgebauten Behälters, worin das Styroporgranulat schichtweise eingefüllt werden sollte, wurde abgelehnt, weil der Behälter zu schwer wurde.

57) Die Teile bestehen aus 8 mm Sperrholz mit verstärkten Kanten. Die kleineren Platten, dreieckig zur Erlangung einer steifen Behälterform zugeschnitten, sind zu Behälterteilen zusammengeleimt. Für die Verschraubung der Behälterteile untereinander und an der Bodenplatte des Modellrahmens mit Messingschrauben sind im Holz eingelassene Rambamuttern verwendet. Außerdem ist der obere Behälterrand mit Bolzen am Modellrahmen befestigt.

58) Versuche an einem Probemodell zeigten, daß das Granulat an aus den Fäden gelösten Fasern hängen blieb und sich in den hochstehenden Rändern der Säckchen sammelte. Nach Berührung der Fäden fiel das Granulat herunter, mit der Ausnahme des auf den Säckchen gesammelten Granulats. Das Rollverhalten des Granulats wurde untersucht. Auch von den relativ horizontalen Behälterteilen sollte das Granulat bei der Leerung des Behälters von selbst herunterrieseln. Wie sich bei Proben herausstellte war die stabilisierende Wirkung des Styroporgranulats gut. Nur wenn ein Behälter mit einem Probemodell gefüllt mit Styroporgranulat auf dem Kopf stehend gerüttelt wurde, lösten sich Säckchen aus dem Modell. Die Haken, woran die Säckchen befestigt wurden, waren bei diesen Versuchen nicht mit den Fäden und den Säckchen verklebt.

59) Die Arbeit des Ein- und Auspackens wird von Arnold Walz oder von anderen an der Rekonstruktion Beteiligten durchgeführt, um jedes Risiko einer Beschädigung des empfindlichen Modells zu vermeiden. Ein Reparaturset ist zusammengestellt worden, um nach Bedarf Fäden oder Details zu verstärken oder auszuwechseln.

60) Obwohl die Spiegel nur schmale Streifen sind, zeigen sie viel vom Modell, wenn sich die Zuschauer den Spiegeln hinreichend nähern. Die Differenz zwischen der Aussage des konkreten Modells und dessen Abbild im Spiegel ist überraschend. Dem Laien wird erst durch das Abbild im Spiegel verständlich, daß dieses merkwürdige Fadennetz mit den zahlreichen Säckchen

ing threads around the model inside the model frame coinciding with the edges of the container shape. An initial design of the container built up from stacked layers which was to be filled layer by layer with styrofoam granules, was rejected because the container became too heavy.

57) The components consist of 8 mm plywood with reinforced edges. The smaller plates cut into triangles to achieve a rigid container shape, are glued together to form container sections. The container sections are bolted to each other and to the base plate of the model frame using brass bolts and threaded inserts countersunk into the timber. Furthermore the upper container rim is fixed to the model frame with bolts.

58) Experiments carried out on a test model showed that the styrofoam granules remained attached to the fibres released from the threads and collected in the funnel-shaped top part of the sachets. Touching the threads caused the granules to fall down, whereas the granules trapped on top of the sachets remained in situ. We also examined the rolling behaviour of the granules. When emptying the container the granules were supposed to roll off easily from the relatively horizontal parts of the container. tests showed that the stabilising effect of the styrofoam granules was good. Sachets became loose only when a container with a test model filled with styrofoam granules was shaken upside down. In these experiments the hooks to which the sachets were fixed, were not glued to the threads and sachets.

59) The packing and unpacking is carried out by Arnold walz or by other individuals who have participated in the reconstruction to avoid any risk of damaging the fragile model. A repair kit has been designed enabling threads or details to be reinforced or replaced, if necessary.

60) Although the mirrors are only narrow strips they show a lot of the model provided the viewer approaches the mirrors closely enough. The difference between viewing the model directly and its mirrored image is astonishing. It is only when he views the mirror image that the layman understands that this strange network of threads with its numerous little sachets repre-

tro del bastidor fueron extendidos hilos alrededor del modelo que coincidían con los cantos de la forma del recipiente. Un primer diseño de un recipiente, hecho en capas escalonadas, donde el granulado de styropor debía ser rellenado en capas, fue deshechada, pues el recipiente se tornaba muy pesado.

57) Las partes se componen de madera contrachapeada de 8 mm de espesor con cantos reforzados. Los tableros más pequeños, recortados en triángulo para obtener una forma de recipiente rígida, están encoladas a las partes del mismo. Para el atornillado con tornillos de latón de las partes del recipiente entre sí y a la placa del piso del bastidor, fueron utilizadas tuercas empotradas a la madera. Aparte de esto, el borde superior del recipiente fue fijado con pernos al bastidor.

58) Ensayos en un modelo de prueba mostraron que el granulado quedaba colgado de los filamentos desprendidos de los hilos y que se acumulaba en los bordes superiores de los saquitos. Tocando los hilos, el granulado caía, con excepción del granulado acumulado sobre los saquitos. Fue investigado el comportamiento del granulado frente al rodamiento. Durante el vaciado del recipiente, el granulado debía deslizarse hacia abajo por si mismo, incluso en las partes relativamente horizontales. Como se evidenció en ensayos, el efecto estabilizador del styropor era bueno. Los saquitos sólo se desprendían cuando un recipiente relleno con styropor con un modelo del prueba, era invertido y sacudido. Durante estos experimentos, los ganchos de los que eran fijados los saquitos, no fueron pegados con los hilos y saquitos.

59) Para evitar todo riesgo de un deterioro del delicado modelo, el trabajo de embalaje y desembalaje es efectuado por Arnold Walz o por algún otro de los participantes en la reconstrucción. Un equipo con instrumentos y materiales para reparaciones, fue compuesto para reforzar o recambiar hilos o detalles de acuerdo con las necesidades.

60) Pese a que los espejos son sólo bandas angostas, éstos muestran mucho del modelo si el espectador se acerca lo suficiente. Es sorprendente la diferencia entre lo declarado por el modelo concreto y su imagen en el espejo. Recién a través de la imagen en el espejo logra comprender el profano que esta extraña red de hilos con los numerosos saquitos, representa el

einen Kirchenentwurf mit erkennbaren Türmen, Kuppeln und Fenstern darstellt.

61) Wichtig ist, daß die Spots die Fäden nicht zu sehr erhitzen, weil Hitze den Alterungsprozeß beschleunigt.

62) Als endlich die Aufstellung des Modells im schwarzen Raum fertig war und die Spots angeschaltet wurden, gab Harald Szeemann, Tag und Nacht arbeitend an seiner Ausstellung, den knappen Kommentar: "Sagen Sie den Anderen, das Kunsthaus Zürich ist sehr entzückt".

63) Die Anfertigung der Aufhängungsebene stellte uns vor Schwierigkeiten, die am Resultat kaum noch abzulesen sind. Das Brett, das kurz unterhalb der Aufhängungsebene hängt, mußte mit sieben Typen von Bohrlöchern versehen werden, um allen Funktionen gerecht zu werden. Erwähnenswert ist, daß es Arnold Walz gelang, schwierige Änderungen an der Aufhängungsebene auszuführen, wie die Änderung von Aufhängepunkten, als das Rekonstruktionsmodell schon fast fertig war.

64) In Barcelona sahen die beiden Gaudî-Forscher Isidre Puig Boada und Lluîs Bonet Garî, die das Originalmodell noch gesehen haben, bei der Eröffnung der Ausstellung 'Antoni Gaudî (1852 - 1926)' am 5. Dezember 1984, das rekonstruierte Modell. Bonet Garî, der sich im allgemeinen begeistert über die Rekonstruktion äußerte, sagte, daß das Originalmodell in seiner Erinnerung transparenter war.

65) Die Überprüfung der rekonstruierten Blickpunkte geschah aufgrund des Modellgrundrisses. Auf grafischem Wege wurde auf dem Modellgrundriß jeder Blickpunkt der Fotoperspektiven ermittelt, sowie der jeweilige Achsenstand des Kameraobjektivs. Die Höhe aller einzelnen Blickpunkte wurde geschätzt anhand des Vergleiches der Originalfotos mit dem Modell. Die dennoch bestehenden Ungenauigkeiten wurden zum großen Teil beseitigt, indem mehrere Fotos von einem rekonstruierten Blickpunkt aus, um wenige Zentimeter verschoben, aufgenommen wurden. Aus der so entstandenen Fotoserie, ergänzt mit früheren Aufnahmen, wurden die sieben besten ausgewählt.

66) Zwei Verbindungen im Fadenverlauf laufen in der Rekonstruktion abweichend vom gebauten Zustand. Der Raum wird im Modellgrundriß von den Punkten 408 - 414,h² gekennzeichnet.

sents a church design with recognizable towers, domes and windows.

61) It is important to ensure that the spotlights do not heat the threads excessively because heat accelerates the ageing process.

62) When the model had been erected in the black room and the spots were switched on, Harald Szeemann who had been working day and night on his exhibition, dryly commented: "Tell the others that the Zürich museum is quite delighted".

63) The making of the foundation plate presented some difficulties which are barely evident from the result. Seven types of holes had to be drilled into the plank which is suspended immediately below the foundation plate, to accomodate all the required functions. It is worth mentioning that Arnold Walz succeeded in performing difficult modifications of the foundation plate such as the alteration of some suspension points, when the reconstruction model was nearly completed.

64) The two Gaudî researchers Isidre Puig Boada and Lluîs Bonet Garî who had seen the original model, saw the reconstructed model at the opening of the exhibition 'Antoni Gaudî (1852 - 1926)' on the 5th of December 1984 in Barcelona. Bonet Garî who was quite delighted with the reconstruction said that he remembered the original model being more transparent.

65) The reconstructed camera positions were checked using the model ground plan. Each camera position was determined graphically on the model ground plan. The height of the individual camera positions was estimated by comparing the original photographs with the model. Any inaccuracies were largely removed by taking several photographs from one reconstructed position, each photo being offset by a few centimetres. From this series of photographs complemented by earlier photos the seven best photos were selected.

66) In the reconstruction two thread connections are different from the actual building. In the model ground plan the space is identified by the points 408 - 414, h².

diseño de una iglesia con torres, cúpulas y ventanas reconocibles.

61) Es importante que los spots no calienten demasiado a los hilos, pues el calor acelera el proceso de envejecimiento.

62) Cuando la instalación del modelo en la sala negra estuvo finalmente lista y los spots fueron encendidos, Harald Szeemann, que por ese entonces trabajaba día y noche en su exposición, entregó el corto comentario: "Diga Ud. a los demás, que Kunsthaus Zürich está muy encantada".

63) La terminación de la plataforma de colgado nos representó dificultades que en el producto terminado son casi inapreciables. Es digno de mención el que Arnold walz lograra ejecutar difíciles modificaciones en la placa de colgado, como el cambio de los puntos de colgado, cuando el modelo estaba casi terminado.

64) En la inauguración de la exposición 'Antoni Gaudî (1852 - 1926)' en Barcelona, 5.12.84, el modelo reconstruído fue visto por los investigadores de Gaudî, Isidre Puig Boada y Lluîs Bonet Garî, que habían alcanzado a ver el modelo original. Bonet Garî, que en general se mostró entusiasmado con la reconstrucción, dijo que en su recuerdo el modelo original era más transparente.

65) La comprobación de los puntos visuales reconstruídos se realizó en base a la planta del modelo. Por el camino gráfico fue determinado cada punto visual de la perspectiva fotográfica sobre la planta del modelo, así como la respectiva posición del eje de la cámara. La altura de cada uno de los puntos visuales fue estimada con la ayuda de la comparación de las fotos del modelo original con el modelo. Las inexactitudes que a pesar de todo aún subsistían, fueron en gran parte eliminadas al tomar varias fotos desde un punto visual reconstruído desplazado cada vez en pocos centímetros. De la serie de fotos así realizada, complementada con fotos tomadas anteriormente, fueron elegidas las siete mejores.

66) Dos uniones en el recorrido de los hilos en la reconstrucción se encuentran desviadas respecto de lo construído. La sala está caracterizada en la planta del modelo por 408-414, h².

67) Puig Boada; L'Església de la Colònia Güell, S. LXX.
68) Für eine Einschätzung des Einflusses von Matsukuras Erkenntnissen auf unsere Rekonstruktion sind einige Daten relevant. Eine erste Version der Rekonstruktion Matsukuras wurde uns von Bassegoda Nonell am 16. Juli 1982 zur Verfügung gestellt. Für unseren Modellgrundriß übernahmen wir Matsukuras Bezeichnungen der Aufhängepunkte. Einige Ungenauigkeiten und Fehler seiner Version konnten wir korrigieren. Als am 16. September 1982 die endgültigen Ergebnisse der Studien Matsukuras eintrafen, wurden unsere Korrekturen durch Matsukuras neuere Ergebnisse bestätigt. Eine Korrektur wurde durch Matsukuras neuen Modellgrundriß veranlaßt. Es handelte sich um eine Änderung in den Koordinaten des Aufhängepunktes 205.

69) Ob die Form eines Bogens grafisch-statisch ermittelt wurde, oder aufgrund der Erfahrung des Architekten freihändig skizziert war, ist nicht von den erhaltenen Kalkulationsskizzen abzulesen.

70) Als Ziel der Perfektionierung der Gewichtsberechnungen muß die Gewährleistung der Standsicherheit des Gebäudes gelten. Die Gewichtsberechnungen müssen so genau sein, daß die dargestellte Stützlinie im Hängemodell so weit mit der Stützlinie im Gebäude übereinstimmt, daß keine Zugspannungen im Material auftreten. Zusätzliche Lastbedingungen für das Gebäude wie Windkräfte und veränderliche Belastungen (Kirchenbesucher, Inneneinrichtungen) müssen in diese Überlegungen einbezogen werden. Als Regel soll die Stützlinie unter keinen Umständen das mittlere Drittel des Bauteils verlassen. Diese, der allgemeinen Statik-Literatur entnommene Regel zeigt, daß bei Steinbauten eine gewisse Ungenauigkeit in der Ermittlung der Form erlaubt ist, die dem Architekten einige Freiheit in der Gestaltung läßt.

71) Uns fiel während den Forschungen für die Rekonstruktion auf, daß an den Stützen- und Bogenfäden des Originalmodells keine Ballastsäckchen hingen. Möglicherweise wurde das Eigengewicht der Bögen bei der Berechnung des Gewichts jener Teile, die von den Bögen getragen werden, mit einbezogen. Für solche Stützenfäden, die in senkrechter Position von der Fundamentplatte hängen, gilt, daß die Berücksichtigung des Eigengewichts dieser Stützenteile ohne Einfluß auf die Form des Hängemodells ist.

67) Puig Boada: L'Església de la Colònia Güell, p. LXX.
68) Some data are relevant for the assessment of the effect which Matsukura's findings have had on our reconstruction. An initial version of Matsukura's reconstruction was made available to us by Bassegoda Nonell on 16th July 1982. Our model ground plan is based on Matsukura's suspension point identification. We were able to correct some inaccuracies and errors in his first version. When we received the final results of Matsukura's research on 16th September 1982, our corrections were confirmed by Matsukura's later results. Matsukura's new model ground plan prompted a correction, i.e. the modification of the co-ordinates of suspension point 205.

69) It is not evident from the extant calculation sketches whether the shape of an arch was determined by graphic/structural methods or whether the architect based his sketches on his experience and drew the arches by hand.

70) The aim of perfecting the weight calculations is to ensure the structural safety of the building. The weight calculations must be accurate enough to make the support line in the model coincide with the support line in the final building so that the building materials are not subjected to tensile stresses. Additional load requirements for the building such as wind loads and varying loads (visitors, furniture) have to be taken into account. As a rule one can say that the support line should under no circumstances leave the central third of the building section. This rule taken from the general literature on structural engineering shows that in stone buildings certain inaccuracies in the shaping of the building are admissible which allows the architect some freedom of design.

71) During the research for the reconstruction we noticed that the column and arch threads of the original model were not weighted down by sachets. It is possible that the deadweight of the arches was taken into account when the weight of the sections carried by the arches was calculated. As far as the column threads suspended perpendicular from the foundation plate are concerned, the deadweight of these columns does not have to be considered in the calculation because it has no effect on the shape of the hanging model.

67) Puig Boada; L'Església de la Colònia Güell, p. LXX.
68) Algunos datos son relevantes para la evaluación de la influencia que tuvieron sobre nuestra reconstrucción, los conocimientos que lograra Matsukara. Una primera versión de la reconstrucción de Matsukura fue puesta a nuestra disposición por Bassegoda Nonell el 16.7.82. Para nuestra planta adoptamos la marcación de los puntos de colgado de Matsukura. Pudimos corregir algunas inexactitudes y errores contenidos en su reconstrucción. Cuando el 16.9.82 llegaron los resultados definitivos de los estudios de Matsukura, nuestras correcciones fueron confirmadas por los mismos. Se trataba de un cambio en las coordenadas del punto de colgado 205.

69) De los bosquejos de cálculo conservados no es deducible si la forma de un arco fue determinada grafostáticamente o si fue bosquejada libremente en base a la experiencia del arquitecto.

70) La garantía de la estabilidad del edificio debe valer como meta del perfeccionamiento de los cálculos de los pesos. Los cálculos de los pesos deben ser exactos, de manera que la coincidencia de las líneas de presiones representadas en el modelo colgante con las de la construcción llegue a un punto tal, en el que no aparece tensión alguna de tracción en el material. Condiciones de carga adicionales para el edificio como presiones de viento y cargas variables (visitantes, mobiliario) deben ser incluídas en estas consideraciones. Como regla, la línea de presiones no debe abandonar bajo ninguna circunstancia el tercio central del elemento constructivo. Esta regla, extraída de la literatura general de la estática, muestra que en construcciones de piedra es permitida una cierta inexactitud en la determinacion de la forma, lo que deja al arquitecto cierta libertad en el diseño.

71) Durante las investigaciones para la reconstrucción, nos extrañó que en los hilos de arcos y apoyos no colgase saquito de lastre alguno. Posiblemente el peso propio de los arcos fue incluído en el cálculo del peso de la parte respectiva soportada por cada uno de ellos. Para aquellos hilos de apoyo que cuelgan verticalmente de la placa de fundamento, vale que la consideración del peso propio de tales elementos no tiene influencia alguna sobre la forma del modelo colgante.

72) Joan Bergós, Antoni Gaudî, L'home i l'obra, Barcelona 1954, S. 87.

73) Irrtümlich wird hier anstelle 'Goetz' der Name als 'Goertz' wiedergegeben.

74.) Vergleiche dazu z.B. eine Zeichnung aus der Skizzenreihe für den Colonia Güell Kirchenentwurf, publiziert in Puig Boada: L'Església de la Colònia Güell Abb. 98 und 99, mit Berenguers Zeichnung publiziert in José Luis Ros Pérez: Francisco de Asîs Berenguer i Mestres - Los Dibujos de un Modernista, S. 424. Der Zeichenstil aber vor allem auch die Beschriftungsweise (Zahlen) sind eindeutig identisch.

75) Siehe dazu Rainer Graefe: Heinrich Hübsch als Konstrukteur, in: Heinrich Hübsch (1795 - 1863), S. 184 - 189.

76) Zeugnis von Joan Berga Pasqual, Colonia Güell. Zitiert in Fußnote 42, Puig Boada: L'Església de la Colònia Güell.

77) Inwieweit tatsächlich alle Meßpunkte des Originalmodells vermessen und auf den genannten, mit Zink überzogenen Platten, festgelegt wurden, ist unbekannt. Interessant ist die von Frei Otto während eines Arbeitsgespräches erwähnte Möglichkeit, daß Gaudî, eben weil das Modell unmittelbar neben dem Ausführungsort zur Verfügung stand, nach Bedarf einzelne Abschnitte des Modells vermessen ließ.

78) Möglicherweise war die Erfahrung mit den Originalmodellfotos, die durch einfaches Umdrehen das Hängemodell als stehendes Gebilde darstellen, der Auslöser dieser Änderung in der Entwurfsstrategie. Allerdings hätte er die Fotos auch spiegelbildlich vergrößern lassen können.

79) Wegen der Symmetrie des Kirchenteils des Gebäudes auf dem Plan, ist nicht zu sehen, ob das ganze Gebäude spiegelbildlich zum Modell gezeigt ist. Weitere Hinweise fehlen leider. Da Portikus und Kirche im Hängemodell eine zusammenhängende Einheit bilden, müßte aber auch das übrige Gebäude spiegelbildlich dargestellt sein.

80) Das Kriterium der Zusammenfügung der auf einzelnen Blättern gezeichneten Kalkulationsskizzen liegt in der Kontinuität der Treppenläufe und in der Übereinstimmung der Höhen-

72) Joan Bergós, Antoni Gaudî, L'home i l'obra, Barcelona 1954, p. 87.

73) The wrong name 'Goertz' is given here instead of the correct name 'Goetz'.

74) Compare a drawing from a series of sketches for the Colonia Güell church design published in Puig Boada: L'Església de la Colònia Güell figs. 98 and 99, with Berenguer's drawing in José Luîs Ros Pérez: Francisco de Asis Berenguer i Mestres - Los Dibujos de un Modernista p. 424. The drawing style and above all the numbering are clearly identical.

75) cf. Rainer Graefe: Heinrich Hübsch als Konstrukteur, in: Heinrich Hübsch (1795 - 1863), p. 184 - 189.

76) Certificate by Joan Berga Pasqual, Colonia Güell. Quoted in footnote 42, Puig Boada: L'Església de la Colònia Güell.

77) It is not known to what extent all measuring points of the original model were measured and marked on the above-mentioned zinc-covered plates. It is interesting to note the possibility mentioned by Frei Otto during a discussion that because of the fact that the model was available at the building site, Gaudî had individual sections of the model measured if required.

78) It is possible that the experience with the original model photographs which show the hanging model as an upright image by simply turning the model upside down, initiated this change in the design strategy. He could, however, alternatively have had the photos printed as mirror images.

79) Because of the symmetry of the church part of the building on the plan one cannot see whether the entire building is shown as the mirror image of the model. Unfortunately further indications are missing. Since the portico and the church form a contiguous unit in the hanging model the rest of the building would also have to be mirrored.

80) The criterion for assembling the individual sheets of calculation sketches is the continuity of the staircases and the relationship of the levels of the arches meeting in the sup-

72) Joan Bergós, Antoni Gaudî, L'home i l'obra, Barcelona 1954, p. 87.

73) Aquî es reproducido erróneamente el nombre 'Goertz' en lugar de 'Goetz'.

74) Al respecto, compárece por ejemplo, una figura de la serie de bosquejos para el diseño de la iglesia de la Colonia Güell publicados en "L'Església de la Colònia Güell" de Puig Boada, figuras 98 y 99, con el dibujo realizado por Berenguer y publicado en p. 424 del libro de José Luis Ros Pérez: Francisco de Asîs Berenguer i Mestres - Los dibujos de un Modernista. El estilo del dibujo y sobre todo el de las rotulaciones (números) son claramente idénticos.

75) Véase al respecto, Rainer Graefe: Heinrich Hübsch als Konstrukteur, en: Heinrich Hübsch (1795 - 1863), p. 184 - 189.

76) Testimonio de Joan Berga Pasqual, Colonia Güell. Citado en la nota al pie 42 en Puig Boada: L'Església de la Colònia Güell.

77) Se desconoce hasta que punto fueron medidos y fijados sobre las mencionadas placas cincadas todos los puntos del modelo original. Interesante es la posibilidad mencionada por Frei Otto durante una reunión de trabajo, que decîa que Gaudî, justamente por tener a disposición el modelo directamente al lado del lugar de la construcción, hiciera medir partes especiales del modelo de acuerdo a las necesidades.

78) Causante de este cambio en la estrategia de diseño, fue posiblemente la experiencia con las fotos del modelo original, las que a través del simple giro muestran al edificio en su forma erecta. En todo caso, podrîa haber dejado ampliar también las fotos reflejadas.

79) Debido a la simetrîa presente en el plano de la sección de la iglesia, no es posible reconocer si todo el edificio está presentado como imagen reflejada del modelo. Lamentablemente faltan otras indicaciones. Dado que el pórtico y la iglesia conforman una unidad interdependiente en el modelo colgante, la parte restante del edificio debîa estar también representada en forma reflejada.

80) El criterio para el acoplamiento de los bosquejos de cálculo dibujados sobre hojas individuales, se encuentra en la continuidad de los tramos de escalera y en la coincidencia de

lagen der bei den Stützpunkten aufeinandertreffenden Bögenanfänge. Man könnte die Bögen allerdings auch spiegelbildlich zu der von mir gewählten Position zusammenstellen, also gemäß der Bauausführung. Hiergegen spricht aber die Überzeichnung der Kalkulationsskizze B (S. 141 > 2), unmißverständlich die Gestalt der nach außen gekehrten Bogenseite darstellend. Bei der Überzeichnung von Kalkulationsskizze A (S. 141 > 1) kann es sich um die Gestalt einer nach innen gekehrten Bogenseite handeln, entsprechend meinem Versuch der Aufstellung der Bögen.

81) Siehe Casanelles: La nueva Visión de Gaudî, Barcelona 1965, S. 106.

82) Die Fotos, die die meisten Entstehungsphasen vom gleichen Standpunkt aus zeigen, sind alle mit Blickrichtung auf den Altarbereich aufgenommen, vielleicht, weil dort auch die meisten Änderungen vorgenommen wurden.

83) Domingo Sugrañes 'Disposició estàtica del Temple de la S. F.', in: Anuario de la Asociación de Arquitectos de Cataluña, Barcelona 1923, S. 28, 32. Eine genauere Interpretation der von Gaudí gehandhabten Werte für Materialbeanspruchung kann erst stattfinden, wenn über die angewandten Materialien mehr Spezifisches bekannt ist.

84) Die teilweise Ausführung im Bereich des Kircheneingangs (S. 148 > 1 - 3) folgt wahrscheinlich nicht überall Gaudís Entwurf und entstand erst nach Beendigung der Bauarbeiten. Auf dem von Puig rekonstruierten Grundriß der Kirche (oberhalb der Krypta) (S. 36 > 1), ergänzend eingetragen in einer Bauaufnahme, ist der heutige Zustand des Kircheneingangs korrekt wiedergegeben.

85) Kleinere Änderungen, deren Effekt auf die Statik der Gebäudekonstruktion insgesamt ohne Bedeutung ist, kamen bei der Ausführung des Treppenaufgangs und der beiden Seiteneingängen vor. So zeigt die Übermalung eines Fotos von der Südseite der Kirche (> S. 119) Öffnungen zwischen drei Stützen der Terrasse, wo eine geschlossene Wand ausgeführt wurde.

86) Puig Boada: L'Església de la Colònia Güell, S. LXXX. Der Dynamometer ist ein Kraftmesser, der mittels Auslenkung eines gespannten

port points. One could alternatively assemble the arches as a mirror image of the position selected by me, i.e. in accordance with the building. This does, however, contrast with the sketchily alteration in calculation sketch B (p. 141 > 2) which clearly shows the shape of the outer side of the arch. The alteration in calculation sketch A (p. 141 > 1) may show the form of the inner side of the arch corresponding to my attempt at assembling the arches.

81) cf. Casanelles: La nueva Visión de Gaudî, Barcelona 1965, p. 106

82) The photos showing most of the design stages from the same position have all been taken towards the altar area, possibly because it is in this area that the majority of the alterations were made.

83) Domingo Sugrañes 'Disposició estàtica del Temple de la S.F.', in: Anuario de la Asociación de Arquitectos de Calaluña, Barcelona 1923, pp. 28, 32. A more accurate interpretation of the material loading levels used by Gaudí can only be made when more specific information is available on the building materials used.

84) The partial execution of the building in the entrance area of the church (p. 148 > 1 - 3) does probably not follow Gaudí's design in all respects and was not built until the buidling work was terminated. On the ground plan of the church (above the crypt) reconstructed by Puig (p. 36 > 1) which is drawn on a measured plan of the building, the present state of the church entrance is correctly shown.

85) Small alterations whose effect on the structural safety of the building as a whole is unimportant, were made when building the stairway and the two side entrances. The overpainted photograph of the south side of the church (> p. 119) for instance, shows openings between three terrace columns where a wall without openings was built.

86) Puig Boada: L'Església de la Colònia Güell, p. LXXX. The dynamometer is an instrument for measuring forces which measures the force

las altitudes de los arranques de los arcos, que se encuentran uno sobre otro en los puntos de apoyo. En todo caso, los arcos se podrían también reunir en forma reflejada a la posición por mi elegida, es decir, conforme a la construcción efectuada. Pero contra esto habla el redibujado del bosquejo de cálculo B (p. 141 > 2), que muestra inequîvocamente la forma del costado del arco vuelto hacia afuera. En el redibujado del bosquejo de cálculo A (p. 141 > 1), puede tratarse de la forma del costado vuelto hacia adentro de un arco, en concordancia con mi intento de colocación de los arcos.

81) Véase Casanelles: La Nueva Visión de Gaudî, Barcelona 1965, p. 106.

82) Las fotos que muestran la mayoría de las etapas de creación desde el mismo punto de vista, están todas tomadas con dirección visual a la zona del altar, quizás también porque allí fueron efectuadas la mayor parte de las modificaciones.

83) Domingo Sugrañes, 'Disposició estàtica del Temple de la Sagrada Familia', en: Anuario de la Asociación de Arquitectos de Cataluña, Barcelona 1923, p. 28, 32. Una interpretación màs exacta de los valores manejados por Gaudî para la solicitación de los materiales, tendrá lugar recién cuando se tenga un conocimiento màs específico sobre los materiales usados.

84) La construcción parcial en la zona de la entrada a la iglesia (p. 148 > 1 - 3), probablemente no sigue en todas sus partes al diseño de Gaudî y surgió recién luego que los trabajos de construcción hubieran finalizado. Sobre la planta de la iglesia (por encima de la cripta) (p. 36 > 1) reconstruîda por Puig, el estado actual de la entrada de la iglesia está correctamente reproducido y registrado adicionalmente en un levantamiento de la obra.

85) Pequeñas modificaciones, cuyo efecto sobre la estática de la construcción del edificio en su totalidad carece de importancia, aparecen en la estructura de la escalera principal de acceso y de ambas entradas laterales. Así, una foto repintada de la parte sur de la iglesia (> p. 119) muestra aberturas entre tres apoyos de la terraza, en un lugar donde fue construîda una pared cerrada.

86) Puig Boada: L'Església de la Colònia Güell, p. LXXX. El dinamómetro es un medidor de fuerzas, que determina la magnitud de la fuerza

Fadens das Kraftmaß im Faden feststellt.

87) Bei den schräggeneigten Basaltsäulen in der Krypta wurden einfach Basaltsäulen mit natürlicher Krümmung verwendet.

88) Die mit Faltwerk erreichte Steifigkeit der Partie unterhalb des Kirchenbodens ist besonders wichtig, weil das Gewicht der Kirchenbesucher und des Mobiliars die Stützlinie in dieser Partie beeinflussen. Es wäre zu untersuchen, inwieweit der geschwungene Verlauf von Gebäudewänden im Barock mit auf deren statisch größere Steifigkeit zurückgeführt werden kann.

89) Konstruktionen, die in einer Richtung schwächer sind als in anderer Richtung, sind besonders vom Ausknicken gefährdet. Im Vergleich zu einer flachen Wand, die senkrecht zur Wand knickgefährdet ist, hat eine Ecke in derselben Wand keine derartige eindeutige Schwachstelle.

90) Interessant ist eine Vermutung Frei Ottos, wonach Gaudî die Form der Fenster in der Kryptawand von der Erkenntnis ableitete, daß sich in jeder Wand eine 'hydrostatische' Kräfteverteilung einstellt. Dabei vergrößert sich, ähnlich wie im Wasser, in der Wand nach unten hin der Druck, was zur Folge hat, daß eine entsprechende Wandöffnung eine gleiche Form haben müßte, wie sie ein mit Wasser gefüllter Schlauch im Profil einnimmt. Siehe dazu: Frei Otto: der Bogen, in arcus -Zeitschrift für Architektur und Naturwissenschaft 2 - 4 (München 1983).

91) Schon seit der Gotik wird die Form der verwundenen Fläche in der Architektur angewandt. Allerdings handelte es sich dabei in der Regel um die Außenform eines Bauteils, das aus behauenen Natursteinen oder aus verputztem Mauerwerk hergestellt wurde. Gaudî mußte in der konstruktiven Detaillierung der räumlich gekrümmten Backsteinkonstruktionen nicht nur für die Außenform eine Lösung finden, sondern mußte auch die Fugen, also den Raum zwischen den Backsteinen, geometrisch erzeugen.

92) Die Betontechnik war damals nicht so entwickelt, daß Schalungen für solch komplexe Formen mit Erfolg angewandt werden konnten. Der ganze Bau aus zugehauenen Natursteinen zu bauen,

---

acting on a thread using the deflection of this thread.

87) For the inclined basalt columns in the crypt were chosen such basalt columns which are simply naturally curved.

88) The rigidity of the wall below the church floor achieved by using a folded structure, is especially important because the weight of the churchgoers and the furniture affect the support line in this section of the wall. It would be interesting to investigate the extent to which the curving walls of baroque buildings are due to the greater structural rigidity of such walls.

89) Structures which are weaker in one direction than the other are especially at risk from buckling. Compared with a flat wall which is at risk in a direction perpendicular to the wall, a corner in the same wall has no such obvious weak point.

90) Of interest is a suggestion of Frei Otto according to which Gaudî derived the shape of the windows in the crypt wall from the knowledge that in every wall a 'hydrostatic' distribution of forces takes place. As in water the pressure increases in the wall towards the bottom which means that an opening in the wall should have the same shape as the cross section of a tube filled with water. cf. Frei Otto: Der Bogen, in: arcus - Zeitschrift für Architektur und Naturwissenschaft 2 - 4 (Munich 1983).

91) Twisted surfaces have been used since Gothic architecture. In those cases it was usually the outer shape of a building component which was twisted and made from shaped stone or rendered brickwork. In the detailling of his curved brick structures Gaudî had to find a solution not only for the external shape but he also had to generate geometrically the joints between the bricks.

92) Concrete technology was in those days not developed far enough to enable shuttering for such complex shapes to be used successfully. It would have been theoretically possible to

---

en el hilo a través de la desviación lateral de un hilo atirantado.

87) Las columnas de basalto inclinadas de la cripta, fueron utilizadas simplemente con su curvatura natural.

88) La rigidez alcanzada con la obra plegada del sector por debajo del piso de la iglesia es especialmente importante, porque el peso de los visitantes de la iglesia y del mobiliario influyen en las líneas de presión de tal sector. Sería de investigar, en que medida el recorrido serpenteante de las paredes de los edificios en el barroco puede ser atribuído a su mayor rigidez estática.

89) Construcciones que son más débiles en una dirección que en otra están especialmente amenazadas por el pandeo. En comparación con una pared plana que está amenazada al pandeo en una dirección perpendicular a sí misma, una esquina de la misma pared no tiene un punto débil semejante así de claro.

90) Es interesante una suposición de Frei Otto, según la cual, Gaudî derivó la forma de las ventanas en la pared de la cripta del conocimiento de que en cada pared se presenta una distribución de cargas 'hidrostática'. En ello, la presión en la pared se agranda hacia abajo, en forma similar a lo que ocurre con el agua. Esto tiene como consecuencia que la correspondiente abertura en la pared, debía poseer la misma forma que la adoptada por la sección de un tubo flexible lleno de agua. Véase al respecto: Frei Otto: Der Bogen, en arcus - Zeitschrift für Architektur und Naturwissenschaft 2 - 4 (Munich 1983).

91) La pared alabeada ha sido utilizada en la arquitectura desde los tiempos del gótico. De cualquier modo, generalmente se trataba allí de la forma exterior del elemento constructivo, el que a su vez era construído de piedra natural tallada o de mampostería enlucida. En los detalles constructivos de las construcciones de ladrillo curvadas espacialmente, Gaudî debió no sólo encontrar una solución para la pared exterior, sino que también debió generar geométricamente las juntas, es decir, el espacio entre los ladrillos.

92) La técnica del hormigón no estaba por esa época tan desarrollada como para que pudieran ser utilizados con éxito encofrados para tales formas complejas. Teoréticamente hubiera

wäre theoretisch möglich gewesen. Die erhebliche Vermessungsarbeit für die Produktion der einzelnen Steine, wobei kaum einer dem anderen gleichen würde, macht einen reinen Natursteinbau unwahrscheinlich. Eine Mischung aus Naturstein für räumlich komplizierte Verzweigungspunkte und Backstein für die Ausführung einfacherer Formen erscheint praktikabel und wurde tatsächlich im Projekt in bescheidenem Umfang angewandt.

93) Die statischen Aspekte habe ich häufig mit Rainer Barthel, Karlsruhe, durchdiskutiert.

94) Über die nähere Betrachtung der Statik der Kettenlinie können die Ringkräfte studiert werden. An ihrer Aufhängung übt die Kette eine Kraft aus, die in eine Vertikalkomponente und eine Horizontalkomponente aufgelöst werden kann. Die Horizontalkraft bei Aufhängung A und B ist aus Gleichgewichtsgründen gleich groß (S. 164 > 1). Im Verhältnis zur Vertikalkraft ist die Horizontalkraft bei B, an der flacheren Kettenhälfte, größer als bei A. Hieraus kann man ersehen, daß flach gespannte Ketten im Vergleich zu ihrem Gewicht höhere Horizontalkräfte an der Aufhängung ausüben, als tiefer durchhängende Ketten. Am Scheitel S übt die Kette keine Vertikalkraft aus, sondern lediglich die Horizontalkraft H. Die an der Kettenlinie gezeigte konstante Größe der Kraft H bei beliebiger Aufhängung läßt sich für Seilpolygone mit jeder denkbaren Gewichtsverteilung verallgemeinern.

95) Am IL sind Kuppelformen nach diesem Prinzip studiert worden.

96) Für die Gewichtsberechnung wurde auf den Kalkulationsskizzen der betreffende Gebäudeteil gleichmäßig unterteilt. Durch den horizontalen Faden konnte die in den Skizzen vorgegebene Verteilung der Seilpolygone im Hängemodell in etwa erreicht werden.

97) Nur bei unelastischen, sehr steifen Wandkonstruktionen, z.B. aus Stahlbeton, wird die Lastabtragung ähnlich dem Verlauf der flachen Bögen sein, wie im Hängemodell vorgegeben.

98) Das Untergeschoß wurde kurz nach der Fertigstellung mit einem Terrassendach mit schrägen Flächen, nach katalanischer Art aus

build the entire building of hewn stone. The considerable amount of measuring and setting out work needed to produce the individual stones, of which hardly one stone would be the same as another, makes a pure stone structure improbable. A mixture of stone for complicated branching points and brick for the simpler forms appears feasible and was indeed used to a moderate extent in the project.

93) I have frequently discussed the structural aspects with Rainer Barthel of Karlsruhe.

94) The annular forces can be studied by closely observing the structural behaviour of a catenary. At its point of suspension the chain exerts a force which can be divided into a vertical and a horizontal component. For reasons of equilibrium the horizontal component at suspension points A and B is equal (p. 164 > 1). Compared with the vertical force the horizontal force at point B - i.e. at the less inclined half of the chain - is larger than at point A. This shows that chains suspended nearly horizontal between two points exert relatively higher horizontal forces in relation to their weight than chains which have more sag. At the crown point S the chain exerts no vertical force, only a horizontal force H. The constant magnitude of H with any type of suspension shown using the catenary as an example, can be generalised for string or thread polygons of any weight distribution.

95) Dome shapes have been studied at the IL on the basis of this principle.

96) For the purpose of weight calculation the building sections were divided into equal parts on the calculation sketches. The horizontal thread enabled to approximate the distribution of the thread polygons in the hanging model specified in the sketches.

97) Only in non-elastic and very rigid wall structures such as reinforced concrete walls, the load transfer will approximately follow the flat arches as shown in the hanging model.

98) Shortly after its completion the basement was covered with a terrace roof consisting of inclined surfaces and built of flat bricks

sido posible construir todo el edificio con piedra natural tallada. Los cuantiosos trabajos de medición para la producción de las piedras individuales, todas desiguales entre sí, hace improbable una construcción puramente en piedra natural. Una mezcla de construcciones de piedra natural para los complicados puntos de ramificación espacial y de construcciones de ladrillo para las formas más simples, se muestra como practicable y fue efectivamente utilizada en el proyecto con modestos alcances.

93) He discutido con frecuencia los aspectos de la estática con Rainer Barthel, de Karlsruhe.

94) Las fuerzas en el meridiano pueden ser estudiadas mediante un exámen de la estática de la catenaria. La cadena ejerce en los puntos de suspensión una fuerza que puede ser descompuesta en una componente vertical y en una horizontal. La fuerza horizontal en los puntos de suspensión A y B es igual, por razones de equilibrio (p. 164 > 1). En proporción a la fuerza vertical, la fuerza horizontal en B, en la mitad más aplanada de la cadena, es más grande que en A. De ello se puede deducir que cadenas tendidas en forma rebajada, en comparación con su peso, ejercen mayores fuerzas horizontales en los puntos de suspensión que cadenas con una flecha mayor. En la cima S de la cadena no existe fuerza vertical alguna, sino exclusivamente la fuerza horizontal H. La constancia en la magnitud de la fuerza H, mostrada en la catenaria en cualesquiera suspensión, es generalizable para polígonos funiculares con cualquier posible distribución de pesos.

95) En el IL han sido estudiadas formas de cúpulas de acuerdo con dicho principio.

96) Para el cálculo del peso, la respectiva parte del edificio fue subdividida regularmente en los bosquejos de cálculo. La distribución de los polígonos funiculares dadas en tales bosquejos, pudo ser aproximadamente lograda en el modelo colgante a través del hilo horizontal.

97) Solamente en construcciones de pared no elásticas muy rígidas, por ejemplo de hormigón armado, la transmisión de fuerzas será similar al recorrido de los arcos rebajados, como los dados en el modelo colgante.

98) El piso bajo fue provisto, poco después de ser finalizado, con un techo en terraza, levantando con superficies inclinadas, de tipo

Flachziegeln, gemauert, versehen. Übrigens wurde später noch eine zweite Dachkonstruktion, diesmal begehbar, aus Holz und Wellenplatten gebaut. Die Außenmauern wurden mit kleinen Pfannendächern abgedichtet.

99) So heißt es beispielsweise bei Josep Lluîs
Sert: "Er schuf ein vollkommen neues Vokabular, indem er als Ausgangspunkt für das Projekt des Werkes statische Zeichnungen mit Strukturmodellen nahm - im Falle der Kapelle Drahtseilbahnmaschinen, die eine visuelle Version der Effekte der Ladungen und Spannungen als Bestimmer der Formen der gestützten und stützenden Elemente (...) ermitteln. Die so entstandenen Kurvenformen (Hyperbolisches Paraboloid und Hyperboloiden) sind die führenden Elemente des Plans. Viele Jahre lang hatte Gaudî Probestudien mit diesen Formen gemacht; aber erst in der Krypta der Güell-Kolonie fand er ein perfekt integriertes Vokabular, welches einen grossen Schritt nach Vorne in seiner langen und geduldigen Suche darstellt." (J. Sert, J. Gomis: La Cripta de la Capilla de la Colonia Güell, Barcelona 1972, S. 52) Ähnliche besondere Qualitäten der HP-Flächen behauptet Carlos Flores: "Die Übereinstimmung (von Gaudîs experimentellen Methoden für Entwurf und Berechnung der Konstruktion mit denjenigen moderner Architekten und Ingenieure, Verf.) ist nicht nur methodisch, sondern streckt sich aus bis hin zur Formensprache - wie es geschah bei den Arbeiten von einem Candela oder einem Otto -, mit einer häufigen und freien Verwendung der Regelflächen." (Gaudî, Jujol y el modernimo catalán, Madrid 1982, S. 223). Flores fügt ein Foto vom Münchner Olympiadach (1972, Behnisch, Leonhardt, Otto) bei. Auch Salvador Tarragó vergleicht Gaudîs HP-Flächen mit denen der Zeltdächer von Frei Otto. (Salvador Tarragó, Gaudî entre la estructura y la forma, in: Architecture and Urbanism 86, Dezember 1977, S. 46, 48.

in the Catalonian fashion. Later a second roof structure was built of timber and corrugated sheet. The outer walls were protected against rain by small tiled roofs.

99) Josep Lluîs Sert says, for instance: "By
starting work in graphic statics with structural models, in this case funicular machines which give a visual rendering of the effects of loads and stresses as they determine the shapes of supported and supporting elements (...), an entirely new architectural vocabulary develops. The resulting warped forms - hyperbolic paraboloids and hyperboloids - are the governing elements of the design. Gaudî had experimented with such forms for many years, but it is in this Crypt of the Güell Chapel that he discovers a complete integrated vocabulary that marks the big step forward in his long and patient search." (J. Sert, J. Gomis: La Cripta de la Capilla de la Colonia Güell, Barcelona 1972, p. 27). Carlos Flores attributes similar special qualities to HP surfaces: "The agreement (of Gaudî's experimental design and calculation methods with those of modern architects and engineers - the author) is not only of a methodical nature but extends to the forms as in the case in the work of Candela or Otto, by the frequent and free use of regular surfaces." (Gaudî, Jujol y el modernismo catalán, Madrid 1982, p. 223). Flores adds a photograph of the Munich Olympic roof (1972, Behnisch, Leonhardt, Otto). Salvador Tarragó also compares Gaudî's HP surfaces with those of the tent roofs designed by Frei Otto. (Salvador Tarragó, Gaudî entre la estructura y la forma, in: Architecture and Urbanism 86, December 1977, pp. 46, 48).

catalán, con rasillas. Por lo demás posteriormente fue construída en madera y placas onduladas una segunda construcción de techo, esta vez inaccesible. Los muros exteriores fueron impermeabilizados con pequeñas tejas.

99) Así por ejemplo, Josep Lluis Sert dice:
"Tomando como punto de partida para el proyecto de la obra, gráficos estáticos con maquetas de estructura - en el caso de la capilla, máquinas funiculares que dan una versión visual de los efectos de las cargas y tensiones como determinantes de las formas de los elementos sustentados y sustentantes (...) - creó un vocabulario totalmente nuevo. Las formas curvas resultantes - paraboloide hiperbólico e hiperboloides -, son los elementos directrices del diseño. Gaudî había realizado estudios experimentales con estas formas por espacio de muchos años pero fue en la cripta de la Colonia Güell donde halló un vocabulario perfectamente integrado que marcó un enorme paso de avance en su larga y paciente búsqueda." (J. Sert, J. Gomis: La Cripta de la Capilla de la Colonia Güell, Barcelona 1972, p. 52) Similares cualidades especiales de las superficies en paraboloide hiperbólico, son afirmadas por Carlos Flores: "La coincidencia (de los métodos experimentales para el diseño y cálculo de construcciones de Gaudî con aquellos de los arquitectos e ingenieros modernos, el autor), no solo metodológica, se extiende incluso al lenguaje - como sucede con las obras de un Candela o un Otto -, con una utilización masiva y libre de superficies alabeadas regladas." (Gaudî, Jujol y el modernismo catalán, Madrid 1982, p. 223). Flores adjunta una foto de la cubierta del complejo olímpico de Munich (1972, Behnisch, Leonhardt, Otto). También Salvador Tarragó compara las superficies en paraboloide hiperbólico de Gaudî con las de las cubiertas de velas de Frei Otto. (Salvador Tarragó, Gaudî entre la estructura y la forma, en: Architecture and Urbanism 86, diciembre 1977, p. 46, 48.)

100) Minimalflächen sind (insbesondere) die
Flächen, deren Flächeninhalt in einer vorgegebenen Kontur am kleinsten ist. Minimalflächen sind schon lange in der Mathematik bekannt. Schon E. Catalan hat bewiesen, daß unter den windschiefen Regelflächen nur Wendelflächen (auch Schraubflächen oder Heľkoide genannt) zugleich auch Minimalflächen sind. (E. Catalan: Sur les surfaces réglées dont l'aire est un minimum, Journal Mathematiques pures et appl. (1) 7, S. 203 - 211, 1842). Freundlicher Hinweis

100) Minimal surfaces are (in particular) surfaces whose area is minimal for a given contour. Minimal surfaces have been known in mathematics for a long time. E. Catalan already proved that among the twisted ruled surfaces only the helicoids are also minimal surfaces. (E. Catalan: Sur les surfaces réglées ont l'aire est un minimum, Journal Mathematiques pures et app. (1) 7, pp. 203 - 211, 1842). I am grateful for this reference to Prof. Stefan Hildebrandt, Bonn. For applications of minimal

100) Superficies mínimas son (sobre todo) aquellas que cubren el interior de un contorno dado, con el área más pequeña posible. Las superficies mínimas son conocidas desde hace mucho tiempo en la matemática. E. Catalán ha demostrado que entre las superficies regladas, sólo las superficies helicoidales o helicoides, son al mismo tiempo superficies mínimas. (E. Catalán: Sur les surfaces réglées dont l'aire est un minimum, Journal Mathématiques pures et appl. (1) 7, p. 203 - 211, 1842). Indicación

von Prof. Stefan Hildebrandt, Bonn. Zu Anwendungen der Minimalfläche siehe Frei Otto: Zugbeanspruchte Konstruktionen, Berlin West 1966.

101) Siehe dazu: Gaudî-Gruppe der TH Delft, "Auch Gaudî baute seilverspannte Masten und leichte Flächentragwerke", in: IL 36 - Subjektive Standorte in Baukunst und Naturwissenschaft, Mitteilungen des Instituts für leichte Flächentragwerke, Universität Stuttgart 1984, S. 134, 135.

102) Isidre Puig Boada, El Pensament de Gaudî, Barcelona 1981, S. 113 und Joan Bergós Massó: Gaudî, L'home i l'obra, Barcelona 1954, S. 152.

103) Zu Suchov: Rainer Graefe, Hängedächer des 19. Jahrhunderts, in: arcus 2/1985, S. 79 - 81. Frei Otto, Zugbeanspruchte Konstruktionen, Band 2, Berlin West 1966, S. 69.

104) Wie gesagt stimmen bei den größeren Türmen die Vertikalen des Rasters nicht mit den Fäden des Hängemodells überein, sondern entsprechen den Kanten eines gleichmäßigen Sechszehnecks. Zur Übermalung OÜ 3 soll noch bemerkt werden, daß die Gestaltung des großen Turmes offenbar nicht zu Ende geführt wurde. Lediglich die allgemeine Gliederung des großen Turms wurde dargestellt.

105) Ein interessanter Vergleich kann hier mit dem Amsterdamer Börsengebäude von Hendrik Petrus Berlage, einem Zeitgenossen Gaudîs, gemacht werden. Eine viel publizierte Ansicht zeigt eine Backsteinfassade mit einem regelmäßigen Linienraster aus Diagonalen. Allerdings dient das Raster hier der Anordnung der ungleichen Fensterformen und -größen, mit denen die langgestreckte gerade Wand gegliedert wird. Siehe dazu H. P. Berlage: Grundlagen und Entwicklung der Architektur, Berlin 1908, S. 64.

106) Gaudî, zitiert in: J. Bergós: Antoni Gaudî, l'home i l'obra, Barcelona 1954, S. 101.

107) Jan Molema hat mich darauf hingewiesen, daß in Ràfols Buch 'Gaudî' (Abb. auf S. 200 und Text. S. 144/145) das Modell ganz allgemein als Kirchenentwurf ohne genauere Angabe bezeichnet wird. Nach Ràfols wurde dieses Hängemodell allerdings als Vorstudie für das Hängemodell des Ausführungsentwurfs benutzt.

surfaces see Frei Otto: Zugbeanspruchte Konstruktionen, West Berlin 1966.

101) cf.: Gaudî Group at the Technical University Delft "Auch Gaudî baute seilverspannte Maste und leichte Flächentragwerke", in: IL 36 -Subjektive Standorte in Baukunst und Naturwissenschaft, Mitteilungen des Instituts für leichte Flächentragwerke, Universität Stuttgart 1984, pp. 134, 135.

102) Isidre Puig Boada, El Pensament de Gaudî, Barcelona 1981, p. 113 and Joan Bergós Massó: Gaudî, L'home i l'obra, Barcelona 1954, p. 152.

103) With reference to Suchov: Rainer Graefe, Hängedächer des 19. Jahrhunderts, in: arcus 2/1985, pp. 79 - 81. Frei Otto, Zugbeanspruchte Konstruktionen, Band 2, Berlin West 1966, p. 69.

104) As mentioned above the vertical lines of the grid for the larger towers do not agree with the hanging model threads but instead correspond to the edges of an equilateral hexadecagon. With respect to the overpainted photo OÜ 3 it should be noted that the design of the large entrance tower evidently was not finished. Only the general arrangement of the large tower was shown.

105) An interesting comparison can be made with the Amsterdam stock exchange building by Hendrik Petrus Berlage, a contemporary of Gaudî. A frequently published view of this building shows a brick facade with a regular diagonal line grid. In this case the grid is intended to accomodate the varying window shapes and sizes which structure the long straight wall. cf. H.P. Berlage: Grundlagen und Entwicklung der Architektur, Berlin 1908, p. 64.

106) Gaudî, quoted in: J. Bergós: Antoni Gaudî, l'home i l'obra, Barcelona 1954, p. 101.

107) Jan Molema has pointed out to me that in Ràfols' book 'Gaudî' (fig. on p. 200 and text on p. 144/145) the model is identified quite generally as a design for a church without further details. According to Ràfols this hanging model was, however, used as a preliminary study for the hanging model of the final

amistosa del Prof. Stefan Hildebrandt, Bonn. Sobre los usos de las superficies mínimas, véase Frei Otto: Zugbeanspruchte Konstruktionen, Berlin Occidental, 1966.

101) Véase al respecto: Grupo-Gaudî de la TU Delft; 'Auch Gaudî baute seilverspannte Masten und leichte Flächentragwerke', en: IL 36 - Subjektive Standorte in Baukunst und Naturwissenschaft, Mitteilungen des Instituts für leichte Flächentragwerke, Universität Stuttgart 1984, p. 134, 135.

102) Isidre Puig Boada, El Pensament de Gaudî, Barcelona 1981, p. 113, y Joan Bergós Massó: Gaudî, L'home i l'obra, Barcelona 1954, p. 152.

103) Sobre Suchov véase: Rainer Graefe, Hängedächer des 19. Jahrhunderts, en: arcus 2/1985, p. 79 - 81. También: Frei Otto, Zugbeanspruchte Konstruktionen, Tomo 2, Berlin Occidental 1966, p. 69.

104) Como ya se ha dicho, en la torre más grande de las líneas verticales del enrejado no coincidían con los hilos del modelo sino que corresponden a los cantos de un polígono regular de 16 lados. Respecto a la foto repintada OÜ 3, debe ser observado todavía que el diseño de la torre grande, evidentemente no fue conducido hasta el final. Sólo fue representada la estructura general de la misma.

105) Una comparación interesante puede ser hecha aquí con el edificio de la Bolsa de Amsterdam, de Hendrik Petrus Berlage, un contemporáneo de Gaudî. Una vista profusamente publicada, muestra una fachada en ladrillo con una red regular de líneas diagonales. En todo caso, la red sirve aquí al ordenamiento de las formas y tamaños de las irregulares ventanas, con las que fue estructurada la extendida pared recta. Véase al respecto, H. P. Berlage: Grundlagen und Entwicklung der Architektur, Berlin 1908, p. 64.

106) Gaudî, citado en: Antoni Gaudî, l'home i l'obra, Barcelona 1954, p. 101.

107) Jan Molema me indicó que en el libro de Ràfols 'Gaudî' (Fig. en p. 200 y texto en p. 144, 145), el modelo está señalado en forma bastante general como diseño de una iglesia, sin una descripción exacta. De acuerdo a Ràfols tal modelo colgante fue utilizado en todo caso como preestudio para el modelo colgante defini-

Auch wenn also nicht sicher ist, daß es sich bereits um einen Entwurf für die Colonia Güell Kirche handelte, läßt es sich nach Methode und Form als ein Vorläufer des endgültigen Entwurfmodells ansehen.

Daß der unausgeführte Kirchenentwurf für den Park Güell Entsprechungen zum kleinen Hängemodell (Form und Größe) aufweist, wertete Jan Molema mir gegenüber als Hinweis, daß es sich bei beiden um den gleichen Entwurf handeln könnte. Auf einem Übersichtsplan des Park Güells, 1903 erstmals publiziert (Salvador Sellés Baró, El Parque Güell, in: Anuario de la Asociación de Arquitectos de Cataluna, Barcelona 1903) ist die Kirche durch eine Reihe aneinanderschließender Kreise angegeben. Die Differenz in der Anzahl der Kuppeln könnte entweder zurückgeführt werden auf eine ungenaue Wiedergabe auf dem Plan, oder sie könnte ein Hinweis dafür sein, daß es sich um unterschiedliche Planungsvarianten des gleichen Entwurfs handelt. Allerdings entsprechen die Jahresangaben sich nicht genau: Anfang Colonia Güell Kirchenentwurf 1898 - Anfang Entwurf Park Güell 1900.

108) Die im Hängemodell ausgeführte Hälfte ist allerdings nicht vollständig. Bei jeweils zwei Kuppelhälften an beiden Enden der Längsachse fehlt ein Viertel der Fäden. Bei Ausführung dieser Teile hätte sich die Gesamtform des Modells nur leicht verändert. In der rekonstruierten Aufsicht des Vormodells (S. 225 > 1) sind die fehlenden Fäden gestrichelt wiedergegeben.

109) Im späteren Modell verwendete Gaudî Säckchen mit Bleischrot als Gewicht; eine Lösung, die mir weniger rational erscheint, weil die Kettenlängen Gewichtsangaben beinhalten, während die Dimensionen der Säckchen das Gewicht nicht direkt vermitteln.

110) Auch mit einer niedrigeren Höhe der Außenwand könnte durch eine entsprechende Gewichtsverteilung das gleiche statische Gleichgewicht erreicht werden.

111) Der Name 'Santa Coloma' (de Cervelló) der Ortschaft, in der sich die Colonia Güell befindet, bedeutet katalanisch 'Heilige Taube'.

112) Siehe dazu E. Viollet-le-Duc: Dictionnaire Raissoné de l'Architecture Française du XIe au XIVe Siècle, Tome IV, S. 63, 64.

design. Even though we may not be certain that it is a design for the Colonia Güell church, it can be regarded as a precursor of the final design model with regard to method and form. The fact that the church design for the Güell park which was not built, shows parallels to the small hanging model (in respect of shape and size of the plan), has been interpreted by Jan Molema in a conversation with me as evidence that both are the same design. On an arrangement drawing of the Güell park first published in 1903 (Salvador Sellés Baró, El Parque Güell, in: Anuario de la Asociacion de Arquitectos de Cataluna, Barcelona 1903) the church is indicated by a series of contiguous circles. The difference in the number of domes may be the result of inaccurate drawing on the plan or it may be evidence for the assumption that we are dealing with different variants of the same design. On the other hand the dates do not match exactly: The Colonia Güell church design was started in 1898; the Güell park design was started in 1900.

108) The hanging model is, however, not complete. In two half-domes a quarter of the threads are missing at both ends of the longitudinal axis. If these components had been incorporated the overall shape of the model would have changed only slightly. In the reconstructed top view of the preliminary model (p. 225 > 1) the missing threads are shown as dotted lines.

109) In the later model Gaudî used weight sachets filled with lead shot. This solution seems to me less rational because the chain lengths allow direct readings to be taken of the weights whereas the dimensions of the sachets do not allow such a direct reading.

110) By using a corresponding weight distribution the same structural balance could be achieved even with a lower outer wall height.

111) The name 'Santa Coloma' (de Cervelló) of the village in which the Colonia Güell is situated means in the Catalonian language 'Holy Dove'.

112) cf. E. Viollet-le-Duc: Dictionnaire Raissoné de l'Architecture Française du XIe au XIVe Siècle, Tome IV, pp. 63, 64.

tivo. Aún cuando de este modo no sea seguro que se trata de un diseno para la iglesia de la Colonia Güell, teniendo en cuenta el método y la forma puede ser visto como un antecesor del modelo para el diseno definitivo. Que el diseno para la iglesia no ejecutada del parque Güell presentase analogías con el pequeno modelo colgante (en forma y tamano), Jan Molema lo estimó frente a mî como una indicación de que se podría tratar del mismo diseno en ambos. En un plano general del Parque Güell, publicado por primera vez en 1903 (Salvador Sellés Baró, El Parque Güell, en: Anuario de la Asociación de Arquitectos de Cataluna, Barcelona 1903), la iglesia está indicada a través de una serie de círculos que se cierran uno junto al otro. La diferencia en la cantidad de cúpulas podría ser atribuída a una reproducción inexacta en el plano o bien podría indicar que se trataba de diferentes variantes de diseno del mismo proyecto. En todo caso, los datos de los anos no concuerdan exactamente entre sî: Inicio del diseno de la iglesia de la Colonia Güell 1898; inicio del diseno del Parque Güell 1900.

108) En todo caso, la mitad efectuada del modelo colgante no es completa. En cada una de las dos mitades de cúpula en ambos extremos del eje longitudinal, falta la cuarta parte de los hilos. Con una realización de dichas partes faltantes, la forma general del modelo se hubiera modificado sólo levemente. En la vista reconstruída del modelo previo, los hilos faltantes están reproducidos con líneas interrumpidas.

109) Para el modelo posterior, Gaudî utilizó saquitos con perdigones de plomo como peso; solución que me parece menos racional, porque las longitudes de las cadenas contienen en sî información sobre el peso, mientras que las dimensiones de los saquitos no transmiten su peso en forma directa.

110) A través de una adecuada repartición de los pesos, podría ser logrado el mismo equilibrio estático con una menor altura de la pared exterior.

111) El nombre de la localidad 'Santa Coloma' (de Cervelló), en la que se encuentra la Colonia Güell, significa en catalán 'Santa Paloma'.

112) Véase al respecto, E. Viollet-le-Duc: Dictionnaire Raissoné de l'Architecture Française du XIe au XIVe Siècle, Tome IV, p. 63, 64.

German

113) Siehe dazu Eugene Viollet-le-Duc: Entretiens sur l'architecture, Tome II douzième Entretienne.

114) Der japanische Autor Torii hat versucht, den Entwurf der Missionspost zu rekonstruieren und dabei interessante Beobachtungen gemacht. Torii weist darauf hin, daß bestimmte Lehmbauten in Nordafrika ähnliche Formen aufweisen, wie die Türme dieses Projekts. Diese annähernd paraboloiden Formen hatten sich über Jahrtausende bei Lehmkuppeln bewährt. Dies ist begründet in der geringen Zugfestigkeit des Lehms, die zu Kuppelformen führte, in denen nur Druckkräfte auftraten. Eine von mir nach Diskussionen mit Jan Molema und Peter Bak überarbeitete Version von Toriis Interpretation des Tanger-Projektes findet sich in: Jan Molema: Antoni Gaudî, een weg tot oorspronkelijkheid, Delft 1987, II. Band, S. 545.

115) Roland Pietsch, Stuttgart, wies mich darauf hin, daß Luthers bekanntes Kirchenlied sich auf diesen Psalm bezieht.

116) J. Bergôs: Las conversaciones de Gaudî con Juan Bergôs, Barcelona 1954, Zitat 75.

117) Gaudî soll diese Zugelemente auch deshalb vorgesehen haben, um bei Zerstörung einzelner Wölbabschnitte einen "progressive collapse" (Kettenreaktion) zu unterbinden. Quelle: Joan Bergôs, Materiales y Elementos de construcción, S. 279.

118) Tatsächlich hat Gaudî auch schon vor der Colonia Güell Kirche die hyperbolisch paraboloide Form verwendet. So zum Beispiel bei der Casa Fernández in Léon, wo sich der Dachfirst über dem unregelmäßigen viereckigen Grundriß des Gebäudes nur durch die hyperbolisch paraboloide Ausbildung einer der Dachflächen waagrecht ausbilden ließ - übrigens eine Lösung, die gelegentlich, früher möglicherweise schon im Mittelalter, Anwendung fand - oder bei einem kleinen Dachabschnitt einer Schmiede. Erwähnenswert an der kleinen Schule bei der Sagrada Familia ist die mit Geraden erzeugte gewellte Form, welche eine Sonderform des Helikoids darstellt.

119) C. Martinell: Gaudî - His life, his theories, his work, Barcelona 1975, S. 128 f.

English

113) cf. Eugene Viollet-le-Duc: Entretiens sur l'architecture, Tome II douzième Entretienne.

114) The Japanese author Torii has attempted to reconstruct the design of the mission post and made some interesting observations. Torii points out that certain clay buildings in North Africa show forms similar to the towers of this project. These approximately paraboloid forms had proven their worth in the form of clay domes for thousands of years. The reason for this lies in the low tensile strength of the clay which led to dome shapes in which only compressive loads occurred. A version of Torii's interpretation of the Tangiers project which was revised by me following discussions with Jan Molema and Peter Bak, can be found in: Jan Molema: Antoni Gaudî, een weg tot oorsponkelijkheid, Delft 1987, vol. II, p. 545.

115) Roland Pietsch, Stuttgart, pointed out to me that Luther's well-known hymn refers to this psalm.

116) J. Bergôs, Las conversaciones de Gaudî con Juan Bergôs, Barcelona 1954, quotation 75.

117) Gaudî is supposed to have included these ties to prevent a progressive collapse in the case of a destruction of individual vault sections. Source: Joan Bergôs, Materiales y Elementos de Construcción, p. 279.

118) Gaudî had in fact already before the Colonia Güell church used the hyperbolic-paraboloid form. As an example may be quoted the Casa Fernández in León where the ridge of the roof above the irregular quadrangular ground plan of the building could only be made horizontal by the hyperbolic-paraboloid shape of one of the roof surfaces - this being a solution which occasionally has been used possibly as far back as the middle ages - or in the example of a small roof section of a blacksmith's forge. A special feature of the small school attached to the Sagrada Familia is the undulating shape generated by a straight line which represents a special form of the helicoid.

119) C. Martinell: Gaudî - His life, his theories, his work; Barcelona 1975, p. 128 ff.

Spanish

113) Véase al respecto; E. Viollet-le-Duc: Entretiens sur l'architecture, Tome II douzième Entretienne.

114) El autor japonés Torii, ha intentado reconstruir el proyecto del Puesto Misionario y como resultado de ello hizo interesantes observaciones. Torii hace referencia a que ciertas construcciones en barro en Africa del Norte, presentan formas semejantes a las torres de dicho proyecto. Estas formas casi paraboloîdeas han probado su eficacia durante miles de años de construcción de cúpulas en barro. Esto está fundamentado por la escasa resistencia a la tracción del barro, lo que condujo a formas de cúpulas en las que sólo aparecîan fuerzas de compresión. Luego de discusiones con Jan Molema y con Peter Bak, he realizado una versión perfeccionada de la interpretación de Torii del Proyecto de Tanger, la que se encuentra en: Jan Molema: Antoni Gaudî, een weg tot oorspronkelijkheid, Delft 1987, Volumen II, p. 545.

115) Roland Pietsch, de Stuttgart, me ha indicado que el conocido cántico de Lutero, se remite a este salmo.

116) J. Bergôs: Las conversaciones de Gaudî con Juan Bergôs, Barcelona 1954, cita 75.

117) Gaudî también debe haber previsto tales elementos a tracción, con el fin de impedir un 'colapso progresivo' (reacción en cadena) en caso de destrucción en sectores de bóvedas individuales. Fuente: Joan Bergôs, Materiales y Elementos de Construcción, p. 279.

118) En realidad, Gaudî habîa utilizado la forma en paraboloide hiperbóloco ya con anterioridad a la Iglesia de la Colonia Güell. Asî por ejemplo en la Casa Fernández en León, donde la cumbrera sobre este edificio de planta irregular cuadrilâtera sólo puede desarrollarse en forma horizontal a través de la formación en paraboloide hiperbólico de una de las superficies de techo - por lo demás, una solución que con anterioridad habîa sido ocasionalmente aplicada, quizás ya en la edad media -, asî como también en un pequeno sector del techo en una herrerîa. En la pequena escuela en la Sagrada Familia, es digna de destacar la forma ondulada generada por rectas, la que representa una forma especial del helicoide.

119) C. Martinell: Gaudî - Su vida, sus teorîas, su obra, Barcelona 1967, p. 136 y sgts.

120) Siehe dazu Gitterschalen / Grid Shells,
Mitteilungen des Instituts für leichte
Flächentragwerke (IL), Universität Stuttgart,
Band 10.

121) Siehe dazu Ekkehard Ramm und Eberhard
Schunck: Heinz Isler Schalen.

122) Frühere, einfachere Anwendungen des Hänge-
modellprinzips waren ihm möglicherweise
aus der Literatur bekannt.

123) Auf in etwa vergleichbare und teilweise
ältere Konstruktionen, wie z.B. Maste von
Zelten, Schwibbögen der Gotik und Pendelstützen,
gehe ich nicht näher ein. Interessant ist die
gelegentliche Anwendung schiefgestellter Stein-
säulen zur Unterstützung einer flachen Stein-
decke, wie in Agra, Indien: Jahangiri Mahal,
'Roter Palast' Empfangshallen, um 1600.

124) Siehe dazu Georg Germann: Neugotik,
S. 161, 162.

125) Hängemodelle werden von Heinz Isler und
anderen verwendet für die Optimierung von
Betonschalen und ebenso für sogenannte Gitterschalen aus Holz oder Metall. Eine verzweigte
Stütze aus Stahl, die nach einem Hängemodell
geformt wird (ausschließlich axiale Druckbeanspruchung der Stützenzweige), braucht weniger
Material als eine verzweigte Stütze, bei der
Biegebeanspruchung der Stützenzweige durch den
Entwurf bedingt ist. Dieses Ergebnis aus Studien Frei Ottos wird langsam in die Baupraxis
eingeführt, während gleichzeitig in Barcelona
Gaudîs verzweigte Stützen der Sagrada Familia
in die Höhe wachsen. Siehe dazu Rainer Barthel,
Berthold Burkhardt: Baumartige Konstruktionen/
Tree-like constructions, in: Daidalos -Archi-
tektur Kunst Kultur, Heft 23, Berlin 15. März
1987, S. 40 - 51.

126) Jos Tomlow, in: Gaudî, Rationalist met
perfecte materiaalbeheersing, S. 173.

120) cf. Gitterschalen / Grid Shells, Mitteilungen des Instituts für leichte Flächentragwerke (IL), Universität Stuttgart, Band 10.

121) cf. Ekkehard Ramm and Eberhard Schunck:
Heinz Isler Schalen.

122) Earlier simpler applications of the hanging model principle were possibly known to
him from literature.

123) I shall do not deal in detail with comparable and some-times older structures such
as tent masts, flying buttresses in Gothic architecture and articulated pillars. Of interest is
the occasional use of inclined stone columns to
support a flat stone ceiling such as in Agra,
India: Jahangiri Mahal, 'Red Palace' reception
halls, ca. 1600.

124) cf. Georg Germann: Neugotik, pp. 161 and
162

125) Hanging models are being used by Heinz
Isler to optimise concrete shells and also
for so-called grid shells made from timber or
metal. A branched steel column formed in accordance with a hanging model (the column branches
are being exclusively under axial compressive
load) uses less material than a branched column
in which the branches are designed to take bending loads. This result from studies by Frei
Otto is slowly being introduced into building
practice of today while at the same time Gaudî's
branched columns in the Sagrada Familia are
being raised in Barcelona. cf. Rainer Barthel,
Berthold Burkhardt: Baumartige Konstruktionen /
Tree-like constructions, in: Daidalos - Architektur Kunst Kultur, Heft 23, Berlin 15th March
1987, pp.40 - 51

126) Jos Tomlow, in: Gaudî, Rationalist met perfecte materiaalbeheersing, p. 173.

120) Véase al respecto: Gitterschalen / Grid
Shells, Mitteilungen des Instituts für
leichte Flächentragwerke (IL), Universität
Stuttgart, Tomo 10.

121) Véase al respecto, Ekkehard Ramm y Eberhard Schunk: Heinz Isler Schalen, Stuttgart 1986.

122) Usos anteriores más elementales del principio del modelo colgante, le eran posiblemente conocidos a través de la literatura.

123) No entraré en detalles sobre construcciones más o menos comparables y en parte más
antiguas, como por ejemplo mástiles de tiendas,
arbotantes del gótico y apoyos pendulares. Es
interesante el uso ocasional de columnas inclinadas de piedra para el apoyo de un techo
plano también en piedra, como en Agra, India:
Jahangiri Mahal, 'Palacio rojo' Salas de recep-
ción, alrededor del 1600.

124) Véase al respecto, Georg Germann; Neugotik, p. 161, 162.

125) Modelos colgantes son utilizados por Heinz
Isler y otros, para la optimización de cáscaras de hormigón como también para cáscaras de
celosía espacial de madera o metal. Un apoyo
ramificado de acero, cuya forma es lograda con
un modelo colgante (inclusive la solicitación
axial a compresión de las ramas del apoyo), necesita menos material que un apoyo ramificado
en el que la solicitación a flexión de las ramas del apoyo están condicionadas a través del
diseño. Este resultado de estudios de Frei Otto
es incorporado lentamente en la práctica de la
construcción, mientras al mismo tiempo en Barcelona crecen en la altura los apoyos ramificados de la Sagrada Familia de Gaudî.

126) Jos Tomlow, en: Gaudî, Rationalist met
perfecte materiaalbeheersing, p. 173.

Falls nicht anders angegeben, wurden die
Skizzen und Zeichnungen in diesem Buch von
Jos Tomlow hergestellt.

All sketches and drawings were made by
Jos Tomlow, unless stated otherwise.

Todas los bosquejos y dibujos fueron realizados
por Jos Tomlow, a excepción de aquellos en los
que se indica lo contrario.

LITERATURANGABEN / LITERATURE / LITERATURA

Bak, P. und R. van der Heide, N. Schoen, J. Tomlow: Sagrada Familia, Diplomarbeit TH-Delft (Maschinenschrift) 1982

Barthel, R. und B. Burkhardt: Baumartige Konstruktionen / Tree-like constructions, in: Daidalos - Architektur Kunst Kultur, Heft 23 Berlin, 15. März 1987, S. 40 - 51

Bassegoda Nonell, J.: Gaudî, Vida i Arquitectura, Tarragona-Barcelona 1977
Bassegoda Nonell, J.: Otros aspectos constructivos de la obra de Gaudî, in: CAU Marzo 1981, S. 63 - 65
Bassegoda, Nonell, J.: Gaudî, Arte y Arquitectura (Japanisch), Tokyo 1985
Bassegoda, Nonell, J.: El Arco de Festón, in: Memorias de la Real Academia de Ciencias y Artes de Barcelona, tercera época 847, Vol XLVI, 20, S. 507 -560, Barcelona 1986

Bellmunt Ribas, R. und F. Mañá Reixach: Aproximación a la Patología en la obra de Gaudî, in: CAU Marzo 1981, S. 66 - 73

Bergós Massó, J.: Materiales y Elementos de Construcción - Estudio experimental, Barcelona 1953
Bergós Massó, J.: Antoni Gaudî, l'home i l'obra, Barcelona 1954
Bergós, Massó, J.: Tabicados Huecos, Barcelona 1965
Bergós Massó, J.: Las conversaciones de Gaudî con Juan Bergós, in: Hogar y Architectura 112/1974, S. 44 - 68

Berlage, H. P.: Grundlagen und Entwicklung der Architektur, Berlin 1908

Bohigas, O. und L. Pomés: Arquitectura Modernista, Barcelona 1968

Casanelles, E.: La Nueva Visión de Gaudî, Barcelona 1965
Casanelles, E.: Antoni Gaudî - A Reappraisal, Barcelona 1965

Cirici Pellicer, A. u.a.: Arquitectura Gotica Catalana, Barcelona 1968

Collins, G. R. und M. Farinas: Antonio Gaudî and the Catalan Movement (1870 - 1930), (Bibliografie) Charlottesville 1973

Collins, G. R. und J. Bassegoda Nonell: The Designs and Drawings of Antoni Gaudî, Princeton 1983

Faber, C.: Candela und seine Schalen, München 1965

Flores, C.: Gaudî, Jujol y el Modernismo catalán, Madrid 1982

Gaudî-groep TH-Delft: Gaudî, Rationalist met perfecte materiaalbeheersing, Delft 1979
Gaudî-groep TH-Delft: Barcelona - De Sagrada Familia, in: Vlaanderen 198, januari/februari 1984, S. 14 - 21
Gaudî-Gruppe TH-Delft: Auch Gaudî baute .seilverspannte Masten und leichte Flächentragwerke, in: Subjektive Standorte in Baukunst und Naturwissenschaft, Mitteilungen des Instituts für leichte Flächentragwerke (IL), Universität Stuttgart, Band 36/1984, S. 134, 135

Germann, G.: Neugotik - Geschichte ihrer Architekturtheorie, Stuttgart 1974

Giese, H. und U. Große, M. Speidel: Bodegas Güell in Garraf (ca. 1895 - 1901) - Ein Meisterwerk von Antoni Gaudî und Francesco Berenguer?; in: Festschrift zum 60. Geburtstag von Prof. Dr.-Ing. Franz Krauss, Aachen 1988, S. 7 - 20

Gitterschalen / Grid Shells: Mitteilungen des Instituts für leichte Flächentragwerke (IL), Universität Stuttgart, Band 10/1975

Graefe, R. und J. Tomlow, A. Walz: Ein verschollenes Modell und seine Rekonstruktion, in: Bauwelt 15/1983, S. 568 - 573
Graefe, R.: Zum Entwerfen mit Hilfe von Hängemodellen, in: Werk, Bauen + Wohnen 11/1983, S. 24 - 28
Graefe, R.: Heinrich Hübsch als Konstrukteur, in: Heinrich Hübsch (1795 -1863), Ausstellungskatalog, Karlsruhe 1984, S. 184 - 189
Graefe, R.: Hängedächer des 19. Jahrhunderts, in: arcus 2/1985, S. 70 - 81, 94
Graefe, R.: Zur Formgebung von Bögen und Gewölben, in: Architectura - Zeitschrift für Geschichte der Baukunst 1/1986, S. 50 - 67

Isler, H.: Typologie und Ausführung der modernen Schalen, in: Werk, Bauen + Wohnen 12/1983, S. 34 - 41

Joedicke, J.: Willkür und Bindung im Werk von Antoni Gaudî, in: Bauen und Wohnen 15/5/1960, S. 181 - 187

Joedicke, J. und J. Tomlow: Buchbesprechung; Jan Molema, 'Antoni Gaudî', een Weg tot Oorspronkelijkheid', in: Werk, Bauen + Wohnen Nr. 6/1988, S. 72/73

Martinell Brunet, C.: Conversaciones con Gaudî, Barcelona 1969
Martinell Brunet, C.: Gaudî - His life, his theories, his work, Barcelona 1975

Matsukura, Y.: Gaudî - Camino de un Diseño (Japanisch), Fukuoka 1978
Matsukura, Y.: Gaudinismo (Japanisch), Fukuoka 1984

Molema, J.: Einfluß der Maya-Architektur auf Antoni Gaudî, in: Konzepte SFB 230 Heft 5 - Geschichte des Konstruierens I, Stuttgart 1985, S. 125 - 141
Molema, J.: Antoni Gaudî, een weg tot oorspronkelijkheid (Dissertation), Delft 1987

Moravánszky, A.: Antoni Gaudî, Budapest-Berlin 1985

N.N.: Colonia Güell y fábrica de panas y veludillos de Güell y Cîa, Barcelona 1910

Otto, F. und Mitarbeiter. Natürliche Konstruktionen, Stuttgart 1982
Otto, F. u.a.: Zugbeanspruchte Konstruktionen, Frankfurt/M.-Berlin West 1962

Pabon-Charneco, A.: The architectural collaborators of Antoni Gaudî (Dissertation), Northwestern University 1983

Pane, R.: Antoni Gaudî, Milano 1964, 1983
Puig Boada, I.: El Temple de la Sagrada Família, Barcelona 1929, 1979

Puig Boada, I.: El Templo de la Sagrada Familia, Barcelona 1952, 1982
Puig Boada, I.: L'Església de la Colònia Güell, Barcelona 1976
Puig Boada, I.: Set noves Esglésies al Bisbat d'Urgell, Barcelona 1982

Ráfols, J. F. u.a.: Antonio Gaudî, Barcelona 1929

Ramm, E. und Schunck, E.: Heinz Isler Schalen (Ausstellungskatalog), Stuttgart 1986

Rubió Bellver, J.: Difficultats per arribar a la sintesis arquitectónica, in: Anuario de la Asociación de Arquitectos de Cataluña 1913

Rubió Tudurî, S.: Cálculo funicular del hormigón armado - Generalización de los métodos de cálculo y proyecto del arquitecto Gaudî a las estructuras de hormigón armado, Buenos Aires 1952

Seifenblasen / Forming Bubbles: Mitteilungen des Instituts für leichte Flächentragwerke (IL), Universität Stuttgart, Band 18/1987

Sellés Baró, S.: El Parque Güell, in: Anuario de Asociación de Arquitectos de Cataluña, Barcelona 1903

Sert, J. Ll.: Cripta de la Colonia Güell de A. Gaudî, Barcelona 1972

Solà-Morales Rubió, I.: Joan Rubió i Bellver y la fortuna del Gaudinismo, Barcelona 1975
Solà-Morales Rubió, I.: Gaudî, Stuttgart 1983

Sugranes, D.: Disposició estática del Temple de la S.F., in: Anuario de la Asociación de Arquitectos de Cataluña, 1923

Sweeney, J. J. und J. Ll. Sert: Antoni Gaudî, Stuttgart 1960

Tarragó, S.: Gaudî entre la estuctura y la forma, in: Architecture and Urbanism, Tokyo December 1977, S. 13 - 59

Tomlow, J.: Neue Interpretation von Antoni Gaudîs Entwurf der Franziskaner-Mission in Tanger, in: Zur Geschichte des Konstruierens, Stuttgart 1989

Torii, T.: El Mundo Enigmático de Gaudî, Madrid 1983

Ungewitter, G. mit Mohrmann, K.: Lehrbuch der gotischen Konstruktionen, Leipzig 1890

Van de Ven, C.: Bouwen in Barcelona, Amsterdam 1980

Viollet-le-Duc, E.: Dictionnaire Raisonné de l'Architecture Française du XIe au XVIe Siècle, Paris 1863 - .1868
Viollet-le-Duc, E.: Entretiens sur l'Architecture, Paris 1863 - 1872

PUBLIKATIONEN ZUM REKONSTRUKTIONSMODELL UND ZU DEN AUSSTELLUNGEN 'DER HANG ZUM GESAMTKUNSTWERK' UND 'ANTONI GAUDI (1852 - 1926)' (AUSWAHL)

PUBLICATIONS ON THE RECONSTRUCTED MODEL AND THE EXHIBITIONS 'THE PENCHANT FOR A SYNTHESIS OF THE ARTS' AND 'ANTONI GAUDI (1852 - 1926) (SELECTION)

PUBLICACIONES PARA EL MODELO RECONSTRUIDO Y LOS EXPOSICIONES 'LA TENDENCIA A LA OBRA DE ARTE INTEGRAL' Y 'ANTONI GAUDI (1852 - 1926)' (SELECCION)

Amela, V. M.: Hoy se inaugura en Barcelona una exposición sobre 'La obra de Gaudî', in: La Vanguardia 5-12-1984

Bassegoda Nonell, J.: El modelo de Gaudî para la Iglesia de la Colonia Güell, in: La Vanguardia 12-4-1983

Die Stadt unter den Städten - Ausgrabungen von Manuel Vázquez Montalbán, in: Transatlantik, Frühjahr 2/1978, S. 69 - 74

Fundación Caja de Pensiones (Hrsg.): Antoni Gaudî (1852 - 1926) (Ausstellungskatalog), Barcelona 1985, S. 277

Graefe, R. mit J. Tomlow: Antoni Gaudî i Cornet, in: Der Hang zum Gesamtkunstwerk (Ausstellungskatalog), Aarau 1983, S. 215 - 220

Molema, J.: Gesamtkunstwerk, een Europees fenomeen, in: Wonen, TABK 7/1983, S. 2/3

N.N.: Erlösung mit Kräuterduft - Eine Züricher Ausstellung demonstriert 200 Jahre 'Hang zum Gesamtkunstwerk', in: Der Spiegel 8/1983, S. 186 - 189

Obermüller, K. und V. Eggmann (Fotos): Szeemann, der Wilde Träumer, in: Weltwoche Magazin, Zürich 8/1983, S. 10 - 17

Pirson, J.-F.: La Structure et l'Objet, Liege 1984, S. 59 - 74

Van Ginneken, L.: Driehonderd speurtochten naar Utopia, in: De Volkskrant 25-2-1983

Van Ooij, D.: Meer dan Efteling-architekt; in: Trouw 16-4-1988

Walz, A.: Antoni Gaudî: The funicular Model for the Church of Colonia Güell (Lecture), 39th Annual Meeting of the Society of Architectural Historians, Washington D.C., April 2 - 6, 1986

Wien, B.: Der Hang zum Gesamtkunstwerk - Pressestimmen zur Züricher Präsentation, in: Europäische Utopien seit 1800 - Beiheft zur Ausstellung 'Der Hang zum Gesamtkunstwerk', Berlin-West 1983, S. 70 - 74

AUTOR Jos Tomlow

1951	Geboren als siebentes von acht Kindern, in Roermond (Holland); Mutter M.-A. Tomlow, geb. Steegmans Vater G. Tomlow
seit 1963	Regelmäßige Aufenthalte in Katalonien im Ferienhaus der Familie
1971	Diplom Hogere Burgerschool B (Abitur), in Schaesberg, dort Kunst- und Zeichenunterricht von Han le Blanc, (schul)politisches Engagement
1971-1982	Architekturstudium an der Technischen Hochschule Delft (jetzt Techn.Univ.); zunächst städtebauliche Studien, dann Schwerpunkte Entwerfen und Architekturgeschichte; handwerkliche Arbeiten am Bau, Zeichenarbeit im Architekturbüro Truyen, Zuiderwoude, zahlreiche Studienreisen; Mitglied im 'Niederländisch christlichen Studentenverein' (NCSV)
1977	Mitbegründung der Gaudî-Gruppe der TH Delft (Leitung Jan Molema); Ausstellungen, Publikationen, Archiv
1979	Betreuung einer Studentengruppe bei Berlage-Studien (zusammen mit Jan Molema)
1981	Teilnahme am Wettbewerb 'Erweiterung von Berlages Rathaus in Usquert'
1979-1982	Diplomarbeit zusammen mit Bak, van der Heide und Schoen: Bautechnische Analyse der Sagrada Familia (Studienpreis) und Museumsentwurf
1982-1983	Als wissenschaftlicher Assistent der TH Delft beteiligt an der Rekonstruktion von Gaudîs Hängemodell für die Kirche der Colonia Güell am Institut für leichte Flächentragwerke (IL) in Stuttgart
1983-1986	Dissertation 'Rekonstruktion von Gaudîs Hängemodell', Universität Stuttgart, mündliche Prüfung 10.12.86; Berichter: Frei Otto und Jürgen Joedicke
1984-1985	Stipendium des Deutschen Akademischen Austauschdienstes (DAAD)
seit 1985	Weiterführende Studien zum Werk Gaudîs und zur katalanischen Gotik, Untersuchungen zu Geometrie und Statik historischer Gewölbe; Mitglied des Initiativkreises Ökologie (Universitäten Stuttgart/Hohenheim)
seit 1988	Wissenschaftlicher Mitarbeiter am IL im Teilprojekt C 3 'Geschichte des Konstruierens' des SFB 230 (Leitung Rainer Graefe)

AUTHOR Jos Tomlow

1951	Born in Roermond (Holland) as the seventh of eight children; mother M.-A. Tomlow, nee Steegmans, father G. Tomlow
from 1963	Regular stays in Catalonia in the family's holiday house
1971	Diploma of the Hogere Burgerschool B in Schaesberg, instruction in art and drawing by Han le Blanc, (school)political activity
1971-1982	Study of architecture at the Technische Hogeschool Delft (now Technical University); initially studying town planning and then concentrating on designing and architectural history; practical work on buildings; draughtsmanship in the architect's bureau of Truyen, Zuiderwoude, numerous field trips; member of the 'Dutch Christian Student Association' (NCSV)
1977	Founder member of the Gaudî group of the TH Delft (directed by Jan Molema); exhibitions, publications, archive
1979	Coaching of a student group during Berlage studies (together with Jan Molema)
1981	Participation in the competition 'Extension of Berlage's Town Hall in Usquert'
1979-1982	Thesis in cooperation with Bak, van der Heide and Schoen: Constructional Analysis of the Sagrada Familia (prize award) and presentation of a design for a museum
1982-1983	As scientific fellow of the Technical University of Delft participation in the reconstruction of Gaudî's hanging model for the Colonia Güell church at the IL in Stuttgart
1983-1986	Dissertation 'Rekonstruktion von Gaudî's Hängemodell', University Stuttgart, aural examination 10.12.1986; Examiners: Frei Otto and Jürgen Joedicke
1984-1985	Scholarship granted by the Deutscher Akademischer Austauschdienst (DAAD)
from 1985	Further studies on Gaudî's work and on Catalonian Gothic, studies in the geometry and structural aspects of historic vaults; Member of the Initiativkreis Ökologie (University of Stuttgart and Hohenheim)
from 1988	Scientific assistant at the IL in sub-project C3 'History of building' of SFB 230 (direction: Rainer Graefe)

AUTOR Jos Tomlow

1951	Nacido en Roermond (Holanda), como séptimo de los ocho hijos de M.-A. Tomlow, de nacimiento Steegmans, y de G. Tomlow
desde 1963	Estadías periódicas en la casa de vacaciones de la familia en Cataluña
1971	Diploma en la Hogere Burgerschool B, en Schaesberg; clases de arte y dibujo con Han le Blanc; dedicación a la política (escolar)
1971-1982	Estudio de arquitectura en la Universidad Técnica de Delft; al principio estudios urbanísticos, luego ocupación esencialmente en: diseño arquitectónico e historia de la arquitectura; trabajos en obra, dibujante en el estudio de arquitectura Truyen en Zuiderwoude; numerosos viajes de estudio; miembro de la Asociación Christiana de Estudiantes de los Países Bajos (NCSV)
1977	Cofundador del Grupo Gaudî de la TH Delft (Dirección Jan Molema); exposiciones, publicaciones, archivo
1979	Asesoramiento de un grupo estudiantil en la investigación del Arq. Berlage (junto a Jan Molema)
1981	Participación en el concurso 'Ampliación del municipio de Usquert de Berlage'
1979-1982	Tésis de graduación, junto a Bak, van der Heide y Schoen: Análisis de la técnica constructiva de la Sagrada Familia (premiado) y proyecto de museo
1982-1983	Participación como asistente científico de la TH Delft en la reconstrucción del modelo colgante de Gaudî para la iglesia de la Colonia Güell en el Institut für leichte Flächentragwerke (IL) de Stuttgart
1983-1986	Disertación 'Reconstrucción del modelo colgante de Gaudî', Universidad Stuttgart, defensa oral de la tésis el 10.12.1986; Directores: Frei Otto y Jürgen Joedicke
1984-1985	Beca del Deutscher Akademischer Austauschdienst (DAAD)
desde 1985	Otros estudios sobre la obra de Gaudî y el gótico catalán; investigaciones de bóvedas históricas; geometría y estática; Integrante de 'Iniciativa ecológica' de Stuttgart
desde 1988	Colaborador del IL, en el proyecto C3 del SFB 230 (dirección R. Graefe)

IL PUBLIKATIONEN PUBLICATIONS

zu bestellen bei / available from:

Freunde und Förderer der Leichtbauforschung e.V.
Rotebühlplatz 37
D-7000 Stuttgart 1

Karl Krämer Verlag
Rotebühlstr. 40
D-7000 Stuttgart 1

oder durch den·Buchhandel / or by the book trade

IL 1 Minimalnetze / Minimal Nets
1969 (vergriffen / out of stock)

IL 2 Stadt in der Artktis / City in the Arctic
Modellstudie für eine Stadt mit künstlichem Klima unter einer glasklaren Hülle / Study for a city under a transparent envelope with artificial climate.
1971 (56 S., 74 Ill., DM 15,-)

IL 3 Biologie und Bauen I / Biology and Building 1
Kolloquiumsbericht. Das Individuum und sein Milieu. Über die kritische Situation in der wachsenden Sozietät. Tierbauten, Städtebau und biologische Erkenntnis / Colloquium proceedings. The individual and its environment. The critical situation in a growing society. Animal buildings, urban planning, biological knowledge
1971 (70 S., 35 Ill., DM 15,-)

IL 4 Biologie und Bauen 2 / Biology and Building 2
1972 (vergriffen / out of stock)

IL 5 Wandelbare Dächer / Convertible Roofs
1972 (vergriffen / out of stock)

IL 6 Biologie und Bauen 3 / Biology and Building 3
Spinnennetze. Konstruktion der Knochen. Biophysikalisches Generalmodell. 3-dimensionale Anaglyphenbilder. Photogrammetrische Vermessung dünner Seifenhäute / Spider nets. Construction of bones. A biophysical general model. 3-dimensional anaglyph pictures. Photogrammetric measurement of soap films.
1973 (86 S., 101 Ill., DM 20,-)

IL 7 Schatten in der Wüste / Shadow in the Desert
1972 (vergriffen / out of stock)

IL 8 Netze in Natur und Technik / Nets in Nature and Technics
1975 (vergriffen / out of stock)

IL 9 Pneus in Natur und Technik / Pneus in Nature and Technics
1977 (vergriffen / out of stock)

IL 10 Gitterschalen / Grid Shells
1974 (vergriffen / out of stock)

IL 11 Leichtbau und Energietechnik / Lightweight & Energy Technics
Projekte und Entwicklungen für Kühltürme, Wasserbauten, Speicher, Klärbehälter. Energiegewinnung mit Sonne, Wind und Wasser. Klima im Innenraum / Projects and developments for cooling towers, hydraulic engineering structures, storage facilities, membranes in sewage treatment. Energy systems with sun, wind, and water.
1978 (256 S., 1150 Ill., DM 54,-)

IL 12 Wandelbare Pneus / Convertible Pneus
1975 (vergriffen / out of stock)

IL 13 Multihalle Mannheim / Multi Hall Mannheim
Die 7400 qm große Gitterschale der Bundesgartenschau Mannheim. Von den Wettbewerbsskizzen bis zur Fertigstellung / The 7400 sq.m grid shell of the Federal Garden Exhibition Mannheim from the competition design to the complete building.
1978 (280 S., 353 Ill., DM 47,-)

IL 14 Anpassungsfähig Bauen / Adaptable Architecture
Kolloquiumsbericht. Aspekte der Geschichte, Politik, Biologie, Medizin, Architektur und des Städtebaus / Colloquium proceedings. Aspects of history, politics, biology, medicine, architecture and city planning.
1975 (335 S., 650 Ill., DM 36,-)

IL 15 Lufthallenhandbuch / Air Hall Handbook
Entwurf und Konstruktion, Zuschnitt, Berechnung, Herstellung und Konfektion von Lufthallen. Materialien und Vorschriften / Architectural and structural design, cutting pattern, calculation, and manufacturing of air halls. Materials and codes.
1983 (438 S., 600 Ill., DM 60,-)

IL 16 Zelte / Tents
Ein Blick in die Zeltbaupraxis - Zeltkonstruktionen kleiner und größter Spannweiten. Eine Würdigung des Werkes von Peter Stromeyer / A view of the tent building practice - construction of small and largest span tents. An appreciation of the work of Peter Stromeyer.
1976 (160 S., 160 Ill., DM 30,-)

IL 17 The work of Frei Otto and his teams 1955 - 1976
Ausstellungskatalog des Museums of Modern Art New York, in Zusammenarbeit mit dem Institut für Auslandsbeziehungen Stuttgart / Exhibition catalogue of the Museum of Modern Art New York, in collaboration with the Institut für Auslandsbeziehungen Stuttgart.
1978 (56 S., 150 Ill., DM 12,-)

IL 18 Seifenblasen / Forming Bubbles
Experimente mit Flüssigkeitslammellen in Wissenschaft, Architektur und Technik. Minimalwege, Minimalflächen, Formfindungsmodelle für Zelte, Netze, Lufthallen / Experiments with liquid films in science, architecture and technics. Minimal ways, minimal surfaces, formfinding models for tents, nets, air halls.
1988 (400 S., 750 Ill., 8 Col.Taf., DM 62,-)

IL 19 Wachsende und sich teilende Pneus / Growing and Dividing Pneus
Pneumatische Konstruktionen in Natur und Technik. Entstehungsprozesse, Methoden der Formveränderung / Pneumatic structures in nature and technics. Processes of generation, methods of form metamorphosis.
1979 (166 S., 590 Ill., DM 34,-)

IL PUBLIKATIONEN PUBLICATIONS

IL 20 — Aufgaben / Tasks
Probleme und Fragen in Forschung und Praxis zu Weiterentwicklung und Anwendung des Leichtbaus / Problems and questions for research and practice of further development and application of lightweight structures.
1979 (350 S., 300 Ill., DM 50,-)

IL 21 — Form Kraft Masse 1 - Grundlagen / Form Force Mass 1 - Basics
1979 (vergriffen / out of stock)

IL 22 — Form Kraft Masse 2 - Form / Form Force Mass 2 - Form
Vorschlag zur Entwicklung einer Methode zur Ordnung und Beschreibung von Formen. Bilder von Formen / Proposal for a development of a method for order and description of forms. Photos of forms.
1988 (96 S., 420 Ill., DM 22,-)

IL 23 — Form Kraft Masse 3 - Konstruktion / Form Force Mass 3 - Structure
Einteilung und Ordnung der Konstruktionen nach ihren technischen und konstruktiven Merkmalen / Classification and order of structures related on their technical and constructive characteristics.
(In Vorbereitung / in preparation)

IL 24 — Form Kraft Masse 4 - Prinzip Leichtbau / Form Force Mass 4 - Lightweight Principle
Aufwand und Optimierung von Bauelementen und Konstruktionen. Die Bic-Lambda-Methode. Energiesysteme / Expense and optimisation of structural elements and structures. The Bic-Lambda-Method. Energy systems.
(In Vorbereitung / in preparation)

IL 25 — Form Kraft Masse 5 - Experimente / Form Force Mass 5 - Experiments
Experimente zur Abhängigkeit von Kraft und Form. Selbstbildende Prozesse in Biologie und Bauen. Formfindung und Modellmethoden / Experiments on dependence of force and form. Processes of self generation in biology and building. Formfinding and methods of modelling.
(In Vorbereitung / in preparation)

IL 26 — Natur und Bauen / Nature & Architecture
Internationaler Jugendwettbewerb in Zusammenarbeit mit dem Institut für Auslandsbeziehungen Stuttgart. Bilder von 810 Kindern, eingesandt aus 24 Ländern. Erläuterungen aus der Sicht von Architekten, Ökologen und Künstlern / International Youth Competition in collaboration with the Institut für Auslandsbeziehungen Stuttgart. Pictures of 810 children from 24 countries. Comments from the view of architects, ecologists and artists.
1979 (270 S., 1770 Ill., DM 35,-)

IL 27 — Natürlich Bauen / Natural Building
1981 (vergriffen / out of stock)

IL 28 — Diatomeen 1 / Diatoms 1
Schalen in Natur und Technik. Morphogenetische Analyse und Merkmalssynthese an Diatomeen-Schalen von J.-G. Helmcke. Theoretische und experimentelle Grundlagen. Prozesse der Formentstehung. Schalenmorphogenese / Shells in nature and technics. Morphogenetic analysis and character synthesis of diatom valves by J.-G. Helmcke. Theoretical and experimental basics. Processes of form genesis. Valve morphogenesis.
1985 (328 S., 850 Ill., DM 80,-)

IL 29 — Die Zeltstädte des Hadsch / The Tent Cities of the Hajj
1980 (vergriffen / out of stock)

IL 30 — Vela, Toldos, Sonnenzelte / Sun & shade
Studien und Überlegungen zu römischen Theater-Vela. Die Sonnensegel (Toldos) von Sevilla. Schinkels Blechzelte und Nachfolgebauten / Studies and considerations on the Roman Theatre Vela. The awnings (Toldos) of Sevilla. Schinkel's sheet metal tents and following buildings.
1984 (152 S., 685 Ill., DM 28,-)

IL 31 — Bambus / Bamboo
Bambus als Baustoff, seine traditionelle Anwendung in Südostasien (Neuherausgabe der Dissertation von Klaus Dunkelberg). Bauen mit pflanzlichen Stäben, neue Bauformen, Konstruktionen und Details / Bamboo as building material, its traditional application in South-East-Asia (new edition of Klaus Dunkelberg's thesis). Building with vegetal rods, new forms, structures and details.
1986 (432 S., 1500 Ill., DM 60,-)

IL 32 — Leichtbau in Architektur und Natur / Lightweight in Architecture & Nature / Лёгкая конструкция в архитектуре и в природе
Ausstellung "Natürliche Konstruktionen" im Museum A.W. Schussew in Moskau 1983. Forschungen und Projekte der Arbeitsgruppen Biologie und Bauen in BRD und UdSSR / Exhibition "Natural Structures" in the Shussev Museum of Architecture in Moscow 1983. Research works and projects of the groups Biology and Building in the FRG and the UdSSR.
1983 (108 S., 295 Ill., DM 24,-)

IL 33 — Radiolarien / Radiolaria
Einige Bauelemente der Skelette von Radiolarien. Erklärung der Formentstehung natürlicher Konstruktionen mittels analoger Modelle / Some structural elements of radiolaria skeletons. Explanation of form genesis of natural structures by means of analogous models.
(In Vorbereitung / in preparation)

IL 34 — Das Modell / The Model / El Modelo
Antoni Gaudís Hängemodell und seine Rekonstruktion - Neue Erkenntnisse zum Entwurf für die Kirche der Colonia Güell (Dissertation von Jos Tomlow) / Antoni Gaudí's hanging model and its reconstruction - New light on the design of the Church of Colonia Güell (Jos Tomlow's thesis) / El modelo colgante de Antoni Gaudí y su reconstrucción - Nuevos conocimientos para el diseño de la Iglesia de la Colonia Güell (tesis doctoral de Jos Tomlow).
1989 (272 S., 300 Ill., DM 48,-)

IL 35 — Pneu und Knochen / Pneus and Bone
Das Konstruktionsprinzip Pneu in der lebenden Natur / The structural system pneu in living nature.
(In Vorbereitung / in preparation)

IL 36 — Subjektive Standorte / Subjective Standpoints
Subjektive Standorte in Baukunst und Naturwissenschaft. Kolloquiumsbericht zum 20-jährigen Bestehen des IL / Subjective standpoints in architecture and science. Proceedings to the 20th anniversary of the IL.
1984 (232 S., 600 Ill., DM 28,-)

IL 37 — Geschichte des Konstruierens / History of Structural Design
(In Vorbereitung / in preparation)

IL 38 — Diatomeen 2 / Diatoms 2
(In Vorbereitung / in preparation)

IL 39 — Ungeplante Siedlungen / Unplanned Settlements
(In Vorbereitung / in preparation)

IL 40 — Verzweigungen / Branching Structures
(In Vorbereitung / in preparation)

Kopien der vergriffenen IL-Mitteilungen auf Anfrage
Xerox Copies of IL Informations out of stock on request

IL INFO — kostenlose Information des IL / the free newsletter of IL